GRUNDRISSE DES RECHTS

Tobias Lettl · Urheberrecht

Urheberrecht

von

Dr. Tobias Lettl, LL.M.
o. Professor an der Universität Potsdam

2., neu bearbeitete Auflage

Verlag C. H. Beck München 2013

www.beck.de

ISBN 978 3 406 64647 8

Wilhelmstraße 9, 80801 München
Druck und Bindung: Druckerei Nomos Verlagsgesellschaft
In den Lissen 12, 76547 Sinzheim

Satz: Thomas Schäfer, www.schaefer-buchsatz.de

Gedruckt auf säurefreiem, alterungsbeständigem Papier
(hergestellt aus chlorfrei gebleichtem Zellstoff)

Vorwort zur 2. Auflage

Die Neuauflage bringt das Werk auf den aktuellen Stand von Gesetz, Rechtsprechung und Schrifttum.

Danken möchte ich Herrn *Robert Pahlen* für die redaktionelle Bearbeitung des Manuskripts.

Potsdam, im Februar 2013 *Tobias Lettl*

Inhaltsverzeichnis

§ 4. Inhalt des Urheberrechts (§§ 11 bis 27 UrhG)

§ 5. Rechtsverkehr im Urheberrecht (§§ 28 bis 44 UrhG)

§ 10. Besondere Bestimmungen für Filme (§§ 88 bis 95 UrhG)

§ 11. Gemeinsame Bestimmungen für Urheberrecht und verwandte Schutzrechte (§§ 95a bis 143 UrhG)

§ 12. Das Recht am eigenen Bild nach §§ 22 bis 24 KUG

Abkürzungsverzeichnis

a. A.	anderer Ansicht
a. a. O.	am angegebenen Ort
ABl.	Amtsblatt
ABl. EG	Amtsblatt der Europäischen Gemeinschaften
Abs.	Absatz
AEUV	Vertrag über die Arbeitsweise der Europäischen Union
a. F.	alte Fassung
AG	Aktiengesellschaft
AktG	Aktiengesetz
Alt.	Alternative
Anm.	Anmerkung
Art.	Artikel
Aufl.	Auflage
BB	Der Betriebs-Berater
Bd.	Band
Begr.	Begründung, Regierungsbegründung des GWB
Bericht	Berichte des Wirtschaftsausschusses des Bundestages zu Entwürfen/Änderungen des GWB
BGB	Bürgerliches Gesetzbuch
BGBl.	Bundesgesetzblatt
BGH	Bundesgerichtshof
BGHZ	Entscheidungen des BGH in Zivilsachen
BKartA	Bundeskartellamt
Bl.	Blatt
BMWi	Bundesminister für Wirtschaft
BR-Drs.	Bundesrats-Drucksache
BT-Drs.	Bundestags-Drucksache
BVerfG	Bundesverfassungsgericht
BVerfGE	Entscheidungen des Bundesverfassungsgerichts
bzw.	beziehungsweise
DB	Der Betrieb
d. h.	das heißt
EG	Europäische Gemeinschaft
EGV	Vertrag zur Gründung der Europäischen Gemeinschaft

Einf.	Einführung
etc.	et cetera
EU	Europäische Union
EuG	Gericht 1. Instanz der Europäischen Gemeinschaften/ Gericht der Europäischen Union
EuGH	Gerichtshof der Europäischen Union
EuGH Slg.	Sammlung der Rechtsprechung des Europäischen Gerichtshofs
EuZW	Europäische Zeitschrift für Wirtschaftsrecht
EWG	Europäische Wirtschaftsgemeinschaft
f., ff.	folgende, fortfolgende
Fn.	Fußnote
FS	Festschrift
GebrMG	Gebrauchsmustergesetz
GEMA	Gesellschaft für musikalische Aufführungs- und mechanische Vervielfältigungsrechte
GeschmMG	Geschmacksmustergesetz
GG	Grundgesetz
GmbH	Gesellschaft mit beschränkter Haftung
GmbHG	Gesetz betreffend die Gesellschaften mit beschränkter Haftung
GRUR	Gewerblicher Rechtsschutz und Urheberrecht
GRUR Int.	Gewerblicher Rechtsschutz und Urheberrecht, Internationaler Teil
GS	Großer Senat
GVO	Gruppenfreistellungsverordnung
GWB	Gesetz gegen Wettbewerbsbeschränkungen
h. M.	herrschende Meinung
Hrsg.	Herausgeber
HS.	Halbsatz
i. d. F.	in der Fassung
i. S. d.	im Sinne des/der
i. V. m.	in Verbindung mit
JURA	Juristische Ausbildung
JZ	Juristenzeitung
KG	Kammergericht
KOMM./Komm.	Europäische Kommission
krit.	kritisch

KUG	Gesetz betreffend das Urheberrecht an Werken der bildenden Künste und der Photographie
KWG	Gesetz über das Kreditwesen
LG	Landgericht
lit.	littera
MarkenG	MarkenG
NJW	Neue Juristische Wochenschrift (Jahr und Seite)
NJW-RR	NJW-Rechtsprechungs-Report Zivilrecht
Nr., Nrn.	Nummer(n)
OLG	Oberlandesgericht
öOGH	österreichischer oberster Gerichtshof
OWiG	Gesetz über Ordnungswidrigkeiten
RegE	Regierungsentwurf
RiL	Richtlinie
Rn.	Randnummer(n)
Rspr.	Rechtsprechung
S.	siehe/Seite
str.	strittig
u.	und
u. a.	unter anderem
UrhG	Urheberrechtsgesetz
UrhWahrG	Gesetz über die Wahrnehmung von Urheberrechten und verwandten Schutzrechten
UWG	Gesetz gegen den unlauteren Wettbewerb
VerlG	Verlagsgesetz
vgl.	vergleiche
VO	Verordnung
VwGO	Verwaltungsgerichtsordnung
VwVfG	Verwaltungsverfahrensgesetz
WM	Zeitschrift für Wirtschafts- und Bankrecht, Wertpapiermitteilungen
WRP	Wettbewerb in Recht und Praxis
z. B.	zum Beispiel

ZHR	Zeitschrift für das gesamte Handels- und Wirtschaftsrecht
Ziff.	Ziffer
ZUM	Zeitschrift für Urheber- und Medienrecht
ZUM-RD	Rechtsprechungsdienst der Zeitschrift für Urheber- und Medienrecht

Literaturverzeichnis

Rehbinder	*Rehbinder,* Urheberrecht, 16. Aufl., 2010
Dreier/Schulze/*Bearbeiter*	*Dreier/Schulze,* Urheberrechtsgesetz, Kommentar, 3. Aufl., 2008
Fromm/Nordemann/*Bearbeiter*	*Fromm/Nordemann,* Urheberrechtskommentar, 10. Aufl., 2008
Köhler/Bornkamm/*Bearbeiter*	*Köhler/Bornkamm,* UWG, 31. Aufl., 2013
Larenz/Canaris	*Larenz/Canaris,* Schuldrecht – Besonderer Teil, Bd. 2, Teilbd. 2, 13. Aufl., 1994
Lettl, Kartellrecht	*Lettl,* Kartellrecht, 3. Aufl., 2013
Möhring/Nicolini/*Bearbeiter*	*Möhring/Nicolini,* Urheberrechtsgesetz, Kommentar, 2. Aufl., 2000
MünchKomm-BGB/*Bearbeiter*	Münchener Kommentar zum BGB, 6. Aufl., 2012
Palandt/*Bearbeiter* ...	*Palandt,* Bürgerliches Gesetzbuch, 71. Aufl., 2012
Schricker/Loewenheim/*Bearbeiter*	*Schricker/Loewenheim,* Urheberrecht, Kommentar, 4. Aufl., 2010
Wandtke/Bullinger/*Bearbeiter*	*Wandtke/Bullinger,* Praxiskommentar zum Urheberrecht, 3. Aufl., 2009
Schack	*Schack,* Urheber- und Urhebervertragsrecht, 5. Aufl., 2010

§ 1. Grundlagen

I. Unionsrecht und Urheberrecht

1. Regelungsbefugnis

Die Europäische Union verfügt in dem Bereich des Urheberrechts über **keine eigenständige Befugnis** zur Gesetzgebung. Der bisherigen Tätigkeit des europäischen Gesetzgebers im Bereich des Urheberrechts liegt in erster Linie Art. 114 AEUV zu Grunde.[1] Diese Regelung ist auf das Ziel der Schaffung eines Binnenmarktes gerichtet. Mangels ausschließlicher Zuständigkeit der Union für das Urheberrecht ist dieses Rechtsgebiet durch einen territorialen Charakter der nationalen Urheberrechte einzelner Mitgliedstaaten gekennzeichnet. Daher besteht **kein einheitliches europäisches Urheberrecht.** Lediglich in verschiedenen Punkten, in denen die unterschiedlichen nationalen Regelungen der Errichtung eines Binnenmarktes entgegenstehen, ist es zu einer Harmonisierung durch Richtlinien gekommen (vgl. Rn. 41 ff.). 1

Beim gegenwärtigen Stand des Unionsrechts und bei Fehlen unionsrechtlicher Vorschriften zur Harmonisierung der nationalen Rechtsvorschriften (Ermächtigung dazu: Art. 118 AEUV) dürfen – vorbehaltlich der Einhaltung internationaler Übereinkünfte – **die Mitgliedstaaten** die Voraussetzungen für den Schutz der Rechte des geistigen Eigentums an bestimmten Werken festlegen.[2] Diese Rechte sind auf den Schutz (1) der **Persönlichkeitsrechte** und (2) der **wirtschaftlichen Rechte** ihrer Inhaber gerichtet.[3] Der Schutz der Persönlichkeitsrechte ermöglicht es den Urhebern und ausübenden Künstlern insbesondere, sich jeder Entstellung oder sonstigen Änderung des Werks zu widersetzen, die ihrer Ehre oder ihrem Ruf nachteilig sein könnte (sog. Urheberpersönlichkeitsrecht). Das Urheberrecht und die verwandten Schutzrechte (vgl. dazu § 9 Rn. 1 ff.) haben au- 2

---

1 Dreier/Schulze/*Dreier,* Einl. Rn. 48. Weitere Grundlagen sind Art. 53 I AEUV und Art. 62 AEUV.
2 *EuGH* Slg. 1993, I-5145 Rn. 19 – Phil Collins.
3 *EuGH* Slg. 1993, I-5145 Rn. 20 – Phil Collins.

ßerdem mit ihren Verwertungsrechten wirtschaftlichen Charakter. Denn sie sehen die Befugnis vor, das Inverkehrbringen des geschützten Werks kommerziell, insbesondere in Form von Lizenzen gegen Zahlung einer Vergütung, zu nutzen.

3 Die kommerzielle Nutzung des Urheberrechts stellt für den Rechtsinhaber eine **Einkommensquelle** dar. Sie bringt aber auch eine Form der **Vertriebskontrolle** durch den Inhaber, die Verwertungsgesellschaften und Lizenznehmer mit sich. So können die durch das geistige Eigentum an Werken verliehenen ausschließlichen Rechte wie andere gewerbliche und kommerzielle Eigentumsrechte den Austausch von Waren und Dienstleistungen sowie die Wettbewerbsverhältnisse in der Union berühren. Aus diesem Grund unterliegen diese Rechte, auch wenn sie in den nationalen Rechtsvorschriften geregelt sind, den **Erfordernissen des AEUV.**[4]

2. Primäres Unionsrecht

a) Marktfreiheiten, insbesondere Art. 34, 56 AEUV

4 **aa) Position des Urhebers.** Der Urheber ist innerhalb eines durch den freien Waren- und Dienstleistungsverkehr gekennzeichneten Binnenmarktes grundsätzlich in der Lage, selbst oder durch Dritte wie einen Verleger den **Ort,** an dem er sein Werk in den Verkehr bringt, in irgendeinem Mitgliedstaat **frei** zu **wählen.** Er kann diese Wahl entsprechend seinen Interessen treffen, wobei nicht nur das in dem betreffenden Mitgliedstaat gewährleistete Vergütungsniveau, sondern auch andere Faktoren (z. B. Vertriebsmöglichkeiten) von Bedeutung sein können.

5 **bb) Warenverkehrsfreiheit (Art. 34 AEUV). (1) Anwendungsbereich.** Die Regelungszuständigkeit der Mitgliedstaaten ist durch die für grenzüberschreitendes Marktverhalten geltenden Marktfreiheiten, insbesondere die Waren- und Dienstleistungsverkehrsfreiheit der Art. 34, 56 AEUV, begrenzt. Denn nationale Regelungen auch und vor allem des Urheberrechts dürfen nicht gegen die Art. 34, 56 AEUV, deren Inhalt und Grenzen der *EuGH* präzisiert, verstoßen. Es ist daher zu fragen, welchen nationalen Schutz geistigen Eigentums das primäre Unionsrecht überhaupt zulässt, da möglicherweise

4 *EuGH* Slg. 1993, I-5145 Rn. 22 – Phil Collins.

bestimmte (auch übereinstimmende) nationale Regelungen geeignet sind, den freien Waren- und Dienstleistungsverkehr in unionsrechtswidriger Weise zu beeinträchtigen.

Art. 34 AEUV erfasst jede Maßnahme, die „geeignet ist, den inner- 6 gemeinschaftlichen Handel unmittelbar oder mittelbar, tatsächlich oder potenziell zu behindern" (*Dassonville*-Formel).[5] Das nationale Urheberrecht darf nicht zu einer **Marktaufteilung oder -abschottung** führen, die europäischem Recht widerspricht.

Beispiel: Das gesetzliche Verbot des Imports eines Produkts von einem Mitgliedstaat in einen anderen kann gegen Art. 34 AEUV verstoßen. So liegt es etwa dann, wenn ein nationales ausschließliches urheberrechtliches Verbreitungsrecht eine deutsche Herstellerin von Tonträgern dazu berechtigt, den Vertrieb von den durch sie selbst an ihre rechtlich selbständige Tochtergesellschaft in Frankreich gelieferten Tonträger in der Bundesrepublik Deutschland zu verbieten.[6] Doch sieht Art. 36 S. 1 AEUV Ausnahmen von Art. 34 AEUV vor.

(2) Ausnahmen (Art. 36 AEUV). Art. 36 AEUV enthält Ausnah- 7 men vom Verbot des Art. 34 AEUV. Eine Ausnahme von Art. 34 AEUV besteht für den Fall, dass die Beschränkung der Warenverkehrsfreiheit durch das **gewerbliche und kommerzielle Eigentum** gerechtfertigt ist. Doch dürfen in der Beschränkung der Warenverkehrsfreiheit keine Mittel zur willkürlichen Diskriminierung liegen und keine verschleierte Beschränkung des Handels zwischen den Mitgliedstaaten darstellen (Art. 36 S. 2 AEUV). Art. 36 AEUV lässt zwar Verbote oder Beschränkungen des freien Warenverkehrs zu, die zum Schutz des gewerblichen oder kommerziellen Eigentums gerechtfertigt sind. Diese Regelung erlaubt aber nur solche Beschränkungen der Freiheit des Handels, die für die **Wahrung der Rechte**, die den spezifischen Gegenstand dieses Eigentums ausmachen, erforderlich sind.[7]

Der *EuGH* beurteilt das **Urheberrecht** und mit ihm **verwandte** 8 **Schutzrechte** als gewerbliches Eigentum i. S. d. Art. 36 S. 1 AEUV.[8] Die Ausnahme des Art. 36 S. 1 AEUV gilt danach auch für den durch das Urheberrecht gewährten Schutz. Geschützt ist daher etwa eine kommerzielle Nutzung des Urheberrechts durch die Erteilung von Lizenzen, die den Vertrieb von Waren, in denen das geschützte

---

5 *EuGH* Slg. 1974, 837 Rn. 5 – Dassonville.
6 *EuGH* Slg. 1971, 487 Rn. 6 – Deutsche Grammophon.
7 *EuGH* Slg. 1998, I-5171 Rn. 13 – Laserdisken.
8 *EuGH* Slg. 1981, 147 Rn. 12 – Musik-Vertrieb Membran/GEMA.

Werk verkörpert ist, in den einzelnen Mitgliedstaaten beeinträchtigen können.[9]

9 Der *EuGH* räumt jedoch der Warenverkehrsfreiheit bei der *Verbreitung* eines **körperlichen Exemplars** urheberrechtlich oder durch verwandte Schutzrechte geschützter Werke (z. B. Film auf DVD) den Vorrang gegenüber den nationalen Urheberrechten ein (sog. **unionsweite Erschöpfung** des *Verbreitungs*rechts).[10] Deshalb ist das Recht der Verbreitung (nicht aber auch etwa das Recht zur Vervielfältigung und öffentlichen Wiedergabe) eines urheberrechtlich geschützten, bestimmten körperlichen Werkes innerhalb des gesamten Binnenmarktes erschöpft,[11] wenn es einmal mit Zustimmung des Berechtigten (durch Verkauf) in den Verkehr gelangt ist (gilt nur für das konkrete Werkexemplar, nicht auch für andere Werkexemplare). Ein nationales urheberrechtliches Verbot würde die Isolierung der nationalen Märkte aufrechterhalten. Es würde damit gegen ein wesentliches Ziel des AEUV, den Zusammenschluss der nationalen Märkte zu einem einheitlichen Binnenmarkt, verstoßen. Daher darf sich weder der Inhaber eines Urheberrechts oder ein Lizenznehmer noch eine im Namen des Inhabers oder Lizenznehmers handelnde Gesellschaft zur Wahrnehmung von Urheberrechten (z. B. GEMA) auf das durch das nationale Urheberrecht oder verwandte Schutzrecht verliehene ausschließliche Verwertungsrecht berufen, um die Einfuhr von Produkten zu verhindern oder zu beschränken, die auf dem Markt eines anderen Mitgliedstaats von dem Rechtsinhaber selbst oder mit seiner Zustimmung rechtmäßig in den Verkehr gelangt sind. Denn das durch die Rechtsvorschriften eines Mitgliedstaats über die gewerblichen Schutzrechte garantierte Ausschließlichkeitsrecht ist dann erschöpft.

Beispiel: In dem unter Rn. 6 geschilderten Beispiel verstößt die Ausübung des Verbreitungsrechts durch die deutsche Herstellerin gegen Art. 34 AEUV, ohne dass eine Rechtfertigung dieses Verstoßes durch Art. 36 S. 1 AEUV vorläge.[12] Daraus ergibt sich, dass die Unterschiede, die mangels einer vollständigen Harmonisierung der innerstaatlichen Bestimmungen über die kommerzielle Nutzung der Urheberrechte weiterbestehen, keine Hindernisse für den freien Warenverkehr im Binnenmarkt begründen dürfen.

10 Bei Werken der **Literatur** und **Kunst** ist indes auch eine andere gewerbliche Verwertung möglich als eine *Verbreitung* durch den Ver-

---

9 *EuGH* Slg. 1981, 147 Rn. 9 – Musik-Vertrieb Membran/GEMA.
10 *EuGH* Slg. 1971, 487 Rn. 12f. – Deutsche Grammophon; Slg. 1981, 147 Rn. 10 u. 15 – Musik-Vertrieb Membran/GEMA; Slg. 1998, I-5171 Rn. 13 – Laserdisken.
11 Dreier/Schulze/*Dreier*, Einl. Rn. 49.
12 *EuGH* Slg. 1971, 487 Rn. 12f. – Deutsche Grammophon.

kauf von Bild- oder Tonträgern. Denn solche Werke können eine Verwertung nicht nur durch Verbreitung, sondern auch durch *Vervielfältigung* und *Inverkehrbringen* der hergestellten Bild- und Tonträger erfahren. So liegt es insbesondere bei Filmwerken.

Beispiel: Vermietung von DVD mit urheberrechtlich geschütztem Film, die ein anderes Publikum als der Verkauf erreicht und eine wichtige Einnahmequelle für die Filmhersteller ist.

Die beiden grundlegenden Rechte des Urhebers, nämlich das ausschließliche Recht der Aufführung und das ausschließliche Recht der Vervielfältigung, berührt der AEUV nicht. Die unionsweite Erschöpfung des Verbreitungsrechts hat daher nicht zugleich die Erschöpfung des **Vermietrechts** zur Folge.[13] Auch führt die erste Vermietung eines urheberrechtlich geschützten Werks nicht zur Erschöpfung des Rechts zu weiteren Vermietungen dieses Werks. Wie das Recht an der Darbietung eines Werks durch öffentliche Aufführung verbleibt ungeachtet des Verkaufs des das Werk verkörpernden materiellen Trägers das Vermietrecht beim Urheber. Deshalb erschöpft die erste Vermietung nicht das Recht zu weiteren Vermietungen.[14] Das Recht, die Vermietung zu erlauben oder zu verbieten, würde seiner Substanz beraubt, wenn es allein durch das erste Angebot zur Vermietung erschöpft wäre. 11

Beispiel: Ein Filmhersteller soll eine Vergütung erhalten können, die der Zahl der tatsächlich erfolgten Vermietungen entspricht und ihm einen angemessenen Anteil am Vermietungsmarkt sichert. Dies wäre nicht möglich, wenn ein Anspruch auf Vergütung lediglich bei *Verkäufen* an private Verbraucher oder auch an Vermieter von DVDs eingeräumt werden würde. Eine Rechtsvorschrift, die einen besonderen Schutz des Rechts zur Vermietung von DVDs einführt, wäre daher aus Gründen des gewerblichen und kommerziellen Eigentums i. S. d. Art. 36 S. 1 AEUV gerechtfertigt.[15]

Für die Wiedergabe **unkörperlicher Werke** gilt die unionsweite Erschöpfung des Verbreitungsrechts von vornherein nicht (vgl. auch Art. 3 III RiL 2001/29/EG). Art. 4 II RiL 2001/29/EG enthält ein Verbot internationaler Erschöpfung. Danach tritt keine Erschöpfung des Verbreitungsrechts innerhalb der Union ein, wenn der Berechtigte die geschützten Exemplare außerhalb der Union in den Verkehr bringt. 12

13 *EuGH* Slg. 1998, I-1953 Rn. 16 – Metronome Musik.
14 *EuGH* Slg. 1998, I-5171 – Laserdisken.
15 *EuGH* Slg. 1998, I-1953 Rn. 16 – Metronome Musik (für Videokassetten).

13 **cc) Dienstleistungsverkehrsfreiheit (Art. 56 AEUV).** Für die Dienstleistungsverkehrsfreiheit gelten weitgehend die für die Warenverkehrsfreiheit entwickelten Grundsätze.

Fall: Eine belgische Kinofilmgesellschaft (A) klagt gegen eine französische Gesellschaft (B) und drei belgische Kabelfernsehgesellschaften (C1, C2 und C3) wegen der Verletzung von Urheberrechten auf Schadensersatz. Denn A sei ein Schaden dadurch entstanden, dass in Belgien eine der Ausstrahlung des Films „Der Schlächter" gewidmete Sendung des deutschen Fernsehens empfangen worden ist, für den A von B das ausschließliche Recht für Belgien hatte, den Film öffentlich in Form von Kinovorführungen und Fernsehsendungen vorzuführen. Eine Ausstrahlung im Fernsehen sollte erst 40 Monate nach der ersten Vorführung des Films im Kino stattfinden.

Es stellt sich die Frage, ob die Art. 56 f. AEUV der auf das Gebiet eines Mitgliedstaats begrenzten Einräumung eines Nutzungsrechts an einem Film entgegenstehen. Dies könnte deshalb anzunehmen sein, weil mehrere derartige Nutzungsverträge dazu führen könnten, den Binnenmarkt für den Bereich der wirtschaftlichen Betätigung im Kinofilmgeschäft abzuschotten. Der *EuGH* geht zunächst davon aus, dass der Kinofilm zu der Gruppe der literarischen und künstlerischen Werke gehört, die für die Allgemeinheit durch beliebig oft wiederholbare Vorführungen zugänglich sind.[16] Da es sich um ein unkörperliches Werk handele, müsse eine andere Beurteilung als bei körperlichen Werken wie einem Buch oder der Schallplatte erfolgen. Der Inhaber des Urheberrechts an einem Film und seine Rechtsnachfolger hätten ein berechtigtes Interesse daran, die ihnen für die Zustimmung zur Vorführung des Films zustehende Vergütung nach der Zahl der Vorführungen zu berechnen und einer Fernsehübertragung des Films erst nach einer gewissen Vorführzeit in den Kinos zuzustimmen. Das dem Inhaber eines Urheberrechts zustehende Recht, eine Vergütung für jede Vorführung des Films zu verlangen, gehöre zum wesentlichen Inhalt des Urheberrechts. Zwar seien nach Art. 56 AEUV Beschränkungen des freien Dienstleistungsverkehrs verboten. Doch erfasse diese Bestimmung grunsätzlich nicht die Schranken für bestimmte wirtschaftliche Betätigungen, die innerstaatliche Rechtsvorschriften über den Schutz des geistigen Eigentums errichteten.

b) Diskriminierungsverbot (Art. 18 AEUV)

14 Das Diskriminierungsverbot des Art. 18 AEUV gilt für das Urheberrecht und verwandte Schutzrechte.[17] Art. 18 AEUV verbietet nicht nur offene Diskriminierungen auf Grund der Staatsangehörigkeit, sondern auch alle **verdeckten Formen** der Diskriminierung, die durch die Anwendung anderer Unterscheidungsmerkmale tatsächlich

---

16 *EuGH* Slg. 1980, 881 Rn. 12 – Coditel I.
17 *EuGH* Slg. 1993, I-5145 Rn. 27 – Phil Collins; Slg. 2002, I-5089 Rn. 24 – Ricordi.

zum gleichen Ergebnis führen. So ist es nicht zulässig, den Schutz ausländischer Urheber, die Angehörige eines Mitgliedstaates sind, im Inland auf die **Schutzdauer im Herkunftsland** dieses Urhebers zu begrenzen. Außerdem verstößt es gegen Art. 18 S. 1 AEUV, wenn Rechtsvorschriften eines Mitgliedstaats die Urheber und ausübenden Künstler anderer Mitgliedstaaten unter bestimmten Voraussetzungen von dem nach diesen Rechtsvorschriften den Inländern zuerkannten Recht ausschließen, den Vertrieb eines ohne ihre Einwilligung hergestellten Tonträgers im Inland zu verbieten, wenn die **Darbietung im Ausland** stattgefunden hat. Dasselbe gilt für Personen, die Rechte von dem Urheber oder ausübenden Künstler ableiten.

Beispiel: Ein Vertreiber von Tonträgern bringt in Deutschland eine CD auf den Markt, die eine ohne die Einwilligung des britischen Sängers Phil Collins hergestellte Aufnahme eines Konzerts in den Vereinigten Staaten enthält. Phil Collins beantragt mittels einstweiliger Verfügung das Verbot des Vertriebs der CD in Mitgliedstaat A. Zu Gunsten eines Künstlers, der dem Mitgliedstaat A angehört, enthält das nationale Urheberrecht von A eine Rechtsgrundlage für ein solches Verbot, auch wenn die Darbietung im Ausland stattfindet. Das nationale Urheberrecht von A enthält hingegen für einen solchen Fall kein Verbot zu Gunsten eines ausländischen Künstlers wie Phil Collins. Darin liegt ein Verstoß gegen Art. 18 AEUV.[18]

Das in Art. 18 AEUV vorgesehene Recht auf Gleichbehandlung 15
verleiht das Unionsrecht **unmittelbar.** Dieses Recht darf der ungleich Behandelte vor dem nationalen Gericht geltend machen. Er kann verlangen, die **diskriminierenden Vorschriften** eines nationalen Gesetzes, das den Angehörigen der anderen Mitgliedstaaten den Schutz versagt, den es Inländern gewährt, **unangewendet** zu lassen.

c) EU-Wettbewerbsregeln (Art. 101 und 102 AEUV)

aa) Schutzzweck. Die Art. 101 und 102 AEUV sollen den Wettbe- 16
werb vor Verfälschungen schützen. Sie zielen auf die **Freiheit des Wettbewerbs** ab. Dies gilt auch für den Wettbewerb der Schaffung und Verbreitung neuer Werke. Deshalb soll Art. 102 AEUV den **Missbrauch marktbeherrschender Stellungen verhindern.** Das Urheberrecht hat zwar dieselbe Zielrichtung, da es ebenfalls den Wettbewerb der Schaffung und Verbreitung neuer Werke schützt. Doch verfolgt es diese Zielrichtung mit gegensätzlichen Mitteln, nämlich der **Einräumung eines Ausschließlichkeitsrechts.** Daher stellt sich

18 *EuGH* Slg. 1993, I-5145 Rn. 33 – Phil Collins.

die Frage, ob die bloße Ausübung eines solchen Ausschließlichkeitsrechts einen Wettbewerbsverstoß darstellen kann.

17 **bb) Art. 101 I AEUV.** Der Verbotstatbestand des Art. 101 I AEUV setzt voraus, dass (1) zwischen Unternehmen oder Unternehmensvereinigungen (Normadressaten) (2) Vereinbarungen, Beschlüsse oder aufeinander abgestimmte Verhaltensweisen zustande kommen (Tathandlungen), die geeignet sind, den Handel zwischen den Mitgliedstaaten zu beeinträchtigen (potenzielle Wirkung), und die (4) eine Verhinderung, Einschränkung oder Verfälschung des Wettbewerbs bezwecken (Zweck) oder bewirken (Wirkung).[19]

18 **(1) Unternehmen.** Der Begriff des Unternehmens ist im AEUV nicht definiert und deshalb (autonom) auszulegen. Dabei ist der Zweck des Art. 101 AEUV, die Einheit des Marktes und die Funktionsfähigkeit des Wettbewerbs zur Verwirklichung des Binnenmarktziels zu gewährleisten, zu berücksichtigen. Deshalb ist der Begriff des Unternehmens **weit auszulegen** und allein auf die Ausübung unternehmerischer Tätigkeit abzustellen (sog. funktionaler Unternehmensbegriff). Unternehmen ist danach jede eine **wirtschaftliche Tätigkeit** (vgl. auch Art. 3 III EUV) ausübende Einheit.[20]

Beispiele: Unternehmen sind die Angehörigen der freien Berufe[21] wie Ärzte; Berufssportler;[22] Anbieter der Ergebnisse künstlerischer, schöpferischer oder intellektueller Leistungen.[23]

19 **(2) Tathandlung und Wettbewerbsbeschränkung.** Das System internationaler Gegenseitigkeitsverträge zwischen nationalen Gesellschaften zur Wahrnehmung von Urheberrechten (**Verwertungsgesellschaften)** wie der GEMA und ihren im Dachverband der CISAC organisierten ausländischen Schwestergesellschaften begründet nicht grundsätzlich einen Wettbewerbsverstoß. Ein solcher kann sich aber auf Grund einzelner Maßnahmen im Verhältnis zu Urhebern, Nutzern oder anderen Verwertungsgesellschaften ergeben.[24]

20 Eine Vereinbarung zwischen Unternehmen kann gegen Art. 101 I AEUV verstoßen. So, wenn die Ausübung des ausschließlichen

---

19 Vgl. dazu *Lettl*, Kartellrecht, § 3 Rn. 27 ff.
20 *EuGH* Slg. 2004, I-2493 Rn. 46 – AOK; Slg. 2005, I-5425 Rn. 112 – Dansk Rorindustri.
21 *EuGH* Slg. 1998, I-3851 Rn. 36 – Zollspediteure.
22 *EuGH* Slg. 1976, 1333 – Doná.
23 *EuGH* Slg. 1998, I-3851 Rn. 38 – Kommission/Italien.
24 *EuGH* Slg. 1987, 2521 – Tournier; Slg. 1989, 2811 – Lucazean.

Rechts Inhalt einer Tathandlung ist, die eine Aufteilung des Binnenmarktes dadurch bewirkt, dass sie Einfuhren von Waren aus anderen Mitgliedstaaten untersagt, die in anderen Mitgliedstaaten ordnungsgemäß in den Verkehr gelangt sind.[25] Auch wenn kein Verstoß gegen Art. 101 I AEUV vorliegt, kommt ein Verstoß gegen andere Regelungen, insbesondere Art. 34 AEUV, in Betracht.[26]

cc) Missbrauch markbeherrschender Stellung (Art. 102 AEUV). 21
Für einen Verstoß gegen Art. 102 Satz 1 AEUV müssen *kumulativ* drei Voraussetzungen vorliegen:

(1) Beherrschende Stellung eines oder mehrerer Unternehmen auf dem Binnenmarkt oder auf einem wesentlichen Teil desselben.
(2) Missbräuchliche Ausnutzung dieser beherrschenden Stellung (Beispiele in Art. 102 Satz 2 lit. a bis d AEUV).
(3) Eignung einer solchen missbräuchlichen Ausnutzung, den Handel zwischen den Mitgliedstaaten zu beeinträchtigen.

(1) Unternehmen. Der Begriff des Unternehmens ist wie bei 22
Art. 101 I AEUV (Rn. 18) zu bestimmen.

(2) Marktbeherrschung. Marktbeherrschung ist ein grundlegender 23
Begriff des Art. 102 AEUV. Das Verbot des Art. 102 AEUV gilt nämlich nur für Unternehmen als Anbieter oder Nachfrager von Produkten, die auf dem Binnenmarkt oder einem wesentlichen Teil desselben über eine beherrschende Stellung verfügen. Ein Unternehmen ist marktbeherrschend in diesem Sinne, wenn es über eine wirtschaftliche Machtstellung verfügt, die

(1) es ihm ermöglicht, die Aufrechterhaltung eines wirksamen Wettbewerbs auf dem Binnenmarkt oder einem wesentlichen Teil desselben zu verhindern, indem sie
(2) ihm eine Stellung im Wettbewerb verschafft, sich gegenüber seinen Wettbewerbern sowie der Marktgegenseite, insbesondere gegenüber seinen Arbeitnehmern und den Verbrauchern, unabhängig zu verhalten.[27]

25 *EuGH* Slg. 1971, 487 Rn. 6 – Deutsche Grammophon.
26 *EuGH* Slg. 1971, 487 Rn. 7 – Deutsche Grammophon.
27 *EuGH* Slg. 1978, 207 Rn. 64 – United Brands.

24 Eine beherrschende Stellung auf dem relevanten Markt ergibt sich im Allgemeinen aus dem Zusammentreffen mehrer Kriterien, die jeweils für sich genommen nicht ausschlaggebend sein müssen. Vielmehr ist eine **Gesamtschau** geboten. Um festzustellen, ob ein Unternehmen über eine beherrschende Stellung auf dem relevanten Markt verfügt, sind (1) seine **Unternehmensstruktur** und (2) die **Wettbewerbssituation** auf diesem Markt zu untersuchen.

Beispiele: (1) Ein irischer Fernsehsender (A) verfügt allein über das Urheberrecht an seinem Programm. Zwar kann die Eigenschaft, Inhaber eines Immaterialgüterrechts zu sein, allein keine marktbeherrschende Stellung begründen. Die Grundinformationen über den Sendekanal (z. B. Tag, Uhrzeit und Titel der Sendungen) sind jedoch die notwendige Folge der Programmplanung des Fernsehsenders, so dass nur er über diese Informationen verfügt. Der Fernsehsender ist infolgedessen die einzige Informationsquelle für einen Verlag, der eine Programmzeitschrift herausgeben wird. Verfügt der Fernsehsender über ein faktisches Monopol an den Informationen, die zur Zusammenstellung der Fernsehprogramme dienen, und können die meisten Haushalte diese Programme in Irland empfangen, verfügt der Fernsehsender über die Möglichkeit, wirksamen Wettbewerb auf dem Markt für Programmzeitschriften zu verhindern. Er ist dann marktbeherrschend.[28]

(2) Ein deutscher Hersteller von Tonträgern, der ein einem Urheberrecht verwandtes Schutzrecht inne hat, nimmt sicher schon deshalb eine beherrschende Stellung i. S. d. Art. 102 AEUV ein, weil er von seinem ausschließlichen Recht, die geschützten Gegenstände in Verkehr zu bringen, Gebrauch macht.[29] Er muss vielmehr allein oder zusammen mit anderen demselben Konzern angehörenden Unternehmen in der Lage sein, wirksamen Wettbebewerb auf einem bedeutenden Teil des in Betracht kommenden Marktes zu verhindern. Hierbei sind insbesondere das etwaige Vorhandensein von Herstellern, die gleichartige Produkte anbieten, sowie die Marktstellung dieser Anbieter zu berücksichtigen. Sofern die Interpreten der Aufnahmen durch Exklusivverträge an den Hersteller gebunden sind, sind unter anderem ihre Beliebtheit beim Publikum, die Dauer und der Umfang der von ihnen eingegangenen Verpflichtungen sowie die Möglichkeiten der anderen Hersteller von Tonträgern in Betracht zu ziehen, Künstler für vergleichbare Interpretationsleistungen zu gewinnen.

(3) Die Dienstleistung einer deutschen Verwertungsgellschaft ist auf Wahrnehmung der Leistungsschutzrechte ausübender Künstler aus der Zweitverwertung gerichtet. Diese Gesellschaft befasst sich als einziges Unternehmen in einem Mitgliedstaat mit dieser Wahrnehmung. Sachlich relevanter Markt ist nicht der Leistungsaustausch im Bereich der künstlerischen Darbietungen, sondern die Wahrnehmung der Vergütungsansprüche ausübender Künstler

28 *EuGH* Slg. 1995, I-743 Rn. 47 – Magill.
29 *EuGH* Slg. 1971, 487 Rn. 16 – Deutsche Grammophon.

aus der Zweitverwertung als tatsächliche Monopolistin eine beherrschende Stellung ein.[30] Da sich der räumlich relevante Markt auf Deutschland erstreckt, besteht auch eine marktbeherrschende Stellung auf einem wesentlichen Teil des Binnenmarktes.

(3) Missbrauch. (a) Grundlagen. Die missbräuchliche Ausnutzung einer marktbeherrschenden Stellung erfasst 25

„die Handlungen eines Unternehmens in beherrschender Stellung, die die Struktur eines Marktes beeinflussen können, auf dem der Wettbewerb gerade wegen der Anwesenheit des fraglichen Unternehmens bereits geschwächt ist, und die die Aufrechterhaltung des auf dem Markt noch bestehenden Wettbewerbs oder dessen Entwicklung durch die Verwendung von Mitteln behindern, die von den Mitteln eines normalen, auf Leistung beruhenden Produkt- oder Dienstleistungswettbewerbs auf der Grundlage der Leistungen der Wirtschaftsbeteiligten abweichen“.[31]

Anhaltspunkte zur **weiteren Konkretisierung** des Tatbestandsmerkmals der missbräuchlichen Ausnutzung einer den Markt beherrschenden Stellung sind **Art. 102 Satz 2 lit. a bis d AEUV** zu entnehmen,[32] der **beispielhaft** („insbesondere“) typische Erscheinungsformen solcher Ausnutzung umschreibt. 26

(b) Art. 102 Satz 2 lit. a AEUV. Art. 102 Satz 2 lit. a AEUV nennt als Beispiel für den Missbrauch einer marktbeherrschenden Stellung die unmittelbare oder mittelbare Erzwingung von unangemessenen Einkaufs- oder Verkaufspreisen oder sonstigen Geschäftsbedingungen. 27

Fall: Die Voraussetzungen des Art. 102 Satz 2 lit. a AEUV können erfüllt sein, wenn eine nationale – hier: französische – Verwertungsgesellschaft auf Grund von Verträgen über die gegenseitige Vertretung mit anderen nationalen Verwertungsgesellschaften auch die Bestände dieser anderen Verwertungsgesellschaften verwaltet und einen kumulierten Gebührensatz festsetzt. Setzt ein marktbeherrschendes Unternehmen für seine Dienstleistungen einen Gebührensatz durch, der die in anderen Mitgliedstaaten festgesetzten Gebührensätze überschreitet, so liegt darin ein Indiz für den Missbrauch einer marktbeherrschenden Stellung. Das betroffene Unternehmen muss dann zur Vermeidung eines Verstoßes gegen Art. 102 Satz 2 lit. a AEUV die Differenz unter Hinweis auf etwaige objektive Unterschiede zwischen den Verhältnissen in dem in Rede stehenden Mitgliedstaat und denen in allen übrigen Mitgliedstaaten rechtfertigen.[33]

---

30 *EuGH* Slg. 1983, 483 Rn. 45 – GVL.
31 St. Rspr.; vgl. z. B. *EuGH* Slg. 1979, 461, 541 – Hoffmann-La Roche.
32 Vgl. dazu *Lettl*, Kartellrecht, § 3 Rn. 27ff.
33 *EuGH* Slg. 1989, 2811 Rn. 25 – Lucazeau.

28 **(c) Art. 102 Satz 2 lit. b AEUV.** Nach Art. 102 Satz 2 lit. b AEUV liegt ein Missbrauch vor bei der Einschränkung der Erzeugung, des Absatzes oder der technischen Entwicklung zum Schaden der Verbraucher.

Fall: Ein Fernsehsender, der nach nationalem Recht über ein Urheberrecht an seinem Programm verfügt, lehnt es ab, dem Anbieter einer wöchentlichen Fernsehzeitschrift, die sämtliche Programme der Fernsehsender gegenüberstellt, Grundinformationen zu seinem Programm zur Verfügung zu stellen. Einen Ersatz für einen wöchentlichen Fernsehprogrammführer, der Informationen über die Programme der folgenden Wochen enthält, gibt es nicht. Die in bestimmten Zeitungen veröffentlichten vollständigen Programmvorschauen für einen Zeitraum von 24 oder 48 Stunden am Wochenende oder am Vortag von Feiertagen können eine vorherige Information der Fernsehzuschauer über alle wöchentlichen Programme kaum ersetzen. Nur ein wöchentlicher Fernsehprogrammführer mit vollständiger Information über die Programme der kommenden Wochen versetzt die Verbraucher in die Lage, im Voraus zu entscheiden, welche Sendungen sie ansehen wollen.[34] Die auf nationale urheberrechtliche Vorschriften gestützte Weigerung des Fernsehsenders gegenüber dem Anbieter einer wöchentlichen Fernsehzeitschrift, die Grundinformationen zur Verfügung zu stellen, verhindert das Auftreten eines neuen Produkts (= umfassender wöchentlicher Fernsehprogrammführer) auf einem dem Fernsehmarkt nachgelagerten Markt. Da nach diesem Produkt zumindest eine potenzielle Nachfrage der Verbraucher besteht und der Fernsehsender dieses Produkt nicht selbst anbietet, liegt in der Verweigerung des Fernsehsenders, die Grundinformationen zu seinem Programm zur Verfügung zu stellen, ein Missbrauch nach Art. 102 Satz 2 lit. b AEUV.[35]

29 **(d) Andere Handlungen.** Da der Katalog des Art. 102 Satz 2 lit. a bis d AEUV nur Beispiele nennt und infolgedessen nicht abschließend ist, können auch andere Handlungen zur missbräuchlichen Ausnutzung einer marktbeherrschenden Stellung führen. So kann ein Missbrauch vorliegen, wenn ein deutscher Hersteller von Tonträgern sein ausschließliches Recht zur Verbreitung des Werks in der Weise ausübt, dass der **gebundene Verkaufspreis** im Inland höher ist als der Preis des aus einem anderen Mitgliedstaat reimportierten Originalerzeugnisses. Dieser Umstand führt zwar nicht notwendig zu einem Missbrauch. Er kann aber ein Indiz für einen Missbrauch sein, wenn er durch keine sachlichen Gründe zu rechtfertigen ist.[36]

30 Im Bereich des geistigen Eigentums kommt der Missbrauch einer marktbeherrschenden Stellung insbesondere durch die Verweigerung

---

34 *EuGH* Slg. 1995, I-743 Rn. 52 – Magill.
35 *EuGH* Slg. 1995, I-743 Rn. 54 – Magill.
36 *EuGH* Slg. 1971, 487 Rn. 19 – Deutsche Grammophon.

einer Lizenzerteilung in Betracht.[37] Da das **ausschließliche Recht der Vervielfältigung** dem Inhaber eines solchen Rechts zusteht, stellt die Verweigerung einer Lizenz an einem solchen Recht **grundsätzlich** keinen Missbrauch einer marktbeherrschenden Stellung i. S. d. Art. 102 S. 1 AEUV dar.[38] Für einen solchen Missbrauch bedarf es vielmehr außergewöhnlicher Umstände.

(e) Missbrauch marktbeherrschender Stellung durch Lizenzverweigerung. (aa) Wesentliche Einrichtung. Die Verweigerung muss eine Lizenz betreffen, die für bestimmte Tätigkeiten unentbehrlich ist (Wesentlichkeit der Einrichtung; *Essential Facilities*). 31

Fall: Die Unternehmen A und B befassen sich mit dem Verkauf von Marktberichten über den regionalen Absatz von Arzneimitteln. A hat hierzu ein urheberrechtlich geschütztes Informationssystem entwickelt, das Absatzdaten nach einer standardisierten regionalen Bausteinstruktur erfasst. A verkauft die jeweils erstellte Bausteinstruktur u. a. an Pharmaunternehmen, die die von A gegebenen Informationen zur Organisation und Kontrolle ihres Außendienstes nutzen. Außerdem gibt A die jeweils erstellte Bausteinstruktur unentgeltlich an Apotheken und Arztpraxen ab. Die Bausteinstrukturen von A sind ein gebräuchlicher Standard, an den die Kunden von A ihre EDV- und Vertriebsstrukturen anpassen. Ein von A eingerichteter Arbeitskreis, dem Kunden von A angehören, befasst sich damit, Verbesserungen mit dem Ziel einer optimalen Zusammensetzung der Bausteinstrukturen zu entwickeln. B begehrt Zugang zu dem Informationssystem von A.

Die Unentbehrlichkeit der Verwendung des Informationssystems von A kann sich für B auf Grund technischer oder wirtschaftlicher Hindernisse ergeben. Solche Hindernisse der Kunden von A bei einer etwaigen Umstellung auf das von B angebotene Informationssystem können daraus entstehen, dass Kunden von A durch einen von A eingerichteten Arbeitskreis intensiv in die Entwicklung der Bausteinstruktur von A einbezogen sind.[39] Daher wäre es für die betreffenden Kunden mit erheblichem technischen und wirtschaftlichen Aufwand verbunden, auf ein anderes als das von A angebotene Informationssystem umzustellen.

(bb) Verhinderung des Marktzutritts eines neuen Produkts. Die Verweigerung muss das Auftreten eines neuen Produkts, nach dem eine potenzielle Nachfrage der Verbraucher besteht, verhindern. Denn nur dann führt die Abwägung zwischen dem Interesse am Schutz des Rechts des geistigen Eigentums und der wirtschaftlichen 32

37 Zum Verhältnis des geistigen Eigentums zum Kartellrecht s. *Podszun*, JURA 2010, 437 ff.

38 *EuGH* Slg. 2004, I-5039 Rn. 34 – IMS Health; krit. dazu *Heinemann,* GRUR 2006, 705, 710.

39 *EuGH* Slg. 2004, I-5039 Rn. 29 – IMS Health.

Handlungsfreiheit seines Inhabers auf der einen und dem Interesse am Schutz des freien Wettbewerbs auf der anderen Seite dazu, dass das zuletzt genannte Interesse überwiegt.[40] So liegt es etwa dann, wenn sich das Unternehmen, das um die Lizenz ersucht, nicht im Wesentlichen darauf beschränken will, Produkte anzubieten, die der Inhaber des Rechts des geistigen Eigentums bereits auf dem abgeleiteten Markt anbietet, sondern beabsichtigt, neue Produkte anzubieten, die der Inhaber des Rechts des geistigen Eigentums nicht anbietet und für die eine potenzielle Nachfrage der Verbraucher besteht.

Fall: In dem unter Rn. 31 geschilderten Fall verhindert die Verweigerung der Lizenzerteilung das Auftreten eines neuen Produkts, wenn sich B nicht im Wesentlichen darauf beschränken will, Produkte anzubieten, die A bereits auf dem abgeleiteten Markt der Marktberichte über den regionalen Absatz von Arzneimitteln anbietet, sondern beabsichtigt, neue Produkte anzubieten, die A nicht anbietet und für die eine potenzielle Nachfrage der Verbraucher besteht.[41]

33 **(cc) Keine sachliche Rechtfertigung.** Die Verweigerung darf nicht sachlich gerechtfertigt sein.

Fall: In dem unter Rn. 31 geschilderten Fall bestehen keine Anhaltspunkte für eine sachliche Rechtfertigung der Verweigerung des A.

34 **(dd) Eignung zum Ausschluss von Wettbewerb auf einem abgeleiteten Markt.** Die Verweigerung muss geeignet sein, jeglichen Wettbewerb auf einem abgeleiteten (nachgelagerten) Markt auszuschließen. So liegt es insbesondere dann, wenn technische, rechtliche oder auch nur wirtschaftliche Hindernisse bestehen, die jedem Unternehmen, das auf diesem Markt tätig sein möchte, die Entwicklung von Alternativeinrichtungen unmöglich machen oder zumindest unzumutbar erschweren.[42]

Fall: In dem unter Rn. 31 geschilderten Fall ist zu prüfen, ob die Weigerung von A, eine Lizenz zur Verwendung der von A entwickelten Bausteinstruktur zu erteilen, geeignet ist, jeglichen Wettbewerb auf dem Markt der Lieferung von Daten über den regionalen Absatz von Arzneimitteln auszuschließen.

35 **(ee) Eignung zur Beeinträchtigung des Handels zwischen den Mitgliedstaaten.** Die Tathandlung muss geeignet sein, den Handel

---

40 *EuGH* Slg. 2004, I-5039 Rn. 48 – IMS Health.
41 *EuGH* Slg. 2004, I-5039 Rn. 49 – IMS Health.
42 *EuGH* Slg. 2004, I-5039 Rn. 28 – IMS Health.

zwischen den Mitgliedstaaten zu beeinträchtigen. Diese sog. Zwischenstaatlichkeitsklausel ist weit auszulegen.[43]

Beispiel: Schließt in dem unter Rn. 28 geschilderten Fall der Fernsehsender jeden potenziellen Konkurrenten auf dem geografischen Markt Irland und Nordirland aus, verändert er die Struktur des Wettbewerbs auf diesem Markt. Dies beeinträchtigt die potenziellen Handelsströme zwischen Irland und dem Vereinigten Königreich. Deshalb ist das Verhalten des Fernsehsenders auch geeignet, den Handel zwischen den Mitgliedstaaten zu beeinträchtigen.[44]

(ff) Ausnahme nach Art. 106 II AEUV. Unternehmen, auf die die **öffentliche Hand** erheblichen Einfluss ausübt, unterliegen den Wettbewerbsregeln, insbesondere den Art. 101 und 102 AEUV, grundsätzlich in gleicher Weise wie private Unternehmen. Deshalb bestimmt Art. 106 I AEUV, dass die Mitgliedstaaten in Bezug auf öffentliche Unternehmen und auf Unternehmen, denen sie besondere oder ausschließliche Rechte gewähren, keine den Verträgen und insbesondere den Art. 18 und 101 bis 109 AEUV widersprechenden Maßnahmen treffen oder beibehalten. 36

Von der Anwendbarkeit der Wettbewerbsregeln auf öffentliche Unternehmen macht Art. 106 II 1 AEUV eine Ausnahme zu Gunsten von Unternehmen, die mit Dienstleistungen von **allgemeinem wirtschaftlichen Interesse** betraut sind oder den Charakter eines **Finanzmonopols** haben. Diese Ausnahme erstreckt sich auf den Bereich, in dem die Anwendung der Wettbewerbsregeln die Erfüllung der den Unternehmen übertragenen Aufgaben rechtlich oder tatsächlich verhindern würde. Art. 106 II 2 AEUV schränkt Art. 106 II 1 AEUV insoweit ein, als die Entwicklung des Handelsverkehrs nicht in einem Ausmaß beeinträchtigt werden darf, das dem Interesse der Union zuwiderläuft. 37

Die **Verwertungsgesellschaften** (z. B. GEMA) sind indes keine Unternehmen, die i. S. d. Art. 106 II AEUV mit Dienstleistungen von allgemeinem wirtschaftlichen Interesse betraut sind.[45] 38

43 Vgl. dazu *Lettl*, Kartellrecht, § 2 Rn. 45 ff.
44 *EuGH* Slg. 1995, I-743 Rn. 70 – Magill.
45 *EuGH* Slg. 1983, 483 Rn. 32 – GVL.

3. Sekundäres Unionsrecht

a) Angleichungswirkung

39 Während die Art. 34, 56 AEUV eine bloß negative Angleichungswirkung entfalten, indem sie nationalem, mit den Marktfreiheiten nicht zu vereinbarendem Urheberrecht entgegenstehen, enthält das Sekundärrecht **positiv** bestimmte Vorgaben für das Urheberrecht der Mitgliedstaaten. Zum Sekundärrecht, zu dessen Auslegung allein der *EuGH* berufen ist (Art. 267 AEUV), gehören Verordnungen und Richtlinien. Sie gelten, anders als Art. 34, 56 AEUV, nicht nur für grenzüberschreitendes, sondern auch für rein innerstaatliches Marktverhalten der Anbieter.[46]

b) Verordnungen

40 Für die Harmonisierung des Urheberrechts bestehen bisher keine Verordnungen.

c) Richtlinien

41 **aa) Auslegung.** Da Richtlinien weit gehend von autonomer Begrifflichkeit geprägt sind, haben aus dem nationalen Recht bekannte Begriffe, wenn sie im Unionsrecht begegnen, nicht notwendig denselben Bedeutungsgehalt. Vielmehr bestimmen Richtlinienbegriffe und ihre autonome Auslegung stets die Bedeutung der ihnen entsprechenden Begriffe nationalen Rechts, so dass es auf entgegenstehende Auslegungshinweise, die sich aus den vorbereitenden Arbeiten zu der nationalen Regelung ergeben, nicht ankommt.[47] Dies ergibt sich aus dem **Gebot richtlinienkonformer Auslegung.** Dabei sind so weit wie möglich der Wortlaut und Zweck der Richtlinie zu berücksichtigen, um das mit ihr verfolgte Ziel zu erreichen und Art. 288 III AEUV nachzukommen.[48] Diese Verpflichtung besteht auch dann, wenn eine Richtlinie, die den Mitgliedstaaten keinen Gestaltungsspielraum lässt, nicht innerhalb der Umsetzungsfrist umgesetzt ist.[49] Sofern nationales Recht der Richtlinie entgegensteht, ist es nicht

46 Köhler/Bornkamm/*Köhler*, Einl. Rn. 3.13.
47 *EuGH* Slg. 2004, I-05 791 Rn. 13 – Björnekulla Fruktindustrier.
48 *EuGH* Slg. 1990, I-4135 Rn. 8 – Marleasing; Slg. 2004, I-05791 Rn. 13 – Björnekulla Fruktindustrier.
49 *BGH* GRUR 1993, 825, 826 – Dos; GRUR 1998, 823, 827 – Testpreis-Angebot.

mehr anzuwenden. Ist eine Richtlinie noch nicht umgesetzt, besteht vor Ablauf der Umsetzungsfrist lediglich die Berechtigung zur richtlinienkonformen Auslegung. Zur Vermeidung von Wertungswidersprüchen kann die richtlinienkonforme Auslegung auch gebieten, die Wertungen der Richtlinie auf vergleichbare, nicht in der Richtlinie geregelte Fallkonstellationen anzuwenden.[50]

bb) Einzelne Richtlinien. Von den durch die Europäische Union erlassenen Richtlinien sind für den Bereich des Urheberrechts insbesondere folgende Regelungen von Bedeutung (in chronologischer Reihenfolge): 42

- Richtlinie 91/250/EWG vom 14.5.1991 über den Rechtsschutz von **Computerprogrammen**[51] in der Fassung der Richtlinie 2009/24/EG vom 23.4.2009[52].
- Richtlinie 92/100/EWG vom 19.11.1992 zum **Vermietrecht** und Verleihrecht sowie zu bestimmten dem Urheberrecht verwandten Schutzrechten im Bereich des geistigen Eigentums[53] in der Fassung der Richtlinie 2006/115/EG.[54]
- Richtlinie 93/83/EWG vom 27.9.1993 zur Koordinierung bestimmter urheber- und leistungsschutzrechtlicher Vorschriften betreffend **Satellitenrundfunk und Kabelweiterverbreitung**[55] in der Fassung der Richtlinie 2006/116/EG.[56]
- Richtlinie 93/98/EWG vom 29.10.1993 zur Harmonisierung der **Schutzdauer** des Urheberrechts und bestimmter verwandter Schutzrechte[57] in der Fassung der Richtlinie 2006/116/EG über die Schutzdauer des Urheberrechts und bestimmter verwandter Schutzrechte.[58]
- Richtlinie 96/9/EG vom 11.3.1996 über den rechtlichen Schutz von **Datenbanken.**[59]
- Richtlinie 2001/29/EG vom 22.5.2001 zur Harmonisierung bestimmter Aspekte des Urheberrechts und der verwandten Schutzrechte in der **Informationsgesellschaft.**[60]
- Richtlinie 2001/84/EG vom 27.9.2001 über das **Folgerecht** des Urhebers des Originals eines Kunstwerks.[61]

---

50 *EuGH* Slg. 1990, I-4135 Rn. 9, 13 – Marleasing.
51 ABl. EG v. 17.5.1991, Nr. L 122, S. 44.
52 ABl. EU v. 5.5.2009, Nr. L 111, S. 16.
53 ABl. EG v. 27.11.1992, Nr. L 346, S. 61.
54 ABl. EG v. 27.12.2006, Nr. L 376, S. 28.
55 ABl. EG v. 6.10.1993, Nr. L 248, S. 15.
56 ABl. EG v. 27.12.2006, Nr. L 372, S. 12.
57 ABl. EG v. 24.11.1993, Nr. L 290, S. 9.
58 ABl. EG v. 27.12.2006, Nr. L 372, S. 12.
59 ABl. EG v. 27.3.1996, Nr. L 77, S. 20.
60 ABl. EG v. 22.6.2001, Nr. L 167, S. 10.
61 ABl. EG v. 13.10.2001, Nr. L 272, S. 32.

- Richtlinie 2004/48/EG vom 29.4.2004 zur **Durchsetzung der Rechte des geistigen Eigentums.**[62]
- Richtlinie 2006/116/EG über die Schutzdauer des Urheberrechts und bestimmter verwandter Schutzrechte[63] in der Fassung der Richtlinie 2011/77/EU.[64]

II. Begriff und Funktion des Urheberrechts

43 Allgemein ist das Urheberrecht zu umschreiben als **Schutzrecht** qualifizierter menschlicher **Kommunikation** sowie als Ausschnitt aus dem Recht der **Kulturwirtschaft.**[65] Das Urheberrecht schützt nämlich die Urheber schöpferischer Werke auf dem Gebiet der Literatur, Wissenschaft und Kunst.[66] Es setzt also die **persönliche geistige Schöpfung einer natürlichen Person** (Urheber) voraus. Ihre persönlichkeitsrechtlichen und verwertungsrechtlichen Interessen sind durch das **Urheberrecht im engeren Sinne** geschützt (vgl. § 11 UrhG). Der Schutz des Urheberrechts kommt aber auch Inhabern sog. verwandter Schutzrechte zu (vgl. dazu § 9 Rn. 1 ff.), die Werke eines Urhebers interpretieren oder wiedergeben **(Urheberrecht im weiteren Sinne).**

Beispiele: Hersteller von Tonträgern; Sendeunternehmen; Filmhersteller.

44 Als **gesetzliche Regelungen** des deutschen Urheberrechts sind in erster Linie zu nennen: (1) Das Urheberrechtsgesetz (UrhG) bestimmt die materiellen Voraussetzungen und den Umfang des Schutzes bestimmter Leistungen. Auf dieser Regelung liegt daher der Schwerpunkt der folgenden Darstellung. (2) Das Urheberrechtswahrnehmungsgesetz (UrhWG) legt den rechtlichen Rahmen für das Handeln der Verwertungsgesellschaften fest. (3) Das KUG ist keine urheberrechtliche Regelung im eigentlichen Sinne. Denn es regelt in § 22 f. KUG das allgemeine Persönlichkeitsrecht am eigenen Bild (vgl. dazu näher § 12 Rn. 1 ff.).

45 Die **Erforderlichkeit** urheberrechtlicher Schutzrechte ist auf die Erfindung des Buchdrucks zurückzuführen. Denn es galt, die Investitionen von Druckern und Verlegern gegen Nachdruck zu schützen

---

62 ABl. EG v. 30.4.2004, Nr. L 157, S. 45 u. ABl. EG v. 2.6.2004, Nr. L 195, S. 16.
63 ABl. EU v. 27.12.2006, Nr. L 372, S. 12.
64 ABl. EU v. 11.10.2011, Nr. L 265, S. 1.
65 Schricker/Loewenheim/*Schricker/Loewenheim*, Einl. Rn. 2 u. 7.
66 Dreier/Schulze/*Dreier*, Einl. Rn. 1.

(Amortisationsschutz). Sie schufen nämlich die Voraussetzung für die gewünschte Vervielfältigung und Verbreitung geistiger Werke. Erst später, nämlich vor allem in der Renaissance, rückt der Künstler als individueller Urheber in den Mittelpunkt des urheberrechtlichen Schutzes.[67] In der heutigen Zeit steht das Urheberrecht vor allem vor der Aufgabe, die Herausforderungen durch Digitalisierung und Vernetzung zu bewältigen.

III. Verfassung und Urheberrecht

Die Art. 1 und 2 GG schützen die persönlichkeitsrechtlichen Bestandteile des Urheberrechts. Die vermögenswerten Befugnisse des Urheberrechts sind durch die **Eigentumsgarantie des Art. 14 GG** geschützt.[68] Inhalt und Schranken dieser Garantie hat der Gesetzgeber nach Art. 14 I 2 GG zu bestimmen. Dabei sind die vermögenswerten Befugnisse an der schöpferischen Leistung dem Urheber zuzuordnen. Deshalb ist der Urheber tunlichst am wirtschaftlichen Nutzen der Verwertung seines Werks zu beteiligen. Zugleich sind die vermögenswerten Befugnisse des Urhebers im Interesse des Gemeinwohls zu begrenzen. Individuelle Befugnisse des Urhebers und Interesse des Gemeinwohls sind in ein **ausgewogenes Verhältnis** zu bringen. Dabei ist der Gleichheitsgrundsatz des Art. 3 I GG zu beachten. Außerdem ist das Eigentumsrecht mit entgegenstehenden Grundrechten wie der Kunstfreiheit des Art. 5 III GG,[69] der Wissenschaftsfreiheit des Art. 5 III GG und der Berufsfreiheit des Art. 12 I GG[70] **abzuwägen.** Stets sind die Grundrechte bei der gebotenen verfassungskonformen Auslegung der Ausschließlichkeitsrechte und der Schrankenbestimmung von Bedeutung. 46

Art. 14 GG macht keinen zeitlich unbegrenzten absoluten Bestandsschutz zu Gunsten eines einmal entstandenen Urheberrechts erforderlich. Auch ist nicht jede inhaltliche Veränderung einer geschützten Rechtsposition ausgeschlossen.[71] Ist jedoch eine geschützte Rechtsposition entstanden, darf der Gesetzgeber diese nicht rückwirkend etwa durch Verkürzung bereits laufender Schutzfristen ein- 47

67 Dreier/Schulze/*Dreier*, Einl. Rn. 10.
68 *BVerfG* GRUR 1990, 183 – Vermietungsvorbehalt.
69 *BVerfG* GRUR 1972, 481, 483 – Kirchen- und Schulgebrauch.
70 *BVerfG* GRUR 2001, 149 – Germania 3.
71 *BVerfG* GRUR 1980, 44, 46 – Kirchenmusik.

schränken **(Verbot der Rückwirkung)**. §§ 44a ff. UrhG enthalten Bestimmungen, die die Reichweite der Ausschließlichkeitsbefugnisse der Urheber und Rechteinhaber **begrenzen (Schrankenbestimmungen).** Der Wegfall des Erfordernisses der Zustimmung und gegebenenfalls sogar des Vergütungsanspruchs ist aus Gründen des Gemeinwohls, die bei Beachtung des Grundsatzes der Verhältnismäßigkeit gegenüber den urheberrechtlichen Interessen vorrangig sind, gerechtfertigt.[72] Bei der Auslegung der Schrankenbestimmungen sind die Grundrechte zu berücksichtigen. Da diese Regelungen das ausschließliche Verwertungsrecht des Urhebers einschränken, sind sie grundsätzlich **eng auszulegen.**[73]

IV. Urheberrechtsgesetz

1. Aufbau

48 Sowohl das Urheberrecht im engeren Sinne als auch das Urheberrecht im weiteren Sinne ist im **Urheberrechtsgesetz** (UrhG) vom 9.9.1965 geregelt. Dieses Gesetz enthält fünf Teile:

Teil 1 (§§ 1 bis 69g UrhG) regelt das Urheberrecht,
Teil 2 (§§ 70 bis 87e UrhG) die verwandten Schutzrechte.
Teil 3 (§§ 88 bis 95 UrhG) enthält besondere Bestimmungen für Filme,
Teil 4 (§§ 95a bis 119 UrhG) gemeinsame Bestimmungen für Urheberrecht und verwandte Schutzrechte und
Teil 5 (§§ 120 bis 143 UrhG) Regelungen zum Anwendungsbereich sowie *Übergangs- und Schlussbestimmungen.*

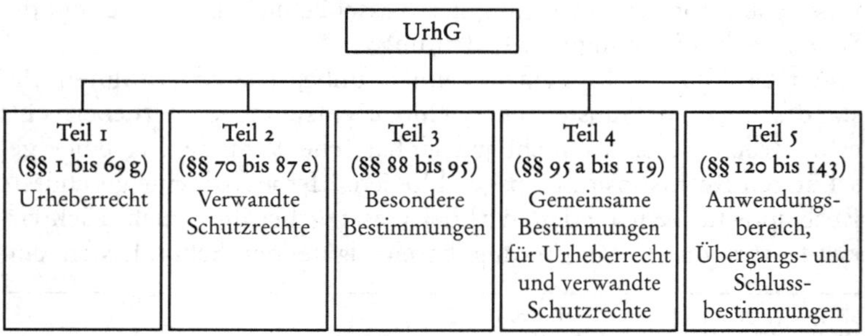

72 *BVerfG* GRUR 1980, 44, 48 – Kirchenmusik.
73 *BGH* GRUR 1987, 362, 363 – Filmzitat.

2. Inhalt

a) Personenverhältnisse

Das UrhG regelt den Schutz des Urhebers gegenüber Verwertern des Werks und Dritten. Es berücksichtigt dabei das Interesse des Gemeinwohls an der Schaffung möglichst vieler Werke und Leistungen einerseits sowie an einem möglichst umfangreichen Zugang zu geschaffenen Werken und Leistungen andererseits (vgl. auch Rn. 46 f.). Darüber hinaus enthält das UrhG Bestimmungen zum Verhältnis zwischen Urheber/Rechteinhaber einerseits und Wettbewerbern andererseits. Das UrhG ist daher **Sonderprivatrecht** und Teil des **Wirtschaftsrechts.** 49

b) Rechte des Urhebers

Das UrhG schützt das Persönlichkeitsrecht des Urhebers, indem es ihm das **Urheberpersönlichkeitsrecht** zuerkennt. Dieses Recht gewährt das Recht auf Namensnennung, auf Werkintegrität sowie einige weitere, persönlichkeitsrechtlich geprägte Befugnisse. Als vermögenswerte Rechte schützt das UrhG die Verwertungsinteressen des Urhebers durch **ausschließliche Verwertungsrechte.** Allein der Urheber hat danach – vergleichbar dem Sacheigentümer nach § 903 BGB – das Recht, das geschützte Werk zu nutzen und Dritte hiervon auszuschließen (vgl. § 15 I und II UrhG). Das Urheberpersönlichkeitsrecht und die Verwertungsrechte bestehen nicht eigenständig nebeneinander (so aber die sog. dualistische Theorie), sondern bilden ein einheitliches Recht (sog. monistische Theorie oder Baumtheorie von *Eugen Ulmer*[74], wonach die beiden geschützten Interessenbereiche die Wurzeln eines Baumes bilden, dessen Stamm das einheitliche Urheberrecht ist. Die einzelnen Befugnisse des Urhebers sind die Äste und Zweige des Baums. Sie erhalten ihre Kraft aus den Wurzeln des Baums). Die Schrankenbestimmungen der §§ 44a ff. UrhG sollen die Interessen der Allgemeinheit berücksichtigen. Anders als das Sacheigentum ist das Urheberrecht **zeitlich begrenzt** (§§ 64 ff. UrhG). 50

Das Urheberrecht ist wegen der Einheit persönlichkeits- und verwertungsrechtlicher Befugnisse **nicht veräußerlich** (sog. monistische Theorie; vgl. § 29 I UrhG). Der Urheber kann **Dritten** an seinem 51

74 Urheber- und Verlagsrecht, 1980, S. 116.

Werk jedoch **Nutzungsrechte** einräumen. Diese können ausschließlich oder nicht ausschließlich sowie zeitlich, inhaltlich und räumlich beschränkt sein (§ 31 UrhG). Damit ist dem Urheber auch die Erzielung einer Vergütung durch die Verwertung seines geschützten Werks zugewiesen. In besonderen Fällen von Allgemeininteressen ist der Urheber von der ausschließlichen Befugnis zur Nutzung seines Werks ausgeschlossen, weil das Gesetz Nutzungsrechte Dritter begründet (sog. **gesetzliche Lizenz**). Das UrhG beschränkt die Rechte des Urhebers in einem solchen Fall auf den Vergütungsanspruch. Ist eine individuelle Wahrnehmung der Rechte des Urhebers aus praktischen Gründen nicht möglich, nehmen **Verwertungsgesellschaften** (z. B. GEMA) die Rechte einer Vielzahl von Urhebern wahr. Wegen ihrer faktischen Monopolstellung besteht für sie ein Wahrnehmungs- und Kontrahierungszwang. Außerdem unterstehen Verwertungsgesellschaften der Aufsicht durch das Deutsche Patent- und Markenamt (DPMA).

c) Immaterieller Schutzgegenstand und materielle Verkörperung

52 Das Urheberrecht schützt nur den immateriellen Gegenstand (z. B. Text, Bild oder Melodie), auch wenn er in einer materiellen Verkörperung Ausdruck findet (z. B. Buch, Gemälde oder Musiknoten). Die Rechte an diesen beiden Objekten sind voneinander unabhängig und können daher verschiedenen Personen zustehen.

Beispiel: Der Käufer eines Buches erwirbt das Eigentum an dem Buch (Einband, Papier, Druckfarbe). Rechte an dem geschützten Text stehen dem Käufer hingegen grundsätzlich nicht zu. Sie bestehen nur dann, wenn eine Ausnahme vom vollständigen Ausschließlichkeitsschutz als Urheberrechtsschranke (vgl. §§ 44a ff., 69d und e, 87c UrhG) oder eine zusätzliche Rechtseinräumung durch den Urheber/Rechteinhaber gegeben ist. Ebenso, wenn die Dauer des urheberrechtlichen Schutzes abgelaufen und das Werk damit gemeinfrei ist. Ein gutgläubiger Erwerb urheberrechtlicher Befugnisse ist – anders als ein gutgläubiger Erwerb des Eigentums nach §§ 932 ff. BGB – nicht möglich.

53 Bei Verletzung des Urheberrechts stehen dem Urheber Ansprüche auf Beseitigung (§§ 97 I 1 Alt. 1, 98, 99 UrhG), Unterlassung (§ 97 I 1 Alt. 2, I 2 UrhG), Schadensersatz für Vermögensschäden (§ 97 II 1 UrhG) und Schadensersatz für immaterielle Schäden (§ 97 I 4 UrhG) zu.

3. Verhältnis zu anderen Vorschriften

a) Gewerbliche Schutzrechte

aa) Begriff und Schutzobjekt. Zu den gewerblichen Schutzrechten gehören das Patentrecht, Markenrecht, Geschmacksmusterrecht, Gebrauchsmusterrecht, Sortenrecht und das Halbleiterschutzrecht. Sie schützen wie das Urheberrecht und anders als das Sachenrecht (§ 90 BGB) einen **unkörperlichen, immateriellen Gegenstand.** Gewerbliche Schutzrechte und Urheberrecht sind unter dem Oberbegriff geistiges Eigentum zusammenzufassen. 54

bb) PatG. Das PatG schützt Erfindungen, die neu sind, auf einer erfinderischen Tätigkeit beruhen und gewerblich anwendbar sind (§ 1 I PatG). Geschützt ist die **Idee der Erfindung** unabhängig von ihrer materiellen Verkörperung. Das Patentrecht gewährt ein **echtes Ausschließlichkeitsrecht,** so dass auch eine unabhängige Doppelschöpfung – anders als im Urheberrecht – eine Rechtsverletzung darstellt.[75] Das Patentrecht erstreckt sich grundsätzlich auf die Benutzung und den bloßen Besitz zu kommerziellen Zwecken (zu Ausnahmen für Versuchszwecke vgl. §§ 9, 11 PatG). **Technische Gegenstände** mit Formgebung wie Computerprogramme können sowohl durch das PatG als auch durch das UrhG geschützt sein. Bloße **Entdeckungen** schützt hingegen weder das PatG noch das UrhG. Das Patentrecht besteht zwanzig Jahre, die mit dem Tag beginnen, der auf die Anmeldung der Erfindung folgt (§ 16 I 1 PatG). Die **Dauer des Schutzes** durch das PatG ist daher wesentlich kürzer als die 70-jährige Schutzfrist des Urheberrechts (§ 64 UrhG). 55

cc) MarkenG. Das MarkenG ist auf den Schutz von **Zeichen** gerichtet, die geeignet sind, Waren oder Dienstleistungen eines Unternehmens von denjenigen anderer Unternehmen zu unterscheiden (§ 3 I MarkenG). 56

Beispiel: Bezeichnung eines Brotaufstrichs als „Nutella“.

Davon sind nach § 3 II MarkenG nur solche Formgebungen ausgenommen, die ausschließlich durch die Art der Ware selbst bedingt oder zur Erreichung einer technischen Wirkung erforderlich sind, 57

75 Dreier/Schulze/*Dreier*, Einl. Rn. 30.

oder die der Ware einen wesentlichen Wert verleihen. Markenrechtlicher und urheberrechtlicher Schutz können nebeneinander bestehen.

Beispiel: Vertrieb eines urheberrechtlich geschützten Werks unter einer bestimmten Marke.

58 Ist ein Werk auf Grund des **Ablaufs der Dauer der urheberrechtlichen Schutzfrist** (dazu § 7 Rn. 1 ff.) gemeinfrei, darf zwar jedermann es verwerten und frei übernehmen. Ein kennzeichenrechtlicher Werktitelschutz nach §§ 5 III, 15 MarkenG besteht jedoch fort, sofern dem Titel Unterscheidungskraft zukommt und der Berechtigte ihn benutzt.[76] Der Nachdruck eines gemeinfreien Werkes selbst ist jedoch auch unter dem Originaltitel zulässig. Lediglich die Benutzung des geschützten Titels für ein anderes Werk ist ausgeschlossen.

Beispiel: Verlag A verwertet die seit 1963 gemeinfreien Werke Karl Mays in Buchform unter anderem mit den Bänden „Winnetou I“, „Winnetou II“, „Winnetou III“ und „Winnetous Erben“. Filmproduzent B produziert unter dem Titel „Winnetous Rückkehr“ einen zweiteiligen Film, den ein Fernsehsender ausstrahlt. Die Handlung des Films beruht darauf, dass Winnetou nicht gestorben, sondern lediglich ins Koma gefallen ist. Nach seinem Erwachen lebt er zunächst in den Bergen und ist später Häuptling eines Stammes von Waldindianern. A sieht in der Verwendung des Filmtitels „Winnetous Rückkehr“ eine Verletzung der Titelrechte an den von ihm verlegten Winnetou-Romanen.

Der *BGH*[77] geht zunächst davon aus, dass die Titel „Winnetou I“, „Winnetou II“ und „Winnetou III“ markenrechtlich schutzfähig nach §§ 5, 15 MarkenG sind, weil sie ursprüngliche Unterscheidungskraft als Werktitel hätten. Dass die zu Grunde liegenden Werke Karl Mays mittlerweile gemeinfrei seien, stehe dem Werktitelschutz nicht entgegen. Denn der Werkbegriff des § 5 III MarkenG unterscheide sich von dem Werkbegriff des § 2 UrhG und setze insbesondere keine urheberrechtliche Schutzfähigkeit voraus. Zwar dürfe jedermann Nachdrucke des gemeinfreien Werks unter seinem Titel veröffentlichen und vertreiben. Das Recht des ursprünglich Titelschutzberechtigten und das eines sonstigen Verwenders des Titels im Zusammenhang mit dem Werk blieben jedoch bestehen. Sie könnten Rechte aus dem Titel auch dann geltend machen, wenn jemand diesen für ein neues, ein anderes Werk benutze. Zwischen dem von A benutzten Titel und dem Titel des Films von B bestehe aber keine Verwechslungsgefahr i. S. d. §§ 5 I und III, 15 II MarkenG.

59 **dd) GeschmG.** Das Geschmacksmustergesetz (GeschmG) ist auf den Schutz neuer und eigentümlicher zwei- oder auch dreidimensionaler **Formgebungen** gerichtet (§ 1 II GeschmG).

---

76 *BGH* NJW 2003, 1869, 1870.
77 *BGH* NJW 2003, 1869, 1870.

Beispiel: besonderer Schnitt eines Abendkleids.

Ein Gegenstand kann sowohl urheberrechtlich als auch geschmacksmusterrechtlich geschützt sein. 60

Beispiel: Ein urheberrechtlich geschütztes Werk ist in das Musterregister eingetragen (§ 7 I GeschmG i. V. m. §§ 19f. GeschmG).

Schutz durch das GeschmG setzt voraus, dass das Muster **neu** ist und **Eigenart** hat (§ 2 I GeschmG). Für die Eigenart ist erforderlich, aber auch ausreichend, dass sich der Gesamteindruck des Musters von bereits Bekanntem unterscheidet (§ 2 III GeschmG). Hierfür gelten keine hohen Anforderungen. Der Inhaber eines Geschmacksmusterrechts ist ausschließlich berechtigt, das Geschmacksmuster zu benutzen (§§ 7, 8 GeschmG) und Dritten zu verbieten, es ohne seine Zustimmung zu benutzen (§ 9 i. V. m. § 38 GeschmG). Dieser Schutz gegenüber Dritten besteht unabhängig davon, ob der Dritte Kenntnis von dem Geschmacksmuster hat (§ 38 I GeschmG; Recht mit Sperrwirkung). 61

Ein und dieselbe Leistung kann sowohl nach Urheberrecht als auch nach Geschmacksmusterrecht schutzfähig sein, doch setzt der Schutz durch das Urheberrecht einen **höheren Grad von Gestaltungshöhe** voraus.[78] Da eine geschmacksmusterfähige Gestaltung schon dann gegeben ist, wenn sie sich von dem rein Handwerksmäßigen und Alltäglichen abhebt, ist für einen Schutz durch das Urheberrecht ein noch weiterer Abstand erforderlich. Es bedarf hierfür eines deutlichen Überragens der Durchschnittsgestaltung.[79] Eine nicht ganz fern liegende Kombination oder Abwandlung bekannter oder notwendiger Elemente genügt nicht. Vielmehr muss es sich nach den im Leben herrschenden Anschauungen um Kunst handeln. 62

Die **Dauer des Schutzes** durch das GeschmG ist mit 25 Jahren (§ 27 GeschmG) wesentlich kürzer als die 70-jährige Schutzfrist des Urheberrechts (§ 64 UrhG). 63

b) UWG

aa) § 4 Nr. 9 UWG (Schutz vor unlauterer Nachahmung). Ist das Urheberrecht auf den Schutz geistiger Leistungen gerichtet, so geht es dem UWG allein darum, unlautere geschäftliche Handlungen 64

78 *BGH* GRUR 1979, 332, 336 – Brombeerleuchte; 1995, 581, 582 – Silberdistel.
79 *BGH* GRUR 1998, 830, 832 – Les-Laul-Gitarren.

zu verhindern. Schutz vor unlauterer Nachahmung nach § 4 Nr. 9 UWG kommt grundsätzlich nur dann in Betracht, wenn kein Sonderrechtsschutz (z. B. durch das Urheberrecht nach § 2 I Nr. 4 UrhG) besteht (sog. Vorrangthese).[80] Denn dann bedarf es keines zusätzlichen („ergänzenden") Schutzes. Schutz vor unlauteren Nachahmungen nach § 4 Nr. 9 UWG setzt ferner voraus, dass die Regelungen und die Wertungen des Sonderrechtsschutzes (z. B. durch das Urheberrecht) einen weitergehenden Schutz nicht ausschließen.[81] So führt die Begrenzung des urheberrechtlichen Schutzes auf 70 Jahre nach dem Tod des Urhebers (im Umkehrschluss) dazu, dass jedermann dessen Werke nach **Ablauf** dieser **Schutzfrist** frei nutzen darf (Gemeinfreiheit des Werks). § 4 Nr. 9 UWG kann aber dann anwendbar sein, wenn besondere Begleitumstände (vgl. z. B. § 4 Nr. 9 lit. a bis c UWG) gegeben sind, die außerhalb des sondergesetzlichen Tatbestands (z. B. Urheberrecht) liegen und das Verhalten als wettbewerbswidrig erscheinen lassen.[82] Dies gilt auch und gerade dann, wenn keine Urheberrechtsverletzung vorliegt.

65 Der Tatbestand des § 4 Nr. 9 UWG setzt voraus, dass ein Unternehmen **(1)** die Ware oder Dienstleistung eines Mitbewerbers, die **(2)** nicht (mehr) unter Sonderrechtsschutz steht, aber **(3)** wettbewerbliche Eigenart aufweist, **(4)** nachahmt sowie **(5)** auf dem Markt anbietet und **(6)** besondere, die Unlauterkeit begründende Umstände wie nach § 4 Nr. 9 lit. a bis c UWG (Beispiele) gegeben sind. Von vornherein keine Leistungsübernahme liegt vor, wenn der Anbieter nicht die Leistung eines Dritten vermarktet, sondern eine **eigene Leistung** anbietet. Keine Leistungsübernahme liegt deshalb vor, wenn Hyperlinks einen Zugriff auf fremde Informationen wie Auszüge aus Tageszeitungen im Internet ermöglichen, die ein anderer Diensteanbieter öffentlich zugänglich macht.[83] Denn der Anbieter der Hyperlinks erleichtert lediglich den Zugriff auf für alle Marktteilnehmer frei zugängliche Informationen. Das Angebot einer eigenen Leistung und keine Leistungsübernahme ist ferner dann gegeben, wenn eine Bank auf einen Aktienindex wie den DAX als Bezugsgröße für die Wertentwicklung ihrer Finanzprodukte verweist.[84] Denn die Leistungen einer Bank, die nicht einen eigenen Aktienindex herausgibt, sondern

80 *BGH* GRUR 1994, 630, 632 – Cartier-Armreif.
81 *BGH* GRUR 1995, 581, 583 – Silberdistel.
82 BGHZ 140, 183, 189 – Elektronische Pressearchive.
83 *BGH* GRUR 2003, 958, 963 – Paperboy.
84 BGHZ 181, 77 Rn. 43 – DAX.

eigene Finanzprodukte anbietet, lassen sich mit den Dienstleistungen der Deutschen Börse und dem von ihr geschaffenen Leistungsergebnis nicht vergleichen. Der DAX bildet hier lediglich einen Referenzwert zur Berechnung der Höhe der Forderung des Gläubigers der Bank am Stichtag. Berechnungsmethoden sind hier von vornherein nicht übernommen.

bb) § 4 Nr. 11 UWG (Rechtsbruch). Die Normen des Urheber- 66
rechts enthalten eine **abschließende Regelung der Rechtsfolgen** von Urheberrechtsverstößen. Das Urheberrecht stellt für die von ihm geschützten Personen ausreichende zivilrechtliche Sanktionen zur Verfügung (vgl. § 97 UrhG). Es ist klar geregelt, welche Personen zur Geltendmachung von Urheberrechtsverstößen berechtigt sind. Dazu gehören – anders als im UWG (vgl. § 8 III Nr. 1 bis 3 UWG) – insbesondere nicht die Mitbewerber, Wirtschaftsverbände und Verbraucherverbände. Diese Wertung würde unterlaufen, nähme man bei einem Verstoß gegen eine Regelung des UrhG stets auch einen Rechtsbruch i. S. d. § 4 Nr. 11 UWG an. Deshalb ist es **ausgeschlossen,** einen **Verstoß gegen Regelungen des UrhG als Rechtsbruch** i. S. d. § 4 Nr. 11 UWG zu beurteilen.[85] Auf einen Vorsprung, den sich der Verletzer eines Urheberrechts verschafft, indem er sich ohne Genehmigung des Berechtigten rasch Marktzutritt verschafft und preisgünstiger anbieten kann, kommt es nicht an.[86] Denn hierfür findet sich keine Stütze im Wortlaut des § 4 Nr. 11 UWG.

c) GWB

Für das GWB gelten die zu Art. 101 und 102 AEUV angestellten 67
Erwägungen (Rn. 16ff.) entsprechend. Das GWB ist grundsätzlich neben dem UrhG anwendbar. Das Kartellverbot ist in § 1 GWB, der Missbrauch marktbeherrschender Stellung in § 19 GWB geregelt. Rechtsprechung zur Kontrolle der Ausübung von Urheberrechten oder von Urheberrechtsverträgen ist hier zumeist zu § 30 GWB **(Preisbindung bei Zeitungen und Zeitschriften)**, einem Ausnahmetatbestand von § 1 GWB, ergangen.[87]

Nach § 30 I 1 GWB gilt § 1 GWB nicht für vertikale Preisbindun- 68
gen, durch die ein Unternehmen, das Zeitungen oder Zeitschriften

85 *BGH* GRUR 1994, 630, 632 – Cartier-Armreif.
86 Dreier/Schulze/*Dreier,* Einl. Rn. 36; a. A. Schricker/Loewenheim/*Schricker/Loewenheim,* Einl. Rn. 53.
87 Vgl. dazu *Lettl,* Kartellrecht, § 8 Rn. 28ff.

herstellt, die Abnehmer dieser Erzeugnisse rechtlich oder wirtschaftlich bindet, bei der Weiterveräußerung bestimmte Preise zu vereinbaren oder ihren Abnehmern die gleiche Bindung bis zur Weiterveräußerung an den letzten Verbraucher aufzuerlegen. § 30 I GWB begründet damit eine Ausnahme (Freistellung) von dem sich aus § 1 GWB ergebenden Preisbindungsverbot zu Gunsten von Presseunternehmen. Denn es ist erforderlich, die Preisbindung bei Zeitungen und Zeitschriften zu ermöglichen, weil der Staat verpflichtet ist, die **Pressefreiheit** (Art. 5 I 2 GG) zu schützen. § 30 I GWB dient danach dem Schutz der Pressefreiheit, die auch den Vertrieb von Presseprodukten erfasst. Geschützt ist das historisch gewachsene Vertriebssystem, wonach Presseerzeugnisse überall zu einheitlichen Preisen erhältlich sind **(Überallerhältlichkeit).** Denn die Bürger sollen sich in allen Teilen des Landes unter gleichen Voraussetzungen eine eigene Meinung bilden können (kulturpolitisches Anliegen).[88]

69 Die Tatbestandsmerkmale Zeitungen und Zeitschriften sind weit zu verstehen und funktional auszulegen. Sie erfassen nicht nur die auf Papier gedruckte Form des Produkts, sondern auch Reproduktions- und Substitutionsprodukte, soweit sie **überwiegend** als **verlagstypisch** anzusehen sind (§ 30 I 2 GWB). Entscheidend ist, ob sich das Produkt nach Ankündigung, Aufmachung und Vertriebsweg aus Sicht des Verbrauchers insgesamt noch als Presseerzeugnis darstellt. Der Begriff des Verlagserzeugnisses ist offen für technische Entwicklungen, insbesondere moderne **Kommunikationstechnologien.** Er kann grundsätzlich auch neuartige Produkte erfassen, die herkömmliche Verlagsprodukte substituieren. Entscheidendes Kriterium ist die inhaltliche Übereinstimmung mit dem traditionellen Produkt.

Beispiel: eine CD-ROM, die den Inhalt einer juristischen Fachzeitschrift wiedergibt.[89] Als überwiegend verlagstypisch können auch Online-Ausgaben von Zeitungen und Zeitschriften einzuordnen sein.

d) BGB

70 **aa) §§ 823 ff. BGB.** Das Urheberrecht als ausschließliches Recht stellt ein **sonstiges Recht** i. S. d. § 823 I BGB dar. Das allgemeine Deliktsrecht des BGB ist gegenüber dem UrhG **subsidiär.**[90] Wegen des

---

88 BT-Drs. 14/196, S. 14; *BGH* GRUR 2006, 161 Tz. 30 – Zeitschrift mit Sonnenbrille.
89 BGHZ 135, 74, 80 – NJW auf CD-ROM.
90 *BGH* GRUR 1958, 354, 356 – Sherlock Holmes.

umfassenden Rechtsschutzes gegen Urheberrechtsverstöße nach §§ 97 ff. UrhG ist ein Rückgriff auf das BGB-Deliktsrecht zumeist nicht erforderlich. Eine wichtige Ergänzung zu §§ 97 ff. UrhG bildet hingegen der Rückgriff auf **§§ 830, 840 BGB** bei mehreren Urheberrechtsverletzern und auf **§ 831 BGB** bei der Haftung für Verrichtungsgehilfen. Ansprüche nach § 823 BGB wegen Verletzung des allgemeinen **Persönlichkeitsrechts,** insbesondere des Rechts am eigenen Bild nach §§ 22 ff. KUG (vgl. dazu § 12 Rn. 1 ff.), und Verletzung eines Urheberrechts können nebeneinander bestehen. Denn beide Rechte überschneiden sich nicht.[91] So schützt das Urheberpersönlichkeitsrecht den Urheber in seinen geistigen und persönlichen Beziehungen zum Werk (§ 11 UrhG). Das Recht am eigenen Bild schützt hingegen das Bildnis als Teil der Persönlichkeit des Abgebildeten und das allgemeine Persönlichkeitsrecht im Übrigen andere Belange (z. B. Name, Ehre) des Betroffenen.

bb) §§ 812 ff. BGB. Bereicherungsansprüche nach §§ 812 ff. BGB 71
gegen einen Urheberrechtsverletzer lässt § 102a UrhG als Ansprüche aus anderen gesetzlichen Vorschriften neben Ansprüchen nach § 97 I und II UrhG ausdrücklich zu.

91 Dreier/Schulze/*Dreier*, Einl. Rn. 34.

§ 2. Das Werk (§§ 1 bis 6 UrhG)

I. Geschützte Person und geschützter Gegenstand (§ 1 UrhG)

1. Funktion

1 Nach § 1 UrhG genießen die Urheber von Werken der Literatur, Wissenschaft und Kunst für ihre Werke Schutz nach Maßgabe des UrhG. Diese Regelung ist als **Präambel** des UrhG anzusehen.[1] Sie ordnet den Schutz der Regelungen des UrhG einer bestimmten Person („Urheber") zu und bestimmt damit, **wer** urheberrechtlich geschützt ist. Urheber ist nach § 7 UrhG stets der Schöpfer des Werkes (§ 7 UrhG; vgl. dazu § 3 Rn. 1 ff.). Es ist also für die Entstehung urheberrechtlichen Schutzes zu fragen, ob

(1) ein Werk der Literatur, Wissenschaft und Kunst vorliegt (§§ 2 ff. UrhG) und
(2) welcher Person („Urheber") dieses Werk zuzuordnen ist (§§ 7 ff. UrhG).

2 Geschützter Gegenstand ist das Werk (Schutzobjekt). Dies betrifft die Frage, **was** geschützt ist. Geschützte Person ist der Urheber (Schutzsubjekt). Dies beantwortet die Frage, **wer** geschützt ist. Zwischen Werk und Urheber muss eine Beziehung in der Weise bestehen, dass das Werk eine persönliche geistige Schöpfung des Urhebers ist (§ 2 II UrhG).

---

1 Dreier/Schulze/*Schulze*, § 1 UrhG Rn. 1.

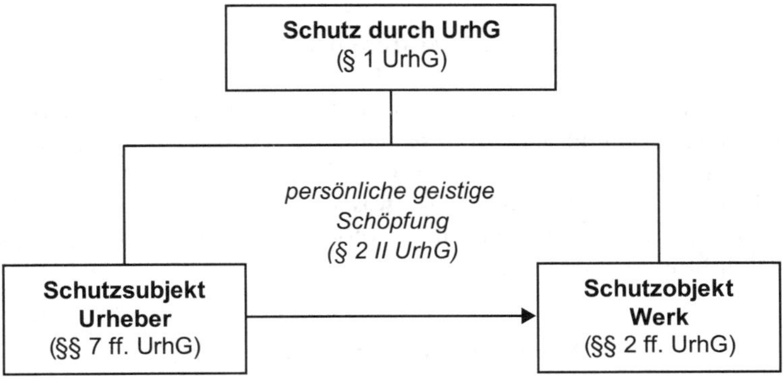

2. Auslegung

Die Tatbestandsmerkmale Literatur, Wissenschaft und Kunst sind grundsätzlich weit zu verstehen.[2] Beispiele hierfür nennt § 2 I UrhG. Der Begriff der **Literatur** erfasst nicht nur Romane, Erzählungen, Drehbücher und Gedichte, sondern auch triviale Texte des täglichen Gebrauchs. 3

Beispiele: Telefonverzeichnis; Handelsregister.

Ebenso vielfältig sind die Erscheinungsformen von **Wissenschaft** und **Kunst.** Dies gilt umso mehr, als sich der Begriff der Kunst einer eindeutigen Definition entzieht. 4

Nach **Maßgabe dieses Gesetzes** bedeutet, dass für den Schutz des Urhebers das gesamte UrhG gilt. Für den Inhalt des Gesetzes gilt zunächst dessen Wortlaut, der in Zweifelsfällen der Auslegung bedarf. Hierbei ist auch auf die Entstehungsgeschichte des Gesetzes und insbesondere die Gesetzesmaterialien zurückzugreifen. Ihnen kommt aber gegenüber dem Gesetzeswortlaut nur begrenzte Bedeutung zu.[3] 5

2 Schricker/Loewenheim/*Loewenheim*, § 2 UrhG Rn. 4.
3 *BGH* GRUR 2005, 48, 50 – man spricht deutsch.

3. Systematik

6 Die Regelung in § 1 UrhG steht im Zusammenhang mit § 2 UrhG. Denn § 2 UrhG umschreibt in seinem ersten Absatz die wenig aussagekräftigen Begriffe des § 1 UrhG („Werke der Literatur, Wissenschaft und Kunst") zumindest etwas näher. Außerdem setzt § 2 II UrhG für die Entstehung eines Werks eine **„persönliche geistige Schöpfung"** voraus.

II. Schutzgegenstand (§ 2 UrhG)

1. Voraussetzungen für die Entstehung urheberrechtlichen Schutzes

7 Für die Entstehung urheberrechtlichen Schutzes ist es erforderlich, aber auch ausreichend, dass die Voraussetzungen des § 2 UrhG erfüllt sind. Der urheberrechtliche Schutz entsteht dann *ipso iure*. Weiterer Voraussetzungen bedarf es daher nicht. Insbesondere sind keine **Formalia** (z. B. Anmeldung oder Hinterlegung) zu beachten. Umgekehrt können Formalia nicht zur Entstehung von Urheberrechtsschutz beitragen. **Hinweise** wie „alle Rechte vorbehalten" oder „urheberrechtlich geschützt" oder die Anbringung des Copyright-Zeichens © sind daher für die Entstehung von urheberrechtlichem Schutz **unerheblich.** Treffen sie nicht zu, können sie eine wettbewerbswidrige, weil irreführende Schutzrechtsberühmung darstellen. Darin liegt ein Verstoß gegen §§ 3, 4 Nr. 10 UWG. Ohne Bedeutung für die Entstehung urheberrechtlichen Schutzes ist schließlich eine **Vereinbarung.** Denn die Entstehung des Urheberrechtsschutzes ist der Dispositionsbefugnis der Parteien entzogen.[4]

2. Normstruktur

8 § 2 UrhG legt fest, welche Werke der Literatur, Wissenschaft und Kunst geschützt sind. § 2 I UrhG enthält dazu einen Beispielkatalog („insbesondere"). § 2 II UrhG beschränkt („nur") den Werkbegriff

4 *BGH* GRUR 1991, 533 – Brown Girl II.

mit einer Kurzdefinition auf persönliche geistige Schöpfungen. Danach setzt die Entstehung eines Werks i. S. d. § 2 UrhG und damit dessen urheberrechtlicher Schutz voraus, dass jemand

(1) auf dem Gebiet der Literatur, Wissenschaft oder Kunst (Beispiele in § 2 I UrhG)
(2) eine persönliche geistige Schöpfung (§ 2 II UrhG)

hervorbringt.

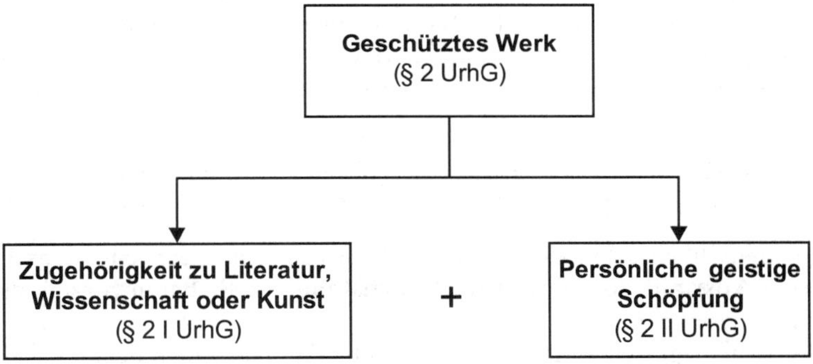

3. Normzweck

§ 2 UrhG bestimmt, **was** urheberrechtlich geschützt ist. § 2 UrhG 9
legt damit den **sachlichen Anwendungsbereich** des UrhG fest. Es handelt sich deshalb um eine grundlegende Vorschrift des Urheberrechts.

4. Persönliche geistige Schöpfung (§ 2 II UrhG)

a) Anwendungsbereich

Die von § 2 I UrhG erfassten Werkarten sind nur dann schutzfähig, 10
wenn sie eine persönliche geistige Schöpfung i. S. d. § 2 II UrhG darstellen. Daher gilt – vorbehaltlich der Sonderregelung für Computerprogramme in §§ 69a ff. UrhG (vgl. § 69a III UrhG: „eigene geistige Schöpfung“) – ein **einheitlicher Werkbegriff.** Doch können unter-

schiedliche Maßstäbe bei den einzelnen Werkarten anwendbar sein. Zwischen den Tatbestandsmerkmalen des § 2 II UrhG besteht eine **Wechselwirkung,** so dass die einzelnen Begriffe auch im Zusammenhang zu betrachten sind.[5]

b) Auslegung

11 **aa) Persönlich. (1) Menschliches Handeln.** Das Tatbestandsmerkmal „persönlich" setzt das Handeln eines **Menschen** voraus. Davon sind reine Maschinenerzeugnisse, bloße Naturprodukte und Ergebnisse tierischen Handelns (z. B. durch einen Affen gemaltes Bild) abzugrenzen. Sie sind nicht urheberrechtsschutzfähig. Menschliches Handeln kann aber auch bei Einsatz technischer Hilfsmittel gegeben sein.

Beispiele: Die natürliche Person A schreibt einen Text auf ihrem PC; außerdem macht sie ein Automatenfoto von sich, indem sie den Automaten bedient.

12 Menschliches Handeln ist auch dann gegeben, wenn ein Mensch eine **Auswahl vorgefundener Gegenstände** (z. B. Baumwurzel) als Kunst vorstellt.[6]

13 Ist hingegen eine Maschine selbständig tätig, liegt kein persönliches Handeln vor.

Beispiel: Ein Computer zeichnet ausschließlich und ohne Einwirkung des Menschen ein Bild.

14 **(2) Eigenschaften des handelnden Menschen.** Auf bestimmte Eigenschaften des handelnden Menschen wie dessen Volljährigkeit oder geistigen Zustand (z. B. geistige Behinderung; Handeln in Trance) kommt es nicht an.

15 **bb) Geistig. (1) Werk und Werkstück.** Das Urheberrecht schützt nur das immaterielle Gut **(Werk; Immaterialgut),** nicht dessen materielle Verkörperung in einem Werkstück (vgl. § 1 Rn. 52). Denn der geistige Gehalt liegt in dem Werk. In dem Werkstück findet er lediglich zumeist Ausdruck und nimmt Gestalt an. Ein Werk kann auch ohne das Vorliegen eines körperlichen Werkstücks gegeben sein (z. B. Vortrag).

---

5 Dreier/Schulze/*Schulze,* § 2 UrhG Rn. 7.
6 Dreier/Schulze/*Schulze,* § 2 UrhG Rn. 9; krit. Schricker/Loewenheim/*Loewenheim,* § 2 UrhG Rn. 17.

(2) Begriff. Die Geistigkeit einer Schöpfung ist nur dann gegeben, wenn das Werk einen von einem Menschen stammenden **Gedanken- oder Gefühlsinhalt** offenbart, der den das Werk Wahrnehmenden in irgendeiner Weise anregt (z. B. unterhaltend, belehrend, veranschaulichend oder erbauend).[7] Etwas missverständlich ist der insoweit häufig – sehr weit – verwendete Begriff des ästhetischen Gehalts. Denn damit ist lediglich gemeint, dass aus geistiger Arbeit eine sinnlich wahrnehmbare, eigenschöpferische Gestaltung entsteht.[8] Für die erforderliche geistig anregende Wirkung kommt es entscheidend auf die jeweilige **Werkart** an. 16

Beispiel: Werke der angewandten Kunst wie ein Hemdblusenkleid können den Form- und Farbensinn ansprechen. Nach Auffassung des *BGH*[9] liegt hier eine geistig anregende Wirkung vor, wenn „eine eigentümliche Gestaltung von so hohem ästhetischen Gehalt gegeben ist, dass es sich nach den im Leben herrschenden Anschauungen um eine künstlerische Schöpfung handelt."

(3) Wahrnehmbarkeit. Eine anregende Wirkung setzt grundsätzlich voraus, dass das Werk in einem Werkstück Ausdruck findet. Das Werk muss also Gestalt annehmen, die für andere (z. B. durch Lesen, Hören oder Betrachten) **wahrnehmbar** ist. Daher ist das Werk als **qualifizierte menschliche Kommunikation** zu bezeichnen.[10] Für die Wahrnehmbarkeit eines Werks kommt es entscheidend auf seinen Gesamteindruck an. Dieser ist durch den geistigen Gehalt in seiner konkreten Form (Gestalt) gekennzeichnet. Die bloße Vorstellung von einem Werk ist hingegen nicht wahrnehmbar. Wahrnehmbarkeit kann aber auch ohne materielle Verkörperung des Werks gegeben sein. 17

Beispiel: Auch ein mündlicher Vortrag ist – obwohl nicht materiell verkörpert – wahrnehmbar.

Die Wahrnehmbarkeit muss nicht unmittelbar erfolgen. Auch die Wahrnehmbarkeit mittels **technischer Hilfsmittel** (z. B. DVD-Player) genügt.[11] 18

cc) Schöpfung. (1) Begriff. Schöpfung bedeutet einen Schaffensvorgang, der einen gewissen Qualitätsgehalt, also eine gewisse Gestaltungshöhe entstehen lässt. 19

---

7 Dreier/Schulze/*Schulze,* § 2 UrhG Rn. 12.
8 *BGH* GRUR 1985, 1041, 1047 – Inkasso-Programm.
9 *BGH* GRUR 1984, 453 – Hemdblusenkleid.
10 Schricker/Loewenheim/*Schricker/Loewenheim,* Einl. Rn. 7.
11 BGHZ 37, 1, 7 – AKI.

20 **(2) Voraussetzungen. (a) Doppelschöpfung.** Das Ergebnis des Schaffensvorgangs muss **nicht absolut neu** sein. Denn gelangen zwei unabhängig voneinander Schaffende zu identischen Ergebnissen, sind beide Ergebnisse eine Schöpfung i. S. d. § 2 II UrhG **(Doppelschöpfung).** Regelmäßig besteht bei den einzelnen Werkarten ein so großer Gestaltungsspielraum, dass eine solche Doppelschöpfung jedoch nur ausnahmsweise vorliegt.[12]

21 **(b) Individualität. (aa) Begriff.** Liegt keine Doppelschöpfung vor, ist für eine Schöpfung eine **Andersartigkeit** gegenüber schon vorhandenen Werken zu fordern. Hinzu kommen muss ein **Abstand** von der Masse des Alltäglichen und lediglich routinemäßigen Leistungen.[13] Das Ergebnis des Schaffensvorgangs muss also **besonders** sein.[14]

22 **(bb) Grad.** Der notwendige Grad an Individualität ist mit einem „hinreichend schöpferischen Eigentümlichkeitsgrad" zu umschreiben.[15] Das Ergebnis des Schaffensvorgangs muss also eine bestimmte **Gestaltungshöhe** – auch Schöpfungshöhe oder Werkhöhe genannt – aufweisen.[16] Die Anforderungen an die Gestaltungshöhe nach § 2 II UrhG sind im UrhG nicht geregelt.

23 Zu beachten ist, dass § 69a III UrhG in Umsetzung der RiL 91/250/EWG über den Rechtsschutz von Computerprogrammen für **Computerprogramme** auf eine „eigene geistige Schöpfung abstellt" und damit zwar auch Individualität verlangt. Doch sollen nach der Vorstellung der *Kommission* alle Computerprogramme schutzfähig sein, die das Ergebnis einer eigenen geistigen Arbeit ihres Schöpfers darstellen und nicht alltäglich sind. Daher sind an die Schutzfähigkeit von Computerprogrammen nur geringe Anforderungen zu stellen.[17]

24 Die Anforderungen an die Gestaltungshöhe nach § 2 II UrhG sind **umstritten.**

25 – **Ansatz des *BGH*:** Der *BGH* bestimmt die erforderliche Gestaltungshöhe je nach Werkart unterschiedlich.

Beispiele: Bei Sprachwerken (§ 2 I Nr. 1 UrhG) genügt ein geringer Grad an Gestaltungshöhe.[18] Der Schutz erstreckt sich nicht nur auf Meisterwerke der

12 *BGH* GRUR 1988, 812 – Ein bisschen Frieden, mit Anm. *Schricker.*
13 *BGH* GRUR 1987, 704, 706 – Warenzeichenlexika.
14 Schricker/Loewenheim/*Loewenheim,* § 2 UrhG Rn. 23; Wandtke/Bullinger/*Bullinger,* § 2 UrhG Rn. 21.
15 *BGH* GRUR 1988, 533, 535 – Vorentwurf II.
16 *BGH* GRUR 1983, 377, 378 – Brombeer-Muster.
17 *BGH* ZUM 2000, 233, 234 – Werbefotos.
18 *BGH* GRUR 1981, 520, 521 – Fragensammlung.

Dichtkunst, sondern auch auf die sog. **kleine Münze**, d. h. alltägliche und in Massen hergestellte Texte.

Auch bei Musikwerken (§ 2 I Nr. 2 UrhG) ist die Gestaltungshöhe gering. Es besteht ein Schutz selbst einfacher geistiger Leistungen (sog. kleine Münze). Daher ist die Gestaltungshöhe etwa bei Schlagermusik nicht besonders hoch.[19]

Für Werke der angewandten Kunst gelten strenge Anforderungen an die Gestaltungshöhe (vgl. Beispiel bei Rn. 16), zumal auch Geschmacksmusterschutz in Betracht kommt und dieser überflüssig wäre, wenn sämtliche Leistungen bereits durch das Urheberrecht geschützt wären.

– **Ansatz des Schrifttums:** Das Schrifttum[20] kritisiert die unterschiedlichen Maßstäbe des *BGH*. Denn § 2 II UrhG unterscheide nicht nach Werkarten. Deshalb müssten für die Gestaltungshöhe aller Werke grundsätzlich **dieselben Maßstäbe** gelten. Dies schließe es nicht aus, die Eigenart der jeweiligen Werkart zu berücksichtigen. Da nach den Vorgaben der EU an die Schutzfähigkeit von Computerprogrammen generell geringe Anforderungen an den Grad der Individualität zu stellen seien (Rn. 23), sei generell eine Tendenz zu einheitlich geringen Schutzvoraussetzungen festgelegt. 26

(cc) Maßgebliche Auffassung. Für die Beurteilung der urheberrechtlichen Schutzfähigkeit einer Leistung kommt es auf den **Gesamteindruck** der einzelnen Gestaltungselemente dieser Leistung an. Insoweit sind die Vorstellungen des Urhebers oder eines einzelnen Dritten unerheblich. Entscheidend ist vielmehr die Auffassung des jeweiligen **Verkehrskreises.** Maßgeblich ist die Sichtweise des Durchschnittsbetrachters dieses Verkehrskreises. 27

Beispiel: Für eine Leistung aus dem Bereich der Literatur kommt es auf die Beurteilung eines mit literarischen Fragen einigermaßen vertrauten und hierfür aufgeschlossenen Betrachters an.[21]

Regelmäßig gehört der Richter dem jeweiligen Verkehrskreis an, so dass die Einholung eines **Sachverständigengutachtens** nicht erforderlich ist. Verfügt das Gericht nicht über ausreichende Sachkunde, kann jedoch nur ein Sachverständigengutachten klären, ob hinreichende Individualität gegeben ist. Dies gilt insbesondere für die Bereiche der Musik[22] und angewandten Kunst.[23] 28

---

19 *BGH* GRUR 1991, 533 – Brown Girl II.
20 Vgl. z. B. Dreier/Schulze/*Schulze*, § 2 UrhG Rn. 32.
21 *BGH* GRUR 1972, 143, 144 – Biografie.
22 *BGH* GRUR 1981, 267, 268 – Dirlada.
23 *BGH* GRUR 1972, 38, 39 – Vasenleuchter.

Beispiel: Ob Entwurfsskizzen eines Architekten einen hinreichenden Grad an Individualität aufweisen, ist durch sachverständige Hilfe zu klären.[24]

29 **(dd) Feststellung.** Zwar ist an sich über die Besonderheit des Schaffensergebnisses objektiv zu entscheiden und soll **keine Wertung** stattfinden.[25] Da sich die Besonderheit eines Ergebnisses aber nur bei Betrachtung durch den Menschen (Leser, Hörer, Betrachter) ergeben kann, ist bis zu einem gewissen Grad eine **subjektive Wertung unvermeidlich.** Die gebotene Objektivität macht aber vor allem ein Heranziehen von Indizien erforderlich (Rn. 30 ff.).

30 Für die Feststellung der Individualität eines Werks ist das **konkrete einzelne Werk** entscheidend. Dabei sind dessen Bestandteile und Gestaltungselemente, aber auch sein Gesamteindruck von Bedeutung. Es sind nachfolgende **verschiedene Indizien** zu untersuchen.

31 – **Gestaltungsspielraum:** Ein wesentliches Indiz für die Beurteilung der urheberrechtlichen Schutzfähigkeit ist der Gestaltungsspielraum. Je **größer** der Gestaltungsspielraum für das Ergebnis eines Schaffensvorgangs ist, desto eher liegt hinreichende Individualität vor. Umgekehrt ist bei **geringerem** Gestaltungsspielraum, also Ergebnissen, die durch Formen, Zwecke, übliche Gestaltungsmittel oder technische Zwänge vorgegeben sind, hinreichende Gestaltungshöhe sehr viel schwieriger zu begründen. Daher kommt urheberrechtlicher Schutz nicht in Betracht, wenn eine Gestaltung naheliegt, technisch vorgegeben oder durch die Funktion eines Gegenstands bedingt ist.

Beispiele: Die Verwendung von Metall als Werkstoff für ein Bett liegt nahe und ist infolgedessen nicht urheberrechtlich geschützt.[26] Technisch bedingt sind bei Möbeln die Formen, die für ihr Funktionieren erforderlich sind. Eine persönliche geistige Schöpfung i. S. d. § 2 II UrhG liegt hingegen bei einer klaren Konzeption der Gliederung technischer Lieferbedingungen vor.[27]

32 Zur Feststellung von Gestaltungselementen ist die zu beurteilende Leistung mit anderen, bereits bekannten Leistungen zu **vergleichen** und die Gestaltungsmerkmale beider Leistungen einander **gegenüber zu stellen.**

33 – **Auswahl und Anordnung:** Hinreichende Individualität kann auch bei der Zusammenstellung bereits bekannter Mittel der Ge-

24 *BGH* NJW 2003, 665, 668 – Staatsbibliothek.
25 *BGH* GRUR 1968, 321, 325 – Haselnuss.
26 *BGH* GRUR 2004, 941, 942 – Metallbett.
27 *BGH* GRUR 2002, 958, 960 – Technische Lieferbedingungen.

staltung gegeben sein, wenn für ihre Auswahl und Anordnung hinreichender individueller Gestaltungsspielraum besteht.

Beispiel: Für Einleitung, Anmerkungen und Register einer Sammlung mittelalterlicher Texte kann urheberrechtlicher Schutz bestehen.[28]

– **Idee:** Die Idee als solche, ein bestimmtes Ergebnis zu schaffen, ist urheberrechtlich nicht **schutzfähig.** 34

Beispiele: Die Idee, ein Warenzeichenlexikon herauszugeben,[29] einen vermenschlichten „rosaroten Elefanten" für Werbezwecke einzusetzen,[30] in bestimmter Weise zu werben[31] oder für die Konzeption einer Unterhaltungssendung mit Publikum im Studio[32] ist keine persönliche geistige Schöpfung i. S. d. § 2 II UrhG und damit nicht urheberrechtsschutzfähig. Dasselbe gilt für die Idee, eine Försterspielfilmserie als solche zu produzieren.

Schutzfähig ist nur die **konkrete Gestalt** einer Idee. Eine solche Konkretisierung kann bereits in der Auswahl, Anordnung und Kombination einzelner Gestaltungsmerkmale liegen. 35

Beispiel: Urheberrechtlich geschützt ist ein Exposé, das die Voraussetzungen für die Filmarbeiten nennt und Angaben zum Ablauf des Films enthält.[33]

– **Thema, Stoff:** Die Auswahl eines bestimmten Themas oder Stoffs als solche ist urheberrechtlich nicht schutzfähig. Aktuelle Tagesthemen und andere historische, kulturelle, wissenschaftliche oder sonstige Themen sind gemeinfrei. 36

Beispiel: Das Verfassen der Biographie berühmter Persönlichkeiten ist auch ohne die Einwilligung dieser Persönlichkeiten durch jedermann zulässig.[34] Denn die einer solchen Biografie zu Grunde liegende Lebensgeschichte ist urheberrechtlich nicht geschützt. Bei einer Verfilmung sind §§ 22f. KUG zu beachten.

Schutzfähig kann nur die **konkrete Gestalt** der Darstellung des Themas oder Stoffes sein. Eine solche Konkretisierung kann bereits in der Auswahl, Anordnung und Kombination einzelner Gestaltungsmerkmale liegen. 37

---

28 *BGH* GRUR 1980, 227, 230 – Monumenta Germaniae Historica.
29 *BGH* GRUR 1987, 704, 706 – Warenzeichenlexika.
30 *BGH* GRUR 1995, 47, 48 – Rosaroter Elefant.
31 Vgl. dazu *Schricker,* GRUR Int. 2004, 923, 925ff.
32 *BGH* NJW 2003, 2828, 2830 – Sendeformat.
33 *BGH* GRUR 1963, 40, 41 – Straßen – gestern und morgen.
34 ö*OGH* ZUM 1993, 628 – Servus Du …

38 – **Methode, Mode, Stil:** Keine persönliche geistige Schöpfung i. S. d. § 2 II UrhG sind regelmäßig bekannte und übliche Mittel der Gestaltung.

Beispiel: Falsettgesang.

39 Dasselbe gilt für Methode, Mode und Stil der Zeit. Daher sind sie jedermann zugänglich.[35]

40 Schutzfähig kann aber die konkrete Gestalt sein.

41 – **Wissenschaftliche Erkenntnisse:** Wissenschaftliche Erkenntnisse sind urheberrechtlich nicht geschützt. Denn sie sind nicht vom Urheber geschaffen, sondern bereits vorhanden und lediglich entdeckt. Sie sind jedem frei zugänglich.[36] Schutzfähig ist daher nicht der *Gegenstand* der Darstellung. Urheberrechtlichen Schutz kann aber die *Art* der Darstellung genießen.[37] Insoweit kommt es darauf an, ob bereits eine übliche Ausdrucksweise und eine aus wissenschaftlichen Gründen gebotene Darstellungsart besteht.

Beispiele: Die kurze Beschreibung einer elektronischen Schaltung erreicht nicht hinreichende Individualität. Eine besonders verständliche Darstellung wissenschaftlicher Erkenntnisse etwa in einem Anwaltsschriftsatz, die in keiner Weise vorgegeben ist und zur Veranschaulichung treffende Beispiele nennt, ist hingegen urheberrechtlich geschützt.[38]

42 – **Gebrauchszweck:** Der Umstand, dass ein Gegenstand sich wie Büromöbel im alltäglichen Gebrauch befindet, spricht weder für noch gegen urheberrechtlichen Schutz.[39] Daher ist genau zu prüfen, ob eine Leistung vorliegt, die über das Alltägliche und handwerklich Übliche hinausgeht. Erforderlich ist hier, dass die Leistung das handwerkliche **Durchschnittskönnen deutlich überragt.**[40]

43 – **Beurteilung durch Fachkreise:** Ein Indiz für urheberrechtlichen Schutz kann auch darin liegen, dass die Fachwelt einer Leistung besondere Bedeutung beimisst.

Beispiel: Ein Fachgremium nimmt eine Leistung in ein Museum auf.

---

35 *BGH* GRUR 1977, 547, 550 – Kettenkerze.
36 *BGH* GRUR 1981, 352, 353 – Staatsexamensarbeit.
37 *BGH* GRUR 1979, 464, 465 – Flughafenpläne.
38 *BGH* GRUR 1986, 739, 741 – Anwaltsschriftsatz.
39 *BGH* GRUR 1982, 305, 306 ff. – Büromöbelprogramm.
40 *BGH* GRUR 2004, 941, 942 – Metallbett.

- **Erfolg:** Der Erfolg einer Leistung spricht für deren urheberrechtlichen Schutz. 44

Beispiel: Ein Lied schafft in kurzer Zeit den Sprung auf Platz 1 der Charts.[41] Auch in Auszeichnungen oder hohen Absatzzahlen kann sich der Erfolg einer Leistung zeigen.

- **Weitere Indizien** für die Schutzfähigkeit einer Leistung können unter anderem die Käufermotivation, die Art der Präsentation der Leistung, der Gestaltungswille des Urhebers, der erste Eindruck von der Leistung, die Erstmaligkeit der Leistung, die Einstufung der Leistung durch die streitenden Prozessparteien, die soziale Funktion der Leistung sowie zahlreiche Verwendungs- und Einsatzmöglichkeiten der Leistung sein.[42] 45
- **Kosten, Aufwand:** Kosten und Aufwand bleiben bei der Beurteilung **außer Betracht.** Denn nicht sie, sondern nur das Ergebnis geistiger Kreativleistung ist urheberrechtlich geschützt.[43] 46
- **Umfang der Leistung:** Der Umfang der Leistung ist für ihren urheberrechtlichen Schutz unerheblich. So kann auch einem kurzen Text der Schutz des Urheberrechts zukommen. Doch besteht bei kurzen Texten ein geringerer Gestaltungsspielraum. Daher ist etwa bei Werbesprüchen sorgfältig zu prüfen, ob eine persönliche geistige Schöpfung i. S. d. § 2 II UrhG vorliegt. 47

Beispiel: Die Textpassage „Tausendmal berührt, tausendmal ist nix passiert" begründet keine persönliche geistige Schöpfung i. S. d. § 2 II UrhG.[44]

(dd) Maßgeblicher Zeitpunkt. Für die Bestimmung der Individualität eines Ergebnisses kommt es auf den Zeitpunkt seiner **Entstehung** an. Ein späterer Zeitpunkt wie der Zeitpunkt der Verletzungshandlung ist unerheblich.[45] 48

c) Prüfung von Amts wegen

Das Gericht prüft die urheberrechtliche Schutzfähigkeit einer Leistung von Amts wegen.[46] Diese Frage unterliegt daher nicht der Dispositionsbefugnis der Parteien. 49

41 *BGH* ZUM 1992, 202, 204 – Sadness/Madness.
42 Vgl. *G. Schulze*, GRUR 1984, 400, 406 ff.
43 *BGH* GRUR 1985, 1041, 1048 – Inkassoprogramm; Schricker/Loewenheim/*Loewenheim*, § 2 UrhG Rn. 47.
44 *LG Frankfurt a. M.* GRUR 1996, 125 – Tausendmal berührt.
45 *BGH* GRUR 1981, 820, 822 – Stahlrohrstuhl I.
46 *BGH* GRUR 1991, 533 – Brown Girl II.

d) Darlegungs- und Beweislast

50 Wer sich auf den urheberrechtlichen Schutz einer Leistung beruft, muss dessen Voraussetzungen darlegen und gegebenenfalls beweisen.[47] Dies geschieht meist mit der **Vorlage des Werks** durch den Urheber oder Rechtsinhaber als Kläger. Der Anspruchsgegner (Beklagter) muss sodann vortragen, aus welchen Gründen die Leistung des Klägers urheberrechtlich nicht geschützt ist.[48] So muss z. B. grundsätzlich der Anspruchsgegner konkret darlegen und gegebenenfalls beweisen, dass der Urheber auf Bekanntes zurückgegriffen hat.[49] Ist die urheberrechtliche Schutzfähigkeit der Leistung des Klägers nicht von vornherein erkennbar, trifft den Anspruchsteller, den Kläger, eine **erhöhte Darlegungs- und Beweislast.** Denn dann genügt die bloße Vorlage der Leistung nicht. Vielmehr muss der Anspruchsteller dann konkret vortragen, weshalb seine Leistung über hinreichende Individualität verfügt.

Beispiel: Bei der Kürzung und redaktionellen Aufbereitung gerichtlicher Entscheidungen durch Leitsätze ist vom Kläger darzulegen, worin die persönliche geistige Schöpfung jedes einzelnen Leitsatzes liegt.[50]

51 Bedarf der Anspruchsteller hierfür der Einsicht in Unterlagen des Anspruchsgegners, kann ein Anspruch auf **Besichtigung** (§ 809 BGB) oder **Urkundenvorlage** (§ 142 ZPO) bestehen.

52 Das lediglich pauschale Angebot des Klägers von Sachverständigenbeweis ohne Darlegung, weshalb seine Leistung urheberrechtlich schutzfähig ist, kann als **Ausforschungsbeweis** unzulässig sein.

e) Vermutung der Schutzfähigkeit (GEMA-Vermutung)

53 Ob eine Leistung urheberrechtlich schutzfähig ist, bedarf der gesonderten Feststellung im Einzelfall. Nimmt jedoch eine Organisation wie die GEMA kollektiv die Rechte verschiedener Urheber bei massenhafter Nutzung wie z. B. im Bereich der Tanz- und Unterhaltungsmusik wahr, wäre auf Grund des Erfordernisses gesonderter Feststellung ein erheblicher Aufwand notwendig. Deshalb gilt die Vermutung, dass die **GEMA** die **Rechte** der Urheber **wahrnimmt.** Außerdem besteht die Vermutung, dass die Leistungen, deren urhe-

47 *BGH* GRUR 1991, 449, 450 – Betriebssystem.
48 *BGH* GRUR 2004, 939, 941 – Klemmhebel.
49 *BGH* GRUR 2002, 958, 960 – Technische Lieferbedingungen.
50 *BGH* GRUR 1992, 382, 384 – Leitsätze.

berrechtlichen Schutz die GEMA geltend macht, urheberrechtlich geschützt sind. Dadurch kommt es zu einer Umkehr der Darlegungs- und Beweislast.

5. Beispiele für geschützte Werkarten (§ 2 I und II UrhG)

a) Zuordnung einer Leistung zu einer bestimmten Werkart

§ 2 I UrhG nennt beispielhaft („insbesondere") bestimmte Werk- 54
arten. Es handelt sich daher nicht um eine abschließende Aufzählung. Infolgedessen ist es möglich, im Laufe der Zeit entstehende **neue Werkarten** einzubeziehen. Stets muss aber die Zugehörigkeit zu Literatur, Wissenschaft und Kunst gegeben sein. Die Werkarten des § 2 I Nr. 1 bis Nr. 7 UrhG **überschneiden** sich teilweise. Regelmäßig ist die Zuordnung einer Leistung zu einer bestimmten Werkart aber unerheblich. Denn es ergeben sich keine unterschiedlichen Rechtsfolgen. Das UrhG gewährt grundsätzlich dem Urheber jeder Werkart **dieselben Rechte.** Lediglich dann, wenn für eine bestimmte Werkart **Sonderregelungen** bestehen, kommt es auf die Zuordnung zu einer bestimmten Werkart an.

Beispiel: Für Filme bestehen besondere Bestimmungen (§§ 88 ff. UrhG).

Auch sofern an einzelne Werkarten **unterschiedliche Anforderun-** 55
gen im Hinblick auf hinreichende Individualität zu stellen sind (vgl. Rn. 21 ff.), kommt es auf die Zuordnung zu einer bestimmten Werkart nach § 2 I Nr. 1 bis Nr. 7 UrhG an.

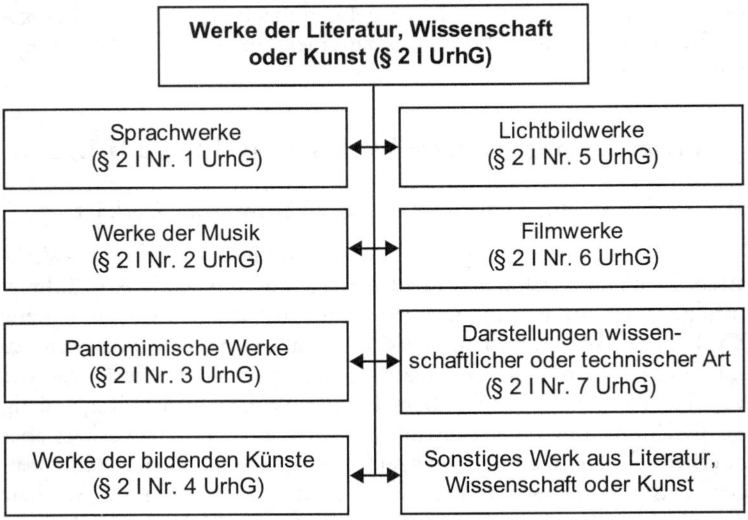

b) Sprachwerke (§ 2 I Nr. 1 und II UrhG)

56 **aa) Begriff.** Ein Sprachwerk setzt voraus, dass das **Mittel der Sprache** einen **geistigen Gehalt** ausdrückt.[51] Um welche Sprache es sich dabei handelt, ist unerheblich.

Beispiele: Sprachen i. S. d. § 2 I Nr. 1 UrhG können Fremdsprachen, Kunstsprachen, Blindenschrift oder sonstige Zeichensprachen sein.[52]

57 Ein Gegenstand drückt dann keinen geistigen Gehalt aus, wenn dieser Gegenstand wie ein **Formular** erst durch nachträgliche Eintragungen einen geistigen Gehalt erhält. Deshalb ist ein Blanko-Formular kein Sprachwerk i. S. d. § 2 I Nr. 1 UrhG.[53]

58 Auch **Computerprogramme** können Sprachwerke sein.

59 **bb) Form.** Auf die **Form** der Darstellung kommt es nicht an. Ein Sprachwerk kann daher sowohl in mündlicher als auch schriftlicher Form gegeben sein (vgl. § 2 I Nr. 1 UrhG: „Reden"). Deshalb können

51 Dreier/Schulze/*Schulze*, § 2 UrhG Rn. 81.
52 Fromm/Nordemann/*Vinck*, § 2 UrhG Rn. 29.
53 *BGH* GRUR 1959, 251 – Einfahrtsschein.

auch Reden, Reportagen und Interviews Sprachwerke i. S. d. § 2 I Nr. 1 UrhG sein.[54]

Beispiel: Schutzfähig können die Reden, die humorvollen Überleitungen und die Art der Frageformulierung eines Quizmasters sein.[55]

cc) **Individualität (§ 2 II UrhG). (1) Grad.** Bei Sprachwerken genießt auch die sog. **kleine Münze** (Rn. 25) urheberrechtlichen Schutz.[56] Für hinreichende Individualität sind daher regelmäßig bereits geringe Anforderungen ausreichend. 60

Beispiel: Ein Text über drei Zeilen mit trivialem Inhalt ist urheberrechtlich geschützt.[57]

Dies gilt auch für **Computerprogramme** (Rn. 23, 58). 61

(2) Art des Textes. Die Art des Textes ist ein entscheidendes Kriterium für seine urheberrechtliche Schutzfähigkeit. So ist ein Text aus einem frei erfundenen Stoff eher schutzfähig als ein Text, der auf Grund eines Themas oder Zwecks vorgegeben ist. Je größer diese Vorgaben sind, desto eher fehlt dem Text die nach § 2 II UrhG erforderliche Individualität. 62

Beispiel: Bei Ausschreibungsunterlagen bestehen regelmäßig aus sachlichen Gründen weit gehende Vorgaben an die Art des Textes. Solche Unterlagen sind daher regelmäßig nicht urheberrechtlich schutzfähig.[58]

(3) Umfang des Textes. Auch der Umfang eines Textes ist für hinreichende Individualität von entscheidender Bedeutung. Denn je **länger** ein **Text** ist, umso **mehr Spielraum** besteht für eine individuelle Gestaltung. Kurze Sätze (z. B. Werbespruch), Werktitel (z. B. Bezeichnung einer Fernsehinformationssendung als „Der 7. Sinn"; sie können nach § 5 MarkenG geschützt sein) oder gar einzelne Worte sind daher regelmäßig nicht schutzfähig. 63

Beispiel: Das Wort Heidelbär genießt keinen urheberrechtlichen Schutz.[59] Dasselbe gilt für die Überschriften der Kapitel und einzelne Begriffe eines Harry-Potter-Romans[60] und zwei Sätze aus einem Gutachten.[61]

---

54 *BGH* GRUR 1963, 213, 214 – Fernsehwiedergabe von Sprachwerken.
55 *BGH* GRUR 1981, 419, 420 – Quizmaster.
56 Dreier/Schulze/*Schulze*, § 2 UrhG Rn. 85.
57 *BGH* GRUR 1991, 531 – Brown Girl I.
58 *BGH* GRUR 1984, 659 – Ausschreibungsunterlagen.
59 *LG Mannheim* ZUM 1999, 659, 660 – Heidelbär.
60 *LG Hamburg* GRUR-RR 2004, 65, 68 – Literatur-Werkstatt Grundschule.
61 *OLG München* ZUM 1997, 98 f. – Rechtsgutachten.

64 Je kürzer ein Text ist, umso höhere Anforderungen sind an hinreichende Individualität zu stellen.

65 **(4) Auswahl und Anordnung des Stoffes.** Hinreichende Individualität kann sich bei einem Sprachwerk aus der Auswahl und Anordnung des Stoffes ergeben.

Beispiel: Ein Lehrplan für sozialtherapeutische Fortbildungskurse kann auf Grund der Auswahl und Darstellung der Themen urheberrechtlich geschützt sein.[62] Dasselbe gilt für ein Merkblatt der AOK, das besonders verständlich unter Beifügung veranschaulichender Beispiele und Zusammenstellung der wichtigsten Regelungen gestaltet ist.[63]

66 Deshalb kann auch die Auswahl und Anordnung bloßer **Daten** und **Fakten** auf Grund der Art und Weise ihrer Kombination hinreichende Individualität aufweisen.

Beispiel: Einem Warenzeichenlexikon kann wegen seiner hohen Zahl an Auswahlkriterien urheberrechtlicher Schutz zukommen, wenn es sich dadurch von anderen vergleichbaren Lexika deutlich unterscheidet.[64] Dasselbe gilt für die nach verschiedenen Gesichtspunkten systematisch geordnete Sammlung historischer Texte.[65] Für sie kommt außerdem Leistungsschutz nach § 87a UrhG für Datenbanken in Betracht. Die bloße Mitteilung von Fakten durch einen Pressebericht genügt hingegen nicht zur Begründung hinreichender Individualität.[66]

67 Eine bloße Sammlung von Daten ist urheberrechtlich nicht geschützt.

Beispiel: Die Sammlung von Firmenbezeichnungen, Adressen oder Telefonnummern weist nicht hinreichende Individualität auf.[67] In Betracht kommt aber ein Schutz nach § 87a UrhG (§ 9 Rn. 21 ff.) und § 4 Nr. 9 UWG.

68 **dd) Literarische Werke.** Hinreichender Raum zur individuellen Gestaltung besteht meist bei **Romanen, Erzählungen, Drehbüchern** und **Gedichten.** Sie sind daher regelmäßig urheberrechtlich geschützt. Bei einem Werk der Literatur ist nicht nur die konkrete Textfassung oder unmittelbare Formgebung eines Gedankens, sondern auch die sog. *Fabel* urheberrechtlich schutzfähig. Sie erfasst die schöpferisch gestalteten, weil zu einem konkreten Handlungsverlauf

62 *BGH* GRUR 1991, 131, 133 – Themenkatalog.
63 *BGH* GRUR 1987, 166, 167 – AOK Merkblatt.
64 *BGH* GRUR 1987, 704, 705 – Warenzeichenlexika.
65 *BGH* GRUR 1980, 227, 231 – Monumenta Germaniae Historica.
66 *öOGH* ZUM-RD 2005, 14, 16 f.
67 *BGH* GRUR 1999, 923, 924 – Tele-Info-CD.

mit bestimmten Figuren verdichteten Bestandteile und formbildende Elemente des Werks. Dazu gehören insbesondere die Charakterisitik und Rollenverteilung der handelnden Personen sowie die Ausgestaltung der Szenen.[68] Außerdem können Beiträge in **Zeitungen** und **Zeitschriften** wie Kommentare, Analysen oder Kritiken hinreichende Individualität aufweisen.

ee) Wissenschaftliche Werke. Wissenschaftliche Lehren und Erkenntnisse sind jedermann frei zugänglich (§ 1 Rn. 46, § 2 Rn. 4, 96 ff.). Für den urheberrechtlichen Schutz wissenschaftlicher Leistungen ist daher nicht der Inhalt (was), sondern die **Art (wie) der Darstellung** maßgebend. Auch ist insoweit zu berücksichtigen, inwieweit eine übliche Ausdrucksweise (Fachsprache) oder andere Gründe Raum für individuelle Gestaltung lassen. **Monographien** und **Aufsätze,** die keiner bestimmten, aus Sachgründen vorgegebenen Vorgabe folgen, sind regelmäßig urheberrechtlich schutzfähig. 69

c) Werke der Musik (§ 2 I Nr. 2 und II UrhG)

aa) Begriff. Musik bezeichnet **Töne jeglicher Art,** soweit der Mensch sie geschaffen hat.[69] Dies kann durch die menschliche Stimme, aber auch durch Instrumente jeglicher Art geschehen. 70

bb) Form. Die Töne müssen **nicht** schriftlich oder in anderer Weise (z. B. Tonband) **fixiert** sein. 71

cc) Individualität. (1) Grad. Bei Musikwerken genießt auch die sog. **kleine Münze** (Rn. 25) urheberrechtlichen Schutz. Für hinreichende Individualität sind daher regelmäßig bereits geringe Anforderungen ausreichend. Künstlerischer Wert ist nicht erforderlich. Deshalb sind nicht nur die Werke sog. klassischer Musik, sondern auch Formen moderner Musik wie Improvisationen des Jazz oder Schlager regelmäßig urheberrechtlich schutzfähig. 72

Beispiele: Der Refrain des Liedes „Wie ein Kind“ ist urheberrechtlich geschützt.[70] Dasselbe gilt für die wesentliche Bearbeitung eines gemeinfreien Volkslieds.[71]

---

68 Schricker/Loewenheim/*Loewenheim*, § 2 UrhG Rn. 52.
69 Dreier/Schulze/*Schulze*, § 2 UrhG Rn. 134.
70 *BGH* GRUR 1988, 810, 811 – Fantasy.
71 *BGH* GRUR 1991, 533, 535 – Brown Girl II.

73 **(2) Umfang der Töne.** Hinreichende Individualität eines Musikstücks setzt voraus, dass dieses über einen gewissen Umfang verfügt. Entscheidend ist, ob ein individueller Gestaltungsspielraum besteht. Ein **einzelner Ton** ist nicht schutzfähig. Denn hier besteht kein individueller Gestaltungsspielraum. Auch akustische **Signale, Pausenzeichen, Handy-Klingeltöne** oder **Erkennungszeichen** etwa in der Werbung sind regelmäßig nicht urheberrechtlich geschützt (beachte aber § 3 I MarkenG). Denn sie sind meist nicht lang, so dass zu wenig individueller Gestaltungsspielraum besteht. Motive, Melodien und andere **Tonfolgen** können urheberrechtlichen Schutz genießen.

74 **(3) Ausdrucksform.** Auch wenn die Verwendung bekannter Gestaltungsmittel das Musikstück prägt, kann die konkrete Ausdrucksform hinreichende Individualität aufweisen.[72]

d) Pantomimische Werke (§ 2 I Nr. 3 und II UrhG)

75 **aa) Begriff.** Pantomime und Tanz (vgl. § 2 I Nr. 3 UrhG: Tanzkunst) sind **körperliche Ausdrucksmittel** von Gedanken und Empfindungen.[73] Deshalb bedarf es der Bewegung, Gebärde und Mimik. Sportliche und akrobatische Leistungen (z. B. Kunstturner, Turmspringer) sind nicht hierzu zu zählen. Denn sie sind nicht Ausdruck eines Gedankens oder einer Empfindung. Sind solche Leistungen jedoch bloßes Hilfsmittel, um das Gebärdenspiel oder den tänzerischen Ablauf zu unterstützen (z. B. Eisrevue), kann ein Werk der Tanzkunst gegeben sein.[74] Entscheidend ist, dass die Bewegung nicht um ihrer selbst willen erfolgt, sondern Ausdrucksmittel ist. Auch die Choreografie eines Happenings kann urheberrechtlich geschützt sein.[75]

76 **bb) Form.** Der Ablauf der Ausdrucksform (z. B. Choreografie) muss **nicht** schriftlich oder auf andere Weise (z. B. Bildträger) **fixiert** sein.

77 **cc) Individualität. (1) Grad.** Bei pantomimischen Werken und Tanz genießt auch die sog. **kleine Münze** (Rn. 25) urheberrechtlichen Schutz. Für hinreichende Individualität sind daher regelmäßig bereits geringe Anforderungen ausreichend. Künstlerischer Wert ist nicht erforderlich.

---

72 *BGH* GRUR 1981, 267, 268 – Dirlada.
73 Dreier/Schulze/*Schulze,* § 2 UrhG Rn. 143.
74 *BGH* GRUR 1960, 604, 605 – Eisrevue I; GRUR 1960, 606, 608 – Eisrevue II.
75 *BGH* GRUR 1985, 529 – Happening.

(2) Umfang der körperlichen Ausdrucksmittel. Eine einzelne Gebärde ist regelmäßig nicht urheberrechtlich geschützt. Denn insoweit besteht wenig individueller Gestaltungsspielraum. 78

e) Werke der Kunst (§ 2 I Nr. 4 und II UrhG)

aa) Begriff. Der Begriff der bildenden Kunst umfasst nicht nur klassische Kunstwerke im herkömmlichen Sinne, sondern auch die angewandte Kunst (Rn. 25, 81) und die Baukunst (Rn. 82). Der Begriff der Kunst ist **nicht eindeutig** zu **definieren.**[76] Der Begriff der Kunst i. S. d. Art. 5 III GG ist großzügiger zu bestimmen als der Begriff der Kunst i. S. d. § 2 I Nr. 4 UrhG. Es besteht deshalb ein **eigenständiger urheberrechtlicher Begriff** des Kunstwerks. Danach ist Kunst eine eigenpersönliche Schöpfung, die Darstellungsmittel der Kunst durch formgebende Tätigkeit hervorbringt und die in erster Linie für die ästhetische Anregung des Gefühls bei ihrer Wahrnehmung bestimmt ist. Der danach erforderliche ästhetische Gehalt des Werks muss einen solchen Grad erreichen, dass nach Auffassung des für Kunst empfänglichen und mit Kunstanschauungen einigermaßen vertrauten **Verkehrskreises** eine künstlerische Leistung vorliegt.[77] Es kommt also auf die Sichtweise des Durchschnittsbetrachters an. Die Beurteilung durch Fachkreise kann ein Indiz für urheberrechtlichen Schutz sein (Rn. 43). 79

bb) Individualität. (1) Grad. (a) „Reine Kunst". Bei Kunstwerken genießt auch die sog. **kleine Münze** (Rn. 25) urheberrechtlichen Schutz. Für hinreichende Individualität sind daher regelmäßig bereits geringe Anforderungen ausreichend. Erforderlich ist ein Mindestmaß an Individualität (künstlerische Gestaltungshöhe), die die Leistung von bereits Bekanntem abhebt. 80

Beispiele: Bilder (etwa an der Berliner Mauer),[78] Zeichnungen, Gemälde, Skulpturen sind regelmäßig urheberrechtlich geschützt. Dasselbe gilt für Collagen, Montagen, Happenings[79] und andere Formen moderner Kunst.

(b) Angewandte Kunst. Von „reinen" Kunstwerken ist die **angewandte Kunst** (in § 2 I Nr. 4 UrhG ausdrücklich genannt) abzugrenzen, da für angewandte Kunst jedenfalls nach Auffassung des *BGH* 81

---

76 *BVerfG* NJW 1987, 2661; *BGH* ZUM 1991, 83, 84 – Opus Pistorum.
77 *BGH* GRUR 1988, 690, 692 – Kristallfiguren.
78 *BGH* GRUR 1995, 673 – Mauer-Bilder.
79 *BGH* GRUR 1985, 529 – Happening.

strengere Schutzvoraussetzungen gelten, zumal gleichzeitig Schutz durch das Geschmacksmustergesetz in Betracht kommt.[80] Gegenstände angewandter Kunst unterscheiden sich von „reinen" Kunstwerken durch die Art der Herstellung (serienmäßig und industriell) sowie dadurch, dass Gegenstände angewandter Kunst einem **Gebrauchszweck** dienen (z. B. Möbel). Ob die Leistung einem Gebrauchszweck dient, ist für seinen urheberrechtlichen Schutz unerheblich. Ein Gebrauchszweck kann jedoch die individuelle Gestaltungsfreiheit einschränken. Daher kommt es für die urheberrechtliche Schutzfähigkeit darauf an, ob eine Leistung über diese Vorgaben durch den Gebrauchszweck hinaus künstlerisch gestaltet ist.[81] Unterliegt ein Gegenstand der angewandten Kunst dem Geschmacksmusterschutz, sind höhere Anforderungen an das Erfordernis hinreichender Individualität im Sinne eines deutlichen Überragens der Durchschnittsgestaltung zu stellen (Rn. 22 ff.).

Beispiele: Ein Vasenleuchter aus Glas ist urheberrechtlich geschützt.[82] Dasselbe gilt für eine Asterix-Figur[83] und Walt Disneys Bambi.[84] Schriftzeichen und Schrifttypen im Bereich der Grafik weisen hingegen regelmäßig nicht hinreichende Individualität auf.[85]

82 **(c) Baukunst.** Als Werke der Baukunst kommen z. B. Einfamilienhäuser, Geschäftshäuser, Fabrikhallen oder Gartenanlagen in Betracht. Der Schutzmaßstab für Baukunst entspricht dem Maßstab für bildende Kunst (Rn. 80). Daher sind **geringe Anforderungen** an die Individualität zu stellen. Doch kann die individuelle Gestaltungsfreiheit durch den **Gebrauchszweck** eines Gebäudes eingeschränkt sein. Es ist dann sorgfältig zu prüfen, ob sich die gewählte Gestaltung vom durchschnittlichen Können abhebt.

Beispiel: Ein Schwimmbad mit einem besonderen Zeltdach und individueller Raumaufteilung weist hinreichende Individualität auf.[86] Dasselbe gilt für die Filmkulisse zu dem Film „Der Zauberberg".[87]

83 **(2) Form der Leistung.** Die Art der Herstellung und das Material (z. B. Figur aus Eis) sind unerheblich. Auch Skizzen, Pläne und Entwürfe der bildenden Kunst einschließlich der angewandten Kunst

80 Krit. hierzu Dreier/Schulze/*Schulze*, § 2 UrhG Rn. 153.
81 *BGH* GRUR 2004, 941, 942 – Metallbett.
82 *BGH* GRUR 1979, 38, 39 – Vasenleuchter.
83 *BGH* ZUM 1993, 534, 535 – Asterix.
84 *BGH* GRUR 1960, 144, 145 ff – Bambi.
85 BGHZ 22, 209 – Europapost; 27, 351 – Candida Schrift.
86 *BGH* GRUR 1982, 369, 370 – Allwetterbad.
87 BGHZ 163, 109, 112 – Der Zauberberg.

und der Baukunst können urheberrechtlich geschützt sein. Dies setzt voraus, dass das darin dargestellte Werk hinreichende Individualität aufweist. Denn auch Vorstufen des eigentlichen Werks können urheberrechtlichen Schutz genießen (Rn. 2f.).

Beispiel: Ist das auf Architektenplänen dargestellte Bauwerk urheberrechtlich geschützt, genießen auch diese Pläne den Schutz des Urheberrechts.

(3) Art der Darstellung der Leistung. Hinreichende Individualität kann sich auch aus der Art der Darstellung ergeben. Dies kann durch die Präsentation eines **alltäglichen Gegenstands** (Beuys Fettecke oder Andy Warhols Suppendose) geschehen.[88] So, wenn der Gegenstand aus seinem üblichen Kontext herausgenommen ist und innovativ eine völlig neue Bedeutung erhält.[89] 84

Beispiel: Verhüllung des Reichstags durch den Künstler Christo.[90]

Ein innovativer Charakter der Darstellung kommt insbesondere bei der **Kombination** mehrerer Gegenstände in Betracht. Die Idee, Alltagsgegenstände für die Schaffung eines Kunstwerks zu verwenden, ist hingegen nicht geschützt (vgl. auch Rn. 34). 85

f) Lichtbildwerke (§ 2 I Nr. 5 und II UrhG)

aa) Begriff. Lichtbildwerke sind **Fotografien,** die sich vom Alltäglichen auf Grund ihrer Individualität abheben. Dies kann durch eine **künstlerische Aussage** der Fotografie geschehen.[91] Von den Lichtbildwerken i. S. d. § 2 I Nr. 5 UrhG sind bloße **Lichtbilder** zu unterscheiden. Sie heben sich nicht vom Alltäglichen ab (z. B. Reise- und Familienfotos). Doch sind auch Lichtbilder urheberrechtlich geschützt (§ 72 I UrhG i. V. m. §§ 1 ff. UrhG). Die Abgrenzung von den Lichtbildwerken ist aber deshalb von Bedeutung, weil die Dauer des urheberrechtlichen Schutzes von Lichtbildern 50 Jahre ab Erscheinen, erstmaliger öffentlicher Wiedergabe oder ab Herstellung des Lichtbildes beträgt (§ 72 III UrhG), Lichtbildwerken i. S. d. § 2 I Nr. 5 UrhG hingegen 70 Jahre lang urheberrechtlicher Schutz zukommt (§ 64 UrhG). 86

---

88 Dreier/Schulze/*Schulze,* § 2 UrhG Rn. 154; *Kummer,* Das urheberrechtlich schützbare Werk, 1968, S. 75 ff. u. 103 ff.; Wandtke/Bullinger/*Bullinger,* § 2 UrhG Rn. 91.
89 Dreier/Schulze/*Schulze*, § 2 Rn. 154.
90 *BGH* GRUR 2002, 605 – Verhüllter Reichstag.
91 Hierzu *A. Nordemann,* Die künstlerische Fotografie als urheberrechtlich geschütztes Werk, 1992, S. 121.

87 **bb) Form.** Lichtbildwerke i. S. d. § 2 I Nr. 5 UrhG können auch Darstellungen sein, die auf Grund eines **fotografieähnlichen Verfahrens** entstehen. Dazu gehört jedes Verfahren, das unter Benutzung strahlender Energie ein Bild herstellt.[92] Ein Bild, das ein Computer am Bildschirm hervorbringt **(Computerbild),** ist nicht fotografieähnlich und damit kein Lichtbildwerk i. S. d. § 2 I Nr. 5 UrhG.[93] Dasselbe gilt für Computeranimationen und digital zusammengestellte Bilder.

88 **cc) Individualität.** Für den Grad der Individualität von Lichtbildwerken gelten – wegen Art. 6 RiL 93/98/EWG[94] – dieselben **geringen Anforderungen** wie für den Schutz von Computerprogrammen (dazu Rn. 23). Auch bei Lichtbildwerken ist die sog. **kleine Münze** geschützt. Deshalb bedarf es keines besonderen Grades schöpferischer Gestaltung. Danach können auch Fotografien, die lediglich auf handwerklichem Können beruhen und eine Aussage enthalten, schutzfähig sein.

Beispiel: Portraitfotos für Werbeanzeigen sind urheberrechtlich geschützt.[95] Dasselbe gilt für das einzelne Bild einer Live-Fernsehsendung.[96]

89 **dd) Schutzumfang.** Da der fotografierte Gegenstand vorgegeben ist, ergibt sich eine Verringerung des Umfangs urheberrechtlichen Schutzes von Lichtbildwerken.

g) Filmwerke (§ 2 I Nr. 6 und II UrhG)

90 **aa) Begriff.** Filmwerke verbinden verschiedene Werke (z. B. Sprachwerke oder Musikwerke) und wandeln sie in Bilder um. Es muss eine Aneinanderreihung fotografischer oder fotografieähnlicher (zu diesem Begriff Rn. 86) Bilder bestehen **(bewegte Bildfolge).** Zu Filmwerken i. S. d. § 2 I Nr. 6 UrhG gehören daher auch bloße Bildfolgen. Kein Filmwerk ist der Bildträger (z. B. Filmstreifen). Er ist durch § 94 UrhG geschützt. In welcher Aufnahmetechnik die Erstellung der Bilder erfolgt, ist unerheblich. Dasselbe gilt für den Inhalt, das Format (z. B. Kinofilm, Fernsehfilm, DVD) und eine dauerhafte

---

92 BGHZ 37, 1, 6 – AKI.
93 Schricker/Loewenheim/*Vogel,* § 72 UrhG Rn. 18; Wandtke/Bullinger/*Thum,* § 72 UrhG Rn. 12; *A. Nordemann,* Die künstlerische Fotografie als urheberrechtlich geschütztes Werk, 1992, S. 65; a. A. Dreier/Schulze/*Schulze,* § 2 UrhG Rn. 200; *Wiebe,* GRUR Int. 1990, 21, 32.
94 Vgl. BT-Drs. 13/781, S. 10.
95 *BGH* ZUM 2000, 232, 234 – Werbefotos.
96 BGHZ 37, 1, 6 – AKI.

Fixierung. Deshalb kann auch eine Live-Sendung im Fernsehen ein Filmwerk sein.[97]

bb) Individualität. (1) Grad. Bei Filmwerken genießt auch die sog. **kleine Münze** (Rn. 25) urheberrechtlichen Schutz. Für hinreichende Individualität sind daher regelmäßig bereits geringe Anforderungen ausreichend. Schöpferische Tätigkeit ist insbesondere mit **Regie, Bildgestaltung** und **Schnitt** verbunden, auch wenn sie ein bereits bestehendes Werk (z. B. Roman) umsetzen.[98] Da insoweit großer individueller Gestaltungsspielraum besteht, ist grundsätzlich jeder Film wie ein Kinofilm, ein Fernsehfilm oder ein Werbefilm ein Filmwerk i. S. d. § 2 I Nr. 6 UrhG. Ein **Ausschnitt** aus einem Film ist selbständig urheberrechtlich geschützt, wenn er hinreichend individuell ist.[99] Die bloße Idee zu einer bestimmten Sendung ist nicht schutzfähig (Rn. 34). Nur ihre konkrete Umsetzung kann urheberrechtlich geschützt sein. 91

(2) Auswahl und Anordnung. Hinreichende Individualität kann sich bereits auf Grund der besonderen **Zusammenstellung** besonderer Bildfolgen ergeben.[100] Deshalb sind auch Dokumentarfilme urheberrechtlich geschützt, sofern sie nicht schematisch, sondern nach Auswahl einzelner Aspekte des zu Dokumentierenden darstellen und verdeutlichen.[101] Dasselbe gilt für Tagesschauen. Auch Musikfilme, Theaterfilme und Sportreportagen wählen meist einzelne **Teile** aus einem bestimmten Geschehen aus, um dem Zuschauer das Wesentliche zu vermitteln. Sie sind dann Filmwerke i. S. d. § 2 I Nr. 6 UrhG. 92

cc) Urheber. Bei Filmwerken ist, anders als bei vielen anderen Werken, eine Vielzahl von Personen beteiligt. Es stellt sich daher die Frage, wem urheberrechtlicher Schutz zusteht. Es sind dies die Personen, die **schöpferisch** an der Erstellung des Werks **mitwirken.** Dazu gehören insbesondere der Regisseur, der Kameramann, der Cutter, der Szenenbildner, der Filmarchitekt, der Kostümbildner und der Filmtonmeister. Es handelt sich um ein typisches Beispiel der Miturheberschaft. 93

dd) Schutzdauer. Für die Schutzdauer von Filmwerken enthält § 65 II UrhG eine Sonderregelung. Danach erlischt das Urheberrecht 94

97 BGHZ 37, 1, 6 – AKI.
98 BGHZ 26, 52, 55 – Sherlock Holmes.
99 BGHZ 9, 262, 267 f. – Schwanenbilder.
100 BGHZ 9, 262, 268 – Lied der Wildbahn I, mit Anm. *Schricker.*
101 *BGH* GRUR 1984, 730, 732 – Filmregisseur.

70 Jahre nach dem Tod des Längstlebenden der folgenden Personen: Hauptregisseur, Urheber des Drehbuchs, Urheber der Dialoge, Komponist der für das betreffende Filmwerk komponierten Musik.

Beispiel: Ein Kameramann verstirbt 30 Jahre nach dem Tod des Längstlebenden der in § 65 II UrhG genannten Personen. Der postmortale urheberrechtliche Schutz der Leistungen dieses Kameramanns erstreckt sich dann nur noch auf 40 Jahre.

95 Die Einschränkung des Kreises der Urheber beruht auf einer europäischen Harmonisierung. Die Schutzfrist von vorbestehenden Werken (z. B. Roman) bleibt von § 65 II UrhG unberührt.

h) Darstellungen wissenschaftlicher oder technischer Art (§ 2 I Nr. 7 und II UrhG)

96 **aa) Begriff.** Darstellungen wissenschaftlicher oder technischer Art sind Lehr- und Anschauungsmaterial in zwei- oder dreidimensionaler Form.[102]

Beispiele: Konstruktionszeichnungen; Stadtpläne; Skizzen; Modelle etwa eines Motors.

97 Die Begriffe Wissenschaft und Technik sind **weit zu verstehen.** Die Darstellung muss veranschaulichend oder unterrichtend sein.

98 **bb) Individualität. (1) Grad.** An die hinreichende Individualität von Darstellungen technischer oder wissenschaftlicher Art sind geringe Anforderungen zu stellen. Daher genügt ein geringes Maß eigenschöpferischer Prägung. Dies korrespondiert mit einem engen Schutzumfang. Für die urheberrechtliche Schutzfähigkeit des in der sog. Grundsubstanz verkörperten Leistungsergebnisses kommt es nicht darauf an, dass diese als solche für den Verbraucher noch nicht benutzbar ist. Auch Vorstufen für ein noch weiter auszuarbeitendes Werk können bereits schutzfähige Werke sein.[103]

Beispiel: Die in einem digitalen Datenbestand verkörperte Vorstufe für einen Stadtplan kann ein urheberrechtlich schutzfähiges Werk i. S. d. § 2 I Nr. 7 UrhG sein.

99 **(2) Art der Darstellung.** Im wissenschaftlichen und technischen Bereich ist nicht der Inhalt (was) schutzfähig. Urheberrechtlicher

---

102 Dreier/Schulze/*Schulze,* § 2 UrhG Rn. 222.
103 *BGH* GRUR 2005, 854, 855 – Karten-Grundsubstanz.

Schutz kann allein der Art der Darstellung (wie) zukommen (Rn. 41).[104]

(3) Auswahl und Anordnung. Bestimmte Methoden und Mittel 100
der Darstellung sind jedermann frei zugänglich. Doch kann die Auswahl und Kombination bereits bekannter Darstellungsmittel und/oder -methoden hinreichende Individualität aufweisen.[105]

Beispiel: Die Auswahl und Kombination bekannter Merkmale kann bei einem Stadtplan hinreichende Individualität begründen.[106]

i) Weitere Werkarten

§ 2 I UrhG enthält nur einen Beispielkatalog. Daher kommen wei- 101
tere Werkarten in Betracht. Eine **Werbekonzeption** ist in ihrer Komplexität des Schaffens einem Filmwerk vergleichbar und stellt daher ein Werk eigener Art dar.[107] **Multimedia-Produkte** (z. B. digitalisiertes Foto) ermöglichen lediglich eine neue Nutzung bestehender Werke und begründen keine neue Werkart.[108]

III. Ergänzungen und Klarstellungen (§§ 3 bis 6 UrhG)

1. Bearbeitungen (§ 3 UrhG)

a) Urheberrechtlicher Schutz

Nach § 3 S. 1 UrhG sind Übersetzungen und andere Bearbeitungen 102
eines Werks, die persönliche geistige Schöpfungen des Bearbeiters sind, unbeschadet des Urheberrechts am bearbeiteten Werk wie selbständige Werke geschützt. Damit kommt es zu einer **Erweiterung des urheberrechtlichen Schutzes.** Denn auch eine Leistung, die sich an ein Werk i. S. d. § 2 UrhG anlehnt, aber eine persönliche geistige Schöpfung des Bearbeiters ist, d. h. **hinreichende Individualität** aufweist, ist selbständig („unbeschadet") urheberrechtlich geschützt. An diese Individualität sind keine zu hohen Anforderungen zu stellen.[109]

---

104 *BGH* GRUR 1998, 916, 917 – Stadtplanwerk.
105 *BGH* GRUR 1991, 529, 530 – Explosionszeichnungen.
106 *BGH* GRUR 1965, 45, 46 – Stadtplan; GRUR 1998, 916, 917 – Stadtplanwerk.
107 *Schricker,* GRUR 1996, 815, 825; a. A. *Hertin,* GRUR 1997, 799, 809.
108 Dreier/Schulze/*Schulze,* § 2 UrhG Rn. 243.
109 Schricker/Loewenheim/*Loewenheim,* § 3 UrhG Rn. 15.

Insoweit kommt es auch entscheidend auf den Grad der Individualität des bearbeiteten Werks an. Je höher die Individualität des bearbeiteten Werks, umso höher muss auch die Individualität der Bearbeitung sein.[110] Unwesentliche Bearbeitungen genügen nicht (vgl. die Klarstellung für Werke der Musik in § 3 S. 2 UrhG). Entscheidend ist ein Vergleich des bearbeiteten Werks ohne Bearbeitung einerseits, mit den schöpferischen Merkmalen des bearbeiteten Werks andererseits.[111]

Beispiel: Die Übersetzung der Sprechblasen eines Comic-Heftes weist hinreichende Individualität auf.[112]

103 Das Schreiben eines **Drehbuchs** oder **Bühnenstücks** zu einem Roman kann eine urheberrechtlich geschützte Bearbeitung eines Sprachwerks darstellen. In der **Verfilmung** eines Romans oder Drehbuchs kann eine Bearbeitung eigener Art liegen. Die Verfilmung eines Werks ist jedenfalls dann eine Bearbeitung, wenn der Film dieses Werk verändert.[113] Aber auch ohne eine solche Veränderung liegt nicht nur eine Vervielfältigung, sondern eine Bearbeitung vor.[114] Darüber hinaus ist eine urheberrechtlich geschützte Bearbeitung einer Verfilmung möglich.

Beispiele: Das Schneiden einer bestehenden Verfilmung zu einer neuen Fassung, die Veränderung der Bildfolgen etwa durch Computeranimation und die Kolorierung alter Schwarz-Weiss-Filme sind regelmäßig urheberrechtlich geschützt. Keine hinreichende Individualität der Bearbeitung besteht hingegen bei bloßen technischen Verbesserungen einer bestehenden Verfilmung.

b) Zulässigkeit

104 Eine andere Frage ist es, ob eine **Bearbeitung zulässig** ist. Sie ist in §§ 23 f. UrhG geregelt.

---

110 *BGH* GRUR 1991, 533, 534 – Brown Girl II; a. A. Wandtke/Bullinger/*Bullinger*, § 3 UrhG Rn. 18.
111 *BGH* GRUR 2004, 855, 857 – Hundefigur.
112 *BGH* GRUR 2000, 144 f. – Comic-Übersetzungen II.
113 *BGH* GRUR 1982, 529 – Happening.
114 *BGH* GRUR 2002, 532, 534 – Unikatrahmen; Dreier/Schulze/*Schulze*, § 3 UrhG Rn. 43; a. A. Schricker/Loewenheim/*v. Ungern-Sternberg*, § 15 UrhG Rn. 14; Schricker/Loewenheim/*Katzenberger*, Vor §§ 88 ff. UrhG Rn. 24.

2. Sammelwerke und Datenbankwerke (§ 4 UrhG)

a) Entstehung

§ 4 UrhG beruht auf der Richtlinie 96/9/EG und ist daher **richtlinienkonform** auszulegen. 105

b) Normzweck

Nach § 4 I UrhG sind Sammelwerke unbeschadet eines an einzelnen Elementen gegebenenfalls bestehenden Urheberrechts oder verwandten Schutzrechts wie selbständige Werke geschützt. Darin liegt eine Erweiterung urheberrechtlichen Schutzes. Denn nach § 4 I UrhG sind Sammelwerke eine **eigenständige Werkart.** Das Sammelwerk als eigenständiges Schutzobjekt ist von seinem Inhalt zu unterscheiden („unbeschadet“). Es kann daher sowohl an dem Sammelwerk als solchem als auch an seinen Bestandteilen urheberrechtlicher Schutz bestehen. Die jeweilige Schutzfähigkeit ist gesondert zu beurteilen. 106

c) Auslegung

aa) Sammelwerke. (1) Begriff. Die Legaldefinition des § 4 I UrhG umschreibt Sammelwerke als „Sammlung von Werken, Daten oder anderen unabhängigen Elementen, die auf Grund der Auswahl oder Anordnung der Elemente eine persönliche geistige Schöpfung sind“. Danach handelt es sich um einen **zweigliedrigen Begriff,** denn es muss 107

(1) eine Sammlung von Werken, Daten oder anderen unabhängigen Elementen bestehen und
(2) diese Elemente müssen auf Grund der Auswahl oder Anordnung eine persönliche geistige Schöpfung sein.

Als ein **Beispiel** für ein Sammelwerk nennt § 4 II UrhG Datenbankwerke. Es ist daher vorrangig zu prüfen, ob ein solches Sammelwerk vorliegt. Erst wenn seine Voraussetzungen nicht gegeben sind, kommt ein Rückgriff auf § 4 I UrhG in Betracht. Typische Sammelwerke i. S. d. § 4 I UrhG sind Lexika, Jahrbücher und Festschriften. 108

bb) Sammlung von Werken. (1) Datenbankwerke. (a) Begriff. 109
Ein Datenbankwerk ist nach § 4 II 1 UrhG dadurch gekennzeichnet,

dass seine Elemente systematisch oder methodisch angeordnet und einzeln mit Hilfe elektronischer oder anderer Mittel zugänglich sind. Es müssen daher sowohl

- die Elemente systematisch oder methodisch angeordnet sowie
- einzeln elektronisch oder auf andere Weise zugänglich sein.

110 Ein **Computerprogramm,** das das Datenbankwerk schafft oder den Zugang hierzu ermöglicht, ist nicht Bestandteil des Datenbankwerks (§ 4 II 2 UrhG). Es kann aber eigenständig urheberrechtlich (insbesondere nach §§ 69a ff. UrhG) geschützt sein.

111 **(b) Systematische oder methodische Anordnung.** Eine Anordnung ist systematisch, wenn ihr ein Ordnungsschema („System") zu Grunde liegt.[115] Eine Anordnung ist methodisch, wenn sie einem bestimmten Plan („Methode") folgt.[116] Sowohl an Systematik als auch an Methode fehlt es, wenn Daten völlig ungeordnet sind (sog. bloßer Datenhaufen).

112 **(c) Einzelne Zugänglichkeit.** Die einzelne Zugänglichkeit können elektronische oder sonstige Mittel begründen. Datenbankwerke können daher **elektronische** und **nicht elektronische** Datenbanken sein.[117] Der Zugang zu der Datenbank kann offline (z. B. CD-ROM) oder online geschehen (z. B. Abruf über Provider).

113 **(2) Sonstige Sammelwerke.** Da § 4 I UrhG von *anderen* unabhängigen Elementen spricht und infolgedessen Werke und Daten nur Beispiele sind, bildet das Tatbestandsmerkmal der unabhängigen Elemente den Oberbegriff. **Werke** sind alle Werke i. S. d. § 2 I UrhG. **Daten** sind Darstellungen von kommunizierbaren Fakten.[118] Dem Tatbestandsmerkmal **„andere unabhängige Elemente"** kommt Auffangfunktion zu. Darunter fallen Leistungen, für die kein urheberrechtlicher Schutz – etwa mangels Werkqualität i. S. d. § 2 II UrhG oder wegen des Ablaufs der Schutzdauer – besteht oder für die nach § 5 UrhG kein urheberrechtlicher Schutz bestehen kann. Das Tatbestandsmerkmal der Unabhängigkeit einzelner Elemente gewährleistet, dass ein einheitliches Werk (z. B. Buch) nicht lediglich als Summe seiner einzelnen Teile (z. B. Wörter) zu betrachten ist. Denn dann wäre ein solches Werk (z. B. Buch) zusätzlich als Sammelwerk geschützt.

---

115 Dreier/Schulze/*Dreier,* § 4 UrhG Rn. 17.
116 Dreier/Schulze/*Dreier,* § 4 Rn. 17.
117 BT-Drs. 13/7385, S. 39; *Flechsig,* ZUM 1997, 577, 580.
118 Dreier/Schulze/*Dreier,* § 4 UrhG Rn. 9.

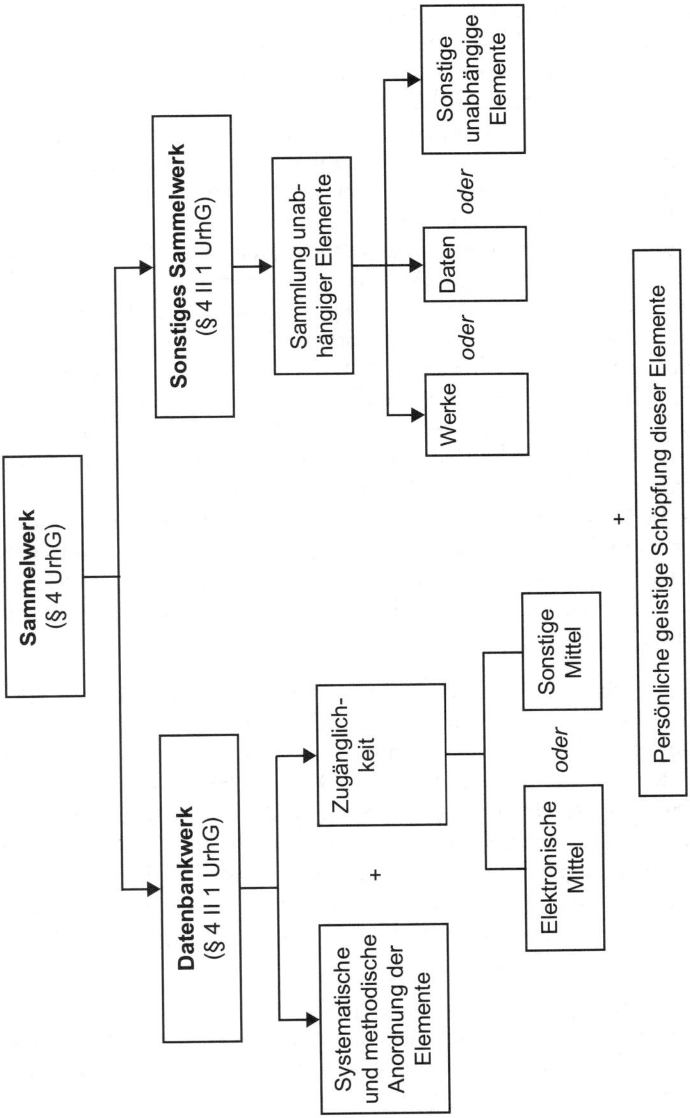

Sammelwerk
(§ 4 UrhG)
Sonstiges Sammelwerk
(§ 4 II 1 UrhG)
Sammlung unabhängiger Elemente
Werke
oder
Daten
oder
Sonstige unabhängige Elemente
Datenbankwerk
(§ 4 II 1 UrhG)
Zugänglichkeit
+
Systematische und methodische Anordnung der Elemente
Elektronische Mittel
oder
Sonstige Mittel
+
Persönliche geistige Schöpfung dieser Elemente

114 **cc) Persönliche geistige Schöpfung. (1) Datenbankwerk.** Da eine Datenbank i. S. d. § 4 II UrhG einen Unterfall einer Sammlung i. S. d. § 4 I UrhG darstellt, muss auch sie durch Auswahl und Anordnung der Elemente eine persönliche geistige Schöpfung sein. Insoweit gelten die zu § 2 II UrhG angestellten Erwägungen entsprechend. Für den Schutz einer Sammlung als Datenbankwerk genügt es, dass die Sammlung in ihrer Struktur hinreichende Individualität aufweist (z. B. Erstellung einer Liste von Gedichten der deutschen Literatur im Internet nach bestimmten Auswahlkriterien).[119] Auf andere Kriterien, insbesondere die Qualität oder den ästhetischen Wert der Datenbank, kommt es nicht an. Da für Datenbanken und daher auch für Datenbankwerke ein **eigenständiger Schutz** mit unterschiedlichem Gegenstand **nach §§ 87a ff. UrhG** (§ 9 Rn. 21 ff.) besteht, ist der Grad **hinreichender Individualität** i. S. d. § 4 I UrhG für Datenbankwerke nicht tief anzusetzen, da andernfalls der Schutz nach §§ 87a ff. UrhG jegliche Bedeutung verlöre. Bei **elektronischen Datenbanken** erfolgt die Anordnung des Inhalts in der Datenbank durch die Datenbanksoftware, so dass insoweit ein geringerer individueller Gestaltungsspielraum besteht als bei **nicht elektronischen Datenbanken.** Daher kann sich hinreichende Individualität elektronischer Datenbanken allein aus den Verknüpfungs- und Abfragemöglichkeiten ergeben.[120]

115 **(2) Sonstiges Sammelwerk.** Die Sammlung unabhängiger Elemente muss eine persönliche geistige Schöpfung darstellen. Eine solche Schöpfung kann nur auf Grund der Auswahl und Anordnung der Elemente (vgl. auch schon Rn. 33, 114) entstehen. Dies setzt einen **Entscheidungsspielraum** darüber voraus, welche Elemente die Sammlung enthalten und welche sie nicht enthalten soll. Zwar sind die Anforderungen an hinreichende Individualität – insoweit gelten dieselben Grundsätze wie bei § 2 II UrhG (Rn. 10 ff., 21 ff.) – tief anzusetzen. Allerdings muss individueller Gestaltungsspielraum bestehen und Ausdruck finden.

Beispiel: Die Segmentstruktur eines Marktberichts zur Umsatzauswertung (vgl. den unter § 1 Rn. 31 geschilderten Fall) in der Pharma-Industrie stellt ein nach § 4 I, II 1 UrhG geschütztes Sammelwerk in Gestalt eines Datenbankwerks dar.[121] Bei einem Telefonbuch besteht im Hinblick auf die allein

---

119 *BGH* WRP 2007, 989 Rn. 21 – Gedichttitelliste I.
120 Schricker/Loewenheim/*Loewenheim,* § 4 UrhG Rn. 39.
121 *OLG Frankfurt a. M.* MMR 2003, 45, 46 – IMS Health.

maßgebliche Anordnung und Auswahl hingegen kein hinreichender Gestaltungsspielraum, so dass urheberrechtlicher Schutz nach § 4 I, II 1 UrhG nicht in Betracht kommt.[122]

(3) Schutzumfang und Werkersteller. Der **Schutzumfang** des Sammelwerks ist auf die Auswahl und Anordnung beschränkt. Für Verletzungen des Urheberrechts an einem Datenbankwerk durch die Übernahme verschiedener Elemente des Datenbankwerks gilt Folgendes: Das beanstandete Werk muss hinsichtlich Auslese und Stoff diejenigen Strukturen enthalten, die das Sammelwerk als eine persönliche geistige Schöpfung i. S. d. § 4 UrhG ausweisen. Nur wenn die Kombination der übernommenen Elemente besondere Strukturen in deren Auslese und Anordnung aufweist und darin das Gewebe der persönlichen geistigen Schöpfung des Sammelwerks erkennen lässt (vgl. Erwägungsgrund 15 S. 2 RiL 96/9/EG), kann eine Beeinträchtigung des Urheberrechts an dem Sammelwerk i. S. d. § 4 UrhG vorliegen. Liegt keine vollständige Übernahme vor, kommt eine Urheberrechtsverletzung nur in Betracht, wenn auch der entlehnte Teil den Schutzvoraussetzungen für ein Sammelwerk genügt (z. B. Übernahme einer urheberrechtlich geschützten Gedichteauswahl zu 98 %). Der Urheber eines Sammelwerks muss die zur Umsetzung seiner auf persönlicher geistiger Schöpfung beruhenden Konzeption notwendigen nichtschöpferischen Arbeiten nicht selbst erbracht haben. 116

Beispiel: Ein Literaturprofessor entwickelt eine Konzeption für die Auswahl der in eine Gedichttitelliste aufgenommenen Gedichte. Hilfskräfte setzen diese Konzeption um, indem sie Material sammeln und für die statistische Auswertung vereinheitlichen.[123]

3. Amtliche Werke (§ 5 UrhG)

a) Normzweck

§ 5 UrhG nimmt bestimmte Werke vom urheberrechtlichen Schutz aus. Danach besteht für amtliche Werke **kein urheberrechtlicher Schutz.** Dies gilt unabhängig davon, ob die amtliche Leistung die Voraussetzungen des § 2 II UrhG erfüllt oder nicht. Amtliche Werke sind – vorbehaltlich der Regelung in § 5 III UrhG – daher für jedermann frei zugänglich und nutzbar. Damit ist dem **Interesse der Allgemeinheit** Rechnung getragen, einen möglichst ungehinderten Zu- 117

122 *BGH* GRUR 1999, 923 – Tele-Info-CD.
123 *BGH* WRP 2007, 989 Rn. 23 – Gedichttitelliste I.

gang zu amtlichen Werken und eine weite Verbreitung amtlicher Werke zu ermöglichen.

b) Auslegung

118 Als Ausnahmevorschrift, die das Urheberrecht beschränkt, ist § 5 UrhG **eng** auszulegen.[124]

119 **aa) Amtliche Schriftwerke (§ 5 I UrhG).** § 5 I UrhG bezieht sich nur auf **Schriftwerke.** Eine Definition des amtlichen Werks findet sich indes nicht. Daher ist dieser Begriff aus den in § 5 I UrhG genannten Beispielen zu abstrahieren. Eine amtliche Bekanntmachung setzt einen **regelnden Inhalt** voraus. Sie erfasst nicht jede informatorische Äußerung eines Amts.[125] Der Begriff der amtlichen Bekanntmachung ist ebenso wie der Begriff des Erlasses kein verwaltungsrechtlicher, sondern ein **urheberrechtlicher Begriff.** Er ist entsprechend dem Zweck der Vorschrift auszulegen.[126] Danach sollen amtliche Bekanntmachungen nur dann gemeinfrei sein, wenn sie ebenso wie die sonst aufgezählten Gegenstände eine normative oder einzelfallbezogene rechtliche Regelung enthalten.

Beispiel: Eine Bodenrichtwertsammlung, nach der es sich bei den Bodenrichtwerten um auf statistischer Erfassung beruhende Angaben zu durchschnittlichen Bodenwerten handelt, ist keine amtliche Bekanntmachung i. S. d. § 5 I UrhG.[127]

120 Den in § 5 I UrhG genannten Gegenständen ist gemeinsam, dass sie von einer Stelle stammen, der die **Erfüllung öffentlicher, hoheitlicher Aufgaben** obliegt (z. B. Behörde des Bundes oder der Länder; Gemeinden).[128] Außerdem muss die Äußerung allgemeinverbindlich sein und darf nicht nur intern verpflichten.[129] Mit der Entstehung dieser Allgmeinverbindlichkeit, d. h. mit dem **Inkrafttreten,** sind die Äußerungen gemeinfrei. Gesetzesentwürfe sind nach § 5 II UrhG zu beurteilen.

121 § 5 I UrhG beschränkt die Gemeinfreiheit darüber hinaus auf **amtlich verfasste Leitsätze** zu gerichtlichen Entscheidungen. Amtlich sind sie dann verfasst, wenn sie das Gericht formuliert hat.[130] Daraus

---

124 *BGH* GRUR 1988, 33, 35 – Topographische Landeskarten.
125 *BGH* GRUR 2007, 137 Rn. 13 – Bodenrichtwertsammlung.
126 *BGH* GRUR 2006, 848 Rn. 14 – Vergaberichtlinien.
127 *BGH* GRUR 2007, 137 Rn. 15 – Bodenrichtwertsammlung.
128 *BGH* GRUR 1982, 37, 40 – WK-Dokumentation.
129 *BGH* GRUR 1990, 1003, 1004 – DIN-Normen.
130 *BGH* GRUR 1992, 382, 385 f. – Leitsätze.

ergibt sich im Umkehrschluss, dass Leitsätze, die Private (z. B. Zeitschriftenredaktion oder Richter als Privatmann) verfassen, durchaus urheberrechtlichen Schutz genießen können. § 5 UrhG erfasst außerdem nicht Urheberrechtsschutz Privater nach §§ 3 f. UrhG (Bearbeitung amtlicher Werke; Sammlung amtlicher Werke).

bb) Sonstige amtliche Werke (§ 5 II UrhG). Werke i. S. d. § 5 II UrhG müssen anders als die in § 5 I UrhG genannten Werke **nicht Schriftwerke** sein (sonstige amtliche Werke). Da sie amtlich sein müssen, ist ein Bezug zu einer Stelle, der die Erfüllung öffentlicher, hoheitlicher Aufgaben obliegt, erforderlich. Die Gemeinfreiheit eines solchen sonstigen amtlichen Werks setzt voraus, dass es im amtlichen Interesse zur **allgemeinen Kenntnisnahme** veröffentlicht (Definition des Veröffentlichens in § 6 I UrhG; vgl. Rn. 126 ff.) ist. Nicht ausreichend ist hierfür das allgemeine Interesse, das die Allgemeinheit an jeder Veröffentlichung einer Behörde hat. Vielmehr muss ein besonderes Interesse gegeben sein, das auf die Freigabe des Nachdrucks oder der sonstigen Verwertung des die Information vermittelnden Werks für jedermann gerichtet ist.[131] Ein solches Interesse liegt insbesondere vor, wenn es um die Abwehr von Gefahren geht. In diesen Fällen ist eine rasche und umfassende Information der Allgemeinheit erforderlich.[132] Umgekehrt fehlt das besondere Interesse regelmäßig, wenn das Werk nur allgemeine Informationen aus dem Bereich der Daseinsvorsorge vermittelt. Im Zweifel sind alle Umstände des Einzelfalls abzuwägen. Je **bedeutsamer die Information** ist, desto eher liegt ein spezifisches Verbreitungsinteresse vor. 122

Beispiele: Amtliche Statistiken, Kartenwerke oder allgemeine Merkblätter sind nicht von § 5 II UrhG erfasst. Auch die Telefonbücher der deutschen Telekom fallen nicht unter § 5 II UrhG.[133] Dasselbe gilt für Programme des öffentlichen Rundfunks. Auch die unter Rn. 119 genannte Bodenrichtwertsammlung ist nicht nach § 5 II UrhG gemeinfrei.[134] Amtliche Gesetzesmaterialien sind hingegen Werke i. S. d. § 5 II UrhG.[135]

cc) Verweis auf private Normwerke (§ 5 III UrhG). § 5 III UrhG beruht auf einer Umsetzung der Richtlnie 2001/29/EG und ist daher richtlinienkonform auszulegen. Diese Regelung nimmt private 123

131 *BGH* GRUR 1988, 33, 35 – Topographische Landeskarten.
132 *BGH* GRUR 2007, 137 Rn. 18 – Bodenrichtwertsammlung.
133 *BGH* GRUR 1999, 923, 926 – Tele-Info-CD.
134 *BGH* GRUR 2007, 137 Rn. 20 – Bodenrichtwertsammlung.
135 *BGH* GRUR 2007, 137 Rn. 16 – Bodenrichtwertsammlung.

Normwerke von der Gemeinfreiheit aus. Damit ist das **Urheberrecht** an diesen Werken **geschützt,** sofern sie nicht Bestandteil eines amtlichen Werkes i. S. d. § 5 I UrhG (z. B. als Volltext im Gesetzestext) sind. Eine bloße Bezugnahme auf das Normwerk (z. B. im Anhang eines Gesetzes ohne Übernahme des Volltexts) genügt für die Gemeinfreiheit hingegen nicht. Der Zweck von § 5 III UrhG ist daher auf die Gewährung urheberrechtlichen Schutzes der Verfasser privater Normwerke gerichtet. Indem diese ihr Werk wirtschaftlich verwerten dürfen, sind (hohe) staatliche Subventionen entbehrlich. Das **öffentliche Interesse** an dem Zugang zu den Werken kommt darin zum Ausdruck, dass diese Werke für jedermann zugänglich und gegen eine angemessene Vergütung zu erwerben sein sollen.[136] Deshalb sind die Urheber verpflichtet, eine **Zwangslizenz** zu gewähren (§ 5 III 2 und 3 UrhG).

c) Ausschluss analoger Anwendung

124 Eine analoge Anwendung von § 5 UrhG kommt nicht in Betracht.[137]

4. Veröffentlichte und erschienene Werke (§ 6 UrhG)

a) Normzweck

125 § 6 UrhG **definiert** zwei Begriffe, die für das gesamte Urheberrecht bedeutsam sind. § 6 I UrhG definiert den Begriff der Veröffentlichung, § 6 II UrhG den des Erscheinens. Der Begriff der Veröffentlichung begegnet etwa in §§ 5 II, 8 II, 9 II, 12 II, 37 I, 46 I, 51 S. 1 u. 2 Nrn. 1 u. 2, 52 I UrhG, der des Erscheinens etwa in §§ 10 I, 38 I, 41 II, 46 I, 51 S. 2 Nr. 3 UrhG. Die Definition beider Begriffe stellt eine **einheitliche Auslegung** sicher. Erscheinen ist der **weitere Begriff.** Denn ein Erscheinen beinhaltet eine Veröffentlichung. Umgekehrt beinhaltet nicht jede Veröffentlichung auch ein Erscheinen.

136 BT-Drs. 15/38, S. 16.

137 Schricker/Loewenheim/*Katzenberger,* § 5 UrhG Rn. 26; Wandtke/Bullinger/*Marquardt,* § 5 UrhG Rn. 3; a. A. *v. Ungern-Sternberg,* GRUR 1977, 766, 770.

b) Veröffentlichung (§ 6 I UrhG)

aa) Begriff. Eine Veröffentlichung i. S. d. § 6 I UrhG setzt voraus, dass (1) das Werk an die Öffentlichkeit gerichtet ist, (2) jemand es der Öffentlichkeit zugänglich macht und (3) dieses Zugänglichmachen mit Zustimmung des Berechtigten geschieht. 126

bb) An die Öffentlichkeit gerichtet. (1) Begriff. Ein Werk ist nicht nur dann an die Öffentlichkeit gerichtet, wenn es zur Wahrnehmung durch die Allgemeinheit bestimmt ist. Auch eine **begrenzte Öffentlichkeit** kann genügen. Stets muss es sich aber um einen nicht von vornherein abgegrenzten Personenkreis handeln (z. B. Veranstaltung, zu der jedermann gegen Zahlung eines Beitrags Zutritt hat). Daran fehlt es bei geschlossenen Veranstaltungen (z. B. betriebsinterne Feier). Der Begriff der Öffentlichkeit ist in **§ 15 III UrhG** definiert. Es stellt sich daher die Frage, ob diese Begriffsbestimmung für § 6 I UrhG gilt[138] oder ob § 6 I UrhG ein eigener Begriff der Öffentlichkeit zu Grunde liegt.[139] Der Begriff der Öffentlichkeit in § 15 III UrhG steht in engem Zusammenhang mit § 15 II UrhG. Nach § 15 II 1 UrhG hat der Urheber das ausschließliche Recht, sein Werk in unkörperlicher Form wiederzugeben (Recht der öffentlichen Wiedergabe). Eine weite Auslegung des Begriffs der Öffentlichkeit führte dazu, dass der Bereich der Nichtöffentlichkeit, auf den sich das Recht des Urhebers nach § 15 II UrhG nicht erstreckt, verringert wäre. Daraus ergäbe sich eine – nach dem Schutzzweck des UrhG gewünschte – Verstärkung der Verwertungsrechte des Urhebers. Eine weite Auslegung des Begriffs der Öffentlichkeit in § 6 I UrhG hingegen wäre für den Urheber nachteilig. So würde z. B. die Schutzfrist des § 66 I 1 UrhG, deren Beginn an die Veröffentlichung des Werks anknüpft, verkürzt. Deshalb ist § 6 I UrhG ein **eigenständiger Begriff** der Öffentlichkeit zu Grunde zu legen. Infolgedessen ist der Öffentlichkeitsbegriff des § 6 I UrhG **enger** als der des § 15 III UrhG. 127

cc) Zugänglich machen. Das Zugänglichmachen eines Werks für die Öffentlichkeit ist mit dem ersten Mal erfolgt und kann deshalb kein weiteres Mal geschehen. Es ist auch nicht rückgängig zu machen. Ein Werk ist für die Öffentlichkeit zugänglich, wenn die Öffentlichkeit die tatsächliche **Möglichkeit** erhält, den **Inhalt** des Werkes 128

---

138 *KG* NJW 1995, 3392, 3393 – Botho Strauß.
139 So Schricker/Loewenheim/*Katzenberger*, § 6 UrhG Rn. 9 ff.

wahrzunehmen. Auf welche Weise dies geschieht, ist unerheblich. Dasselbe gilt für den Ort des Zugänglichmachens.

Beispiel: Ist ein Werk der Öffentlichkeit an irgendeinem Ort der Welt wie New York zugänglich gemacht, ist das Werk auch in Deutschland zugänglich.[140]

129 Die Möglichkeit zur Wahrnehmung des Inhalts eines Werks können die Verwertungsarten des **§ 15 I und II UrhG** (§ 4 Rn. 30ff.) und des **§ 19a UrhG** sowie **sonstige tatsächliche Handlungen** (z. B. Einstellen eines Buches in eine öffentliche Bibliothek) begründen. Da die Möglichkeit zur Wahrnehmung genügt, kommt es nicht darauf an, ob Mitglieder der Öffentlichkeit das Werk tatsächlich zur Kenntnis nehmen.[141]

130 **dd) Zustimmung des Berechtigten.** Berechtigter ist grundsätzlich der Urheber oder sein Rechtsnachfolger.[142] Seine Zustimmung kann **vor** der tatsächlichen **Veröffentlichung** (Einwilligung nach §§ 182 I, 183 S. 1 BGB), aber auch **danach** (Genehmigung nach §§ 182 I, 184 I BGB) erfolgen. Sie kann an Bedingungen geknüpft oder befristet sein. Beschränkungen auf eine bestimmte Art der Zugänglichmachung oder auf einen bestimmten Ort sind hingegen nicht möglich. Der Berechtigte darf die Zustimmung nur unter den Voraussetzungen der §§ 130 I 2, 183 S. 1 BGB **widerrufen.**

c) Erscheinen (§ 6 II UrhG)

131 **aa) Begriff.** Erscheinen als der gegenüber dem Veröffentlichen weitere Begriff (Rn. 125) setzt nach § 6 II 1 UrhG voraus, dass (1) jemand Vervielfältigungsstücke hergestellt hat, (2) diese in genügender Zahl der Öffentlichkeit angeboten oder in Verkehr gebracht hat und (3) dies mit Zustimmung des Berechtigten geschieht. Ein Werk der **bildenden Künste** ist schon dann erschienen, wenn (1) das Original oder ein Vervielfältigungsstück des Werks (2) bleibend der Öffentlichkeit zugänglich gemacht ist und (3) dies mit Zustimmung des Berechtigten geschieht (§ 6 II 2 UrhG). § 6 II 2 UrhG erleichtert danach das Erscheinen eines Werks der bildenden Künste. Erfüllt ein solches Werk die Voraussetzungen des § 6 II 1 UrhG, ist es bereits erschienen im Sinne dieser Regelung.

---

140 Schricker/Loewenheim/*Katzenberger*, § 6 UrhG Rn. 17f.
141 Dreier/Schulze/*Dreier*, § 6 UrhG Rn. 8.
142 Schricker/Loewenheim/*Katzenberger*, § 6 UrhG Rn. 27.

bb) § 6 II 1 UrhG. (1) Herstellung von Vervielfältigungsstücken. 132
Vervielfältigungsstücke (vgl. auch § 16 UrhG) sind alle **Verkörperungen** des Werks, die seine Wahrnehmung ermöglichen. Es bedarf daher der Fixierung des Werks, ohne dass diese Festlegung von Dauer sein müsste.

Beispiele: Text auf Papier oder Diskette; Film auf DVD; Bilder auf CD-ROM.

(2) Anbieten gegenüber der Öffentlichkeit oder Inverkehrbringen der Vervielfältigungsstücke in genügender Zahl. Die Tatbestandsmerkmale „Anbieten gegenüber der Öffentlichkeit" und „Inverkehrbringen" stehen in einem **Alternativverhältnis.** Es genügt daher, dass eines dieser Merkmale erfüllt ist. Für die Bestimmung des Begriffs der Öffentlichkeit gelten die zu § 6 I UrhG angestellten Erwägungen (Rn. 127). Die **Art** des Inverkehrbringens der Vervielfältigungsstücke ist unerheblich. Es kann daher durch Veräußerung, aber auch durch Verleihen oder Vermieten geschehen. Es muss auch nicht zu einem tatsächlichen Inverkehrbringen kommen. Es genügt vielmehr bereits ein **Angebot** gegenüber der Öffentlichkeit. Ein Angebot gegenüber privaten Endverbrauchern ist nicht erforderlich. Es kann genügen, dass Vermittler das Werk zur Verfügung erhalten. 133

Beispiel: Sendeanstalten und Werbeagenturen erhalten Muster des Werks.[143]

An einem Angebot fehlt es bei der bloßen Aufforderung, Bestellungen erst noch herzustellender Vervielfältigungsstücke vorzunehmen. Die Bereitstellung eines Werks zum **Online-Zugriff** beinhaltet hingegen das Angebot von Vervielfältigungsstücken gegenüber der Öffentlichkeit, da es durch den Rechner zu einer Vervielfältigung kommt.[144] 134

Ein Angebot von Vervielfältigungsstücken gegenüber der Öffentlichkeit oder in Inverkehrbringen von Vervielfältigungsstücken genügt für ein Erscheinen des Werkes nicht. Vielmehr muss ein solches Angebot oder Inverkehrbringen im Hinblick auf eine **genügende Zahl** von Vervielfältigungsstücken erfolgen. Hierfür kommt es auf den Einzelfall an. Dem interessierten Publikum muss ausreichend Gelegenheit zur Kenntnisnahme des Werks gegeben sein.[145] 135

---

143 *BGH* GRUR 1981, 360 – Erscheinen von Tonträgern.
144 *Hubmann,* GRUR 1980, 537, 541.
145 *BGH* GRUR 1981, 360, 362 – Erscheinen von Tonträgern.

Beispiele: Eine genügende Zahl liegt vor bei acht Filmkopien.[146] An einer genügenden Zahl fehlt es hingegen bei Abschriften, die Privatleute erstellt haben und die im Schneeballsystem im Umlauf sind.[147] Das starre Abstellen auf eine Zahl von 50 Exemplaren bei Büchern erscheint zu pauschal.[148]

136 Für den **Ort** des Erscheinens kommt es darauf an, an welchem Ort das Angebot oder Inverkehrbringen erfolgt. Dies kann der Vertriebsmittelpunkt sein.[149] Der Ort der Herstellung der Vervielfältigungsstücke ist für den Ort des Erscheinens hingegen nicht maßgeblich. Anders als beim Begriff des Veröffentlichens kann es für das Erscheinen auf das Erscheinen in einem bestimmten Land ankommen (vgl. z. B. §§ 120ff. UrhG).

137 Ein Werk oder ein Teil von ihm (z. B. Klavierauszug aus einer Oper) ist zu einem **Zeitpunkt** erschienen, zu dem die Voraussetzungen des Erscheinens frühestens gegeben sind.[150]

138 **(3) Zustimmung des Berechtigten.** Für die Zustimmung des Berechtigten gelten die zu § 6 I UrhG angestellten Erwägungen (Rn. 130).

139 **cc) § 6 II 2 UrhG.** Auch für Werke der bildenden Künste (§ 2 I Nr. 4 UrhG; dazu Rn. 79ff.) gilt zunächst § 6 II 1 UrhG. § 6 II 2 UrhG begründet einen zusätzlichen Tatbestand für Werke der **bildenden Künste.** Denn insbesondere bei Werken der Malerei und Bildhauerei – anders als bei Werken der Literatur und der Musik – erfolgt eine Zugänglichmachung regelmäßig nicht durch das Angebot oder Inverkehrbringen von Vervielfältigungsstücken (in genügender Zahl). Deshalb sind Werke der bildenden Künste bereits dann erschienen, wenn das Original oder Vervielfältigungsstücke der Öffentlichkeit mit Zustimmung des Berechtigten bleibend zugänglich gemacht sind.

Beispiel: Ausstellung in einem Museum für längere Zeit; Zugänglichkeit des Werks der bildenden Künste für die Öffentlichkeit auf einem Server für längere Zeit.

---

146 *BGH* GRUR Int. 1973, 49 – Goldrausch.
147 *BGH* GRUR 1975, 361 – August Vierzehn.
148 Schricker/Loewenheim/*Katzenberger*, § 6 UrhG Rn. 41.
149 RGZ 130, 11, 19 – Emile Zola; nicht auf Filmwerke übertragen von *BGH* GRUR Int. 1973, 49, 51 – Goldrausch.
150 *BGH* GRUR Int. 1973, 49, 51 f. – Goldrausch.

§ 3. Der Urheber (§§ 7 bis 10 UrhG)

I. Schöpfer eines Werks (§ 7 UrhG)

1. Bedeutung

Nach § 1 UrhG genießen die Urheber von Werken der Literatur, Wissenschaft und Kunst für ihre Werke Schutz nach Maßgabe des UrhG. Die Person des Urhebers ist danach diejenige Person (Schutzsubjekt), der das **Werk** als Schutzobjekt **zuzurechnen** ist (§ 2 Rn. 1). Urheber ist nach § 7 UrhG der Schöpfer des Werks. Danach gilt das **Schöpferprinzip.** Es bestimmt als Urheber denjenigen, der das Werk **geschaffen** hat. Allein der tatsächliche Vorgang des Schaffens als **Realakt** führt zur Entstehung des Urheberrechts (§ 2 Rn. 7 ff.), als solches, das wegen des Schöpferprinzips nicht übertragbar ist (vgl. §§ 28 ff. UrhG). Eine vertragliche Regelung, wonach eine andere Person als die Person, die das Werk geschaffen hat, als Urheber zu bezeichnen ist, ändert nichts an der Urheberschaft des Schöpfers. 1

Beispiel: A und B schließen einen Vertrag, wonach B für A ein Buch als Ghostwriter schreiben soll. A soll bei der Veröffentlichung des Buchs als Autor angegeben sein. B ist verpflichtet, seine Urheberschaft nicht bekannt zu geben. Urheber des Textes ist und bleibt trotz der vertraglichen Regelung B.

2. Person des Schöpfers

a) Persönliche Anforderungen

Da § 2 II UrhG für die Entstehung eines Werks eine persönliche *geistige* Schöpfung voraussetzt, kann Urheber nur eine **natürliche Person** sein.[1] Damit scheiden juristische Personen (z. B. AG, GmbH) von vornherein als Urheber aus.[2] Dasselbe gilt für Maschinen (Automat, Computer) und Tiere. Auf Geschäftsfähigkeit i. S. der §§ 2, 106 BGB kommt es hingegen für die Urheberschaft nicht an (§ 2 Rn. 14). 2

---

1 Dreier/Schulze/*Schulze*, § 7 UrhG Rn. 2.
2 *BGH* GRUR 1991, 523, 525 – Grabungsmaterialien.

b) Notwendiger Schaffensbeitrag

3 Entscheidend für die Begründung der Urhebereigenschaft ist eine persönliche geistige Schöpfung (§ 2 II UrhG). Die bloße Erteilung eines **Auftrags** oder die **Anregung** einer anderen Person (z. B. Tipp) zur Erstellung eines Werks genügen zur Begründung der Urheberschaft regelmäßig nicht.[3] Dies gilt auch dann, wenn der Auftragserteilung oder Anregung genaue **Vorgaben** zu Thematik, Umfang, Methode oder andere Vorgaben zu Grunde liegen. Sie sind lediglich zivilrechtlich für die Frage von Bedeutung, ob das Werk vertragsgemäß ist. Erst dann, wenn die Vorgaben so konkret sind, dass die ausführende Person lediglich als Gehilfe erscheint, ist die Person, die die Vorgaben gemacht hat, Urheber des Werks. Auch Herausgeber, Verleger, Filmhersteller oder andere **Produzenten**, die nicht selbst schöpferisch bei der Schaffung des Werks mitwirken, sind nicht Urheber. Die Initiative zur Erstellung eines Werks, Koordination und Organisation sind danach grundsätzlich nicht urheberrechtlich geschützt. Insoweit kommt lediglich im UrhG besonders geregelter Leistungsschutz in Betracht (vgl. §§ 71, 81, 85, 87, 87a, 94 UrhG).

4 Urheber eines **Filmwerks** ist, wessen persönliche geistige Schöpfung dieses Werk ist. Danach ist z. B. der **Hauptregisseur** eines Filmwerks als dessen Urheber anzusehen (vgl. auch Art. 2 I RiL 93/98/EWG; § 65 II UrhG). Schafft ein **Angestellter** in Ausübung seiner vertraglich geschuldeten Tätigkeit ein Werk, so ist er und nicht der Arbeitgeber der Urheber dieses Werks. Dem Arbeitgeber können lediglich Nutzungsrechte an dem Werk zustehen (vgl. auch für Computerprogramme § 69b I UrhG oder Filmwerke §§ 88 f. UrhG; anders das Geschmacksmusterrecht nach § 7 II GeschmG). Bedient sich jemand bei der Schaffung des Werks der **Mithilfe** einer anderen Person, kommt es für die Urheberschaft an dem Werk auf die Art und den Umfang der Mithilfe an. Ist die Tätigkeit auf die bloße Umsetzung der Vorlage ohne jeglichen Eigenbeitrag begrenzt, ist der Gehilfe nicht Urheber.[4]

Beispiel: A erstellt einen Text. B sieht diesen Text auf Rechtschreibfehler durch und korrigiert diese.

5 Da die **Bearbeitung** i. S. d. § 3 UrhG (§ 2 Rn. 102 ff.) urheberrechtlich als selbständiges Werk geschützt ist, bestehen das Recht des Urhebers am Originalwerk und das Recht des Bearbeiters an seiner Be-

---

3 *BGH* GRUR 1995, 47, 48 – Rosaroter Elefant.
4 *BGH* GRUR 1952, 257 – Krankenhauskartei.

arbeitung selbständig nebeneinander. Jeder ist nur Urheber des von ihm geschaffenen Werks. Auf die rechtliche Zulässigkeit der Bearbeitung kommt es für die Entstehung der Urheberschaft an der Bearbeitung nicht an. Es gilt auch hier allein das Schöpferprinzip. Dem Bearbeiter stehen dieselben Ausschließlichkeitsrechte wie dem Urheber des Originalwerks zu.[5]

c) Ausländische Urheberschaft

In zahlreichen Staaten gilt das Schöpferprinzip nicht. 6

Beispiel: Im US-amerikanischen Urheberrecht ist bei Erteilung eines Auftrags der Auftraggeber und nicht der beauftragte Werkschöpfer der Urheber des Werks (§ 201 Abs. b US-copyright law). Deshalb ist hier bei einem Filmwerk – abweichend vom deutschen Urheberrecht – der Produzent der Urheber des Werks.

Für die Verwertung eines Werks in Deutschland gilt im Hinblick 7
auf die Frage der Urheberschaft das **Territorialitätsprinzip.**[6] Danach ist für die Entstehung der Urheberschaft und deren Übertragbarkeit deutsches Recht anzuwenden.[7] Infolgedessen gilt insoweit auch für die Werke ausländischer Personen das Schöpferprinzip des § 7 UrhG als zwingendes Recht.

II. Miturheber (§ 8 UrhG)

1. Begriff

Haben mehrere ein Werk gemeinsam geschaffen, ohne dass sich 8
ihre Anteile gesondert verwerten lassen, so sind sie Miturheber des Werks (§ 8 UrhG).

2. Voraussetzungen

Miturheberschaft i. S. d. § 8 UrhG setzt voraus, dass (1) mehrere 9
Personen ein Werk gemeinsam schaffen und (2) eine gesonderte Verwertung ihrer Anteile nicht möglich ist.

5 *BGH* GRUR 1965, 370, 374 – Schallplatteneinblendung.
6 Dreier/Schulze/*Schulze*, § 7 UrhG Rn. 12.
7 *BGH* GRUR 1999, 152, 153 – Spielbankaffaire.

a) Gemeinsames Schaffen

10 **aa) Unterordnung unter Gesamtidee.** Gemeinsames Schaffen ist gegeben, wenn sich mehrere Personen über die gemeinsame Aufgabe verständigen und sich der **Gesamtidee,** ein einheitliches Werk (z. B. Filmwerk) zu schaffen, unterordnen.[8] Davon ist die Bearbeitung oder Fortsetzung eines bereits fertiggestellten Werks sowie die Vollendung eines unfertigen Werks zu unterscheiden.

Beispiel: Entwickeln A, B und C in zeitlichem Abstand ein Computerprogramm weiter, ohne sich einer Gesamtidee unterzuordnen, stellt dies jeweils die Bearbeitung eines bestehenden Programms i. S. d. § 3 UrhG dar.[9]

11 Miturheberschaft setzt nicht voraus, dass mehrere Personen gleichzeitig an sämtlichen Stadien der Entstehung des Werks mitschaffen. Es genügt eine **vertikale** Arbeitsteilung ebenso wie eine **horizontale Arbeitsteilung.**[10] Bei der vertikalen Arbeitsteilung sind mehrere Personen in demselben Entstehungsstadium nacheinander tätig, bei der horizontalen Arbeitsteilung schaffen mehrere Personen gleichzeitig verschiedene Abschnitte des Werks.

12 **bb) Persönlicher geistiger Schöpfungsbeitrag.** Miturheber ist nur, wer persönlich einen geistigen Schöpfungsbeitrag zur Entstehung des Werks leistet. Auf den Umfang dieses Beitrags kommt es nicht an.[11] Da grundsätzlich auch die **kleine Münze** urheberrechtlich geschützt ist, muss der einzelne Schöpfungsbeitrag nur die **geringen Anforderungen** an die Individualität der jeweiligen Werkart erfüllen. Keinen eigenen Schöpfungsbeitrag leistet, wer lediglich konkrete Anweisungen befolgt und keine eigene Gestaltung einbringt.[12] Erforderlich ist vielmehr eine Tätigkeit, die durch eine konkrete Gestaltung zur Entstehung des Werks beiträgt. Die Umsetzung von grundsätzlich freien Ideen in einen konkreten Text begründet einen persönlichen geistigen Schöpfungsbeitrag.[13]

Beispiele: Ein Journalist erstellt auf Grund von mündlich erteilten Informationen ein Manuskript.[14] Ein Mischtonmeister ist Miturheber eines Kinofilms.[15]

---

8 Schricker/Loewenheim/*Loewenheim,* § 8 UrhG Rn. 9.
9 *BGH* GRUR 2005, 860, 863 – Fash 2000.
10 Dreier/Schulze/*Schulze,* § 8 UrhG Rn. 3.
11 *BGH* GRUR 1994, 39, 40 – Buchhaltungsprogramm.
12 *BGH* GRUR 1985, 529 – Happening.
13 *BGH* GRUR 1978, 244, 245 – Ratgeber für Tierheilkunde.
14 *OLG Köln* GRUR 1953, 499 – Kronprinzessin Cäcilie.
15 *BGH* GRUR 2002, 961, 962 – Mischtonmeister.

b) Keine Möglichkeit zur gesonderten Verwertung der Anteile

Besteht die Möglichkeit zur gesonderten Verwertung der Anteile, handelt es sich um eine Werkverbindung (§ 9 UrhG; vgl. dazu Rn. 31 ff.), nicht hingegen um Miturheberschaft. Miturheberschaft setzt voraus, dass keine Möglichkeit zur gesonderten Verwertung der Anteile besteht. Verwertbarkeit bedeutet **theoretische Möglichkeit** der Verwertung. So, wenn sich einzelnen Beiträge aus einem Werk herauslösen lassen, ohne dadurch unvollständig oder ergänzungsbedürftig zu werden, und eine andere Verwendung in irgendeiner Weise in Betracht kommt. Das Merkmal „gesondert" erfordert **selbständige Verkehrsfähigkeit** der Beiträge. Keine Möglichkeit zur gesonderten Verwertung der Anteile ist gegeben, wenn nur eine **einheitliche Verwertung** des Werks in Betracht kommt. 13

Beispiel: Die Leistungen von Regisseur, Kameramann, Cutter etc. zu einem Filmwerk sind nur einheitlich verwertbar.

Hierfür kommt es auf den **Zeitpunkt** der Entstehung des Werks an.[16] 14

Beispiel: Ist zum Zeitpunkt der Entstehung eines Films eine einzelne Szene lediglich Teil des Films und ergibt sich zu einem späteren Zeitpunkt ihre gesonderte Verwertbarkeit, kommt es nur auf die einheitliche Verwertbarkeit zum Zeitpunkt der Entstehung des Films an. Es bleibt in diesem Fall bei Miturheberschaft.

Ist ein Beitrag zu einem Werk von der Entstehung des Gesamt-Werks an gesondert verwertbar **(Doppelcharakter),** kommt ein eigenständiger urheberrechtlicher Schutz dieses Beitrags (in wenigen Ausnahmefällen) in Betracht. 15

Beispiel: einzelne Bildfolgen bei Multimedia-Nutzungen.[17] Diese Bildfolgen sind Bestandteil eines einheitlichen Werks (Multimedia), doch kommt auf Grund technischer Möglichkeiten, einzelne Bildfolgen als kleinste Bestandteile des einheitlichen Werks für andere Zwecke zu verwenden, eine gesonderte Verwertung in Betracht. Innerhalb der Multimedia-Nutzung sind diese Bestandteile gebunden. Außerhalb des einheitlichen Werks unterliegen sie dieser Bindung nicht.

---

16 Schricker/Loewenheim/*Loewenheim,* § 8 UrhG Rn. 5.
17 Dreier/Schulze/*Schulze,* § 8 UrhG Rn. 5.

3. Rechtsfolgen

a) Gesamthandsgemeinschaft (§ 8 II UrhG)

16 **aa) Innen- und Außenverhältnis.** Bei der nach § 8 II 1 HS. 1 UrhG zwischen den Miturhebern auf Grund Gesetzes wegen gemeinsamer Werkschöpfung entstehenden Gesamthandsgemeinschaft (davon zu unterscheiden ist eine von den Miturhebern durch Vertrag geschaffene, gegenüber der Miturhebergemeinschaft nach § 8 UrhG eigenständige Miturhebergesellschaft, die mangels Wahl einer anderen Rechtsform eine Gesellschaft i. S. d. § 705 BGB darstellt[18]) ist nach dem **Innenverhältnis** (Miturheber untereinander) und dem **Außenverhältnis** (Miturheber gegenüber Dritten) zu unterscheiden. So hat im Innenverhältnis jeder Miturheber ein Recht auf Anerkennung der Miturheberschaft etwa durch Urhebernennung (§ 13 UrhG). Dieses Recht muss der Miturheber im Innenverhältnis gegenüber allen anderen Miturhebern geltend machen, im Außenverhältnis kann dies gegenüber jedem Dritten allein erfolgen.

17 **bb) Umfang der gesamthänderischen Bindung.** Die Unterordnung unter die Gesamtidee bei der Schaffung des Werks verpflichtet die Miturheber nicht nur zur **Rücksichtnahme** bei der Schaffung des Werks, sondern auch bei dessen Verwertung. Es entsteht eine Gesamthandsgemeinschaft (§ 8 II 1 HS. 1 UrhG), für die ergänzend §§ 705 ff. BGB gelten. Die sich daraus ergebende **gesamthänderische Bindung** der Gesellschafter passt für die **Verwertungsrechte,** nicht hingegen für die persönlichkeitsrechtlichen Befugnisse des Miturhebers. So ist das Urheberrecht nicht übertragbar (§ 29 UrhG).

18 Mangels einer anderweitigen Regelung ist die gesamthänderische Bindung nach § 8 II 1 HS. 2 UrhG auf die gesetzlich geregelten Fälle **beschränkt** (Veröffentlichung, Verwertung und Änderung des Werks). In diesen Fällen ist stets die **vorherige Zustimmung** aller Miturheber erforderlich. Dies gilt im Innenverhältnis und im Außenverhältnis. Ein Miturheber darf jedoch seine Einwilligung zur Veröffentlichung, Verwertung oder Änderung nicht wider Treu und Glauben **verweigern** (§ 8 II 2 UrhG). Hierfür kommt es auf eine **Interessenabwägung** unter Berücksichtigung der Umstände des Ein-

---

18 *BGH* WRP 2012, 1409 Rn. 19 f. – Kommunikationsdesigner.

zelfalls, insbesondere der Schwere des Eingriffs in das Urheberpersönlichkeitsrecht, an.

Beispiel: Ein Mitautor eines juristischen Kommentars darf nicht die Zustimmung zu Änderungen des Werks zum Zwecke der Aktualisierung und Neuauflage verweigern. Schwerwiegende Eingriffe wie eine Änderung der gesamten Konzeption muss er hingegen nicht hinnehmen.

Verweigert ein Miturheber seine Zustimmung, müssen die anderen Miturheber einen Anspruch auf Erteilung der Zustimmung gerichtlich geltend machen und nach § 894 ZPO durchsetzen. Da ein solches Verfahren regelmäßig mit hohem Zeit- und Kostenaufwand verbunden ist, ist eine vertragliche Regelung unter den Miturhebern in der Weise zu empfehlen, dass die gemeinsame Willensbildung durch **Mehrheitsbeschluss** erfolgen kann. Es entsteht dann eine Miturhebergesellschaft, für die §§ 705 ff. BGB gelten.[19] 19

Aus § 29 UrhG (und nicht aus § 719 I BGB) ergibt sich, dass ein Miturheber seinen Anteil an der Gesamthandsgemeinschaft **nicht übertragen** darf.[20] Ein Miturheber darf seinen Anteil hingegen **vererben** (§ 28 UrhG). 20

cc) Aktivlegitimation des einzelnen Miturhebers zur Geltendmachung von Ansprüchen (§ 8 II 3 UrhG). Ansprüche gegen Dritte oder Miturheber wegen Verletzungen des gemeinsamen Urheberrechts kann jeder Miturheber alleine geltend machen (§ 8 II 3 HS. 1 UrhG). Der Zustimmung der anderen Miturheber etwa zur Geltendmachung von **Unterlassungsansprüchen** bedarf er daher nicht.[21] Der Inhaber von Verwertungsrechten, die ihm die Miturheber eingeräumt haben und der nicht selbst Miturheber ist, bedarf zur Begründung seiner Aktivlegitimation zur Geltendmachung von Ansprüchen gegen einen Rechtsverletzer der Zustimmung aller Miturheber. Ein Miturheber darf auch weitergehende Ansprüche wie **Schadensersatzansprüche** grundsätzlich alleine geltend machen. Er darf aber nur **Leistung an alle Miturheber** verlangen (§ 8 II 3 HS. 2 UrhG), um der Gefahr entgegenzuwirken, dass ein Miturheber den gesamten Betrag erhält und sich dies zu Lasten der anderen Urheber auswirkt. Dies gilt jedoch nicht für einen Anspruche auf weitere angemessene Beteiligung nach § 32a I oder II 1 UrhG.[22] Einen solchen Anspruch kann 21

19 Schricker/Loewenheim/*Loewenheim,* § 8 UrhG Rn. 12.
20 Schricker/Loewenheim/*Loewenheim,* § 8 UrhG Rn. 12.
21 *BGH* GRUR 1995, 212, 213 – Videozweitauswertung III.
22 *BGH* WRP 2012, 565 Rn. 15 – Das Boot.

ein Miturheber unabhängig von den anderen Miturhebern geltend machen und Leistung an sich verlangen. Denn darin liegt weder eine Verwertung des Werks nach § 8 II 1 HS. 1 UrhG noch die Geltendmachung eines Anspruchs aus Verletzung des gemeinsamen Urheberrechts nach § 8 II 3 HS. 1 UrhG.[23] Ein Miturheber, der auf Leistung an alle Miturheber klagt, handelt in **gesetzlicher Prozessstandschaft.** Die Rechtskraft eines in einem solchen Prozess ergehenden Urteils wirkt nur für und gegen den klagenden Miturheber.[24] Eine Wahrnehmung der Rechte eines Miturhebers durch Dritte ist bei einem eigenen rechtlichen Interesse des Dritten wie einem Verband, dem der Miturheber angehört, zulässig.[25]

22 **dd) Kündigung von Verträgen mit Dritten.** Miturheber können einen Vertrag mit einem Dritten (z. B. Verleger) nur dann wirksam kündigen, wenn (1) **jeder** Miturheber zur Kündigung **berechtigt** ist (Ausnahme: Kündigung aus wichtigem Grund, weil wichtiger Grund zu Gunsten eines einzigen Miturhebers genügt[26]; z. B. schwerwiegende Zerstörung des Vertrauensverhältnisses zum Verleger, die eine ordnungsgemäße künftige verlegerische Betreuung nicht erwarten lässt) und (2) alle Miturheber die Kündigung **gemeinschaftlich erklären**[27] (Ausnahme: Notverwaltungsrecht nach § 744 II BGB; ein solches Recht setzt konkrete Anhaltspunkte dafür voraus, dass der Dritte seine vertraglichen Pflichten nicht ordnungsgemäß erfüllen wird.[28] Ohne die Voraussetzungen eines Notverwaltungsrechts i. S. d. § 744 II BGB müssen die anderen Miturheber einen Anspruch auf Erteilung der Zustimmung zur Kündigung gerichtlich geltend machen und nach § 894 ZPO durchsetzen.).

23 **ee) Beendigung der Gesamthandsgemeinschaft.** Ein Miturheber kann die Gesamthandsgemeinschaft nicht durch Kündigung beenden. Vielmehr endet diese Gemeinschaft erst mit dem Ablauf der Schutzfrist.

b) Aufteilung der Erträgnisse (§ 8 III UrhG)

24 Die Miturheber können untereinander **vertraglich vereinbaren,** in welcher Weise sie die Erträgnisse aus der Nutzung des Werks unter

---

23 *BGH* WRP 2012, 565 Rn. 17 u. 20 – Das Boot.
24 Schricker/Loewenheim/*Loewenheim,* § 8 UrhG Rn. 20.
25 Dreier/Schulze/*Schulze,* § 8 UrhG Rn. 23.
26 *BGH* GRUR 1990, 443, 446 – Musikverleger IV.
27 *BGH* GRUR 1997, 236, 237 (für die Miterbengemeinschaft).
28 *BGH* GRUR 1982, 41, 43 – Musikverleger III.

die Miturheber verteilen wollen. Kommt eine solche Vereinbarung zwischen Miturhebern und solchen Personen, die nicht Miturheber sind, zu Stande, liegt darin keine Vereinbarung i. S. d. § 8 III UrhG, sondern eine gesellschaftsrechtliche Regelung.[29]

Beispiel: Vereinbarung zwischen einer Musikgruppe (Mitglieder der Gruppe sind Miturheber) und ihrem Produzenten (kein Miturheber; vgl. Rn. 3, 6).

Ohne eine abweichende Vereinbarung zwischen den Miturhebern stehen jedem Miturheber die Erträgnisse aus der Nutzung des Werks nach dem **Umfang ihrer Mitwirkung** an der Schöpfung des Werks zu (§ 8 III UrhG). Ist dieser Umfang nicht exakt zu berechnen, ist er durch Schätzung zu ermitteln. Fehlen Anhaltspunkte für eine solche Schätzung, stehen den Miturhebern im Zweifel gleiche Anteile zu (§ 742 BGB). 25

c) Verzicht (§ 8 IV UrhG)

aa) Normzweck. Nach § 8 IV 1 UrhG kann ein Miturheber auf seinen Anteil an den Verwertungsrechten i. S. d. § 15 UrhG (§ 4 Rn. 30 ff.) verzichten. Ein solcher Verzicht **erleichtert** die **Verwertung** des Werks, wenn viele Personen Miturheber sind, etliche von ihnen jedoch nur einen unbedeutenden Beitrag geleistet haben und auf ihren Anteil verzichten. 26

bb) Umfang des Verzichts. Der Verzicht eines Miturhebers ist eng auszulegen. Er bezieht sich nur auf seine **Verwertungsrechte** i. S. d. § 15 UrhG, um eine Verwertung des Werks zu erleichtern. Ein Verzicht erstreckt sich auch auf **Nutzungsarten,** die zum Zeitpunkt der Verzichtserklärung noch **unbekannt** sind. Andernfalls würde das von § 8 IV UrhG verfolgte Ziel, die Verwertung eines Werks zu erleichtern, nicht erreicht.[30] Für einen umfassenden Verzicht einschließlich unbekannter Nutzungsarten spricht auch, dass § 8 IV UrhG den Grundsatz der Unübertragbarkeit des Urheberrechts durchbricht. 27

Ein Verzicht erstreckt sich hingegen nicht auf die **Urheberpersönlichkeitsrechte** (§ 1 Rn. 2, 50, 70). Denn sie sind unverzichtbar. Ein Vorgehen wegen schwerwiegenden Eingriffs in das Werk bleibt daher auch für einen Miturheber, der auf seine Verwertungsrechte verzich- 28

29 *BGH* GRUR 1998, 673, 677 – Popmusikproduzenten.
30 Wandtke/Bullinger/*Thum*, § 8 UrhG Rn. 32; Dreier/Schulze/*Schulze*, § 8 UrhG Rn. 26; str.

tet hat, möglich. Ein Verzicht erfasst grundsätzlich auch nicht **Vergütungsansprüche** aus **gesetzlichen Lizenzen,** da ein Urheber regelmäßig auf sie nicht wirksam verzichten kann (vgl. §§ 41 II, 42 II, 27 I, 63a UrhG).

29 **cc) Erklärungsgegner (§ 8 IV 2 UrhG).** Der Miturheber muss die Verzichtserklärung gegenüber den Miturhebern oder ihren Rechtsnachfolgern abgeben (§ 8 IV 2 UrhG). Die Verzichtserklärung ist eine einseitige empfangsbedürftige Willenserklärung. Sie muss daher allen übrigen Miturhebern zugehen (§ 130 I 1 BGB). Ein Verzicht zu Gunsten Dritter kommt nicht in Betracht und ist daher unwirksam.

30 **dd) Anwachsung (§ 8 IV 3 UrhG).** Sobald die Verzichtserklärung eines Miturhebers den anderen Miturhebern zugeht, wächst ihnen der Anteil im Verhältnis zu ihrem bisherigen Anteil zu (§ 8 IV 3 UrhG).

4. Abgrenzung Miturheberschaft und Werkverbindung (§ 9 UrhG)

a) Begriff

31 Von der Miturheberschaft ist die Werkverbindung i. S. d. § 9 UrhG abzugrenzen. Anders als bei der Miturheberschaft schaffen bei der Werkverbindung nicht mehrere Personen ein gemeinsames Werk, das nur einheitlich verwertbar ist. Vielmehr liegen hier in **selbständiger schöpferischer Tätigkeit** geschaffene Werke vor, die einzeln verwertbar sind und deren Schutzdauer unabhängig voneinander endet. Es liegt anders als bei der Miturheberschaft, bei der ein gemeinsames, einheitliches Urheberrecht entsteht, für jeden Urheber ein gesondertes Urheberrecht vor.

Beispiele: Bei einer Oper sind Musik und Libretto verschiedene, selbständig verwertbare Werke. Ein Filmwerk ist hingegen keine Werkverbindung i. S. d. § 9 UrhG. Denn Personen, die an einem solchen Werk schöpferisch mitwirken, sind Miturheber i. S. d. § 8 UrhG (Rn. 4).[31] Die vorbestehenden Werke wie Roman oder Filmmusik sind lediglich bearbeitet oder vervielfältigt. Zwar bedarf dies der Erlaubnis durch die Urheber, führt aber nicht zu einer Verbindung i. S. d. § 9 UrhG.

---

31 Schricker/Loewenheim/*Loewenheim*, § 9 UrhG Rn. 6.

Die verschiedenen Werke sind vielmehr nur zum Zwecke der Verwertung miteinander verbunden. Denn es schließen sich die Urheber verschiedener Werke lediglich zu dem Zweck zusammen, **verschiedene Werke gemeinsam zu verwerten.** Durch einen solchen Zusammenschluss entstehen Rücksichtnahmepflichten bei der Verwertung des jeweiligen Werks. Deshalb kann nach § 9 UrhG jeder von dem anderen die Einwilligung zur Veröffentlichung, Verwertung und Änderung der verbundenen Werke verlangen, wenn die Einwilligung dem anderen nach Treu und Glauben zumutbar ist. 32

Miturheberschaft i. S. d. § 8 UrhG und Werkverbindung (§ 9 UrhG) können auch **nebeneinander bestehen.** 33

Beispiel: Schaffung eines Libretto durch Miturheber und Verbindung mit der Musik zu einer Oper.

Von einer Werkverbindung zur gemeinsamen Verwertung sind eine **Sammlung** und ein **Sammelwerk** zu unterscheiden. Bei ihnen besteht lediglich eine äußere Beziehung der Werke zueinander, weil ihre gemeinsame Verwertung zweckmäßig erscheint. Eine Absicht, die Werke in einer inneren Beziehung zueinander zu verwerten, besteht nicht (vgl. auch § 38 UrhG). 34

Beispiel: Zusammenstellung verschiedener Aufsätze zu einem bestimmten Thema.

b) Voraussetzungen

aa) Werke. Welche Werke Gegenstand der Werkverbindung i. S. d. § 9 UrhG sind, ist unerheblich. Es kann sich um verschiedenartige, aber auch gleichartige Werke handeln. 35

Beispiele: Musik und Text bei Opern; Bild und Text bei einem Kunstband.

bb) Werkverbindung zur gemeinsamen Verwertung. Die Werkverbindung muss zur gemeinsamen Verwertung erfolgen. Dies setzt eine darauf gerichtete Willensübereinstimmung der jeweiligen Urheber voraus. Es bedarf daher eines wirksamen **Rechtsgeschäfts** zwischen den jeweiligen Urhebern.[32] Ohne ein solches Rechtsgeschäft steht dem jeweiligen Urheber ein uneingeschränktes Verwertungsrecht zu. Die Werkverbindung ist eine eigenständige Nutzungsart, 36

32 Schricker/Loewenheim/*Loewenheim*, § 9 UrhG Rn. 7.

deren Rechtmäßigkeit eine Rechtseinräumung des Urhebers voraussetzt.[33]

37 Kommt wirksam ein auf die Werkverbindung zur gemeinsamen Verwertung gerichtetes Rechtsgeschäft zu Stande, entsteht zwischen den Parteien dieses Rechtsgeschäfts eine urheberrechtliche Verwertungsgemeinschaft in der Form einer **BGB-Gesellschaft** i. S. d. §§ 705 ff. BGB.[34] Deren Vermögen bilden die eingebrachten Rechte (§ 718 BGB).[35] Das Einverständnis mit der Werkverbindung kann ein Urheber auch gegenüber Dritten erklären (z. B. einem gemeinsamen Verwerter). Es kann auch konkludent abgegeben sein.

Beispiel: Unternehmen A beauftragt einen Songwriter mit der Musik und einen Dichter mit dem Text für einen Werbesong. Beide Künstler wissen hier um die künftige gemeinsame Verwertung ihrer Werke. Mit der Ablieferung ihrer Werke erklären sie konkludent ihr Einverständnis dazu. Dasselbe gilt dann, wenn ein Autor einen Aufsatz an eine Zeitschriftenredaktion sendet. Darin liegt das konkludente Einverständnis der Verwertung des Aufsatzes mit der Zeitschrift.

38 Die **Dauer der Werkverbindung** kann zeitlich unbegrenzt, aber auch befristet (z. B. für eine Werbeaktion) sein. Im Zweifel ist die Verbindung bis zum Ablauf der Schutzfrist vereinbart.[36] Die **Kündigung der Gesellschaft** ist aus wichtigem Grund als *ultima ratio* zulässig (§ 723 BGB). Hierfür bedarf es einer umfassenden Interessenabwägung unter Berücksichtigung der Umstände des Einzelfalls. Da § 9 UrhG die gemeinsame Verwertung erleichtern soll, kommt ein wichtiger Grund zur Kündigung der Gesellschaft insbesondere dann in Betracht, wenn die Verwertung erheblich erschwert ist. Die bloße Tatsache, dass ein Miturheber sein Werk anderweitig günstiger verwerten kann, begründet hingegen noch keinen wichtigen Grund zur Kündigung der Gesellschaft.[37]

c) Rechtsfolgen

39 **aa) Erforderlichkeit gemeinschaftlichen Handelns.** Da unter den Voraussetzungen des § 9 UrhG eine urheberrechtliche Verwertungsgemeinschaft in Gestalt einer BGB-Gesellschaft entsteht (Rn. 37), gelten für die Rechtsverhältnisse der verschiedenen Urheber § 9 UrhG

---

33 *BGH* GRUR 1977, 551, 554 – Textdichteranmeldung.
34 *BGH* GRUR 1982, 743, 744 – Verbundene Werke; Schricker/Loewenheim/*Loewenheim,* § 9 UrhG Rn. 9; a. A. Wandtke/Bullinger/*Thum,* § 9 Rn. 7.
35 Schricker/Loewenheim/*Loewenheim,* § 9 UrhG Rn. 9.
36 *BGH* GRUR 1973, 328, 330 – Musikverleger II.
37 Schulze/Dreier/*Schulze,* § 9 UrhG Rn. 24.

und ergänzend §§ 705 ff. BGB. Die Urheber müssen alle Entscheidungen, die die Werkverbindung zur gemeinsamen Verwertung betreffen, **gemeinschaftlich** treffen. Insoweit bedarf es der vorherigen Zustimmung aller Urheber (§ 709 BGB) etwa zu dem Abschluss oder der Beendigung von Verwertungsverträgen.[38] Verweigert ein Urheber die Zustimmung, müssen die anderen Miturheber einen Anspruch auf Erteilung der Zustimmung (Rn. 19) gerichtlich geltend machen und nach § 894 ZPO durchsetzen. Da ein solches Verfahren regelmäßig mit hohem Zeit- und Kostenaufwand verbunden ist, ist eine vertragliche Regelung unter den Miturhebern in der Weise zu empfehlen, dass die gemeinsame Willensbildung durch **Mehrheitsbeschluss** erfolgen kann.

Außerhalb des Zwecks der Werkverbindung zur gemeinsamen Verwertung bleibt die Rechtsstellung des jeweiligen Urhebers durch § 9 UrhG unberührt. 40

Beispiel: Die Verbindung eines Gedichts mit einer Melodie zu einem Lied hindert den Urheber des Gedichts regelmäßig nicht daran, das Gedicht auch in einem Gedichtband abzudrucken.[39] Er darf es aber nicht einem anderen Komponisten für die Verbindung mit einer anderen Melodie zur Nutzung überlassen.

bb) Pflicht zur Rücksichtnahme. Die Urheber müssen auf die Interessen der jeweils anderen Urheber Rücksicht nehmen. So kann jeder vom anderen die **Einwilligung** (= vorherige Zustimmung; §§ 182 I, 183 S. 1 BGB) zur Veröffentlichung (§ 6 I UrhG), Verwertung (§ 15 UrhG) und Änderung der verbundenen Werke **verlangen,** wenn dies dem anderen nach Treu und Glauben **zuzumuten** ist. Diese Zumutbarkeit ist unter Berücksichtigung des Zwecks der gemeinsamen Verwertung zu bestimmen. 41

Beispiel: Kündigt einer der Urheber einen Verlagsvertrag, bedarf es der Zustimmung aller übrigen Miturheber (Rn. 22). Tun sie dies nicht und ist die Kündigung für die übrigen Miturheber nicht zumutbar, weil sie deren eigenen wirtschaftlichen Interessen zuwiderläuft, ist die Kündigung des einen Urhebers unwirksam.[40] Der Vertrag besteht dann fort. Allerdings ist ein Notverwaltungsrecht i. S. d. § 744 II BGB zu prüfen. Es setzt die Erwartung voraus, dass der Verleger infolge der Auseinandersetzung mit dem kündigenden Miturheber seine vertraglichen Pflichten nicht mehr ordnungsgemäß erfüllt.[41] An-

38 *BGH* GRUR 1973, 328, 329 – Musikverleger II.
39 Schulze/Dreier/*Schulze,* § 9 UrhG Rn. 25.
40 *BGH* GRUR 1982, 743, 744 – Verbundene Werke.
41 *BGH* GRUR 1982, 41, 43 – Musikverleger III.

gesichts der einheitlichen Interessenlage der Urheber zur gemeinsamen Verwertung der Werke berechtigt ein wichtiger Grund zur Kündigung des Verlagsvertrags zu Gunsten eines Urhebers regelmäßig auch einen anderen Urheber zur Kündigung des Verlagsvertrags aus wichtigem Grund.[42]

42 **cc) Aktivlegitimation des einzelnen Urhebers zur Geltendmachung von Ansprüchen.** Die Aktivlegitimation des einzelnen Urhebers zur Geltendmachung von Ansprüchen ist **parallel zu § 8 II 3 UrhG** (Rn. 21) zu beurteilen. Wenn schon ein Miturheber allein gegen Rechtsverletzungen vorgehen darf, muss ein Urheber, der sein Werk mit anderen lediglich zur gemeinsamen Verwertung verbunden hat, hierzu erst recht befugt sein.

III. Darlegungs- und Beweislast

1. Grundsatz

43 **Grundsätzlich** muss derjenige, der die Urheberschaft an einem Werk für sich in Anspruch nimmt, die Umstände, aus denen sich seine Urheberschaft ergibt, darlegen und gegebenenfalls beweisen. Sind mehrere an der Schaffung eines Werks beteiligt, ist darzulegen und gegebenenfalls zu beweisen, wer was geschaffen hat.

2. Vermutung der Urheber- oder Rechtsinhaberschaft (§ 10 UrhG)

a) Normzweck

44 **§ 10 I UrhG** enthält eine Vermutung der Urheberschaft zu Gunsten der Person, die auf dem Werkoriginal oder Vervielfältigungsstücken eines Werks in üblicher Weise als Urheber bezeichnet ist (vgl. auch Art. 5 lit. a RiL 2004/48/EG). Denn diese Person ist bis zum Beweis des Gegenteils als Urheber des Werks anzusehen (§ 10 I HS. 1 UrhG). § 10 UrhG verfolgt damit den Zweck, dem Urheber den **Nachweis** seiner Urheberschaft zu **erleichtern.** Es kommt durch § 10 UrhG nicht zur Begründung eines Urheberrechts, sondern allein zu einer **Beweislastumkehr.** Die Urheberschaft ist nämlich zu Guns-

42 *BGH* GRUR 1964, 326, 331 – Subverleger.

ten der näher bezeichneten Person bis zum Beweis des Gegenteils zu vermuten (Scheinurheber). Es muss nunmehr entgegen den allgemeinen Grundsätzen derjenige, der die fehlende Urheberschaft behauptet, die Richtigkeit dieser Behauptung beweisen. § 10 I UrhG gilt wegen Art. 5 lit. a der Richtlinie 2004/48/EG in der gesamten Europäischen Union.

Ein Urheber, der **keine Bezeichnungen** i. S. d. § 10 I UrhG vornehmen will, kann über die Angabe des **Herausgebers** erreichen, dass der Herausgeber zur Geltendmachung der Rechte des Urhebers ermächtigt ist (§ 10 II 1 UrhG). Ist der Herausgeber nicht angegeben, besteht eine Vermutung dahin, dass der **Verleger** zur Geltendmachung der Rechte des Urhebers ermächtigt ist (§ 10 II 2 UrhG). § 10 II UrhG ermöglicht daher dem Urheber, **anonym** zu bleiben, ohne auf die Geltendmachung seiner Rechte verzichten zu müssen. 45

Art. 5 lit. b der Richtlinie 2004/48/EG ordnet an, dass die Vermutung der Rechtsinhaberschaft auch für die Inhaberschaft an **verwandten Schutzrechten** (vgl. dazu § 9 Rn. 1 ff.) gilt. Denn gegen Rechtsverletzungen gehen häufig die Inhaber verwandter Schutzrechte (z. B. Hersteller von Tonträgern) vor (vgl. Erwägungsgrund 19 RiL 2004/48/EG). Zur Umsetzung dieser unionsrechtlichen Regelung sieht das UrhG durch Verweise auf § 10 I UrhG (vgl. §§ 71 I 3, 74 III, 85 IV, 87 IV, 87b II, 94 IV UrhG) daher eine Vermutung der Rechtsinhaberschaft auch zu Gunsten der Inhaber solcher Rechte vor. Ist der Name des Inhabers eines verwandten Schutzrechts also in üblicher Weise auf dem Schutzgegenstand, etwa einem Tonträger, aufgebracht, ist die Rechtsinhaberschaft dieser Person zu vermuten. 46

§ 10 III 1 UrhG bestimmt, dass die Wirkungen der Rechtsinhaberschaftsvermutung des § 10 I UrhG in Teilbereichen (Verfahren des einstweiligen Rechtsschutzes; Unterlassungsansprüche) auch zu Gunsten der Inhaber von **ausschließlichen Nutzungsrechten** (zu diesem Begriff § 4 Rn. 30 ff.), die diese Rechte vertraglich erwerben (z. B. Verleger oder Softwarehersteller), greifen. Denn auch die Inhaber von ausschließlichen Nutzungsrechten haben häufig ähnliche Probleme wie die Inhaber verwandter Schutzrechte, ihr Recht durchzusetzen.[43] Regelmäßig geht nämlich nicht der Urheber gegen Rechtsverletzungen vor, sondern der Inhaber des Nutzungsrechts. Denn häufig verfügt nur er allein über die organisatorischen und finanziellen Möglichkeiten, um diese Rechte durchzusetzen. Die Ver- 47

43 BT-Drs. 16/5048, S. 122; *Czychowski*, GRUR-RR 2008, 265, 266.

mutung einer Rechtsnachfolge gilt nicht im Verhältnis zum Urheber oder zum ursprünglichen Inhaber eines verwandten Schutzrechts (§ 10 III 2 UrhG). Diese Einschränkung soll Missbräuchen begegnen, da eine Vermutung für die Wirksamkeit eines Lizenzvertrags nicht besteht.[44]

b) Anwendungsbereich

48 Die Vermutung des § 10 UrhG gilt für **alle Werkarten** (§ 2 I Nr. 1 bis Nr. 7 UrhG), aber auch für **Bearbeitungen** und **Sammelwerke.**[45] Grundsätzlich gilt sie auch für amtliche Werke (vgl. § 5 II UrhG). Die Vermutung des § 10 UrhG gilt nicht nur für **Alleinurheber.** Sie ist nämlich auch im Verhältnis zwischen **Miturhebern** i. S. d. § 8 UrhG anwendbar.[46] Nach Art. 5 lit. b RiL 2004/48/EG und den Verweisen auf § 10 I UrhG (Rn. 46) gilt die Vermutung der Inhaberschaft auch für verwandte Schutzrechte.

c) Vermutung der Urheberschaft nach § 10 I UrhG

49 **aa) Voraussetzungen. (1) Erscheinen eines Werks.** § 10 I HS. 1 Alt. 1 UrhG setzt voraus, dass das Werk bereits erschienen ist. Der Begriff des Erscheinens ist in **§ 6 II UrhG** legaldefiniert (vgl. dazu § 2 Rn. 131 ff.). Wegen des Gebots **richtlinienkonformer Auslegung** von Art. 5 lit. a RiL 2004/48/EG ist für § 10 I UrhG jedoch kein Erscheinen erforderlich. Denn nach Art. 5 lit. a RiL 2004/48/EG genügt es, wenn der Name des Urhebers in der üblichen Weise auf dem Werkstück angegeben ist. Aus § 10 I HS. 1 Alt. 2 UrhG ergibt sich, dass das Original eines Werks der **bildenden Künste** nicht erschienen sein muss. Solche Originale sind nicht nur Unikate, sondern auch Druck-Serien, Abgüsse und Abzüge, die vom Urheber stammen.[47]

50 **(2) Bezeichnung des Urhebers.** Der Urheber ist berechtigt, darüber zu entscheiden, ob das Werk mit einer Urheberbezeichnung zu versehen ist und welche Bezeichnung zu verwenden ist (§ 13 S. 2 UrhG). Er kann hierfür seinen **wirklichen Namen,** einen **bekannten Decknamen** (z. B. Fantasiebezeichnung) oder sein **bekanntes Künstlerzeichen** (z. B. Initialen des Namens; Logos) verwenden. Für die

44 BT-Drs. 16/5048, S. 123.
45 *BGH* NJW 2003, 665, 667 – Staatsbibliothek.
46 *BGH* GRUR 1994, 39, 40 – Buchhaltungsprogramm.
47 Schulze/Dreier/*Schulze,* § 10 UrhG Rn. 7.

Bekanntheit des Decknamens und Künstlerzeichens gelten keine hohen Anforderungen.

(3) Bezeichnung als Urheber. Der Urheber muss als Urheber bezeichnet sein. Ein **Copyright-Vermerk** ist nicht notwendig ausreichend. Denn Inhaber des Rechts zur Vervielfältigung z. B. durch Kopie muss nicht der Urheber, sondern kann auch ein Rechtsinhaber sein. Es ist daher zu prüfen, ob der Urheber oder ein Rechtsinhaber angegeben ist. Bestehen keine anderen Urhebervermerke und ist eine natürliche Person – nur sie kann Urheber sein (Rn. 2 ff.) – angegeben, kann eine Bezeichnung als Urheber vorliegen. 51

(4) In der üblichen Form. § 10 I HS. 1 UrhG verlangt eine Bezeichnung als Urheber in der üblichen Form. Die übliche Form setzt eine Bezeichnung an üblicher **Stelle** und mit üblichem **Inhalt** voraus. Um dem Zweck des § 10 I UrhG, den Schutz des Urhebers zu stärken, zu erreichen, ist eine weite Auslegung des Begriffs der Üblichkeit geboten. An der üblichen Form der Bezeichnung fehlt es daher grundsätzlich nur dann, wenn die Bezeichnung versteckt oder an einer außergewöhnlichen Stelle angeordnet ist.[48] 52

Beispiele: Bei Büchern ist der Name des Autors regelmäßig auf dem Einband zu finden. Bei Text und Musik eines Liedes ist der Urheber häufig zwischen dem Liedtitel und dem Notenbild genannt.[49] Bei Filmen sind die Urheber meist im Vor- oder Abspann angegeben. Bei Computerprogrammen ist die Bezeichnung des Urhebers in der Kopfleiste der Maskenausdrucke und in der Fußzeile des Bedienungshandbuchs ausreichend.[50]

Zu dem **Medium,** das die Bezeichnung enthalten muss, gehört auch **Begleitmaterial.** 53

Beispiel: Hülle und Booklet einer DVD.

Sind bereits vorangegangene Entwürfe oder sonstige Formen des Werks **ohne Urhebervermerk** veröffentlicht, so kann der Urheber zu einem späteren Zeitpunkt gleichwohl mit einem Urhebervermerk die Voraussetzungen des § 10 I UrhG erfüllen.[51] 54

bb) Rechtsfolgen. Die Vermutung des § 10 I UrhG bezieht sich darauf, dass eine **Person** Urheber eines Werks ist, dieses **Werk** also 55

48 Schulze/Dreier/*Schulze,* § 10 UrhG Rn. 10.
49 *BGH* GRUR 1986, 887, 888 – BORA BORA.
50 *BGH* GRUR 1994, 39, 40 – Buchhaltungsprogramm.
51 *BGH* GRUR 1986, 887, 888 – BORA BORA.

geschaffen hat. Da § 10 I UrhG kein Urheberrecht für die näher bezeichnete Person begründet, sondern lediglich eine Beweislastregel zu dieser Frage darstellt, setzt diese Norm keinen Rechtsscheintatbestand dahin, dass ein gutgläubiger Erwerb eines Nutzungsrechts von einem Scheinurheber möglich wäre (vgl. auch § 5 Rn. 18). Die Vermutung des § 10 I UrhG hat **nicht** zum Gegenstand, dass es sich um ein **Werk i. S. d. § 2 UrhG** handelt.[52] Die urheberrechtliche Schutzfähigkeit ist daher gesondert zu prüfen. Sie entsteht kraft Gesetzes und ist von der Beachtung irgendwelcher Formalia unabhängig (§ 2 Rn. 7 ff.).

56 Für das Eingreifen der Vermutung des § 10 I UrhG zu Gunsten eines Miturhebers kommt es auf die **konkrete Angabe beim Werk** an. So kann sich die Namensangabe auf einen bestimmten **Teil** des Werks oder eine bestimmte **Funktion** bei seiner Erstellung beschränken. Dann ist auch die Vermutung des § 10 I UrhG hierauf beschränkt.[53]

Beispiele: Die Angabe, eine Person sei Schauspieler eines Films, führt dazu, dass diese Person nicht als Urheber des Films, sondern lediglich als ausübender Künstler anzusehen ist (Leistungsschutzberechtigt nach § 73 UrhG).[54] Die Angabe, eine Person sei Regisseur dieses Films, führt dazu, dass ihre Miturheberschaft in dieser Funktion bis zum Beweis des Gegenteils zu vermuten ist.

Der Vermerk im Geleitwort eines Buchs, dass die darin enthaltenen Geschichten Nacherzählungen der von anderen Personen erfundenen Geschichten sind, beschränkt die Vermutung des § 10 I UrhG auf die Sammlung dieser Geschichten, nicht aber auf die Urheberschaft an den Geschichten selbst.[55]

57 Ist die (Mit-)Urheberschaft einer Person zu vermuten, muss derjenige, der die (Mit-)Urheberschaft bestreitet, den Beweis fehlender Miturheberschaft führen. Ist eine Person als Urheber eines Werks angegeben und behauptet eine andere Person, sie sei Miturheber, so muss sie dies darlegen und gegebenenfalls beweisen. Erst ab dem Zeitpunkt, zu dem dies gelingt, entfällt die Vermutung des § 10 I UrhG („bis zum Beweis des Gegenteils“).

52 *BGH* GRUR 1998, 376, 378 – Coverversion.
53 *BGH* GRUR 1991, 456, 458 – Goggolore.
54 Dreier/Schulze/*Schulze*, § 8 UrhG Rn. 9.
55 *BGH* GRUR 1991, 456, 457 – Goggolore.

d) Vermutung der Ermächtigung des Herausgebers oder Verlegers zur Geltendmachung der Rechte des Urhebers (§ 10 II UrhG)

Die Vermutungswirkung von § 10 II UrhG ist anders als § 10 I 58
UrhG nicht auf die Urheberschaft an einem bestimmten Werk gerichtet. Sie ist nämlich ihrem Inhalt nach auf die Ermächtigung, die Rechte des Urhebers geltend zu machen, beschränkt. Die Person, zu deren Gunsten die Vermutung des § 10 II UrhG gilt, verfolgt die Rechte des Urhebers im **eigenen Namen** und in **Prozessstandschaft.** § 10 II UrhG setzt voraus, dass eine Bezeichnung des Urhebers i. S. d. § 10 I UrhG fehlt, aber der Herausgeber (§ 10 II 1 UrhG) bezeichnet ist. Fehlt eine Bezeichnung des Herausgebers, besteht die Vermutung des § 10 II 1 UrhG zu Gunsten des Verlegers (§ 10 II 2 UrhG), auch wenn dieser nicht bezeichnet ist.

Der **Umfang der zu vermutenden Ermächtigung** des Herausge- 59
bers oder Verlegers ist nur auf die Verfolgung von Rechtsverletzungen etwa durch die Geltendmachung von Unterlassungs- und/oder Schadensersatzansprüchen beschränkt.[56] Der Anonymitätsschutz des Urhebers gebietet es nicht, den Umfang der Ermächtigung des Herausgebers oder Verlegers auch auf die Einräumung von Rechten gegenüber Dritten zu erstrecken.[57]

e) Vermutung für die Inhaber ausschließlicher Nutzungsrechte (§ 10 UrhG)

§ 10 III 1 UrhG sieht vor, dass die Wirkungen der Rechtsinhaber- 60
schaftsvermutung des § 10 I UrhG auch zu Gunsten der Inhaber von **ausschließlichen Nutzungsrechten** (zu diesem Begriff § 4 Rn. 30 ff.), die diese Rechte vertraglich erwerben (z. B. Verleger oder Softwarhersteller), greifen. Doch ist die Vermutung des § 10 I UrhG zu Gunsten dieser Personen auf Verfahren des einstweiligen Rechtsschutzes und Unterlassungsansprüche beschränkt. Die Vermutung einer Rechtsnachfolge gilt nicht im Verhältnis zum Urheber oder ursprünglichen Inhaber eines verwandten Schutzrechts (§ 10 III 2 UrhG).

56 Schricker/Loewenheim/*Loewenheim*, § 10 UrhG Rn. 14.
57 A. A. Dreier/Schulze/*Schulze*, § 10 UrhG Rn. 31.

§ 4. Inhalt des Urheberrechts (§§ 11 bis 27 UrhG)

I. Bestandteile des Urheberrechts (§ 11 UrhG)

1 Das Urheberrecht schützt den Urheber in seinen geistigen und persönlichen Beziehungen zum Werk und in der Nutzung des Werks (§ 11 S. 1 UrhG). Das Urheberrecht schützt danach sowohl das **Persönlichkeitsrecht** (§ 11 S. 1 Alt. 1 UrhG: „geistige und persönliche Beziehungen zum Werk“) als auch die **vermögensrechtlichen Befugnisse** des Urhebers an seinem Werk (§ 11 S. 1 Alt. 2 UrhG: „Nutzung des Werks“). Diese vermögensrechtlichen Befugnisse bringt § 11 S. 2 UrhG noch deutlicher zum Ausdruck. Denn nach dieser Regelung dient das Urheberrecht zugleich der Sicherung einer **angemessenen Vergütung** für die Nutzung des Werks (§ 11 S. 2 UrhG). Damit ist eine wirtschaftliche Absicherung des Urhebers bezweckt. Der Grundsatz, dass der Urheber bei jeder einzelnen Nutzung des Werks eine angemessene Vergütung erhalten soll, hat Leitbildfunktion.

2 Das UrhG trennt nicht zwischen Persönlichkeitsrecht und vermögensrechtliche Befugnissen (so aber die sog. dualistische Theorie). Vielmehr sieht es beide Teile als **untrennbar miteinander verbunden** (sog. monistische Theorie). Dafür spricht entscheidend die Verbindung durch das Wort „und“ in § 11 S. 1 UrhG. Dies zeigt sich darin, dass bei den dem Urheber zustehenden Rechten (Urheberpersönlichkeitsrecht nach §§ 12 bis 14 UrhG, Verwertungsrechte nach §§ 15 bis 24 UrhG sowie § 69c UrhG und die sonstigen Rechte des Urhebers nach §§ 25 bis 27 UrhG) sowohl ideelle als auch materielle Interessen des Urhebers betroffen sind. Diese **Doppelnatur** ist mit einem Bild *Eugen Ulmers*[1] in der Weise zu veranschaulichen, dass die materiellen und ideellen Interessen des Urhebers die Wurzeln eines Baums sind (§ 1 Rn. 50).

1 Urheber- und Verlagsrecht, 1980, S. 116.

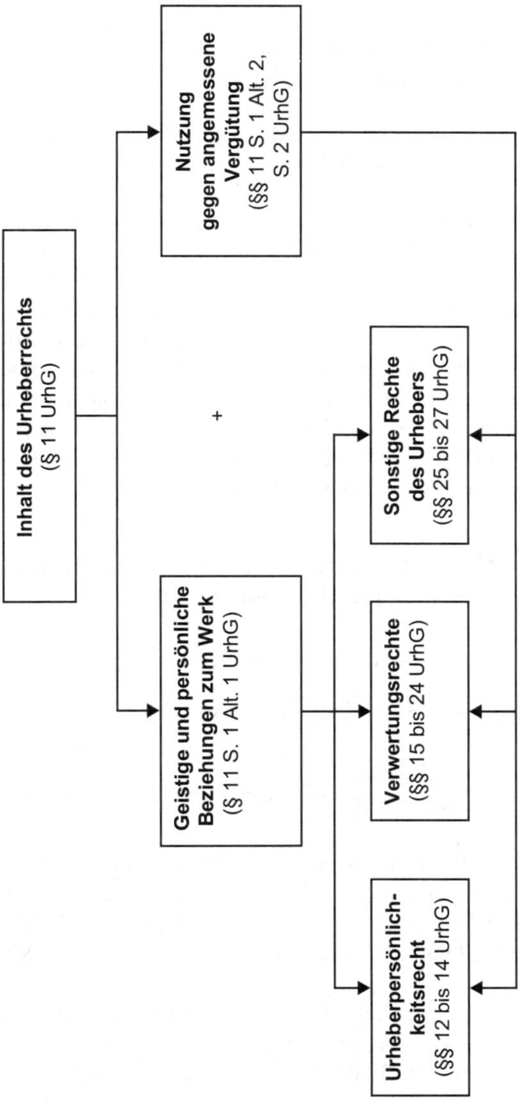
Inhalt des Urheberrechts
(§ 11 UrhG)
+
Nutzung
gegen angemessene
Vergütung
(§§ 11 S. 1 Alt. 2,
S. 2 UrhG)
Geistige und persönliche
Beziehungen zum Werk
(§ 11 S. 1 Alt. 1 UrhG)
Urheberpersönlich-
keitsrecht
(§§ 12 bis 14 UrhG)
Verwertungsrechte
(§§ 15 bis 24 UrhG)
Sonstige Rechte
des Urhebers
(§§ 25 bis 27 UrhG)

II. Urheberpersönlichkeitsrecht (§§ 12 bis 14 UrhG)

1. Gegenstand

3 Das Urheberpersönlichkeitsrecht kennzeichnet die geistige und persönliche Beziehung des Urhebers zu seinem Werk (§ 11 S. 1 Alt. 1 UrhG). Unabhängig von den vermögensrechtlichen Befugnissen des Urhebers steht dem Urheber das Recht zu, gegen Entstellungen seines Werks (§ 14 UrhG) vorzugehen, da sie für seine **Ehre** oder seinen **Ruf** nachteilig sein können. §§ 12 bis 14 UrhG umschreiben das Urheberpersönlichkeitsrecht **im engeren Sinne.** Da das gesamte Urheberrecht und insbesondere die Nutzung des Werks einen persönlichkeitsrechtlichen Gehalt aufweist, ist insoweit von einem Urheberpersönlichkeitsrecht **im weiteren Sinne** zu sprechen.[2]

2. Urheberpersönlichkeitsrecht als besondere Form des allgemeinen Persönlichkeitsrechts

4 Ausprägungen des allgemeinen Persönlichkeitsrechts sind

(1) das Recht am eigenen Bild (§§ 22 ff. KUG; dazu näher § 12 Rn. 1 ff.),
(2) das Namensrecht (§ 12 BGB),
(3) der Schutz der Privatsphäre (§ 823 I BGB i. V. m. Art. 2 I GG und Art. 1 I GG),
(4) das Recht auf Selbstbestimmung bei der Offenbarung persönlicher Lebensumstände, das sog. Recht auf informationelle Selbstbestimmung (§ 823 I BGB i. V. m. Art. 2 I GG und Art. 1 I GG),
(5) der Schutz der Ehre (§ 823 II BGB i. V. m. §§ 185 ff. StGB; § 824 BGB),
(6) der Schutz der Vertraulichkeit des gesprochenen Wortes, von Briefen, Daten und von zum persönlichen Lebensbereich gehörenden Geheimnissen (§ 823 II BGB i. V. m. §§ 201 bis 204 StGB) und

2 Schricker/Loewenheim/*Dietz/Peukert*, Vor §§ 12 ff. UrhG Rn. 8.

(7) der Schutz vor dem Bruch des Datengeheimnisses (§§ 1 I Nr. 2, 2 IV, 4, 8, 27 ff. BDSG).

Die Entstehung des Urheberpersönlichkeitsrechts setzt die Schaffung eines urheberrechtlich **geschützten Werks** voraus. Das Urheberpersönlichkeitsrecht ist entgegen der Auffassung des *BGH*[3] nicht als Bestandteil des aus Art. 1, 2 I GG abgeleiteten allgemeinen Persönlichkeitsrechts anzusehen, sondern eine **rechtlich selbständige Erscheinungsform** des allgemeinen Persönlichkeitsrechts.[4] Denn zwischen dem Urheberpersönlichkeitsrecht und dem allgemeinen Persönlichkeitsrecht bestehen erhebliche Unterschiede. Das Urheberpersönlichkeitsrecht betrifft das Verhältnis zwischen einer Person und ihrem Werk, also die persönlichen und geistigen Interessen des Urhebers an seinem Werk. Das allgemeine Persönlichkeitsrecht besteht hingegen unabhängig von einem Werk und schützt die gesamte Persönlichkeitssphäre. Als speziell geregeltes Recht ist das Urheberpersönlichkeitsrecht gegenüber dem allgemeinen Persönlichkeitsrecht vorrangig. Indes bleibt ein Rückgriff auf das allgemeine Persönlichkeitsrecht des Urhebers möglich, wenn nicht allein dass Verhältnis des Urhebers zu seinem Werk, sondern allgemein die Persönlichkeit des Urhebers betroffen ist. Ergänzend stehen dem Urheber daher die Befugnisse aus dem allgemeinen Persönlichkeitsrecht zu.[5] Insoweit kommt dem allgemeinen Persönlichkeitsrecht **Auffangfunktion** zu. Umgekehrt sind bei der Schaffung eines Werks die **Persönlichkeitsrechte Dritter** zu beachten. Dies gilt insbesondere für das Recht am eigenen Bild nach §§ 22 ff. KUG (dazu § 12 Rn. 1 ff.). 5

3. Übertragbarkeit und Vererblichkeit

Persönlichkeitsrechte sind wegen ihres höchstpersönlichen Charakters grundsätzlich weder übertragbar noch vererblich.[6] Auch das Urheberrecht und damit das Urheberpersönlichkeitsrecht ist grundsätzlich **nicht übertragbar** (§ 29 I UrhG). **Vererblich** ist es hingegen schon (§ 28 I UrhG). Daher kann der Rechtsnachfolger auch über Fragen im Zusammenhang mit dem Urheberpersönlichkeitsrecht ge- 6

3 Vgl. BGHZ 13, 334, 338 f. – Hjalmar Schacht.
4 Dreier/Schulze/*Schulze*, Vor § 12 UrhG Rn. 5.
5 Schricker/Loewenheim/*Dietz/Peukert*, Vor §§ 12 ff. UrhG Rn. 15.
6 Schricker/Loewenheim/*Dietz/Peukert*, Vor §§ 12 ff. UrhG Rn. 17.

gebenenfalls unter Abweichung von den Vorstellungen des Urhebers entscheiden.[7] Der Urheber kann dies durch testamentarische Auflagen oder die Bestimmung eines Testamentsvollstreckers (vgl. auch § 28 II UrhG) vermeiden. Wegen der Einheit von Urheberpersönlichkeitsrecht und Nutzungsbefugnis kommt es bei der Einräumung vermögensrechtlicher Befugnisse zur Nutzung des Werks durch den Urheber zu Gunsten Dritter allerdings auch zur Gewährung persönlichkeitsrechtlicher Befugnisse. Andernfalls wäre die vereinbarte Nutzung unmöglich.

Beispiele: In der Einräumung eines Vervielfältigungs- und Verbreitungsrechts liegt zugleich die Gewährung des Veröffentlichungsrechts (§ 12 UrhG) als einer Ausprägung des Urheberpersönlichkeitsrechts.[8] Der Urheber kann auch das Recht zur Änderung und Umgestaltung seines Werks einräumen. Wegen des unverzichtbaren Kerns des Urheberpersönlichkeitsrechts ist der Urheber jedoch weiterhin berechtigt, gegen Entstellungen des Werks vorzugehen (§ 14 UrhG).[9]

4. Beendigung

7 Das Urheberpersönlichkeitsrecht besteht bis zum Ablauf der urheberrechtlichen Schutzfrist (vgl. dazu § 7 Rn. 2ff.).[10]

5. Veröffentlichungsrecht (§ 12 UrhG)

a) Normzweck

8 Der Urheber offenbart mit seinem Werk **Ideen** und **Vorstellungen,** die sehr persönlicher Art sein können. Daher hat die Frage, ob das Werk in die Öffentlichkeit gelangen soll, große Bedeutung. Infolgedessen gewährt § 12 I UrhG dem Urheber das Recht, zu bestimmen, ob und wie sein Werk zu veröffentlichen ist. Er darf entscheiden, **ob, wann, wo und in welcher Form** er das Werk für die Öffentlichkeit zugänglich machen will. Außerdem ist es allein dem Urheber vor der Veröffentlichung des Werks oder seines wesentlichen Inhalts vorbehalten, den Inhalt seines Werkes öffentlich mitzuteilen oder zu beschreiben (§ 12 II UrhG).

---

7 Dreier/Schulze/*Schulze,* Vor § 12 UrhG Rn. 11.
8 *BGH* GRUR 1955, 201, 204 – Cosima Wagner.
9 *BGH* GRUR 1971, 269, 271 – Das zweite Mal.
10 *Schack,* GRUR 1985, 352, 354.

b) Veröffentlichungsrecht (§ 12 I UrhG)

aa) Begriff. Der Begriff des Veröffentlichens ist in § 6 I UrhG legaldefiniert (§ 2 Rn. 126 ff.). 9

bb) Umfang. Das Veröffentlichungsrecht des Urhebers nach § 12 I UrhG erstreckt sich nur auf die **Erstveröffentlichung.**[11] Auf die Art und Weise der Veröffentlichung kommt es dabei nicht an. § 12 I UrhG bezieht sich hingegen nicht auf die Zweitveröffentlichung in einer anderen Form. 10

Beispiel: Eine Romanerzählung ist mit einem Buch zum ersten Mal mit Zustimmung des Autors veröffentlicht (Erstveröffentlichung). Das Veröffentlichungsrecht des § 12 I UrhG erstreckt sich nicht auf die Darstellung dieser Erzählung in einem Fernsehfilm (Zweitveröffentlichung). Zum Erstveröffentlichungsrecht eines Regisseurs gehört das Recht, den Film freizugeben (Feststellung der Veröffentlichungsreife).

Ist das Werk einmal aus der Sphäre des Urhebers mit dessen Zustimmung an die Öffentlichkeit gelangt, ist daher die Entscheidung des Urhebers, das Werk an die Öffentlichkeit gelangen zu lassen, **verbraucht.** Es besteht kein weiteres Veröffentlichungsrecht i. S. d. § 12 I UrhG mehr. 11

Beispiel: Das Recht des Regisseurs zur Freigabe des Films ist verbraucht, wenn er den Film zur Abnahme an den Produzenten liefert.

Das Veröffentlichungsrecht des Urhebers umfasst das Recht, zu bestimmen, in welcher **konkreten Form** („wie") das Werk an die Öffentlichkeit gelangen soll. Daher liegt eine Verletzung des Veröffentlichungsrechts vor, wenn das Werk erstmalig ohne die Zustimmung des Urhebers in bearbeiteter, geänderter oder umgestalteter Form an die Öffentlichkeit gelangt. Neben der konkreten Form der Veröffentlichung erfasst das „wie" der Veröffentlichung die Frage, **wann** und **wo** das Werk an die Öffentlichkeit gelangen soll. 12

Beispiele: Bei einem Theaterstück und einem Film kommt der Uraufführung besondere Bedeutung zu. So soll bei Filmen die DVD-Auswertung regelmäßig nicht vor dem Kinostart oder der Ausstrahlung im Fernsehen beginnen. Bei einem Verstoß gegen die vereinbarte Reihenfolge der Veröffentlichung liegt nicht nur eine Vertragsverletzung, sondern auch ein rechtswidriger Eingriff in das Veröffentlichungsrecht vor.[12]

---

11 Wandtke/Bullinger/*Bullinger*, § 12 UrhG Rn. 9.
12 Schricker/Loewenheim/*Dietz*, § 12 UrhG Rn. 14.

13 Der Urheber kann auch **testamentarisch** bestimmen, dass eine Person nach seinem Tode darüber entscheiden soll, ab wann und gegebenenfalls wo die Veröffentlichung des Werks erfolgen soll.[13]

14 Eine Beschränkung des Veröffentlichungsrechts auf Grund **übergesetzlichen Notstands** (Meinungsfreiheit; Informationsinteresse) außerhalb der Voraussetzungen der gesetzlichen Schranken nach §§ 44a ff. UrhG kommt grundsätzlich nicht in Betracht. Denn §§ 44a ff. UrhG legen abschließend die Schranken des Urheberrechts fest.[14] Nur in **Ausnahmefällen** können Meinungs- und Pressefreiheit gegenüber dem Urheberpersönlichkeitsrecht überwiegen und eine Einschränkung des Veröffentlichungsrechts unter Berücksichtigung des Verhältnismäßigkeitsgrundsatzes rechtfertigen. Denn grundsätzlich findet eine Güter- und Interessenabwägung bereits bei Anwendung der Schrankenregelungen nach §§ 44a ff. UrhG statt.[15]

15 Das Veröffentlichungsrecht ist lediglich ein **Abwehrrecht** gegen unbefugte Veröffentlichung, gewährt aber nicht positiv ein Recht zur Veröffentlichung.

Beispiel: Ein Maler stellt ein Gemälde fertig. Er darf darüber entscheiden, wie, wann und wo das Werk an die Öffentlichkeit gelangt. Greift ein Dritter in dieses Recht ein, ist der Maler zur Abwehr berechtigt. Verkauft der Maler das Gemälde an einen Dritten und will der Maler das Gemälde später ausstellen, berechtigt ihn § 12 I UrhG nicht dazu, von dem Dritten das Gemälde herauszuverlangen. Hierzu bedarf es einer Vereinbarung gegebenenfalls im Kaufvertrag.

c) Mitteilungen des Werksinhalts (§ 12 II UrhG)

16 Dem Urheber steht nicht nur das Recht zu, zu entscheiden, ob, wann, wo und in welcher Form sein Werk an die Öffentlichkeit gelangen soll. Nach § 12 II UrhG unterliegt dem Veröffentlichungsrecht des Urhebers auch der **Inhalt** des Werks. Dem Urheber steht daher außerdem das Recht zu, zu entscheiden, ob, wann, wo und in welcher Form der Inhalt seines Werks an die Öffentlichkeit gelangen soll. Auch dieses Recht ist auf die Erstveröffentlichung beschränkt. Das Recht des Urhebers zur erstmaligen Veröffentlichung des Inhalts seines Werks besteht, solange weder das Werk noch der wesentliche Inhalt oder eine Beschreibung des Werks mit seiner Zustimmung ver-

13 *BGH* GRUR 1955, 201, 204 – Cosima Wagner.
14 *BGH* GRUR 2003, 956, 958 – Gies-Adler.
15 *BGH* GRUR 2003, 956, 958 – Gies-Adler.

öffentlicht ist. Auch nach der **Veröffentlichung des Werks** bleibt das Recht zur Erstveröffentlichung des Werkinhalts beim Urheber. Deshalb ist nicht – etwa auf Grund eines Umkehrschlusses – nach der Veröffentlichung des Werks jedermann zur Veröffentlichung des Inhalts des Werks berechtigt.[16] Andernfalls würde eine nicht vorgesehene, neue Schranke für das Recht des Urhebers zur Veröffentlichung des Werkinhalts geschaffen. Vielmehr müssen die Rechte im Zweifel beim Urheber verbleiben. Denn § 12 II UrhG soll den Urheber zusätzlich vor der Veröffentlichung seines Werkes durch andere schützen und nicht die Rechte des Urhebers nach der Veröffentlichung beschränken.[17]

Beispiel: Auch nach der Aufführung einer Oper bleibt das Erstveröffentlichungsrecht im Hinblick auf die Veröffentlichung des Inhalts der Oper in einem Opernführer beim Urheber der Oper. Eine solche Inhaltsangabe ist daher ohne die Zustimmung des Urhebers unzulässig.

6. Anerkennung der Urheberschaft (§ 13 UrhG)

a) Normzweck

§ 13 S. 1 UrhG soll gewährleisten, dass **niemand** die Urheberschaft des Urhebers **streitig macht.** 17

Beispiel: Der Bearbeiter eines Werks (Original) bezeichnet sich als Alleinurheber eines durch die Bearbeitung geschaffenen Werks (Bearbeitung), ohne den Urheber des Originals zu nennen. Darin liegt eine Aberkennung der Urheberschaft des Urhebers des Originals.[18]

Durch diese Zuordnung kommt der unverzichtbare Kern des Urheberpersönlichkeitsrechts zum Ausdruck. Es steht dem Urheber aber frei, ob er sein Recht im Einzelfall geltend macht. Hierauf kann er verzichten (z. B. Ghostwriter). 18

§ 13 S. 2 UrhG begründet das Recht des Urhebers, darüber zu entscheiden, ob das Werk mit einer Urheberbezeichnung zu versehen und welche Bezeichnung (z. B. Vor- und Familienname; Pseudonym; Künstlerzeichen) zu verwenden ist (sog. **Urheberbenennungsrecht**). Daher liegt die Entscheidung über das „Ob" und „Wie" einer Urheberbezeichnung beim Urheber. Die Urheberbezeichnung ordnet das 19

16 *BGH* GRUR 2011, 134 Rn. 49 – Perlentaucher; Dreier/Schulze/*Schulze,* § 12 UrhG Rn. 24; a. A. Schricker/Loewenheim/*Dietz/Peukert,* § 12 UrhG Rn. 29.
17 *BGH* GRUR 2011, 134 Rn. 49 – Perlentaucher.
18 *BGH* GRUR 2002, 799, 800 – Stadtbahnfahrzeug.

Werk dem Urheber zu. Diese Zuordnung hat eine ideelle und materielle Komponente. Das „Ob“ der Urheberbezeichnung umfasst auch die Entscheidung darüber, nicht als Urheber genannt zu sein. Dadurch ist das Recht des Urhebers gewährleistet, **anonym** zu **bleiben** oder sich von dem Werk zu **distanzieren.**

b) Anwendungsbereich

20 Der Urheber ist grundsätzlich bei **jeder Nutzung** seines Werks zu nennen.[19] Das Urheberbenennungsrecht steht jedem (Mit-)Urheber eines Werks i. S. d. § 2 UrhG, einer schutzfähigen Bearbeitung (§ 3 UrhG), eines Sammelwerks (§ 4 UrhG) oder eines Teils eines Werks i. S. d. § 2 UrhG zu. Da das Urheberbenennungsrecht nur dem Urheber als der Person, die das Werk geschaffen hat, zusteht, sind Auftraggeber, Arbeitgeber und Produzenten nicht berechtigt nach § 13 UrhG. § 13 S. 1 UrhG schützt den Urheber eines Werks aber nicht davor, dass der Verkehr ihm **andere Werke zuordnet** (z. B. Kunstfälschung).[20] Insoweit kommen nur Ansprüche wegen Verletzung des allgemeinen Persönlichkeitsrechts und des Namensrechts in Betracht.

21 Die Art und Weise der Bezeichnung i. S. d. § 13 S. 2 UrhG muss eine **eindeutige Zuordnung** von Werk und Urheber ermöglichen.

Beispiel: Sind in einer Zeitschrift die Fotos verschiedener Fotografen abgedruckt, muss eine klare Zuordnung des jeweiligen Fotos zu einem bestimmten Fotografen gegeben sein. Die bloß alphabetisch angeordnete Nennung der Namen der Fotografen auf einer anderen Seite der Zeitschrift genügt nicht.[21]

7. Entstellung des Werks (§ 14 UrhG)

a) Normzweck

22 Das durch § 14 UrhG begründete Recht des Urhebers, Entstellungen des Werks zu verbieten, schützt den **Bestand** des Werks in seiner **konkreten Gestalt.** Danach besteht grundsätzlich ein Änderungsverbot.[22] Dieses Verbot schützt nicht nur Ruf und Ehre des Urhebers, sondern stellt auch die Zuordnung des Werks in seiner konkreten Gestalt sicher. Denn eine Entstellung liegt vor, wenn die **Wesenszüge** des Werks **verzerrt** oder **verfälscht** sind.

---

19 *BGH* ZUM 1995, 40, 41 – Namensnennungsrecht des Architekten.
20 *BGH* ZUM 1990, 180, 182 – Emil Nolde.
21 *LG München* ZUM 1995, 57; Dreier/Schulze/*Schulze,* § 12 UrhG Rn. 21.
22 *BGH* GRUR 1974, 675, 676 – Schulerweiterung.

b) Anwendungsbereich

§ 14 UrhG nennt Entstellung und andere Beeinträchtigungen. Die Entstellung ist daher ein **Beispiel** für eine besonders schwerwiegende Beeinträchtigung. Der Begriff der Beeinträchtigung ist der Oberbegriff. 23

Beispiel: Jemand integriert ein Gemälde in ein neues Gesamtkunstwerk, so dass das Gemälde als Teil dieses Gesamtkunstwerks erscheint.[23]

Auf Verschlechterungen oder Verbesserungen des Werks kommt es nicht an. 24

Ob eine Entstellung oder andere Beeinträchtigung i. S. d. § 14 UrhG vorliegt, ist in **drei Schritten** zu prüfen. Danach kommt es darauf an, ob (1) eine Beeinträchtigung vorliegt, (2) die berechtigten geistigen und persönlichen Interessen des Urhebers gefährdet sind und (3) nicht berechtigte Interessen des Beeinträchtigenden die berechtigten Interessen des Urhebers überwiegen (Interessenabwägung). 25

Eine **Beeinträchtigung** liegt schon immer dann vor, wenn jemand den ursprünglichen konkreten Gesamteindruck des Werks objektiv nachweisbar verändert.[24] Eine Beeinträchtigung kann nicht nur durch den Eingriff in die Substanz des Werks (z. B. Veränderung einer Statue) erfolgen. Eine Beeinträchtigung kann vielmehr außerdem darin liegen, dass das Werk in einen anderen Sachzusammenhang gestellt ist (z. B. Nutzung einer Melodie für Werbezwecke). Auch Ergänzungen, Kürzungen und bloße Ausschnitte können zu einer Beeinträchtigung führen. 26

Beispiel: Werbeunterbrechungen bei Film- und Fernsehwerken stellen eine Beeinträchtigung des Urhebers des Werks dar.

Die Beeinträchtigung muss die berechtigten geistigen und persönlichen **Interessen** des Urhebers **gefährden.** Eine Beeinträchtigung indiziert eine solche Gefährdung. Dieses Indiz ist gegenstandslos, wenn der Urheber die Beeinträchtigung gestattet hat. 27

Bei der **Interessenabwägung** ist von dem Bestandsinteresse des Urhebers auszugehen, so dass grundsätzlich ein Änderungsverbot gegeben ist. Im Rahmen der gesetzlichen Schranken (§§ 44a ff. UrhG) sind indes verschiedene Beeinträchtigungen gestattet (z. B. § 49 I 2 28

---

23 *BGH* GRUR 2002, 532, 534 – Unikatrahmen.
24 *BGH* GRUR 1989, 106, 107 – Oberammergauer Passionsspiele.

UrhG oder § 51 Nr. 2 UrhG). Außerhalb einer solchen Gestattung überwiegt grundsätzlich das Bestandsinteresse des Urhebers.

Beispiel: In der Vorführung eines um etwa 1/3 gekürzten Films liegt eine Entstellung i. S. d. § 14 UrhG.[25] Dasselbe gilt für die Verwendung eines – nicht für diesen Verwendungszweck geschaffenen – Musikwerks als Handy-Klingelton.[26] Denn das Musikwerk führt hier für den Hörer nicht zu einem klanglichen Erlebnis, sondern zu einem – oft störenden – Signalton.

29 Eine Ausnahme von diesem Grundsatz bildet die **Parodie.** Der Betrachter erkennt, dass die Parodie nicht von dem Urheber stammt. Außerdem kann sich der Parodist auf die Meinungsfreiheit (Art. 5 I 1 GG) und unter bestimmten Voraussetzungen auf die Kunstfreiheit (Art. 5 III 1 GG) berufen.

III. Verwertungsrechte (§§ 15 bis 24 UrhG)

1. Begriff

30 Der Begriff Verwertungsrechte umschreibt **Befugnisse** des Urhebers im Hinblick auf die **materielle Seite** des Urheberrechts (vgl. auch § 11 S. 2 UrhG). Diese Befugnisse haben zwei Seiten. Zum einen ist grundsätzlich nur der Urheber zur Verwertung des Werks berechtigt **(positives Nutzungsrecht).** Zum anderen darf der Urheber anderen die Verwertung des Werks untersagen **(Verbotsrecht).** § 15 UrhG nennt für die Verwertung des Werks in **körperlicher Form** als Verwertungrechte insbesondere das Vervielfältigungsrecht (§§ 15 I HS. 2 Nr. 1, 16 UrhG), das Verbreitungsrecht (§§ 15 I HS. 2 Nr. 2, 17 UrhG), das Ausstellungsrecht (§ 15 I HS. 2 Nr. 3, 18 UrhG) sowie für die Verwertung des Werks in **unkörperlicher Form** das Recht der öffentlichen Wiedergabe (§§ 15 II, III UrhG). Als Recht der öffentlichen Wiedergabe nennt insbesondere § 15 II 2 UrhG das Vortrags-, Aufführungs- und Vorführungsrecht (§§ 15 II 2 Nr. 1, 19 UrhG), das Recht der öffentlichen Zugänglichmachung (§§ 15 II 2 Nr. 2, 19a UrhG), das Senderecht (§§ 15 II 2 Nr. 3, 20 UrhG), das Recht zur Wiedergabe durch Bild- oder Tonträger (§§ 15 II 2 Nr. 4, 21 UrhG) sowie das Recht der Wiedergabe von Funksendungen und von öffentlicher Zugänglichmachung (§§ 15 II 2 Nr. 5, 22 UrhG).

25 *OLG Frankfurt a. M.* GRUR 1989, 203, 205 – Wüstenflug.
26 *BGH* WRP 2009, 313 Rn. 14 – Klingeltöne für Mobiltelefone.

Da es sich sowohl in § 15 I HS. 2 UrhG als auch in § 15 II 2 UrhG um eine **beispielhafte** Aufzählung („insbesondere") handelt, nennt § 15 UrhG die Verwertungsrechte des Urhebers nicht abschließend. Eine abschließende Regelung würde insbesondere der Tatsache, dass sich laufend technische Neuerungen (z. B. Digitaltechnik) ergeben, nicht gerecht. § 15 UrhG bietet daher lückenlosen Schutz. § 15 UrhG unterscheidet zwischen der Verwertung in **körperlicher Form** (§ 15 I UrhG) und der Verwertung in **unkörperlicher Form** (§ 15 II UrhG). Schranken ergeben sich für die Verwertungsrechte nach §§ 44a ff. UrhG (vgl. § 6 Rn. 2 ff.). 31

2. Verwertung in körperlicher Form (§ 15 I UrhG)

a) Begriff

Dem Vervielfältigungsrecht (§§ 15 I HS. 2 Nr. 1, 16 UrhG), dem Verbreitungsrecht (§§ 15 I HS. 2 Nr. 2, 17 UrhG), dem Ausstellungsrecht (§§ 15 I HS. 2 Nr. 3, 18 UrhG) und sonstigen Verwertungsrechten i. S. d. § 15 I UrhG ist gemeinsam, dass sie eine Verwertung des Werks in körperlicher Form voraussetzen. Dazu muss das Werk in/auf einem **körperlichen Gegenstand** enthalten sein. 32

Beispiele: Buch, Tonträger, USB-Stick.

b) Vervielfältigungsrecht (§§ 15 I HS. 2 Nr. 1, 16 UrhG)

aa) Normzweck. Die Vervielfältigung ermöglicht gegenüber einer bloßen Verwertung des Originals einem **größeren Personenkreis** die Wahrnehmung des Werks und damit die Möglichkeit des Urhebers, aus der Verwertung des Rechts höhere Einnahmen zu erzielen. § 16 UrhG begründet für den Urheber das Recht, darüber zu entscheiden, ob sein Werk gewissermaßen **multipliziert** in die Öffentlichkeit gelangen soll. 33

bb) Anwendungsbereich. Das Vervielfältigungsrecht erfasst Vervielfältigungen **jeder Art.** Da § 16 UrhG – anders als etwa § 17 I UrhG – keine Beschränkung auf Vorgänge in der Öffentlichkeit enthält, ist es unerheblich, ob die Herstellung der Vervielfältigung öffentlich oder privat erfolgt.[27] Auch ist – anders als etwa nach § 17 II UrhG – eine Erschöpfung des Vervielfältigungsrechts nicht möglich. 34

27 Dreier/Schulze/*Schulze*, § 16 UrhG Rn. 4.

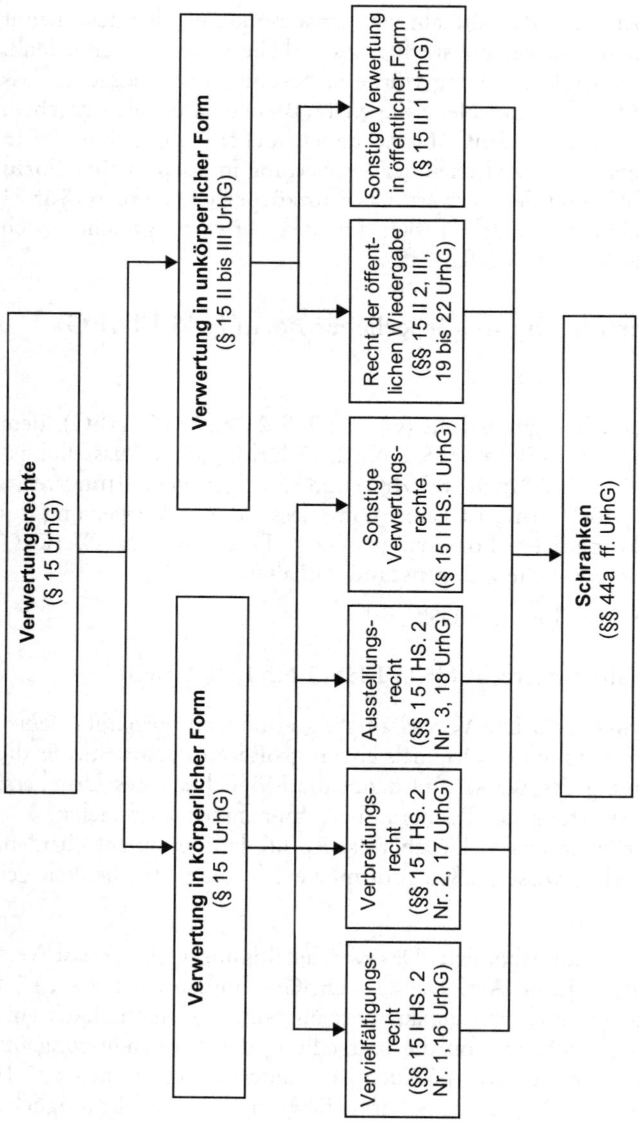
Verwertungsrechte (§ 15 UrhG)
Verwertung in körperlicher Form (§ 15 I UrhG)
Verwertung in unkörperlicher Form (§ 15 II bis III UrhG)
Vervielfältigungs-recht (§§ 15 I HS. 2 Nr. 1,16 UrhG)
Verbreitungs-recht (§§ 15 I HS. 2 Nr. 2, 17 UrhG)
Ausstellungs-recht (§§ 15 I HS. 2 Nr. 3, 18 UrhG)
Sonstige Verwertungs-rechte (§ 15 I HS.1 UrhG)
Recht der öffent-lichen Wiedergabe (§§ 15 II 2, III, 19 bis 22 UrhG)
Sonstige Verwertung in öffentlicher Form (§ 15 II 1 UrhG)
Schranken (§§ 44a ff. UrhG)

Vervielfältigung ist jede körperliche Festlegung eines Werks, die geeignet ist, das Werk auf irgendeine Art wahrnehmbar zu machen.[28] Dazu gehört auch die Vervielfältigung von körperlichen Kunstwerken durch bildhafte Wiedergabe[29], wie die Darstellung einer Statue auf einem Foto, etwa in einem Prospekt. Auf die Art des Materials und des Herstellungsverfahrens kommt es dabei nicht an. Auch die Dauer der Vervielfältigung ist unerheblich. 35

Beispiele: Einen Text vervielfältigt, wer ihn in ausgedruckter Form kopiert oder einscannt[30] oder als Telefax versendet. [31] Ebenso stellen Digitalisierung und Herunterladen aus dem Internet, verbunden mit der Speicherung auf einem Datenträger wie der Festplatte oder einer DVD, Vervielfältigungshandlungen i. S. d. § 16 I UrhG dar (bei bloßer Speicherung von Daten auf dem eigenen PC zum Zwecke des Ansehens einer Homepage vgl. die Schranke des § 44a UrhG).[32] Die (erstmalige) Herstellung eines Films über die Aufführung eines Musikwerks ist jedenfalls eine Vervielfältigung i. S. d. § 16 I UrhG.[33]

Keine Vervielfältigung liegt hingegen vor, wenn jemand lediglich die **anderweitige Auffindbarkeit** eines fremden Werks begründet. 36

Beispiel: Das bloße Setzen eines Links ist noch keine Vervielfältigung.[34] Deshalb liegt keine Vervielfältigung vor, wenn eine Website durch sog. *Deep-Links* auf einzelne – online für jedermann abrufbare – Presseberichte eines Verlags verweist, so dass der Nutzer nicht erst die Homepage des Verlags aufrufen muss.

Nach § 16 II UrhG stellt die Herstellung eines Werks zur wiederholbaren Wiedergabe auf Tonträgern wie Schallplatten und CDs oder Bildträgern wie DVDs ebenso wie Übertragungen eines Werks von einem solchen Träger auf einen anderen eine Vervielfältigung dar (ein einzelnes Bild wie ein Foto fällt nicht darunter, doch kann eine Vervielfältigung i. S. d. § 16 I UrhG vorliegen; vgl. Rn. 35). 37

Beispiel: Wer eine musikalische Uraufführung aufzeichnet, vervielfältigt sie.[35]

28 BGHZ 144, 232, 235 – Parfumflakon.
29 BGHZ 144, 232, 235 – Parfumflakon.
30 *BGH* GRUR 2002, 246, 247 – Scanner.
31 *BGH* GRUR 1999, 928, 930 – Telefaxgeräte.
32 *BGH* GRUR 1999, 325, 327 – Elektronische Pressearchive.
33 *BGH* GRUR 2006, 319, 321 – Alpensinfonie.
34 *BGH* GRUR 2003, 958, 961 – Paperboy.
35 *BGH* GRUR 1975, 447, 448 – TE DEUM.

c) Verbreitungsrecht (§§ 15 I HS. 1 Nr. 2, 17 UrhG)

38 **aa) Normzweck.** Die Vervielfältigung als solche führt noch nicht dazu, dass ein größerer Personenkreis das Werk wahrnehmen kann. Vielmehr müssen die Vervielfältigungsstücke auch **in die Öffentlichkeit gelangen.** Die Entscheidung, ob, wann und wo dies (in körperlicher Form, d. h. als Original und oder Vervielfältigungsstück) geschehen soll, obliegt nach § 17 UrhG dem Urheber. Auf das Motiv der Verbreitung (z. B. ideell oder kommerziell) kommt es nicht an, da das Verbreitungsrecht nicht auf eine **gewerbliche Verbreitung** beschränkt ist.

39 **bb) Anwendungsbereich.** § 17 I UrhG beschränkt das Recht des Urhebers zur Verbreitung des Werks auf ein öffentliches Anbieten oder Inverkehrbringen. Anbieten und Inverkehrbringen sind eigenständige Verbreitungshandlungen. Sie stehen schon dem Wortlaut des § 17 I UrhG nach („oder") selbständig nebeneinander. Das Verbot des Anbietens soll der im Anbieten selbst liegenden Gefährdung der wirtschaftlichen Chancen des Rechtsinhabers entgegentreten.

40 **(1) Öffentliches Anbieten. (a) Öffentlichkeit.** Für den Begriff der Öffentlichkeit ist die Legaldefinition des § 15 III UrhG heranzuziehen, auch wenn sich diese der Systematik nach auf das Recht zur Verwertung in unkörperlicher Form i. S. d. § 15 II UrhG (Recht zur öffentlichen Wiedergabe) bezieht.[36] Danach ist die Wiedergabe des Werks öffentlich, wenn sie für eine **Mehrzahl von Personen** bestimmt ist (§ 15 III 1 UrhG). Hierfür genügen grundsätzlich bereits **zwei Personen.**[37]

41 Bei der Ermittlung einer Mehrzahl von Personen i. S. d. § 15 III 1 UrhG (quantitatives Merkmal) sind nur die Personen zu berücksichtigen, die nicht mit demjenigen, der das Werk verwertet, oder mit den anderen Personen, denen das Werk in unkörperlicher Form wahrnehmbar oder zugänglich gemacht wird, durch **persönliche Beziehungen verbunden** ist (§ 15 III 2 UrhG). Dieses zusätzliche qualitative Merkmal der Verbundenheit durch persönliche Beziehungen soll der Rechtsanwendung ausreichend Flexibilität gewähren. Denn es ist ein angemessener Ausgleich zwischen dem Urheberrechtsschutz einerseits und anderen berechtigten Interessen in der Informationsge-

---

36 *BGH* GRUR 1982, 102, 103 – Masterbänder.
37 *BGH* GRUR 1996, 875, 876 – Zweibettzimmer im Krankenhaus.

sellschaft anderseits zu finden.[38] Es knüpft an die Verbundenheit durch persönliche Beziehungen an (1) mit dem Verwerter des Werks oder (2) mit anderen Personen, denen das Werk in unkörperlicher Form wahrnehmbar oder zugänglich gemacht wird.

Verbundenheit mit dem Verwerter des Werks. Verwerter des 42 Werks ist die Person, die die dem Verwertungsrecht unterfallende Nutzungshandlung vornimmt. Zu ihm besteht eine persönliche Verbundenheit, wenn so starke Beziehungen zu ihm gegeben sind, dass das Bewusstsein persönlicher Verbundenheit auf Grund „mehr oder weniger ständigen, vertrauten und innigen Kontakts" besteht.[39] Bei einer juristischen Person sind die Beziehungen zu den für diese Person handelnden Personen maßgeblich.

Verbundenheit mit anderen Personen. Für die Verbundenheit mit 43 anderen Personen kommt der Zahl dieser Personen eine Indizwirkung zu. Je größer die Zahl der Personen ist, an die sich die Wiedergabe des Werks richtet, desto eher fehlt es an der Verbundenheit durch persönliche Beziehungen. Feste Grenzen bestehen jedoch nicht. Vielmehr kommt es auf die konkrete Art der Beziehungen an. Verbundenheit auf Grund persönlicher Beziehungen setzt nicht notwendig familiäre oder freundschaftliche Beziehungen voraus. Vielmehr kommt es auch hier auf das Bewusstsein, persönlich miteinander verbunden zu sein, an. Dieses Bewusstsein kann auch erst eine Veranstaltung (z. B. Tanzkurs für ausgewählte Schüler) begründen. Eine rein technische Verbundenheit genügt hingegen nicht. Dasselbe gilt für bloß gleichgerichtete Interessen mehrerer Betroffener.

Der Begriff der Öffentlichkeit ist **weit** zu fassen. Für das Merkmal 44 der Verbundenheit kommt es (1) auf die Zahl der Personen und (2) die Art ihrer Beziehungen an.

Beispiele: Öffentlichkeit liegt vor bei der Gesamtheit der Patienten eines Krankenhauses,[40] bei Schulaufenthaltsräumen[41] und bei massenhaft an Unternehmen versandten E-Mails. Keine Öffentlichkeit besteht hingegen bei Patienten in Zweibettzimmern[42] oder privaten Feiern wie Hochzeitsfesten. Denn hier sind die jeweiligen Personen persönlich miteinander verbunden.

(b) Anbieten. Für ein **Anbieten,** für dessen Auslegung Art. 4 I der 45 Richtlinie 2001/29/EG zu berücksichtigen ist, genügen Vorberei-

38 BT-Drs. 15/38, S. 17.
39 Schricker/Loewenheim/*v. Ungern-Sternberg,* § 15 UrhG Rn. 74.
40 *BGH* GRUR 1994, 797 – Verteileranlage im Krankenhaus.
41 *BGH* GRUR 1993, 562, 563 – Zoll- und Finanzschulen.
42 *BGH* GRUR 1996, 875 – Zweibettzimmer im Krankenhaus.

tungshandlungen wie die Aufnahme des Werks in Prospekte oder Werbeanzeigen. Das Anbieten i. S. d. § 17 I UrhG ist nämlich im wirtschaftlichen Sinne zu verstehen. Allerdings muss der Inhalt des Angebots hinreichend bestimmt, d. h. konkret sein. Daher bedarf es keines Antrags i. S. d. § 145 BGB. Da das Verbot des Anbietens schon einer Gefährdung der wirtschaftlichen Chancen des Rechtsinhabers entgegenwirken soll (Rn. 39), kommt es nicht darauf an, ob das Anbieten Erfolg hat. Das Angebot eines in Deutschland urheberrechtlich geschützten, vervielfältigten Werks verstößt gegen § 17 I UrhG auch dann, wenn die **Veräußerung im Ausland** erfolgen soll und das Werk dort nicht urheberrechtlich geschützt ist.[43] Denn das an Inländer gerichtete Angebot beeinträchtigt den inländischen Schutzrechtsinhaber, da es sich auf die wirtschaftliche Verwertung des Urheberrechts im Inland auswirken kann. Diese Auslegung verstößt nicht gegen Art. 34 AEUV, da sie nach Art. 36 AEUV („Gründe gewerblichen und kommerziellen Eigentums") gerechtfertigt ist. Denn die Einbeziehung von Angeboten im Inland zum Erwerb im Ausland ist zur Erreichung eines hohen Schutzniveaus geboten.

46 **(2) Inverkehrbringen.** Inverkehrbringen bedeutet, dass Vervielfältigungsstücke aus der Sphäre des Schöpfers in den allgemeinen Handelsverkehr gelangen.[44] Das Merkmal des Inverkehrbringens nach § 17 I UrhG ist im Hinblick auf Art. 4 I der Richtlinie 2001/29/EG, der von einem Verbreiten an die Öffentlichkeit durch Verkauf oder auf sonstige Weise spricht, richtlinienkonform auszulegen. Für ein Verbreiten an die Öffentlichkeit auf sonstige Weise ist, nach Auffassung des *EuGH*, eine **Übertragung des Eigentums** erforderlich (dasselbe muss für das Merkmal des Anbieters, Rn. 45, gelten). Die Ermöglichung des Gebrauchs des Originals eines Werks oder Vervielfältigungsstücks für die Öffentlichkeit genügt ebensowenig wie die bloße Besitzüberlassung.[45]

Beispiel: Ein Dritter wie der Betreiber eines Damenbekleidungsgeschäfts greift nicht in das ausschließlich dem Urheber nach § 17 UrhG zustehende Verbreitungsrecht ein, wenn er urheberrechtlich geschützte Modelle von Möbeln durch Ausstellen im Schaufenster zum Zwecke der Dekoration oder in einer Ruhezone seines Ladenlokals zur Verwendung für die Kunden aufstellt.[46]

---

43 *BGH* WRP 2007, 1219 Rn. 28 – Wagenfeld-Leuchte.
44 Dreier/Schulze/*Schulze*, § 17 UrhG Rn. 15.
45 *EuGH* GRUR 2008, 604 Rn. 36 – Peek & Cloppenburg; dagegen mit guten Gründen Dreier/Schulze/*Dreier*, § 17 UrhG Rn. 4a.
46 *BGH* GRUR 2009, 840 Rn. 21 – Le-Corbusier-Möbel II.

cc) Schranke des Verbreitungsrechts durch Erschöpfung (§ 17 II UrhG). Das Verbreitungsrecht begründet für den Urheber das Recht, zu bestimmen, ob, wann und wo Vervielfältigungsstücke an die Öffentlichkeit gelangen. Ihm steht aber keine ausschließliche Entscheidungsbefugnis im Hinblick auf den weiteren Verbleib von Vervielfältigungsstücken in der Öffentlichkeit zu, die mit seiner Zustimmung in die Öffentlichkeit gelangt sind. Das Verbreitungsrecht ist nämlich durch den in § 17 II UrhG (vgl. auch Art. 9 II RiL 92/100/EWG und Art. 4 II RiL 2001/29/EG, aus denen sich das Gebot richtlinienkonformer Auslegung von § 17 II UrhG ergibt) geregelten **Erschöpfungsgrundsatz** begrenzt. Danach ist die Weiterverbreitung eines konkreten, mit Zustimmung des Berechtigten in Verkehr gelangten Werkstücks mit Ausnahme der Vermietung auch ohne die Zustimmung des Urhebers zulässig. Das Urheberrecht muss gegenüber dem Interesse an der **Verkehrsfähigkeit** des mit Zustimmung des Berechtigten in Verkehr gelangten Werkstücks zurücktreten. Innerhalb eines einheitlichen Wirtschaftsraums wie dem europäischen Binnenmarkt soll das mit Zustimmung des Berechtigten in Verkehr gebrachte Werkstück frei zirkulieren dürfen, ohne dass der Berechtigte dies verhindern kann. Mit der Entscheidung, Vervielfältigungsstücke in die Öffentlichkeit gelangen zu lassen, ist das Verbreitungsrecht ausgeübt und **verbraucht.** Das Verbreitungsrecht des § 17 I UrhG ist daher auf die Erstverbreitung beschränkt.[47] **47**

Die Erschöpfung nach § 17 II UrhG setzt ein Inverkehrbringen im Wege der **Veräußerung** voraus. Denn mit der Veräußerung gibt der Urheber die Herrschaft über das betroffene Werkstück (gegebenenfalls gegen Erhalt einer Entlohnung) auf.[48] Der Begriff der Veräußerung i. S. d. § 17 II UrhG erfasst regelmäßig jede Übereignung und Entäußerung des Eigentums an dem Werkstück durch den Berechtigten.[49] Auf den Inhalt des der Übereignung zu Grunde liegenden schuldrechtlichen Geschäfts kommt es nicht an. **48**

Beispiele: Verkauf, Tausch und Schenkung; nicht: leihweise Überlassung eines Werkstücks lediglich zum Zweck einer Ausstellung.

Die Erschöpfung erstreckt sich daher auch nur auf die Weiterverbreitung des konkreten, jeweils mit Zustimmung des zur Verbreitung Berechtigten veräußerten Werkstücks.[50] **49**

---

47 Schricker/Loewenheim/*Loewenheim*, § 17 UrhG Rn. 29.
48 *BGH* GRUR 1985, 131, 132 – Zeitschriftenauslage beim Friseur.
49 BGHZ 129, 66, 73 – Mauer-Bilder; *BGH* GRUR 2005, 505, 506 – Atlanta.
50 *BGH* GRUR 1993, 34, 36 – Bedienungsanweisung.

50 Die **Vermietung** ist nach § 17 II UrhG keine Veräußerung. Daraus ergibt sich, dass das Verbreitungsrecht des Berechtigten fortbesteht, solange die Vervielfältigungsstücke lediglich „vermietet" sind. § 17 III 1 UrhG legaldefiniert Vermietung als die zeitlich begrenzte, unmittelbar oder mittelbar Erwerbszwecken dienende Gebrauchsüberlassung. Dieser Begriff der Miete ist weit zu verstehen und deckt sich nicht mit dem Begriff der Miete in §§ 535 ff. BGB. So verlangt § 17 III 1 UrhG nicht die Entgeltlichkeit der Gebrauchsüberlassung. § 17 III 2 UrhG nimmt bestimmte Bereiche (Nr. 1: Überlassung von Bauwerken und Werken der angewandten Kunst; Nr. 2: Überlassung von Werkexemplaren in Arbeits- oder Dienstverhältnissen) vom Begriff der Vermietung aus. Ausnahmen sind eng auszulegen.[51] Der Erschöpfungsgrundsatz des § 17 II UrhG erstreckt sich außerdem nicht auf das **Vervielfältigungsrecht** nach § 16 UrhG[52] und das Recht der **öffentlichen Wiedergabe** nach § 15 II UrhG.[53]

51 Die **Darlegungs- und Beweislast** für die Voraussetzungen des § 17 II UrhG treffen denjenigen, der sich auf die Erschöpfung des Verbreitungsrechts beruft.[54] Er muss danach grundsätzlich darlegen und gegebenenfalls beweisen, dass eine Veräußerung i. S. d. § 17 II UrhG erfolgt ist. Ihm kommt dabei aber die **Vermutung des § 1006 I und II BGB** zugute.[55] Denn Voraussetzungen, Darlegung und Beweis der Übereignung sind im Zivilrecht wie im Urheberrecht nach denselben Grundsätzen zu beurteilen. Auch aus dem Zweckübertragungsgrundsatz (§ 5 Rn. 29 ff.) lässt sich kein allgemein gültiger Rechtssatz ableiten, dass ein Urheber sein Werkstück, das er einem Dritten ausgehändigt hat, im Zweifel nicht zu Eigentum übertragen wollte. An die Widerlegung der Vermutung nach § 1006 I und II BGB sind keine zu strengen Anforderungen zu stellen. Vielmehr kommt eine solche Widerlegung durch den Nachweis einer entsprechenden Branchenübung oder durch die Begleitumstände des Besitzerwerbs in Betracht. Die Vermutungswirkung des § 1006 I und II BGB greift nicht, wenn der Besitzer keinen Eigenbesitz, sondern nur Fremdbesitz erwirbt. In diesem Fall trifft ihn die Darlegungs- und Beweislast, dass sich sein Fremdbesitz in Eigenbesitz verwandelt hat.[56]

---

51 BGHZ 114, 368, 371 – Liedersammlung.
52 BGHZ 144, 232, 238 – Parfumflakon.
53 Schricker/Loewenheim/*Loewenheim*, § 17 UrhG Rn. 45.
54 *BGH* GRUR 1985, 924, 926 – Schallplattenimport II.
55 *BGH* GRUR 2005, 505, 506 – Atlanta.
56 BGHZ 73, 355, 361.

d) Ausstellungsrecht (§§ 15 I HS. 2 Nr. 3, 18 UrhG)

aa) Normzweck. Das Ausstellungsrecht nach § 18 UrhG begründet wie das Veröffentlichungsrecht die **Befugnis des Urhebers,** darüber zu entscheiden, ob, wann und wo sein Werk der bildenden Kunst oder Lichtbildwerk in körperlicher Form an die Öffentlichkeit gelangen soll. Es handelt sich deshalb um eine besondere Form des Veröffentlichungsrechts.[57] Wie das Veröffentlichungsrecht kein Recht auf Veröffentlichung gewährt, begründet das Ausstellungsrecht kein Recht auf Ausstellung. 52

bb) Anwendungsbereich. (1) Gegenstand. § 18 UrhG ist auf (körperliche) Werke der bildenden Künste (z. B. Gemälde oder Skulptur) sowie Lichtbildwerke, d. h. Fotos, beschränkt. 53

(2) Schaustellung. Eine Zurschaustellung liegt vor bei Kunstausstellungen (z. B. Museum, Galerie). Es ist unerheblich, ob sie zu kommerziellen oder ideellen Zwecken erfolgt. 54

(3) Unveröffentlichtes Werk. Das Ausstellungsrecht bezieht sich nur auf unveröffentlichte Werke, da andernfalls der Kunsthandel zu stark behindert würde. Deshalb ist das Ausstellungsrecht mit der **rechtmäßigen Erstveröffentlichung erschöpft.** Hierfür kommt es nicht darauf an, ob die Erstveröffentlichung in körperlicher oder unkörperlicher Form erfolgt ist. 55

Da sich § 18 UrhG auf bestimmte Werkarten beschränkt, kommt seine sinngemäße Anwendung auf andere Werkarten (z. B. Urschriften, Manuskripte oder Briefe) nicht in Betracht.[58] 56

3. Verwertung in unkörperlicher Form (§ 15 II bis III UrhG)

a) Begriff

Die Verwertung des Werks erfolgt in **unkörperlicher Form** i. S. d. § 15 II 1 UrhG, wenn lediglich sein geistiger Gehalt wahrnehmbar ist. 57

Beispiele: Vorsingen eines Liedes oder Vorführung eines Films auf der Leinwand.

---

57 Dreier/Schulze/*Schulze*, § 18 UrhG Rn. 1.
58 Schricker/Loewenheim/*Vogel*, § 18 UrhG Rn. 12; a. A. *Ulmer*, FS Hubmann, 1985, S. 435, 441.

58 Das Recht der öffentlichen Wiedergabe i. S. d. § 15 II 1 UrhG ist auf eine Verwertung in unkörperlicher Form beschränkt.

b) Recht der öffentlichen Wiedergabe (§ 15 II, III UrhG)

59 **aa) Vortrags-, Aufführungs- und Vorführungsrecht (§§ 15 II 2 Nr. 1, 19 UrhG). (1) Normzweck.** § 19 UrhG ordnet dem Urheber Formen der Verwertung des Werks in unkörperlicher Form zu. Die Unterscheidung von Vortrags-, Aufführungs- und Vorführungsrecht ergibt sich daraus, dass zwischen verschiedenen Werkarten (§ 2 I UrhG) zu unterscheiden ist. So erfasst das Vortragsrecht (§ 19 I UrhG) das Recht, ein Sprachwerk (§ 2 I Nr. 1 UrhG) öffentlich zu machen. Das Aufführungsrecht nach § 19 II Alt. 1 UrhG bezieht sich auf Werke der Musik (§ 2 I Nr. 2 UrhG) und das Aufführungsrecht nach § 19 II Alt. 2 UrhG auf die bühnenmäßige Darstellung von Werken jeder Art. Den Umfang von Vortrags- und Aufführungsrecht konkretisiert § 19 III UrhG. Das in § 19 IV 1 UrhG definierte Vorführungsrecht ist auf bestimmte Werkarten, nämlich ein Werk der bildenden Künste (§ 2 I Nr. 4 UrhG), ein Lichtbildwerk (§ 2 I Nr. 5 UrhG), ein Filmwerk (§ 2 I Nr. 6 UrhG) und Darstellungen wissenschaftlicher oder technischer Art (§ 2 I Nr. 7 UrhG), begrenzt. § 19 IV 2 UrhG legt fest, worauf sich das Vorführungsrecht nicht erstreckt.

60 **(2) Anwendungsbereich.** Den in § 19 I, II, IV UrhG geregelten Rechten ist gemeinsam, dass die Verwertung des Werks **öffentlich** geschieht (vgl. § 15 III UrhG; dazu Rn. 40 ff.). Ein Werk ist nur dann der Öffentlichkeit (§ 15 III UrhG) wahrnehmbar gemacht oder zu Gehör gebracht oder bühnenmäßig dargestellt, wenn die menschlichen Sinne es **unmittelbar aufnehmen** können. Die Mitglieder der Öffentlichkeit müssen also zur gleichen Zeit am gleichen Ort und in die Lage versetzt sein, das Werk tatsächlich aufzunehmen. Die bloße Möglichkeit der Aufnahme durch die Öffentlichkeit etwa infolge bloßer Abrufbarkeit genügt – anders als bei §§ 19a, 20 UrhG – nicht.

Beispiel: Ein Sprachwerk ist öffentlich zu Gehör gebracht i. S. d. § 19 UrhG, wenn jemand den Text vor Publikum in einem Saal spricht, nicht aber dann, wenn der Text lediglich abrufbereit auf einer CD zur Verfügung steht.

61 **(a) Vortragsrecht (§ 19 I UrhG).** Ein Vortrag i. S. d. § 19 I UrhG liegt vor, wenn jemand ein **Sprachwerk** durch persönliche Darbie-

tung öffentlich zu Gehör bringt. Es muss also eine unmittelbare Wahrnehmung möglich sein (z. B. Ansprache live). An einer Darbietung fehlt es hingegen beim eigenen Werkgenuss (z. B. Anhören einer Schallplatte).

(b) Aufführungsrecht (§ 19 II Alt. 1 u. 2 UrhG). Eine Aufführung setzt eine persönliche Darbietung, die ein Werk der Musik **zu Gehör bringt** (§ 19 II Alt. 1 UrhG) oder ein Werk **bühnenmäßig darstellt** (§ 19 II Alt. 2 UrhG), voraus. Eine bühnenmäßige Darstellung ist nicht auf eine bestimmte Werkart begrenzt. Eine solche Darstellung liegt nur bei einem bewegten Spiel vor, das mit Augen und/oder Ohren wahrnehmbar ist.[59] Da es nicht auf ein persönliches Auftreten ankommt, gehören dazu auch Marionetten- und Puppenspiele. 62

(c) Klarstellung zu § 19 I und 19 II UrhG (§ 19 III UrhG). § 19 III UrhG stellt klar, dass Vortrags- und Aufführungsrecht das Recht des Urhebers umfassen, die Darbietung **außerhalb** des Raumes, in dem sie stattfindet, durch technische Mittel **wahrnehmbar zu machen.** Dies soll im Hinblick auf eine Übertragung des Werks jenseits des Veranstaltungsorts für den Urheber ein dingliches Ausschließlichkeitsrecht begründen. Es ist dann allein an ihm, zu entscheiden, ob seine Darbietung auch außerhalb des Darbietungsorts wahrnehmbar sein soll. 63

(d) Vorführungsrecht (§ 19 IV UrhG). Das auf bestimmte Werkarten (§ 2 I Nr. 4 bis 7 UrhG) begrenzte Vorführungsrecht nach § 19 IV 1 UrhG bezieht sich darauf, das Werk durch **technische Einrichtungen** (Ausnahmen: § 19 IV 2 UrhG) öffentlich (§ 15 III UrhG) wahrnehmbar zu machen. 64

Beispiele: Technische Einrichtungen können Bildschirme, Lautsprecher oder Beamer sein.

c) Recht der öffentlichen Zugänglichmachung (§§ 15 II 2 Nr. 2, 19a UrhG)

aa) Normzweck. § 19a UrhG sieht das ausschließliche Recht des Urhebers vor, das Werk der Öffentlichkeit unabhängig von Ort und Zeit zugänglich zu machen. 65

bb) Anwendungsbereich. Das Recht der öffentlichen Zugänglichmachung beschreibt das Recht, das Werk drahtgebunden oder draht- 66

59 *BGH* GRUR 1999, 228, 230 – Musical-Gala.

los der Öffentlichkeit in einer Weise zugänglich zu machen, dass es Mitgliedern der Öffentlichkeit von **Orten** und zu **Zeiten** ihrer **Wahl** zugänglich ist. Dritte müssen also der Zugriff auf das sich beim Vorhaltenden befindliche Werk haben[60] (z. B. Abrufbarkeit im Internet rund um die Uhr). Zugänglichmachung bedeutet allein, den Zugang oder Empfang zu ermöglichen. Ein tatsächlicher Zugriff oder Empfang ist nicht notwendig. Ob die Zugänglichmachung für die Öffentlichkeit (§ 15 III UrhG) drahtgebunden oder drahtlos erfolgt, ist unerheblich. Sie ist damit technologieneutral.

Beispiele: Drahtgebundene Zugänglichmachung liegt bei einem körperlichen Anschluss an das Internet, drahtlose Zugänglichmachung bei einem unkörperlichem Anschluss an das Internet etwa durch eine WLAN-Verbindung vor.

Listet der Betreiber einer Suchmaschine Abbildungen von Werken, die Dritte ins Internet gestellt haben, als Vorschaubilder (sog. Thumbnails) in der Trefferliste seiner Suchmaschine auf, macht er die gezeigten Werke öffentlich zugänglich im Sinne von § 19a UrhG[61]. Allerdings kann eine konkludente Einwilligung des Dritten vorliegen.

Das Bereithalten einer Datei mit einem (urheberrechtlich geschützten) Lied zum Abruf durch andere Teilnehmer einer Tauschbörse verletzt das Recht der öffentlichen Zugänglichmachung i. S. d. § 19a UrhG[62].

67 Das Recht der öffentlichen Zugänglichmachung unterliegt **nicht der Erschöpfung** (vgl. auch Art. 3 III RiL 2001/29/EG).[63]

d) Senderecht (§§ 15 II 2 Nr. 3, 20 bis 20b UrhG)

68 **aa) Normzweck.** § 20 UrhG soll den Besonderheiten des Rundfunks Rechnung tragen. Diese ergeben sich daraus, dass die Endnutzer eine bestimmte Sendung zwar gleichzeitig empfangen *können*, sie sich aber zum Zeitpunkt des Empfangs anders als bei Vortrags-, Aufführungs-, und Vorführungsrecht des § 19 UrhG **nicht an einem Ort** befinden. Zur Zugänglichmachung (Rn. 66) für die Öffentlichkeit (§ 15 III UrhG) durch Funk genügt danach bereits die Möglichkeit des Empfangs, die bei bloßem Verfügen über ein Empfangsgerät gegeben ist. § 20 UrhG weist auch diese Verwertung ausschließlich dem Urheber für jede einzelne Ausstrahlung zu.

---

60 *BGH* GRUR 2009, 845 Rn. 27 – Internet-Videorecorder.
61 *BGH* WRP 2010, 916 Rn. 19 – Vorschaubilder I.
62 *OLG Hamburg* ZUM-RD 2005, 273, 276.
63 *EuGH* Slg. 1980, 881 – Coditel I; Slg. 1982, 3381 – Coditel II.

bb) Anwendungsbereich. Funk ist jede Übertragung von Zeichen, Tönen oder Bildern durch elektromagnetische Wellen, die die Sendestelle absendet und eine beliebige Zahl von Empfangsanlagen auffängt sowie in Zeichen, Töne und Bilder zurückverwandelt. Beispielhaft nennt § 20a UrhG Ton- und Fernsehrundfunk, Satellitenrundfunk, Kabelfunk oder ähnliche technische Mittel. Auf die Art des Sendeangebots und der Sendung kommt es nicht an. 69

Beispiele: Funk i. S. d. § 20a UrhG ist Free-TV ebenso wie Pay-TV, eine Live-Sendung ebenso wie eine aufgezeichnete Sendung, die originäre Sendung ebenso wie die Weitersendung. Ob der Sender analoge oder digitale Signale verwendet, ist unerheblich.

Keine Sendung i. S. d. § 20 UrhG liegt vor bei bloßem **Empfang** gesendeter Signale. Die Abgrenzung ist im Einzelfall (z. B. Gemeinschaftsantenne bei Mehrfamilienhaus) schwierig. Eine Sendung ist gegeben, wenn **besondere Anstrengungen** notwendig sind, um eine weiter übertragene Rundfunksendung in einem bestimmten Bereich zugänglich zu machen. 70

Eine **Zugänglichmachung für die Öffentlichkeit** liegt schon dann vor, wenn potenzielle Empfänger die gesendeten Funksignale empfangen können. Auf einen tatsächlichen Empfang kommt es nicht an. 71

cc) § 20a UrhG und § 20b UrhG. Die Richtlinie 93/83/EWG hat zur Einführung der beiden Sonderregelungen des § 20a UrhG (Europäische Satellitensendungen) und § 20b UrhG (Kabelweitersendung) geführt. 72

e) Recht der Wiedergabe durch Bild- oder Tonträger (§§ 15 II 2 Nr. 4, 21 UrhG)

aa) Normzweck. Das Recht der Wiedergabe durch Bild- oder Tonträger (§ 21 UrhG) ergänzt das Recht der unmittelbaren Werkwiedergabe nach § 19 UrhG. Denn dieses Recht weist dem Urheber ausschließlich die Verwertung durch öffentliche (§ 15 III UrhG) Wahrnehmbarmachung **auf Bild- oder Tonträger aufgenommener Vorträge und Aufführungen** des Urhebers zu (mittelbare Werkwiedergabe). Durch die Verweisung auf § 19 III UrhG durch § 21 S. 2 UrhG steht dem Urheber darüber hinaus das ausschließliche Recht zu, das mittels Bild- oder Tonträger wiedergegebene Werk durch Bildschirm, Lautsprecher oder ähnliche technische Einrichtungen auch **außerhalb** des Raumes, in dem die **Wiedergabe** stattfindet, wahrnehmbar zu machen. 73

74 **bb) Anwendungsbereich. (1) Wiedergabe.** Anders als bei §§ 20 bis 20b UrhG erfolgt eine Wiedergabe erst, wenn das Werk für die Empfänger unmittelbar wahrnehmbar ist. Die bloße Möglichkeit des Empfangs genügt nicht.

Beispiele: Das Abspielen eines Rock-Songs von einer Schallplatte oder CD ist § 21 UrhG zuzuordnen.

75 **(2) Bild- oder Tonträger.** Die Wiedergabe muss durch Bild- oder Tonträger erfolgen. Der Begriff Bild- oder Tonträger ist i. S. d. **§ 16 II UrhG** zu verstehen. Das Tatbestandsmerkmal ist auch dann erfüllt, wenn es sich nicht getrennt um einen Bildträger oder Tonträger, sondern um einen Bildträger **und** einen Tonträger handelt (z. B. Filmband).

76 **(3) Vorträge.** Der Begriff des Vortrags ist i. S. d. § 19 I UrhG („Vortragsrecht"; Rn. 61) zu verstehen.

77 **(4) Aufführung.** Der Begriff der Aufführung ist i. S. d. § 19 II UrhG („Aufführungsrecht"; Rn. 62) zu verstehen.

78 **(5) Wahrnehmbarmachung.** Vgl. dazu Rn. 60.

79 **(6) Öffentliche Wahrnehmbarmachung.** Vgl. dazu Rn. 60.

f) Recht der Wiedergabe von Funksendungen und öffentlicher Zugänglichmachung (§§ 15 II 2 Nr. 5, 22 UrhG)

80 **aa) Normzweck.** Das Recht der Wiedergabe von Funksendungen und öffentlicher Zugänglichmachung (§ 22 UrhG) ergänzt das Recht der unmittelbaren Werkwiedergabe nach § 19 UrhG. Denn § 22 UrhG weist dem Urheber das ausschließliche Recht der Wiedergabe von Funksendungen und öffentlicher Zugänglichmachung zu. Es ist darauf gerichtet, Funksendungen und auf öffentlicher Zugänglichmachung beruhende Wiedergaben des Werkes durch **Bildschirm, Lautsprecher oder ähnliche technische Einrichtungen** öffentlich (§ 15 III UrhG) wahrnehmbar zu machen.

Beispiele: Wiedergabe von Rundfunksendungen in Gaststätten, Hotels und Kaufhäusern (= Wiedergabe von Funksendung); Wiedergabe online zugänglich gemachter Werke mittels Bildschirm in Schaufenster (= Wiedergabe von öffentlicher Zugänglichmachung).

81 **bb) Anwendungsbereich. (1) Funksendung.** Der Begriff der Funksendung ist i. S. d. § 20 UrhG (Rn. 69) zu verstehen.

(2) Öffentliche Zugänglichmachung. Der Begriff der öffentlichen Zugänglichmachung ist i. S. d. § 19a UrhG (Rn. 65 f.) zu verstehen. 82

(3) Wahrnehmbarmachung. Der Begriff der Wahrnehmbarmachung ist i. S. d. § 19 III UrhG (Rn. 60) zu verstehen. 83

4. Bearbeitungen und Umgestaltungen (§ 23 UrhG)

a) Normzweck

Dem Urheber obliegt das Recht, darüber zu entscheiden, in welcher konkreten Form sein Werk an die Öffentlichkeit gelangen soll. Daraus ergibt sich für **andere Personen** ein **Änderungsverbot** (Rn. 22, 28). Dem **Urheber** steht es hingegen frei, sein Werk zu **bearbeiten** oder **umzugestalten,** um ihm eine andere Form zu geben. Dieses Recht des Urhebers zur Bearbeitung und Umgestaltung begründet § 23 UrhG. Soll eine andere Person zur Bearbeitung und Umgestaltung berechtigt sein, bedarf dies der Einwilligung des Urhebers. Davon ist das Bearbeitungsurheberrecht nach § 3 UrhG zu unterscheiden, der die urheberrechtliche Schutzfähigkeit von Bearbeitungen begründet, hingegen keine Aussage zur rechtlichen Zulässigkeit der Bearbeitung enthält. Eine nach § 23 S. 1 UrhG unzulässige unfreie Bearbeitung erstellt, wer die schöpferischen Züge eines Werkes nachahmt, die diesem insgesamt seine urheberrechtlich schutzfähige eigenpersönliche Prägung verleihen. Davon abzugrenzen ist eine zulässige freie Benutzung nach § 24 I UrhG. 84

b) Rechtsnatur

§ 15 UrhG erwähnt § 23 UrhG nicht als selbständiges Verwertungsrecht des Urhebers. Jedoch enthält § 15 UrhG nur beispielhafte Aufzählungen („insbesondere"). Auch enthält § 23 S. 1 UrhG die Formulierung „verwerten". Darüber hinaus findet sich § 23 UrhG in dem Abschnitt, der mit „Verwertungsrechte" überschrieben ist. Daher begründet § 23 UrhG wegen Wortlaut und Systematik ein **selbständiges Verwertungsrecht** des Urhebers.[64] 85

64 Dreier/Schulze/*Schulze,* § 23 UrhG Rn. 9.

c) Anwendungsbereich

86 **aa) Bearbeitungen.** Bearbeitungen sind ein Unterfall der Umgestaltung („andere Umgestaltungen"). Sie **passen** das Werk für weitere Nutzungs- und Verwertungsformen **an.**

Beispiele: Übersetzung oder Verfilmung eines Romans. Keine Bearbeitung liegt vor, wenn ein Fernsehsender eine Fernsehaufzeichnung einer Konzertaufführung eines Musikstücks herstellt und unverändert bei der Herstellung einer DVD vervielfältigt.[65] Denn die Verbindung eines Musikwerks mit dem Bildteil eines Films ist als solche bei unveränderter Übernahme der Musik nur eine Vervielfältigung. Eine Bearbeitung liegt auch nicht deshalb vor, weil der Fernsehsender das Musikwerk durch die Verbindung mit Bildfolgen in einen neuen Zusammenhang stellt. Musik und Bildfolgen gehören nämlich verschiedenen Kunstformen an.[66]

87 Bearbeitungen haben daher eine dem Originalwerk **dienende Funktion.**

88 **bb) Umgestaltungen.** Umgestaltungen **verändern** den konkret geistig-ästhetischen Gesamteindruck des Werks. Eine Umgestaltung verfolgt den Zweck der Aneignung des fremden Werks. Sie hat danach nicht die dienende Funktion einer Bearbeitung. Letztlich ist die Unterscheidung aber nicht weiter von Bedeutung, da § 23 UrhG sowohl für Bearbeitungen als auch Umgestaltungen in gleicher Weise gilt.

89 **cc) Einwilligung. (1) Erteilung.** Der Urheber kann einer anderen Person das Recht zur Bearbeitung oder Umgestaltung des Werks sowie zur Veröffentlichung oder Verwertung des Werks einräumen. Erforderlich ist hierzu seine Einwilligung. Der Urheber kann die Einwilligung **ausdrücklich** oder **konkludent** erklären.

90 **bb) Inhalt und Umfang.** Im Zweifel sind Inhalt und Umfang der Einwilligung durch **Auslegung** zu ermitteln. Als Orientierung hierfür dient der **Zweckübertragungsgrundsatz** (§ 31 V UrhG; vgl. § 5 Rn. 29 ff.).[67] Danach steht das Bearbeitungs- und Umgestaltungsrecht grundsätzlich dem Urheber zu (§ 37 I UrhG). Dies kann nur ausnahmsweise anders liegen.

65 *BGH* GRUR 2006, 319, 322 – Alpensinfonie.
66 Vgl. dazu BGHZ 150, 32, 41 – Unikatrahmen.
67 Schricker/Loewenheim/*Loewenheim*, § 23 UrhG Rn. 27.

Beispiel: Die Einwilligung in die Verfilmung eines Werks beinhaltet im Zweifel auch das Recht zur filmischen Bearbeitung des Werks (§ 88 I UrhG; vgl. § 10 Rn. 3 ff.).

Die Einwilligung kann zeitlich, räumlich und inhaltlich **beschränkt** sein.

Beispiel: Die Einwilligung ist nur für die Verfilmung eines Werks als Kinofilm, nicht aber als Fernsehfilm erteilt.

Auch nach Erteilung der Einwilligung ist der Urheber gegen **Beeinträchtigungen** oder gar **Entstellungen** nach § 14 UrhG geschützt. 91

cc) Gegenstand. Die Einwilligung des Urhebers ist nicht nur für die Übertragung des Bearbeitungs- oder Umgestaltungsrechts auf eine andere Person erforderlich. Sie muss sich nach § 23 UrhG auch auf die **Veröffentlichung** und **Verwertung** des Werks beziehen, wenn die andere Person hierzu berechtigt sein soll. Im Umkehrschluss ergibt sich daraus, dass die bloße **Herstellung** der Bearbeitung oder Umgestaltung grundsätzlich (Ausnahmen: § 23 S. 2 UrhG) zulässig ist.[68] Dies gilt insbesondere im privaten Bereich. 92

Ein Werk ist **veröffentlicht,** wenn die Voraussetzungen des § 15 III UrhG erfüllt sind. Ob bereits eine Veröffentlichung des – durch den Urheber selbst oder andere Personen – bearbeiteten oder umgestalteten Werks stattgefunden hat, ist unerheblich.[69] Denn dem Urheber steht auch das Recht zu, darüber zu bestimmten, in welcher konkreten Form („wie"; vgl. § 12 I UrhG) das Werk an die Öffentlichkeit gelangen soll. 93

Für den Begriff der **Verwertung** ist auf die in § 15 UrhG genannten Verwertungsrechte abzustellen. 94

§ 23 S. 2 UrhG begründet Ausnahmen von dem Grundsatz, dass die bloße **Herstellung** einer Bearbeitung oder Umgestaltung zulässig ist. Vielmehr bedarf in den dort genannten Fällen auch die Herstellung einer Bearbeitung oder Umgestaltung der Einwilligung des Urhebers. Diesen Fällen ist gemeinsam, dass hier die Bearbeitung oder Umgestaltung regelmäßig nicht im privaten Bereich, sondern mit der Absicht gewerblicher Verwertung erfolgt. 95

§ 23 S. 2 Alt. 1 UrhG nennt die Herstellung der **Verfilmung eines Werks.** Dazu gehören nicht bloße interne Vorbereitungshandlungen 96

---

68 Dreier/Schulze/*Schulze*, § 23 UrhG Rn. 16.
69 Dreier/Schulze/*Schulze*, § 23 UrhG Rn. 17; Wandtke/Bullinger/*Bullinger*, § 23 UrhG Rn. 7; a. A. Schricker/Loewenheim/*Loewenheim*, § 23 UrhG Rn. 18.

(z. B. Erstellung eines Drehbuchs). Die Herstellung der Verfilmung beginnt am ersten Drehtag (§ 90 S. 2 UrhG).

97 Die Herstellung einer Bearbeitung oder Umgestaltung bedarf ferner dann der Einwilligung des Urhebers, wenn es um die Ausführung von Plänen und Entwürfen eines Werks der **bildenden Künste** (§ 23 S. 2 Alt. 2 UrhG), den Nachbau eines Werks der **Baukunst** (§ 23 S. 2 Alt. 3 UrhG) oder ein **Datenbankwerk** (§ 23 S. 2 Alt. 4 UrhG) geht.

5. Freie Benutzungen (§ 24 UrhG)

a) Normzweck

98 Das Interesse des Urhebers ist darauf gerichtet, ausschließlich selbst darüber zu entscheiden, ob, wie, wann und wo das Werk zu verwerten ist **(monopolistisches Interesse).** Dem steht das **Interesse der Allgemeinheit** gegenüber, fremde Werke zu genießen und zu verwenden. Die Umsetzung einer Anregung durch ein Werk, die zur Entstehung eines völlig neuen Werks führt, muss zulässig sein, um nicht jeden technischen und kulturellen Fortschritt auszuschließen. Die neue Schöpfung muss über eine bloße Vervielfältigung i. S. d. § 16 UrhG sowie Bearbeitung oder Umgestaltung i. S. d. § 23 UrhG hinausgehen. Erst wenn ein selbständiges Werk entsteht, ist seine Veröffentlichung und Verwertung ohne die Zustimmung des ursprünglichen Urhebers zulässig (§ 24 I UrhG). Ein noch strengerer Schutz besteht nach § 24 II UrhG für Melodien. § 24 UrhG unterstützt daher die bloße Anregung zur **Schaffung eines eigenen selbständigen Werks.** Ist eine Leistung kein urheberrechtlich geschütztes Werk i. S. d. § 2 II UrhG, kommt es auf § 24 UrhG von vornherein nicht an. Sie ist dann von vornherein gemeinfrei. Auch ein entlehnter Teil eines Werks muss urheberrechtlich als solcher schutzfähig sein.

b) Anwendungsbereich

99 **aa) Selbständiges Werk.** Es muss ein selbständiges Werk entstehen. Dies setzt eine Neuschöpfung voraus, die ihrerseits – unabhängig von den anregenden Elementen des benutzten Werks – **selbständig** urheberrechtlich **schutzfähig** ist.[70]

---

70 *BGH* GRUR 1961, 631, 632 – Fernsprechbuch.

bb) Freie Benutzung des Werks eines anderen. (1) Voraussetzungen. Das benutzte Werk darf die Schaffung eines selbständigen Werks lediglich anregen. Der Abstand zwischen benutztem Werk (Original) und neuem Werk (Neuschöpfung) muss so groß sein, dass die entlehnten eigenpersönlichen **Züge des Originals** gegenüber der Eigenart des neuen Werks **„verblassen“.**[71] Die dem geschützten älteren Werk entnommenen Züge müssen in dem neuen Werk so weit zurücktreten, dass das ältere Werk nur als Ausgangspunkt für ein neues Schaffen erscheint. Hierfür kommt es auf den Grad der Individualität der Züge sowohl des benutzten Werks als auch des neuen Werks an. Insoweit besteht eine Wechselwirkung wie folgt: Je höher der Grad der Individualität der Züge des benutzten Werks ist, umso weniger verblassen dessen eigenpersönliche Züge in dem neuen Werk.[72] Umgekehrt ist die freie Benutzung des Werks eines anderen dann gegeben, wenn sich die Eigenart des neuen Werks von dem benutzten Werk in besonderem Maße abhebt.[73] Grundsätzlich sind an die freie Benutzung des Werks eines anderen **strenge Anforderungen** zu stellen. Unerheblich für die Abgrenzung ist es, ob das neue Werk das ältere Werk ersetzen kann oder soll.[74] 100

(2) Feststellung. Zur Feststellung, ob die freie Benutzung des Werks eines anderen vorliegt, sind das benutzte Werk und das neue Werk zu vergleichen **(Werkvergleich).** Dabei sind zunächst die **individuellen Merkmale** des benutzten Werks zu ermitteln.[75] Im Anschluss daran ist zu bestimmen, ob und in welchem Umfang auch das neue Werk diese Merkmale enthält. Insoweit sind die **Übereinstimmungen** maßgebend.[76] Für die Feststellung von Übereinstimmungen kommt es auch entscheidend auf den Gestaltungsspielraum bei dem jeweiligen Werk an. Je geringer der Gestaltungsspielraum für das benutzte Werk ist, umso eher ist von einer freien Benutzung auszugehen. 101

Beispiel: Bei wissenschaftlichen Texten besteht unter anderem wegen der vorgegebenen Fachsprache nur ein eingeschränkter Gestaltungsspielraum. Würde hier eine freie Benutzung ausgeschlossen, wären andere Personen von einer Auseinandersetzung mit einer bestimmten Thematik ausgeschlossen.

---

71 *BGH* GRUR 1994, 191, 193 – Asterix-Persiflagen.
72 *BGH* GRUR 1982, 37, 39 – WK-Dokumentation.
73 *BGH* GRUR 1981, 267, 269 – Dirlada.
74 *BGH* GRUR 2011, 134 Rn. 45 – Perlentaucher.
75 *BGH* GRUR 1980, 853, 854 – Architektenwechsel.
76 *BGH* GRUR 2003, 786, 787 – Innungsprogramm.

Daher genügen hier schon geringfügige Abweichungen für eine freie Benutzung des fremden Werks.[77]

102 Schließlich ist eine **Gesamtbetrachtung** anzustellen. Es ist ein Vergleich des jeweiligen Gesamteindrucks der Gestaltungen anzustellen, in dessen Rahmen sämtliche übernommenen schöpferischen Züge in einer Gesamtschau zu berücksichtigen sind. Hier ist auch zu prüfen, inwieweit das neue Werk individuelle Merkmale aufweist und ob ein ausreichender innerer Abstand zu den individuellen Merkmalen des benutzten Werks besteht. Liegt keine freie Benutzung vor, sondern eignet sich jemand bewusst fremden geistigen Gehalt und die Urheberschaft daran an, spricht man von einem **Plagiat** (abzugrenzen von der praktisch seltenen sog. Doppelschöpfung; vgl. § 2 Rn. 20). Das UrhG verwendet diesen Begriff freilich nicht.

103 **(3) Einzelfälle.** Die freie Benutzung des Werks eines anderen i. S. d. § 23 UrhG liegt vor, wenn jemand ein fremdes Werk in eine **andere Werkart überträgt.**[78]

Beispiel: Ein Gemälde dient als Anregung für die Komposition eines Musikwerks.

104 Bei der **Verfilmung** eines Romans ist hingegen keine freie Benutzung i. S. d. § 24 UrhG, sondern eine Bearbeitung i. S. d. § 23 UrhG gegeben. Die Verfilmung der Biografie einer fremden Person ist hingegen zulässig. Denn der Lebenslauf einer Person ist als solcher nicht urheberrechtlich geschützt. Freilich sind die Rechte der dargestellten Person wie deren allgemeines Persönlichkeitsrecht und insbesondere deren Recht am eigenen Bild nach §§ 22 ff. KUG (dazu § 12 Rn. 1 ff.) zu beachten.

105 Übernimmt jemand einzelne Bildfolgen eines **Filmwerks** in einen anderen Film (Klammerteilauswertung), liegt darin meist die Übernahme der Leistung eines anderen und nicht lediglich die Anregung zur Schaffung eines selbständigen Werks.[79] Daher ist die Einwilligung des Urhebers hierzu erforderlich. Eine bloße **Idee** wie eine Spielidee für eine Fernsehshow (z. B. Durchschreiten eines Labyrinth oder Gesangsauftritte von Kindern und Gaststars) ist hingegen schon nicht urheberrechtlich schutzfähig (vgl. § 2 Rn. 34). Sie ist daher gemeinfrei.[80] § 24 UrhG ist nicht unmittelbar auf **Filme** und **Laufbilder**

77 *BGH* GRUR 1981, 352, 355 – Staatsexamensarbeit.
78 Schricker/Loewenheim/*Loewenheim*, § 24 UrhG Rn. 20.
79 Dreier/Schulze/*Schulze*, § 24 UrhG Rn. 38.
80 *BGH* GRUR 2003, 876, 878 – Sendeformat.

(z. B. Interview mit einer Passantin) i. S. d. § 94 f. UrhG anwendbar, weil § 24 UrhG die Benutzung des Werkes eines anderen voraussetzt und Laufbilder kein Filmwerk darstellen. § 24 UrhG ist aber auf Laufbilder entsprechend anwendbar.[81] Daher ist die Benutzung fremder Filme oder Laufbilder ohne Zustimmung des Berechtigten nur dann zulässig, wenn es zur Schaffung eines selbständigen Werkes kommt. Daran fehlt es bei bloßer Übernahme von Filmen oder Laufbildern eines anderen in die eigene Sendung, ohne dass eine geistige Auseinandersetzung mit der benutzten Vorlage stattfindet.

Beispiel: Die Comedy-Sendung des Senders A zeigt einen lustigen Ausschnitt aus einem Interview mit einer Passantin, das Sender B gefilmt hat, ohne dass A dazu einen eigenen Beitrag irgendwelcher Art etwa bei der Ankündigung des Filmausschnitts leistet. Vielmehr beschränkt sich diese Ankündigung auf die Vorstellung der zu zeigenden Sequenz und einen Hinweis auf deren Komik.

Bei einer **Parodie** ist zwar die Erkennbarkeit des benutzten Werks 106
beabsichtigt. Der notwendige innere Abstand zum benutzten Werk ergibt sich aber aus der antithematischen Behandlung durch das neue Werk.[82] Für denjenigen, der das parodierte Werk kennt, muss diese antithematische Behandlung freilich erkennbar sein. Deshalb genügt es nicht, wenn Comic-Figuren wie Asterix und Obelix nur in einer neuen Geschichte vorkommen.[83] Eine freie Benutzung liegt hingegen vor, wenn eine satirische Kritik Ausschnitte einer Werbesendung übernimmt.[84] Der notwendige innere Abstand kann auch auf andere Weise wie eine **Karikatur** (z. B. Karikatur des im Bundestag angebrachten Adlers als bösartiges, geldgieriges Raubtier)[85] entstehen. Freilich ist auch insoweit das allgemeine Persönlichkeitsrecht der karikierten Personen zu beachten.

Für ein **Werk der Musik** besteht der starre Schutz der Melodie 107
nach § 24 II UrhG. Denn danach gilt § 24 I UrhG nicht für die Benutzung eines Werks der Musik, die dem Werk erkennbar eine Melodie entnimmt und einem neuen Werk zu Grunde legt. Eine Melodie ist eine in sich geschlossene und geordnete Tonfolge, die einen individuellen ästhetischen Gehalt zum Ausdruck bringt.[86] Der urheberrechtliche Schutz einer solchen Tonfolge geht soweit, dass sie nicht

---

81 *BGH* WRP 2008, 1121 Rn. 24 – TV Total.
82 *BGH* GRUR 1971, 588, 589 – Disney-Parodie.
83 *BGH* GRUR 1994, 191, 205 – Asterix-Persiflagen.
84 *BGH* GRUR 2000, 703, 706 – Mattscheibe.
85 *BGH* GRUR 2003, 956, 958 – Gies-Adler.
86 *BGH* GRUR 1988, 812, 814 – Ein bisschen Frieden.

in dem neuen Werk erkennbar sein darf. Für diese Erkennbarkeit kommt es auf die Auffassung der mit musikalischen Dingen vertrauten Person an.[87] Auch insoweit ist auf die Übereinstimmungen abzustellen. Erkennbarkeit ist etwa bei bloßen Veränderungen des Rhythmus oder Coverversionen[88] gegeben. Sie sind daher regelmäßig keine unfreien Benutzungen.

Für die Ermittlung des jeweiligen Gesamteindrucks und den Vergleich zweier Werke der **angewandten Kunst** kommt es auf das „ästhetische Urteil des mit Fragen der Kunst einigermaßen vertrauten Menschen" an.[89]

Beispiel: Im Hinblick auf die beiden wie folgt abgebildeten Kinderstühle ergibt sich für die anzustellende Gesamtbetrachtung, dass es sich bei der Nachahmung um eine Bearbeitung des Originals (§ 23 S. 1 UrhG) und nicht um eine freie Benutzung (§ 24 I UrhG) handelt.[90] Denn die Nachahmung lehnt sich gerade an die Formelemente an, die die schöpferische Eigenart und künstlerische Gestaltung des Originals ausdrücken. Zwar ist ein gewisses Bemühen um Unterschiede vorhanden. Doch ist der erforderliche

Original

Nachahmung

87 Schricker/Loewenheim/*Loewenheim,* § 24 UrhG Rn. 30.
88 *BGH* GRUR 1998, 376, 378 – Coverversion.
89 BGHZ 181, 98 Rn. 30 – Tripp-Trapp-Stuhl; verfügt das Gericht insoweit selbst über ausreichend Sachkunde, muss es kein Sachverständigengutachten einholen.
90 BGHZ 181, 98 Rn. 23 f. – Tripp-Trapp-Stuhl.

Abstand nicht eingehalten, weil die Wesenzüge des Originals nicht verblassen. Die Unterschiede können der Nachahmung keinen eigenen Gesamteindruck vermitteln. Insbesondere ist das „L" in der Nachahmung unverändert.

IV. Sonstige Rechte des Urhebers (§§ 25 bis 27 UrhG)

1. Zugang zu Werkstücken (§ 25 UrhG)

a) Normzweck

Der Urheber ist in seinen geistigen und persönlichen Beziehungen zum **Werk** geschützt (§ 11 UrhG). Ein Recht auf Besitz an den **Werkstücken** ergibt sich daraus nicht. Das Recht zum Besitz an Werkstücken bestimmt sich vielmehr nach dem Sachenrecht des BGB, insbesondere § 854 BGB. Urheberschaft und Besitz an einem Werkstück können verschiedenen Personen zustehen. 108

Beispiel: Der Maler verkauft, übereignet und übergibt ein Gemälde.

Das Werk kann dann die Sphäre des Urhebers verlassen haben. Ihm soll aber weiterhin ein **Recht auf Zugang** zum Werkstück gegenüber dem Besitzer des Originals oder Vervielfältigungsstücks zustehen. Dieses Recht ist in § 25 UrhG geregelt. Es gewährleistet das unauflösliche urheberpersönlichkeitsrechtliche Band zwischen Urheber und Werk.[91] 109

b) Anwendungsbereich

aa) Besitzer des Originals oder Vervielfältigungsstücks. Besitzer des Originals oder von Vervielfältigungsstücken ist nicht notwendig der Eigentümer. Besitzer des Originals oder von Vervielfältigungsstücken ist vielmehr, wer über die **tatsächliche Sachherrschaft** daran verfügt (§ 854 BGB). Daher kann auch ein Fremdbesitzer wie ein Mieter oder Entleiher Besitzer sein. Überträgt ein Besitzer den Besitz durch Übergabe auf eine andere Person, richtet sich das Recht des Urhebers auf Zugang nach § 25 I UrhG nunmehr gegen diese andere Person. 110

bb) Erforderlichkeit des Zugangs. Der Zugang zu einem Werkstück ist für den Urheber erforderlich, wenn er auf den Zugang zu 111

91 Dreier/Schulze/*Schulze*, § 25 UrhG Rn. 1.

einem Werkstück **angewiesen** ist, weil er selbst keines besitzt und auch anderweitig keinen Zugang zu einem Werkstück erlangen kann. Dies ist insbesondere bei Unikaten der bildenden Künste der Fall (z. B. Statue), da sie einmalig sind. Eine anderweitige Möglichkeit des Zugangs etwa bei einer ohne Weiteres erreichbaren öffentlichen Einrichtung (z. B. städtisches Museum) schließt ein Zugangsrecht gegenüber einem Privatmann aus.

112 **cc) Keine berechtigten Interessen des Besitzers.** Dem Interesse des Urhebers am Zugang zum Werkstück können berechtigte Interessen des Besitzers entgegenstehen. Als ein solches berechtigtes Interesse des Besitzers kommt dessen allgemeines Persönlichkeitsrecht in Betracht. Insbesondere kann die **Privatsphäre** des Besitzers zu berücksichtigen sein, sofern der Zugang zu dem Werkstück diese Sphäre berührt. Es ist dann das Interesse des Urhebers an dem Zugang zum Werkstück mit der Privatsphäre des Besitzers unter Berücksichtigung der Umstände des Einzelfalls abzuwägen.

c) Inhalt und Umfang des Zugangsrechts

113 Der Besitzer muss das Original oder Vervielfältigungsstück für den Urheber zugänglich machen, „soweit dies zur Herstellung von Vervielfältigungsstücken oder Bearbeitungen des Werks erforderlich ist". Zugänglich machen bedeutet, dass der Besitzer nur den Zugang zu dem Werkstück zu gewähren hat.

Beispiel: Ein Museum muss einem Künstler, dessen Gemälde es ausstellt, Zutritt zu den Ausstellungsräumen gewähren, sofern dies für den Künstler erforderlich ist und keine berechtigten Interessen des Museumsträgers entgegenstehen.

114 Eine **Herausgabepflicht** trifft den Besitzer hingegen nicht (§ 25 II UrhG). Damit ist dem Interesse des Besitzers Rechnung getragen, das Werk nicht aus der Hand geben zu müssen. Andernfalls bestünde die Gefahr, dass er das Werkstück nicht, verzögert oder beschädigt zurückerhält. Der Urheber muss daher die Vervielfältigungstücke **beim Besitzer** anfertigen (z. B. abzeichnen oder fotografieren). Entstehen dem Besitzer dadurch Kosten, so fallen diese dem Urheber zur Last (vgl. auch § 811 BGB).

115 Da der Urheber lediglich das **Werk bearbeiten** darf, ist eine Bearbeitung des zugänglich gemachten Werkstücks, gleich ob Original oder Vervielfältigung, ausgeschlossen.

Bei der Ausübung des Zugangsrechts hat der Urheber die **Belange des Besitzers** zu berücksichtigen. 116

Beispiel: Der Urheber muss die Ausübung des Zugangsrechts ankündigen und darf es nicht zur Unzeit ausüben.

d) Verzichtbarkeit

Der Urheber kann auf das Zugangsrecht nicht verzichten.[92] Lediglich ein Verzicht auf die Geltendmachung dieses Rechts ist möglich.[93] Er muss ausdrücklich erklärt sein. 117

2. Folgerecht (§ 26 UrhG)

a) Normzweck

Ein Werk der bildenden Künste oder ein Lichtbildwerk entsteht – anders als etwa Sprach-, Musik- oder Filmwerke – nur als Unikat (z. B. gemeißelte Statue). Die wirtschaftliche Verwertung eines solchen Werks ist hier meist lediglich durch die Veräußerung des Originals möglich. Eine Weiterverbreitung ist dann ohne die Zustimmung des Urhebers zulässig (§ 17 II UrhG). Häufig kommt es erst nach der Veräußerung des Originals zu **Wertsteigerungen** des Werks. An ihnen soll nicht nur der Eigentümer, Kunsthändler oder Versteigerer, sondern auch der Urheber **teilhaben.** Deshalb müssen Kunsthändler und Versteigerer, wenn sie bei der Veräußerung des Originals eines Werks der bildenden Künste oder eines Lichtbildwerks als Erwerber, Veräußerer oder Vermittler beteiligt sind, dem Urheber einen **Anteil des Veräußerungserlöses entrichten** (§ 26 I 1 UrhG; Höhe: § 26 II UrhG). Denn der Urheber soll gerade dann, wenn Dritte mit seinem Werk gewerblich Geschäfte machen und daran verdienen, einen Teil des Veräußerungserlöses erhalten. 118

b) Auslegung

§ 26 UrhG setzt die Richtlinie 2001/84/EG um und ist daher **richtlinienkonform** auszulegen. 119

---

92 Dreier/Schulze/*Schulze*, § 25 UrhG Rn. 2.
93 Schricker/Loewenheim/*Vogel*, § 25 UrhG Rn. 22.

c) Anwendungsbereich

120 **aa) Original eines Werks der bildenden Künste oder eines Lichtbildwerks.** Es muss sich um das Original (nicht: Vervielfältigungsstück) eines Werks der bildenden Künste (§ 2 I Nr. 4 UrhG; vgl. § 2 Rn. 79 ff.) oder eines Lichtbildwerks (§ 2 I Nr. 5 UrhG; vgl. § 2 Rn. 86 ff.) handeln. Das Original eines Werks der bildenden Künste ist nicht nur das Unikat (z. B. eines Gemäldes oder einer Skulptur). Das Original eines Werks der bildenden Künste ist auch dann gegeben, wenn ein Künstler selbst oder unter seiner Leitung Exemplare von Kunstwerken in begrenzter Auflage herstellt. Diese Exemplare müssen regelmäßig nummeriert, signiert oder vom Künstler auf andere Weise autorisiert sein. Auf Werke der Baukunst und der angewandten Kunst ist § 26 UrhG nicht anzuwenden (§ 26 VIII UrhG).

121 **bb) Weiterveräußerung.** Der Begriff der Weiterveräußerung i. S. d. § 26 UrhG setzt sowohl ein schuldrechtliches Geschäft (Verpflichtungsgeschäft) als auch ein dingliches Geschäft (Verfügungsgeschäft) voraus.[94] Denn der Begriff (Weiter-)Veräußerung schließt sowohl schuldrechtliche als auch sachenrechtliche Elemente ein. Außerdem begründet der Kaufvertrag die Zahlungsverpflichtung und bestimmt die Höhe des Veräußerungserlöses, an dem der Urheber nach § 26 UrhG zu beteiligen ist. Wegen des im Urheberrecht geltenden Territorialitätsprinzips muss die Weiterveräußerung zumindest teilweise im Inland stattfinden (z. B. Unterzeichnung des Kaufvertrags durch einen Vertragspartner in Potsdam).[95] Da es sich um eine *Weiter*veräußerung handeln muss, ist die **erste Veräußerung** durch den Urheber nicht erfasst. Denn erst nach der ersten Veräußerung ist der Urheber nicht mehr an der wirtschaftlichen Verwertung des Werks beteiligt und hat hierauf keinen Einfluss mehr. Die Weiterveräußerung muss **entgeltlich** erfolgen, da andernfalls kein Veräußerungserlös (Definition in § 26 I 2 UrhG) entsteht. Der Veräußerungserlös muss mindestens 400,– EUR betragen (§ 26 I 4 UrhG).

122 **cc) Beteiligung eines Kunsthändlers oder Versteigerers.** An der Weiterveräußerung muss ein Kunsthändler oder Versteigerer als Erwerber, Veräußerer oder Vermittler beteiligt sein. Deshalb begründet eine rein **private Veräußerung** kein Folgerecht des Urhebers. Der Begriff des **Kunsthändlers** ist weit und – zum Schutz vor Umgehun-

94 *BGH* WRP 2008, 1371 Rn. 31 – Sammlung Ahlers.
95 *BGH* WRP 2008, 1371 Rn. 32 – Sammlung Ahlers.

gen – funktional auszulegen. Daher ist jede Person Kunsthändler i. S. d. § 26 I 1 UrhG, die eigene wirtschaftliche Interessen bei der Veräußerung verfolgt.[96] Beratung bei Kauf oder Verkauf und Erhalt einer von der Höhe des Kaufpreises abhängigen Vergütung genügt.[97] Für die Tätigkeit als **Vermittler** kommt es nicht darauf an, ob sie in eigenem oder fremdem Namen, entgeltlich oder unentgeltlich erfolgt. Entscheidend ist, dass sich aus der vermittelten Veräußerung ein Erlös ergibt. Vermittlung i. S. d. § 26 UrhG liegt schon dann vor, wenn jemand das Veräußerungsgeschäft zwischen dem Veräußerer und dem Erwerber fördert (z. B. Aufnahme des Kunstwerks in einen Katalog oder eine Ausstellung; Beratung von Kunstinteressenten beim Kauf und Verkauf von Kunstwerken). Der Anspruch nach § 26 I 1 UrhG richtet sich gegen den Veräußerer, nicht gegen den Vermittler.

d) Höhe des Anteils am Veräußerungserlös (§ 26 II UrhG)

§ 26 II 1 UrhG legt die Höhe des Veräußerungserlöses in einem **gestaffelten System,** d. h. abgestuft nach Prozentsätzen und der Höhe des Veräußerungserlöses, fest. Die Höhe des Anspruchs ergibt sich aus der Addition der jeweiligen Anteile. Die Summe der einzelnen Beträge darf 12.500,– EUR nicht überschreiten (§ 26 II 2 UrhG). Sowohl § 26 II 1 UrhG als auch § 26 II 2 UrhG beruhen auf zwingenden Vorgaben der Richtlinie 2001/84/EG. **123**

e) Unveräußerlichkeit und Unverzichtbarkeit (§ 26 III UrhG)

Das Folgerecht ist unveräußerlich und unverzichtbar (§ 26 III UrhG). Der Urheber als meist schwächerer Verhandlungspartner bei der Erstveräußerung ist dadurch gegen den Verlust des Rechts geschützt. Nur dann, wenn der Zahlungsanspruch nach § 26 I 1 UrhG einmal entstanden ist, ist eine Abtretung oder ein Verzicht möglich. **124**

f) Auskunft und Einsicht (§ 26 IV bis VII UrhG)

Verwertungsgesellschaften stehen Auskunfts- und Einsichtsrechte nach § 26 IV bis VII UrhG zu. Diese sollen die Durchsetzung des Anspruchs nach § 26 I 1 UrhG durch Verwertungsgesellschaften – in Deutschland die VG Bild-Kunst – gewährleisten. Die Beschränkung der Aktivlegitimation auf Verwertungsgesellschaften beruht da- **125**

96 *BGH* WRP 2008, 1371 Rn. 15 – Sammlung Ahlers.
97 *BGH* WRP 2008, 1371 Rn. 15 f. – Sammlung Ahlers.

rauf, dass eine Bündelung der Ansprüche nach § 26 IV bis VII UrhG im Interesse sowohl des Urhebers als auch der Kunsthändler und Versteigerer liegt.

3. Vergütung für Vermietung und Verleihen (§ 27 UrhG)

a) Normzweck

126 Bei Veräußerung des Originals oder von Vervielfältigungsstücken des Werks mit Zustimmung des Urhebers ist dessen Verbreitungsrecht erschöpft (§ 17 II UrhG). In vielen Fällen kommt es aber nicht zur Veräußerung, sondern lediglich zur Vermietung und Verleihung eines Werks (z. B. Videothek), wobei sich die Erschöpfung nach § 17 II UrhG ohnehin nicht auf das Vermietrecht bezieht („Ausnahme"). Da dies zu einer Überlassung des Werks an einen größeren Personenkreis führt, **sinkt** zumindest ein Teil der verkauften **Auflage** des Werks. Da der Urheber möglichst an allen **Nutzungen** seines Werks **beteiligt** sein soll, ist ihm auch für das Vermieten und Verleihen des Originals oder von Vervielfältigungsstücken eine angemessene Vergütung zu bezahlen. Das Vermietrecht i. S. d. § 27 I UrhG ist auch ein **Verbotsrecht.**

b) Auslegung

127 § 27 UrhG setzt die Richtlinie 92/100/EWG um und ist daher **richtlinienkonform** auszulegen.

c) Anwendungsbereich

128 **aa) Vergütung für Vermietung (§ 27 I UrhG). (1) Vermietung.** Der Begriff der Vermietung ist in § 17 III UrhG legaldefiniert. Vermietung ist danach die zeitlich begrenzte, unmittelbar oder mittelbar Erwerbszwecken dienende Gebrauchsüberlassung (§ 17 III 1 UrhG; Ausnahmen: § 17 III 2 UrhG). Diese Definition ist weit zu verstehen. Es ist **jede Art der kommerziellen Nutzung** erfasst. Dazu gehört grundsätzlich jede **entgeltliche** Gebrauchsüberlassung.

Beispiele: Kauf mit Rückgaberecht;[98] Kauf auf Probe.[99]

---

98 *BGH* GRUR 1989, 417, 418 – Kauf mit Rückgaberecht.
99 *BGH* GRUR 2001, 1036, 1037 – Kauf auf Probe.

Erwerbszwecken dient jeder Gewerbebetrieb (z. B. Videothek) und jede selbständige freiberufliche Tätigkeit (z. B. Arzt). Es genügt die mittelbare Verfolgung von Erwerbszwecken, d. h. die Förderung der Interessen des Unternehmens (z. B. Werksvideothek).[100] 129

(2) **Bild- und Tonträger.** § 27 I UrhG bezieht sich allein auf die Vermietung eines Bild- oder Tonträgers. Für die Begriffe Bildträger und Tonträger gilt die Legaldefinition des § 16 II UrhG. Reine Druckerzeugnisse oder einzelne Fotos sind hiervon nicht erfasst. 130

(3) **Einräumung des Vermietrechts an Tonträger- oder Filmhersteller.** Die Einräumung des Vermietrechts ist wie der Begriff der Vermietung **weit auszulegen.** Für die Einräumung des Vermietrechts im Bereich des Films gelten die Auslegungsregeln der §§ 88, 89, 92 UrhG. Danach erstreckt sich die Rechtseinräumung auf alle bekannten Nutzungsarten und damit auch auf das Vermietrecht. Infolgedessen besteht ein gesonderter Vergütungsanspruch nach § 27 I 1 UrhG.[101] 131

(4) **Rechtsfolge.** Der Urheber hat nach § 27 I 1 UrhG einen Anspruch auf eine angemessene Vergütung. Seiner Rechtsnatur nach handelt es sich um einen besonderen, aus dem Urheberrecht resultierenden vermögensrechtlichen, rein schuldrechtlichen **Anspruch eigener Art.**[102] Anspruchsgegner ist der Vermieter. Dies gilt auch dann, wenn dieser für das Vermietrecht bereits eine Vergütung an den Tonträgerhersteller oder Filmhersteller geleistet hat. Die damit verbundene **Doppelbelastung** ist vom Gesetz beabsichtigt. Der Vermieter schuldet dem Urheber eine angemessene Vergütung. Da dieser Begriff durch Art. 4 I der Richtlinie 92/100/EWG vorgegeben ist, müssen alle Mitgliedstaaten ihn einheitlich richtlinienkonform auslegen. Die einzelnen Kriterien hierfür sind den Mitgliedstaaten in den durch die Richtlinie gezogenen Grenzen jedoch freigestellt.[103] 132

(5) **Unverzichtbarkeit (§ 27 I 2 UrhG) und Unübertragbarkeit § 27 I 3 UrhG).** Der Urheber kann auf den Vergütungsanspruch nach § 27 I 1 UrhG nicht verzichten (§ 27 I 2 UrhG). Diese Regelung dient dem **Schutz des Urhebers,** der sich häufig in einer schwächeren Verhandlungsposition befindet. Dasselbe gilt für § 27 I 3 UrhG. Da- 133

100 *BGH* GRUR 1972, 617, 618 – Werkbücherei.
101 BT-Drs. 13/115, S. 14.
102 *BGH* GRUR 1986, 736, 738 – Schallplattenvermietung.
103 *EuGH* Slg. 2003, I-1251 Rn. 25 – SENA/NOS.

nach kann der Urheber den Vergütungsanspruch im Voraus nur an eine Verwertungsgesellschaft abtreten. Vereinbarungen, die § 27 I 2 UrhG oder § 27 I 3 UrhG nicht beachten, sind unwirksam.

134 **bb) Vergütung für Verleihen (§ 27 II UrhG). (1) Verleihen.** Das Tatbestandsmerkmal des Verleihens ist in § 27 II 2 UrhG legaldefiniert. Verleihen bedeutet danach die zeitlich begrenzte, weder unmittelbar noch mittelbar Erwerbszwecken dienende Gebrauchsüberlassung (§ 27 II 2 HS. 2 UrhG; Ausnahme: § 27 II 2 HS. 2 UrhG i. V. m. § 17 III 2 UrhG). Es handelt sich dabei grundsätzlich um die Fälle **unentgeltlicher** Gebrauchsüberlassung.[104] Der Begriff des Verleihens ist weit auszulegen.

Beispiel: Die Auslage von Büchern in einer Präsenzbibliothek stellt eine Gebrauchsüberlassung dar, auch wenn die Voraussetzungen der Leihe nach § 598 BGB nicht gegeben sind.[105] Denn die schöpferische Leistung ist hier in gleicher Weise in Anspruch genommen wie bei einer Ausleihe des Werks.

135 Keine Erwerbszwecke verfolgen etwa **öffentliche Bibliotheken.**

136 **(2) Öffentlich zugängliche Einrichtung.** Verleiher muss eine öffentlich (§ 15 III UrhG) zugängliche Einrichtung sein. § 27 II 1 UrhG nennt hierfür die Bücherei (z. B. Universitätsbibliothek) und die Sammlung von Bild- oder Tonträgern oder anderer Originale oder Vervielfältigungsstücke. Ein Verleih unter **Privatleuten** ist daher nicht von § 27 II UrhG erfasst.

137 **(3) Rechtsfolge.** Der Urheber hat nach § 27 II 1 UrhG einen Anspruch auf eine angemessene Vergütung. Seiner Rechtsnatur nach handelt es sich um einen besonderen, aus dem Urheberrecht resultierenden vermögensrechtlichen, rein schuldrechtlichen **Anspruch eigener Art.**[106] Anspruchsgegner ist der Verleiher.

138 Nach dem Normzweck des § 27 UrhG (Rn. 126) soll der Urheber einen Ausgleich für eine Verringerung der Auflage infolge Verleihens des Originals oder von Vervielfältigungsstücken erhalten. Dies ist aber nur dann gerechtfertigt, wenn eine der Veräußerung vergleichbare, besonders intensive Nutzung des Werks durch die Entleiher er-

104 Dreier/Schulze/*Schulze*, § 27 UrhG Rn. 16.
105 *OLG München* GRUR 1979, 546, 547 – Zeitschriftenauslage II; Dreier/Schulze/*Schulze*, § 27 UrhG Rn. 17; Schricker/Loewenheim/*Loewenheim*, § 27 UrhG Rn. 17; a. A. Wandtke/Bullinger/*Herrma*, § 27 UrhG Rn. 11.
106 *BGH* GRUR 1985, 131, 132 – Zeitschriftenauslage beim Friseur.

folgt. Entscheidend sind für das Entstehen des Vergütungsanspruchs **Umfang** und **Intensität der Gebrauchsüberlassung**.

Beispiele: Bei öffentlichen Bibliotheken und Werkbüchereien[107] ist eine ausreichend intensive Werknutzung gegeben. Denn hier ist beliebig wiederholbare Ausleihe für längere Zeiträume auch für den häuslichen Bereich möglich. Anders liegt es bei der Auslage von Zeitschriften in Wartezimmern etwa von Ärzten.[108] Hier kommt ein Vergütungsanspruch des Urhebers nach § 27 II 1 UrhG nicht in Betracht.

cc) Geltendmachung des Vergütungsanspruchs (§ 27 III UrhG). **139**
Vergütungsansprüche nach § 27 I und II UrhG kann nur eine Verwertungsgesellschaft geltend machen (§ 27 III UrhG). Sie setzt Tarife fest (§ 13 UrhWG) und regelt darin die angemessene Höhe der Vergütung.

107 *BGH* GRUR 1972, 617, 618 – Werkbücherei.
108 *BGH* GRUR 1985, 134, 135 f. – Zeitschriftenauslage in Wartezimmern.

§ 5. Rechtsverkehr im Urheberrecht (§§ 28 bis 44 UrhG)

I. Rechtsnachfolge in das Urheberrecht (§§ 28 bis 30 UrhG)

1. Vererbung des Urheberrechts (§ 28 UrhG)

a) Vererblichkeit (§ 28 I UrhG)

1 Das Urheberrecht ist durch eine untrennbare **Einheit** vermögensrechtlicher und persönlichkeitsrechtlicher Bestandteile gekennzeichnet. Es ist als Ganzes mit allen sich aus ihm ergebenden Befugnissen **vererblich** (§ 28 I UrhG). Darin liegt ein wesentlicher Unterschied zu den ideellen Bestandteilen des allgemeinen Persönlichkeitsrechts. Vererblich i. S. d. § 28 I UrhG ist jedoch nur das **Urheber*recht*,** nicht hingegen die Urheber*schaft* i. S. d. § 7 UrhG. Urheber bleibt daher stets der Schöpfer des Werks. Hat der Urheber anderen Personen **Rechte** an seinem Werk **eingeräumt,** so gelten diese auch gegenüber dem Erben. Erbe kann eine natürliche, aber auch eine juristische Person sein. Die Person des Erben ist nach §§ 1922 ff. BGB zu bestimmen. Der Urheber kann über das Urheberrecht testamentarisch verfügen (vgl. auch § 29 I HS. 2 UrhG). **Von Todes wegen** ist das Urheberrecht daher **übertragbar** (vgl. demgegenüber § 29 I UrhG; Rn. 3 f.). Der Erwerber ist dann der Rechtsnachfolger des Urhebers (vgl. auch § 30 UrhG; dazu Rn. 5 ff.). Der Erwerber kann das Urheberrecht seinerseits weitervererben.

b) Testamentsvollstreckung (§ 28 II UrhG)

2 Um eine **sachgerechte Wahrnehmung** der Rechte des Urhebers zu gewährleisten, kann der Urheber die notwendigen Entscheidungen hierzu einer bestimmten, etwa in der Vermarktung des Werks erfahrenen Person übertragen. Dies geschieht durch die Einsetzung eines **Testamentsvollstreckers** (§ 28 II 1 UrhG). Gegen dessen Willen kann der Erbe keine eigenen Vorstellungen durchsetzen.[1] Die **Er-**

---

1 *BGH* GRUR 1955, 201, 205 – Cosima Wagner.

träge aus der Tätigkeit des Testamentsvollstreckers stehen dem **Erben** zu. Da die Schutzdauer des Urheberrechts (70 Jahre) über die in § 2210 BGB vorgesehene grundsätzlich vorgesehene 30-Jahresfrist hinausgeht, gilt § 2210 BGB bei Testamentsvollstreckung im Urheberrecht nicht (§ 28 II 2 UrhG).

2. Rechtsgeschäfte über das Urheberrecht (§ 29 UrhG)

a) Unübertragbarkeit des Urheberrechts (§ 29 I UrhG)

Unter Lebenden ist das Urheberrecht nicht übertragbar (§ 29 I HS. 1 UrhG). Es gilt der Grundsatz der Unübertragbarkeit des Urheberrechts, der sich sowohl auf das Urheberrecht als Ganzes als auch auf seine Teile (z. B. ein einzelnes Verwertungsrecht wie das Vervielfältigungsrecht) bezieht. Dieser Grundsatz ist dem **Urheberpersönlichkeitsrecht im weiteren Sinne** (§ 1 Rn. 2) zuzuordnen. Die Übertragung des Urheberrechts von Todes wegen auf den Erben oder einen Dritten ist hingegen zulässig (§ 29 I HS. 2 UrhG; vgl. auch schon Rn. 1). 3

b) Einräumung von Rechten (§ 29 II UrhG)

Nach § 29 II UrhG kann der Urheber Nutzungsrechte i. S. d. § 31 UrhG einräumen sowie schuldrechtliche Einwilligungen erklären und Vereinbarungen zu Verwertungsrechten sowie die in § 39 UrhG geregelten Rechtsgeschäfte über Urheberpersönlichkeitsrechte schließen. Die **Einräumung von Verwertungsrechten** ist daher möglich. Wenn die vereinbarte Nutzungsdauer endet oder der vereinbarte Zweck der Rechtsübertragung wegfällt, **erlangt** der Urheber das eingeräumte Nutzungsrecht *ipso iure*, d. h. **automatisch zurück.**[2] Dies ist Folge des im Urheberrecht geltenden Kausalitätsprinzips (dazu näher § 5 Rn. 17). Es bedarf daher keiner Rückübertragung des Nutzungsrechts auf den Urheber.[3] Infolgedessen besteht ein beim Urheber verbleibendes Mutterrecht und ein aus ihm gelöstes Tochterrecht sowie gegebenenfalls bei Gestattung zur Weiterübertragung auf Dritte ein Enkelrecht.[4] Auch **Vergütungsansprüche** des Urhebers sind im Wege der Abtretung (§§ 398 ff. BGB) übertragbar. 4

---

2 *BGH* WRP 2012, 1259 Rn. 19 – M2Trade.
3 *BGH* WRP 2012, 1259 Rn. 19 – M2Trade.
4 Dreier/Schulze/*Schulze*, § 29 UrhG Rn. 16.

3. Rechtsnachfolger des Urhebers (§ 30 UrhG)

5 Der Rechtsnachfolger des Urhebers erlangt das Urheber*recht* (nicht: Urheberschaft i. S. d. § 7 UrhG) grundsätzlich so, **wie es dem Urheber zustand** (§ 30 UrhG). Rechtsnachfolger kann der Erbe, Miterbe, Vermächtnisnehmer oder Begünstigte einer Auflage oder ein sonstiger Erwerber des Urheberrechts kraft Vererbung sein. Da der Rechtsnachfolger das Urheberrecht erlangt, so wie es dem Urheber zustand, ist seine Rechtsposition wesentlich stärker als die einer Person, der lediglich ein Recht zur Nutzung eingeräumt ist (z. B. Lizenznehmer). Der Rechtsnachfolger darf auch im Rahmen des **Urheberpersönlichkeitsrechts beliebig entscheiden.**[5]

Beispiele: Der Rechtsnachfolger ist berechtigt, das Werk zu bearbeiten oder gar zu entstellen. Außerdem darf er das Pseudonym offenlegen oder den Urheber eines bisher anonym gebliebenen Werkes benennen.

6 Dem Rechtsnachfolger steht darüber hinaus **immaterieller Schadensersatz** nach § 97 II UrhG[6] zu. Auch darin liegt ein wesentlicher Unterschied zum allgemeinen Persönlichkeitsrecht.

7 Wenn der **Urheber** seinen Rechtsnachfolger an seine **Vorstellungen** von der Verwendung des Werks binden will, muss er dafür Vorsorge treffen. Dies kann im Wege der letztwilligen Verfügung, aber auch der Rechtseinräumung geschehen.[7]

Beispiel: Der Urheber bestimmt, dass eine Veröffentlichung seiner Tagebücher erst nach Ablauf einer bestimmten Frist erfolgen darf.

8 Die Rechtsnachfolge ist **ohne Einfluss** auf den Lauf der **Schutzfrist** des Urheberrechts.

---

5 Schricker/Loewenheim/*Schricker/Loewenheim,* § 30 UrhG Rn. 4.
6 Wandtke/Bullinger/*Block,* § 30 UrhG Rn. 12.
7 *BGH* GRUR 1955, 201, 204 – Cosima Wagner.

II. Nutzungsrechte (§§ 31 bis 44 UrhG)

1. Grundlagen

a) Erforderlichkeit der Rechtseinräumung durch Vertrag

Der Urheber ist zunächst Inhaber sämtlicher Rechte zur Verwertung des Werks. Will eine andere Person dieses Werk verwerten, muss sie sich vom Urheber die hierfür erforderlichen Nutzungsrechte einräumen lassen. 9

Beispiel: Ein Hochschullehrer schreibt ein Manuskript für ein Lehrbuch zum Handelsrecht. Will ein Verlag dieses Manuskript als Lehrbuch auf den Markt bringen, muss er sich von dem Hochschullehrer die hierfür erforderlichen Nutzungsrechte einräumen lassen.

b) Vertragsfreiheit

Voraussetzungen und Umfang der Rechtseinräumung regeln §§ 31 ff. UrhG (für Filme kommen §§ 88 ff. UrhG hinzu; vgl. § 10 Rn. 3 ff.). Die Rechtseinräumung erfolgt durch Vertrag. Ein eigenes **Urhebervertragsrecht,** das vergleichbar dem besonderen Schuldrecht des BGB einzelne Vertragstypen vorsieht, gibt es jedoch nicht. Lediglich für den Verlagsvertrag sieht das VerlG einige Regelungen vor. Das UrhG regelt lediglich die Art und Weise der Verfügung über Nutzungsrechte. Für das einer solchen Verfügung zu Grunde liegende **Verpflichtungsgeschäft** bestehen keine Bestimmungen, sondern es herrscht **Vertragsfreiheit.** Auch das VerlG ist weitgehend abdingbar. 10

c) Vertragstyp

Ein Vertrag, auf Grund dessen der Urheber einem Drittem das Recht zur Nutzung seines Werks einräumt, ist nach den **Vertragstypen des BGB** einzuordnen. Hierfür kommt es auf die Umstände des Einzelfalls an. 11

Beispiel: Bei Erteilung eines Auftrags zur Erstellung eines Werks kommt ein Dienstvertrag (§ 611 BGB) oder ein Werkvertrag (§ 631 BGB) in Betracht.[8]

---

8 *BGH* GRUR 1984, 528, 529 – Bestellvertrag.

Auch kann ein gemischter Vertrag gegeben sein, auf den – wie bei Erteilung des Auftrags zur Erstellung eines Werbefilms – Werkvertragsrecht für die Herstellung und Ablieferung des Werks sowie die kaufrechtlichen Regelungen für die Verschaffung der Nutzungsrechte hieran anwendbar sind.[9]

12 Die Bezeichnung eines Vertrags ist lediglich ein Indiz für dessen Rechtsnatur. Maßgeblich ist in erster Linie der **Vertragsinhalt** nach dem **Parteiwillen.**

d) Anwendbare Regelungen

13 Die **Vorschriften des BGB** gelten auch für Nutzungsverträge. So etwa §§ 145 ff. BGB für das Zustandekommen von Verträgen, §§ 133, 157 BGB für die Auslegung von Willenserklärungen, §§ 434 ff., 633 ff. BGB für Mängel des Werkstücks und § 377 HGB für die Pflicht zur Rüge von Mängeln bei beiderseitigem Handelskauf.[10] Die auch bei Nutzungsverträgen grundsätzlich bestehende Vertragsfreiheit (Rn. 10) ist z. B. durch §§ 134, 138, 242 BGB, aber auch Art. 101 und 102 AEUV sowie §§ 1, 19, 20 GWB eingeschränkt. Verwendet eine Partei beim Abschluss eines Nutzungsvertrags Allgemeine Geschäftsbedingungen i. S. d. § 305 I BGB, sind die §§ 305 II, 306 ff. BGB zu beachten. Auch ein freischaffender Urheber ist Unternehmer i. S. d. §§ 310 I, 14 BGB.

Beispiele: Die Fälligkeit einer Schadenspauschale in Höhe von 1.500,– EUR pro Foto bei Verlust ist unwirksam, wenn die Klausel nicht den Nachweis eines niedrigeren Schadens ermöglicht (vgl. § 309 Nr. 5 lit. b BGB). Dies gilt auch unter Kaufleuten.[11] Die formularmäßige Klausel in einem Softwarelizenzvertrag, wonach eine zusätzliche Vergütung zu bezahlen ist, wenn der Lizenznehmer die Software auf einem leistungsstärkeren Rechner einsetzt, stellt keine unangemessene Benachteiligung i. S. d. § 307 I 1, II BGB dar.[12]

e) Interessenlage

14 Insbesondere wegen der Marktmacht der Medienunternehmen ist der Urheber meist der schwächere Verhandlungspartner. Dem versucht das Urheberrecht Rechnung zu tragen.

---

9 *BGH* GRUR 1966, 390 f. – Werbefilm.
10 *BGH* GRUR 1966, 390, 391 – Werbefilm.
11 *BGH* GRUR 2002, 282, 284 – Bildagentur.
12 *BGH* GRUR 2003, 416, 418 – CPU-Klausel.

2. Einräumung von Nutzungsrechten (§ 31 UrhG)

a) Normzweck

§ 31 UrhG regelt die Einräumung von Nutzungsrechten (Legaldefinition in § 31 I 1 UrhG) und stellt hierzu einige Grundsätze auf. So begründet § 31 UrhG die Möglichkeit, (1) Nutzungsrechte getrennt nach einzelnen Nutzungsarten einzuräumen (§ 31 I 1 UrhG) und (2) Nutzungsrechte auch mit dinglicher Wirkung räumlich, zeitlich oder inhaltlich zu beschränken und sie als einfache oder ausschließliche Rechte einzuräumen (§ 31 I 2 UrhG). Außerdem regelt § 31 UrhG (3) den Umfang der Berechtigung des Inhabers eines einfachen Nutzungsrechts (§ 31 II UrhG), (4) den Umfang der Berechtigung des Inhabers eines ausschließlichen Nutzungsrechts (§ 31 III UrhG) und (5) die sog. Zweckübertragungsregel (§ 31 V UrhG). Die Frage der Wirksamkeit von Rechtseinräumungen für unbekannte Nutzungsarten ist in § 31a UrhG geregelt (Rn. 35 ff.). **15**

b) Verpflichtungsgeschäft und Verfügungsgeschäft

Da das Urheberrecht unübertragbar ist (Rn. 3 f.), kann der Urheber lediglich einzelne Nutzungsrechte als einzelne Ausschnitte der Verwertungsrechte anderen Personen einräumen. Der Vertrag zwischen Urheber und Drittem, mit dem diese Rechtseinräumung erfolgt, legt das Nutzungsrecht und seinen Umfang fest. Es handelt sich dabei um das schuldrechtliche Geschäft, also das **Verpflichtungsgeschäft,** für das nicht §§ 31 ff. UrhG, sondern die Regelungen des BGB gelten (Rn. 13). Die Rechtseinräumung selbst stellt eine **Verfügung** über das Nutzungsrecht dar. Hierfür gelten §§ 31 ff. UrhG sowie ergänzend §§ 398 ff. BGB (§ 413 BGB). Verpflichtungsgeschäft und Verfügungsgeschäft sind im Bürgerlichen Recht voneinander zu trennen (**Trennungsprinzip**) und können unabhängig voneinander (un-)wirksam sein **(Abstraktionsprinzip).** Das Trennungsprinzip gilt auch im Urheberrecht (vgl. für den besonderen Fall der Einräumung an bestimmten künftigen Werken § 40 I 1, III UrhG, der zwischen Verpflichtungs- und Verfügungsgeschäft trennt). **16**

Umstritten ist, ob auch das Abstraktionsprinzip im Urheberrecht gilt. Denn hier könnte das **Kausalitätsprinzip** (vgl. auch § 40 III UrhG für künftige Werke) Anwendung finden.[13] Ist das Verpflich- **17**

13 Dafür Schricker/Loewenheim/*Schricker/Loewenheim*, Vor §§ 28 ff. UrhG Rn. 100.

tungsgeschäft unwirksam oder weggefallen, verliert bei Geltung dieses Prinzips auch das Verfügungsgeschäft seine Gültigkeit und fallen automatisch die urheberrechtlichen Befugnisse zurück an den Urheber. Das Kausalitätsprinzip ist in § 9 I VerlG vorgesehen. Danach erlischt das Nutzungsrecht des Verlegers „mit der Beendigung des Vertragsverhältnisses" (= schuldrechtliches Geschäft, also Verpflichtungsgeschäft[14]). Für die Anwendung des Kausalitätsprinzips im sonstigen Urhebervertragsrecht spricht zum einen, dass hier eine engere Verknüpfung zwischen Verpflichtungs- und Verfügungsgeschäft erfolgt.[15] Besteht im Sachenrecht des BGB ein *numerus clausus* für die Übertragung von Rechten an einer Sache (z. B. Eigentum oder Besitz), besteht ein solcher für die Übertragung eines Nutzungsrechts nicht. Vielmehr legt hier in erster Linie die Verfügung selbst Inhalt und Umfang des übertragenen Nutzungsrechts fest. Hinzu kommt, dass es des Zwecks des Abstraktionsprinzips, Rechts- und Verkehrssicherheit zu begründen, im Urheberrecht nicht bedarf. Denn ein gutgläubiger Erwerb eines Nutzungsrechts ist nicht möglich. Außerdem ist die Verkehrsfähigkeit von Nutzungsrechten durch das UrhG beschränkt (vgl. §§ 29 I, 34, 35, 41, 42 UrhG). Schließlich spricht für eine kausale Bindung der Verfügung an das Verpflichtungsgeschäft der Gedanke, die Rechte des Urhebers so weit wie möglich zu erhalten.[16] Diese Zweckbindung kommt insbesondere in § 31 V UrhG zum Ausdruck. Für eine stärkere Verknüpfung von Verpflichtungsgeschäft und Verfügungsgeschäft sprechen außerdem §§ 41 V, 42 V, 40 III UrhG sowie der Umstand, dass erst das Verpflichtungsgeschäft den Umfang des Nutzungsrechts näher gestaltet.[17] Deshalb gilt im Urheberrecht das Kausalitätsprinzip. Infolgedessen erlischt das Nutzungsrecht eines Lizenznehmers regelmäßig mangels anderslautender Vereinbarung ipso iure.[18]

c) Voraussetzungen des Rechtserwerbs

18 Die wirksame Einräumung eines Nutzungsrechts i. S. d. § 31 I 1 UrhG (Verfügungsgeschäft) setzt voraus, dass (1) das Nutzungsrecht besteht, (2) der Übertragende Inhaber dieses Rechts ist und (3) beide Parteien sich darin einig sind, dass das Nutzungsrecht übergehen soll.

14 BGHZ 27, 90, 94 f. – Privatsekretärin.
15 Schricker/Loewenheim/*Schricker/Loewenheim,* Vor §§ 28 ff. UrhG Rn. 100.
16 *BGH* GRUR 2009, 946 Rn. 18 – Reifen Progressiv (obiter dictum).
17 *BGH* WRP 2012, 1259 Rn. 19 – M2Trade.
18 *BGH* WRP 2012, 1259 Rn. 19 – M2Trade.

Ein gutgläubiger Erwerb urheberrechtlicher Nutzungsrechte kommt nicht in Betracht.[19] Denn es fehlt an einem Umstand, der wie der Besitz einer Sache (vgl. § 1006 I 1 BGB) einen guten Glauben rechtfertigen könnte. Davon ist der Fall zu unterscheiden, dass die Leistung des Lizenzgebers in Wirklichkeit gar nicht urheberrechtlich geschützt ist. Ein Vertrag über die Übertragung von Nutzungsrechten an einer Leistung, die nur vermeintlich urheberrechtlich geschützt ist (sog. **Scheinrecht**), ist nicht wegen fehlenden urheberrechtlichen Schutzes der vertragsgegenständlichen Leistung unwirksam.[20] Deshalb kann der Lizenzgeber die vereinbarte Vergütung während des Bestehens eines solchen Vertrages verlangen, wenn dieser Vertrag für den Lizenznehmer eine wirtschaftliche Vorzugsstellung – etwa auf Grund der Respektierung der Zuweisung des Vertragsgegenstands an den Lizenznehmer durch Mitbewerber – begründet. Denn dem Lizenznehmer ist weniger an dem Bestand des Scheinrechts, sondern an der Erlaubnis zur wirtschaftlichen Verwertung des Vertragsgegenstandes gelegen.[21] Die Parteien können aber auch andere Rechtsfolgen der Übertragung eines Scheinrechts vereinbaren.[22]

Beispiel: vertragliche Regelung, wonach dem Lizenzgeber kein Vergütungsanspruch zusteht, wenn er nicht nachweist, dass die Vertragsleistung urheberrechtlich geschützt ist.

Wer den Erwerb von Nutzungsrechten behauptet, muss eine lückenlose **Vertragskette** bis zurück zum Urheber darlegen und gegebenenfalls beweisen können, wobei innerhalb dieser Kette stets berechtigte Personen verfügt haben müssen. Für die Einräumung eines Nutzungsrechts gilt grundsätzlich **keine Formvorschrift.** Sie kann daher auch mündlich erfolgen. Lediglich für künftige Werke gilt § 40 I UrhG. 19

Für die Einräumung eines Nutzungsrechts als Verfügung über ein Recht ist die **Übergabe eines Werkstücks** grundsätzlich **nicht erforderlich** (vgl. aber § 9 I VerlG). Ein Werkstück bleibt grundsätzlich auch nach der Ablieferung des Werks im Eigentum des Urhebers. Will der Erwerber des Nutzungsrechts auch das Eigentum an dem übergebenen Werkstück erlangen, so bedarf dies der Übertragung nach §§ 929ff. BGB. Sie ist vom Erwerber zu beweisen.[23] 20

19 BGHZ 5, 116, 119; *BGH* GRUR 1959, 200, 203 – Der Heiligenhof.
20 *BGH* WRP 2012, 1405 Rn. 17 – Delcantos Hits.
21 *BGH* WRP 2012, 1405 Rn. 18 – Delcantos Hits.
22 *BGH* WRP 2012, 1405 Rn. 22 – Delcantos Hits.
23 *BGH* ZUM 2005, 475, 476 – Atlanta.

Beispiel: Wenn ein Verlag von einem Fotografen zugesandte Fotos in sein Archiv übernimmt, so ergeben sich daraus nicht ohne Weiteres der Abschluss eines Kaufvertrages und die Übertragung des Eigentums an den Abzügen. Dies gilt auch dann, wenn sie die Zahlung einer Archivgebühr vereinbaren.[24]

d) Art des Nutzungsrechts (§ 31 I 2 UrhG)

21 **aa) Einfaches oder ausschließliches Recht (§ 31 I 2 HS. 1 UrhG). (1) Begriffe.** Das Nutzungsrecht kann nach § 31 I 2 HS. 1 UrhG als einfaches oder ausschließliches Recht eingeräumt sein. Damit ist keine Unterscheidung zur Art der Nutzung, sondern lediglich zum **Umfang der Berechtigung** verbunden.[25]

Beispiele: Der Autor eines Romans kann das Recht zur Verfilmung an verschiedene Fernsehsender vergeben (einfaches Recht). Der Autor eines Romans kann das Recht zur Verfilmung aber auch exklusiv an einen Fernsehsender vergeben (ausschließliches Recht).

22 **(2) Umfang der Berechtigung beim einfachen Nutzungsrecht (§ 31 II UrhG).** Der Inhaber eines einfachen Nutzungsrechts ist berechtigt, das Werk auf die erlaubte Art zu nutzen, ohne dass eine Nutzung durch andere ausgeschlossen ist (§ 31 II UrhG). Danach ist die Einräumung von weiteren Nutzungsrechten zu Gunsten dritter Personen durch den Urheber zulässig. Infolgedessen stehen dem Nutzungsberechtigten keine Abwehrrechte gegenüber Dritten zu. Räumt der Urheber einem Dritten zu einem späteren Zeitpunkt ein ausschließliches Nutzungsrecht (Rn. 23) ein, so bleibt das einfache Nutzungsrecht davon nach § 33 S. 1 UrhG unberührt **(Sukzessionsschutz).** Dieser Schutz besteht auch dann, wenn der Rechtsinhaber, der das Nutzungsrecht eingeräumt hat, wechselt oder auf das Recht verzichtet (§ 33 S. 2 UrhG). § 33 UrhG soll Bestandsschutz für den Erweber eines Nutzungsrechts schaffen. Geschützt ist sein Vertrauen darauf, dass er gegenüber späteren Nutzungsberechtigten in dem Umfang der von ihm erworbenen Rechte weiterhin zur Nutzung des Werks berechtigt ist.[26] Für den Erwerber eines einfachen Nutzungsrechts bestünde andernfalls die Gefahr, dass ihm der spätere Erwerber eines ausschließlichen Nutzungsrechts die Ausübung des einfachen Nutzungsrechts untersagen könnte. Denn das einfache Nutzungsrecht wirkt wegen seiner Beschränkung dem Umfang nach

24 *BGH* WRP 2007, 986 Tz. 25 – Archivfotos.
25 Dreier/Schulze/*Schulze,* § 31 UrhG Rn. 25.
26 Dreier/Schulze/*Schulze,* § 33 UrhG Rn. 1.

(vgl. § 31 II UrhG) nur zwischen Urheber und einfach Nutzungsberechtigtem (inter partes; schuldrechtliche Wirkung), da der Urheber nicht daran gehindert ist, weitere Nutzungsrechte einzuräumen. Insbesondere ist die spätere Einräumung eines ausschließlichen Nutzungsrechts wirksam. Auf Grund von § 33 UrhG darf sich der einfach Nutzungsberechtigte aber gegenüber einem später ausschließlich Nutzungsberechtigten auf sein einfaches Nutzungsrecht berufen. § 33 UrhG führt damit dazu, dass das einfache Nutzungsrecht auch *inter omnes* und infolgedessen dinglich wirkt. Das ausschließliche Nutzungsrecht ist daher mit dem bereits zuvor eingeräumten einfachen Nutzungsrecht belastet. § 33 UrhG verleiht damit dem allgemeinen Grundsatz Ausdruck, dass der Urheber nur die Rechte einräumen kann, die ihm selbst noch zustehen.[27] Wegen dieses Grundsatzes bedarf es von vornherein dann keines Sukzessionsschutzes, wenn der Urheber zunächst einer Person ein einfaches Nutzungsrecht und später einer anderen Person ebenfalls ein einfaches Nutzungsrecht einräumt. Denn der Urheber ist zur Einräumung mehrerer einfacher Nutzungsrechte berechtigt (§ 31 II UrhG).

(3) Umfang der Berechtigung beim ausschließlichen Nutzungsrecht (§ 31 III UrhG). Der Inhaber eines ausschließlichen Nutzungsrechts ist berechtigt, das Werk auf die erlaubte Art zu nutzen und Nutzungsrechte einzuräumen (§ 31 III 1 UrhG). Danach ist die Einräumung von weiteren Nutzungsrechten zu Gunsten dritter Personen durch den Urheber nicht zulässig. Vielmehr steht dem Erwerber des Nutzungsrechts ein **Exklusivrecht** zu. Es verpflichtet ihn aber nicht, von dem eingeräumten Recht Gebrauch zu machen, sofern keine Auswertungspflicht vereinbart ist. Auf Grund der Rechtseinräumung allein zu seinen Gunsten stehen dem ausschließlich Nutzungsberechtigten Abwehrrechte gegenüber Dritten zu. Damit erlangt das ausschließliche Nutzungsrecht **dingliche Wirkung.** Räumt der Urheber zunächst einer Person ein ausschließliches Nutzungsrecht und zu einem späteren Zeitpunkt einer anderen Person ein einfaches oder ausschließliches Nutzungsrecht ein, bedarf es nicht der Anwendung von § 33 UrhG (**Sukzessionsschutz;** vgl. dazu auch Rn. 22). Denn der Urheber hat mit einer Einräumung eines ausschließlichen Nutzungsrechts seine Verfügungsmacht in vollem Umfang ausgeschöpft. Daher geht die spätere Rechtseinräumung ins 23

27 *BGH* GRUR 1986, 91, 93 – Preisabstandsklausel.

Leere und ist infolgedessen unwirksam, da nichts verblieben ist, was er noch einräumen könnte. Die Einräumung eines ausschließlichen Nutzungsrechts schließt nicht notwenig ein Vorgehen des Urhebers gegen Rechtsverletzungen Dritter im eigenen Namen aus.[28]

24 Ist bestimmt, dass die **Nutzung durch den Urheber vorbehalten** bleibt (§ 31 III 2 UrhG), so bestehen gegenüber dem Urheber keine Abwehrrechte.

25 Nach § 31 III 3 UrhG bleibt § 35 UrhG (Rn. 82) unberührt. Danach ist die **Übertragung weiterer Nutzungsrechte** durch den Inhaber eines ausschließlichen Nutzungsrechts nur mit Zustimmung des Urhebers zulässig (§ 35 I 1 UrhG) und nur in Ausnahmefällen ohne eine solche Zustimmung zulässig (§ 35 I 2 UrhG).

26 **bb) Räumliche, zeitliche oder inhaltliche Beschränkung des Nutzungsrechts (§ 31 I 2 HS. 2 UrhG).** Das Nutzungsrecht kann nach § 31 I 2 HS. 2 UrhG räumlich, zeitlich oder inhaltlich beschränkt sein. Eine schuldrechtliche Beschränkung wirkt nur zwischen den Vertragsparteien, Drittwirkung kommt nur einer dinglichen oder quasidinglichen Beschränkung des Nutzungsrechts zu. Eine inhaltliche Beschränkung liegt etwa dann vor, wenn sich das Nutzungsrecht lediglich auf eine **bestimmte Nutzungsart** erstreckt.

27 Als Nutzungsarten kommen etwa das **Vermietrecht,** das Recht zur **Bearbeitung** des Werks, das Recht, **Teile des Werks** zu nutzen (z. B. Ausschnitt aus einem Film), das Recht zur **Weiterübertragung** des Nutzungsrechts oder das Recht, das Werk für **Werbezwecke** einzusetzen, in Betracht.

e) Umfang der Rechtseinräumung (§ 31 V UrhG)

28 **aa) Normzweck und Rechtsnatur.** Zunächst entstehen alle Verwertungsrechte in der Person des Urhebers. Macht eine andere Person als der Urheber geltend, zur Verwertung des Werks in einem bestimmten Umfang berechtigt zu sein, muss sie das Recht hierzu darlegen und gegebenenfalls beweisen.[29] In welchem Umfang der Urheber Rechte auf eine andere Person überträgt, hängt vom Inhalt des Vertrags zwischen diesen beiden Personen ab. Gegebenenfalls ist der Umfang der Rechtseinräumung durch **Auslegung** zu ermitteln. Hierbei ist vorrangig auf urheberrechtliche Regelungen und nur ergän-

28 *BGH* GRUR 1960, 251 f. – Mecki-Igel II.
29 *BGH* GRUR 1996, 121, 123 – Pauschale Rechtseinräumung.

zend auf §§ 133, 157 BGB sowie bei Verwendung von Allgemeinen Geschäftsbedingungen i. S. d. § 305 I BGB auf § 305c II BGB abzustellen. Eine wesentliche urheberrechtliche Regelung in diesem Sinne stellt § 31 V UrhG (Einschränkungen für den Bereich des Films nach §§ 88ff. UrhG; § 10 Rn. 3ff.) dar.

§ 31 V UrhG stellt für die Bestimmung der Nutzungsart (§ 31 V 1 UrhG) sowie für die Fragen, ob überhaupt ein Nutzungsrecht eingeräumt ist (§ 31 V 2 Alt. 1 UrhG), ob es sich um ein einfaches oder ausschließliches Nutzungsrecht handelt (§ 31 V 2 Alt. 2 UrhG), wie weit Nutzungsrecht und Verbotsrecht reichen (§ 31 V 2 Alt. 3 UrhG) sowie welchen Einschränkungen das Nutzungsrecht unterliegt (§ 31 V 2 Alt. 4 UrhG), auf den von beiden Vertragsparteien zu Grunde gelegten **Vertragszweck** ab. Danach überträgt der Urheber im Zweifel keine weitergehenden Rechte, als es der Zweck der Verfügung erfordert.[30] In § 31 V UrhG kommt der Grundgedanke zum Ausdruck, dass das Nutzungsrecht tendenziell soweit wie möglich beim Urheber zurückbleibt,[31] um ihn an sämtlichen Erträgen aus der Verwertung des Werks angemessen zu beteiligen. Seiner Rechtsnatur nach ist § 31 V UrhG nicht nur bloße **Auslegungsregel** („Fehlen einer ausdrücklichen einzelnen Bezeichnung" der Rechtseinräumung). § 31 V UrhG soll darüber hinaus den Urheber vor einer über den Vertragszweck hinausgehenden Nutzung schützen. Diese Regelung begründet daher eine **Spezifizierungslast** des (vermeintlich) Nutzungsberechtigten. Denn dieser muss die von ihm gewünschten Nutzungsarten im Vertrag genau bezeichnen, andernfalls der Umfang seines Nutzungsrechts auf den Vertragszweck eingeschränkt ist.[32] 29

bb) Methodik. (1) Feststellung einer Vertragslücke wegen Fehlens einer „ausdrücklichen einzelnen Bezeichung" im Vertrag. Da die Anwendung von § 31 V UrhG das Fehlen einer ausdrücklichen Bezeichnung im Vertrag und damit Unklarheiten voraussetzt (Rn. 29), ist zunächst festzustellen, ob überhaupt Unklarheiten im Sinne einer Vertragslücke gegeben sind. Insoweit ist zunächst auf den **Wortlaut** der Vereinbarung abzustellen. Mangels eines ausdrücklich erklärten **übereinstimmenden Parteiwillens** ist der **objektive Erklärungswert** (§§ 133, 157 BGB) maßgeblich. Entscheidend ist stets, was beide Parteien aus der Sicht eines objektiven Erklärungs- 30

30 *BGH* GRUR 2003, 234, 236 – EROC III.
31 *BGH* ZUM 1998, 497, 500 – Comic-Übersetzungen.
32 Schricker/Loewenheim/*Schricker/Loewenheim,* § 31 UrhG Rn. 69; Wandtke/Bullinger/*Wandtke/Grunert,* § 31 UrhG Rn. 40.

empfängers gewollt und akzeptiert haben. Absichten lediglich einer Partei sind unerheblich. Bei der Ermittlung des Parteiwillens sind auch Begleitumstände des Vertragsschlusses und schlüssiges Verhalten der Parteien zu berücksichtigen.[33]

31 **(2) Lückenausfüllung.** Für die Ausfüllung ist zunächst der Vertragszweck aus der Sicht des Urhebers zu ermitteln, sofern dieser für den Verwerter erkennbar war. Ein Indiz für die Ermittlung des Vertragszwecks ist die **Höhe der Vergütung.**

Beispiel: Ist eine Vergütung vereinbart, die dem Aufwand für die Herstellung und Nutzung eines Entwurfs entspricht, liegt darin ein Indiz, dass der Erwerber auch den Entwurf nutzen darf.[34]

32 **Weitere Indizien** können in einer späteren schriftlichen Vereinbarung, dem künstlerischen Gehalt des Werks sowie in einer Branchenübung oder Verkehrssitte liegen.

33 **cc) Einzelfälle.** Das Recht zum Abdruck von Fotos in Ausgaben eines Nachrichtenmagazins erstreckt sich nicht auf die Aufnahme dieser Fotos in eine CD-ROM-Ausgabe dieses Magazins.[35] Denn ein Fotograf oder Journalist will regelmäßig ein Honorar für jede wirtschaftlich eigenständige Verwertung erzielen, da er mit dem Werk seinen Lebensunterhalt bestreitet. Er unterscheidet sich hierin von einem wissenschaftlichen Autor, dem in erster Linie an möglichst weitreichender Verbreitung seiner Beiträge gelegen ist. Im Falle der CD-ROM-Nutzung liegt eine eigenständige wirtschaftliche Verwertung vor, da sie sehr platzsparend und infolgedessen auch für die Kunden der Druckausgabe interessant ist. Es entsteht deshalb durch die CD-ROM-Nutzung ein neuer eigenständiger Markt. Das Nutzungsrecht für die CD-ROM-Nutzung ist aus der für den Verlag erkennbaren Sicht des Urhebers, der an dieser eigenständigen wirtschaftlichen Verwertung teilhaben will, nicht zur Verwirklichung des Vertragszwecks der Veröffentlichung in der Druckausgabe erforderlich.

An einem Werbespruch, der mit dem Willen sowohl des Auftraggebers als auch der Werbeagentur als Kernstück einer Werbung fungiert, steht dem Auftraggeber ein zeitlich und inhaltlich unbeschränktes Nutzungsrecht zu, auch wenn der Auftraggeber die Werbeagentur nicht mehr für weitere Werbemaßnahmen heranzieht.[36] Ist eine Wer-

33 *BGH* GRUR 1984, 528, 529 – Bestellvertrag.
34 *BGH* GRUR 1986, 885, 886 – METAXA.
35 *BGH* GRUR 2002, 248, 251 – Spiegel-CD-ROM.
36 *BGH* GRUR 1966, 691, 692 – Schlafsäcke.

beagentur mit der Erstellung eines Werbefilms beauftragt und übernimmt der Auftraggeber sämtliche hierfür anfallenden Kosten, muss die Werbeagentur dem Auftraggeber das Eigentum an dem fertigen Negativ verschaffen und ihm die Verwertungsrechte – auch für Änderungen – übertragen.[37]

3. Verträge über unbekannte Nutzungsarten (§ 31a UrhG)

a) Normzweck

§ 31a UrhG ermöglicht es demjenigen, der Verwertungsrechte an einem Werk erlangen möchte (Verwerter), mit dem Urheber auch eine Vereinbarung über zum Zeitpunkt der Vereinbarung noch unbekannte Nutzungsarten zu treffen. Ohne eine solche Vereinbarung müsste der Verwerter die Rechte nachträglich erwerben. Sofern der Urheber gestorben ist, müsste der Verwerter hierzu dessen Erben ermitteln. Infolgedessen würde ein Verwerter **neue Technologien** nur verspätet oder überhaupt nicht einsetzen können.[38] 34

§ 31a UrhG liegt aber auch im Interesse des Urhebers, weil er an einen Vertrag über unbekannte Nutzungsarten ein berechtigtes Interesse haben kann. Dies gilt gerade auch im Hinblick auf die Zeit nach seinem Tod. Durch einen Vertrag über künftige, seinerzeit unbekannte Nutzungsarten kann der Urheber sicherstellen, dass sein Werk **auch nach seinem Tod** auf der Grundlage neuer Technologien Einsatz findet und seine Erben an den Erlösen hieraus teilhaben.[39] Zum Schutz des Urhebers bedarf eine Vereinbarung über unbekannte Nutzungsarten der Schriftform (§ 31a I 1 UrhG), sofern nicht der Urheber unentgeltlich ein einfaches Nutzungsrecht einräumt (§ 31a I 2 UrhG). Der Urheber hat außerdem das Recht, seine Entscheidung, die Nutzungsrechte an unbekannten Werkarten einzuräumen, zu widerrufen (§ 31a I 3 UrhG; Ausnahmen: § 31a II 1 und 2 UrhG). Bei Werken, an denen mehrere Urheber beteiligt sind, ohne dass die einzelnen Beiträge selbständig urheberrechtlich geschützt sind, besteht zudem das Risiko einer Blockade. Denn wenn nur ein einziger Urheber mit der Nutzung auf die neue Nutzungsart nicht einverstanden ist, ist die Nutzung des Werks auf diese Art ausgeschlossen. § 31a III UrhG **beseitigt** diese **Möglichkeit der Blockade.** 35

---

37 *BGH* GRUR 1960, 609, 612f. – Wägen und Wagen.
38 BT-Drs. 16/1828, S. 22.
39 BT-Drs. 16/1828, S. 22.

b) Anwendungsbereich

36 **aa) Inhalt und Form einer Vereinbarung über unbekannte Nutzungsarten (§ 31a I 1 UrhG).** § 31a I 1 UrhG stellt klar, dass Vereinbarungen über noch unbekannte Nutzungsarten zulässig sind. Eine noch unbekannte Nutzungsart setzt eine „hinreichend abgrenzbare, wirtschaftlich-technisch als einheitlich und **selbständig erscheinende Nutzungsart**" voraus.[40] Dies kann sich aus der Art und Weise des Vertriebswegs (z. B. Fachbuchhandel oder Buchclub), der Werkvermittlung (z. B. Live-Vorführung oder Fernsehsendung; Kinofilm oder Fernsehfilm; Buchausgabe oder Hörbuch auf CD) sowie der Art und Aufmachung der Werkstücke (z. B. Taschenbuch oder Hardcover) ergeben. Eine selbständig erscheinende Nutzungsart setzt eine technisch-wirtschaftlich **eigenständige Verwendungsform** des Werks voraus. Allein technische Neuerungen, die zwar eine neue Verwendungsform ermöglichen, aber keine wirtschaftlich eigenständige Vermarktungsmöglichkeit eröffnen, genügen nicht. Eine eigenständige Verwendungsform ist vor allem dann anzunehmen, wenn eine neue Technik einen **neuen Markt** erschließt.[41] Dagegen fehlt es regelmäßig an einer wirtschaftlich eigenständigen Verwendungsform, wenn die neue Verwendungsform eine bisherige Verwendungsform lediglich ersetzt.[42]

Beispiel: Die Zweitverwertung von Spielfilmen auf DVD stellt im Verhältnis zur herkömmlichen Videozweitverwertung keine technisch und wirtschaftlich eigenständige Verwendungsform dar.[43] Es handelt sich daher insoweit nicht um eine seinerzeit unbekannte Nutzungsart. Denn es entsteht neben dem herkömmlichen Videokassettenmarkt kein neuer Absatzmarkt.

37 Eine Nutzungsart, die zum Zeitpunkt des Vertragsschlusses nicht bekannt ist, können die Vertragsparteien naturgemäß nicht im Einzelnen bezeichnen. Es ist jedoch eine pauschale Rechtseinräumung in der Weise möglich, dass die Vereinbarung auch Nutzungsrechte an erst künftig entstehenden Technologien erfasst. Auch eine abstrakte Beschränkung einer solch pauschalen Rechtseinräumung ist möglich.

Beispiel: Beschränkung in der Weise, dass sich das Recht nur auf die Nutzung neuer Technologien im privaten Bereich bezieht.

---

40 *BGH* GRUR 1992, 310, 311 – Taschenbuch-Lizenz.
41 BGHZ 163, 109, 116 – Der Zauberberg.
42 BGHZ 163, 109, 116 – Der Zauberberg.
43 BGHZ 163, 109, 115 – Der Zauberberg.

Zum Schutz des Urhebers bedarf eine Vereinbarung über unbekannte Nutzungsarten der **Schriftform** (§ 31a I 1 UrhG). Davon besteht nur dann eine **Ausnahme,** wenn der Urheber unentgeltlich ein einfaches Nutzungsrecht für jedermann einräumt (§ 31a I 2 UrhG). 38

bb) Widerrufsrecht des Urhebers (§ 31a I 3 UrhG). (1) Voraussetzungen und Rechtsfolgen. Zum Schutz des Urhebers sieht § 31a I 3 UrhG vor, dass der Urheber die Rechteinräumung widerrufen kann. Der Urheber kann seinen Widerruf für jede einzelne Nutzungsart erklären. Dies gilt freilich nur so lange, als die **Nutzungsart noch nicht bekannt** ist.[44] Der Urheber kann seinen Widerruf auch umfassend für alle künftig entstehenden Nutzungsarten erklären. Dies führt dazu, dass die pauschale Rechtseinräumung erlischt. Im Übrigen besteht der Vertrag fort.[45] Dies dient dem Zweck des Schutzes des Urhebers vor einem stärkeren Vertragspartner. Denn auch wenn der Urheber die Einräumung des Rechts für unbekannte Nutzungsarten widerruft, bleibt das bisherige Rechtsverhältnis davon unberührt. Das Widerrufsrecht i. S. d. § 31a I 3 UrhG erlischt nach Ablauf von drei Monaten, nachdem der andere die Mitteilung über die beabsichtigte Aufnahme der neuen Art der Werknutzung an den Urheber unter der ihm zuletzt bekannten Anschrift abgesendet hat (§ 31a I 4 UrhG). Auch dies stärkt die Position des Urhebers. Allein der Urheber muss sich im eigenen Interesse darum kümmern, dass dem Verwerter seine aktuelle Adresse bekannt ist. Das Erlöschen des Widerrufsrechts innerhalb festgesetzter Frist trägt dem Verwerterinteresse Rechnung, zu einem bestimmten Zeitpunkt rechtssicher mit der Nutzung des Werks beginnen zu können. 39

(2) Wegfall des Widerrufsrechts (§ 31a II UrhG). (a) § 31a II 1 UrhG. Nach § 31a II 1 UrhG entfällt das Widerrufsrecht, wenn sich die Parteien nach Bekanntwerden der neuen Nutzungsart auf eine Vergütung nach § 32c I UrhG (Rn. 72) geeinigt haben. Denn dann gilt der Grundsatz *pacta sunt servanda.* 40

(b) § 31a II 2 UrhG. Nach § 31a II 2 UrhG entfällt das Widerrufsrecht, wenn die Parteien die Vergütung nach einer gemeinsamen Vergütungsregel vereinbart haben. Eine gemeinsame Vergütungsregel können die Parteien nach § 36 I UrhG (Rn. 49) vereinbaren. Die Parteien können schon vor dem Bekanntwerden der Nutzungsart eine 41

44 BT-Drs. 16/1828, S. 24.
45 BT-Drs. 16/1828, S. 24.

solche Vereinbarung z. B. als Regelung einer prozentualen Beteiligung treffen. Auch in diesem Fall entfällt das Widerrufsrecht.

42 **(3) Erlöschen des Widerrufsrechts (§ 31a II 3 UrhG).** Nach § 31a II 3 UrhG erlischt das Widerrufsrecht mit dem Tod des Urhebers. Das Widerrufsrecht ist daher nicht vererblich. Den Erben fehlt damit aber lediglich die Möglichkeit, die zusätzliche – meist im Allgemeininteresse liegende – Verwertungsmöglichkeit abzulehnen.

43 **(4) Widerruf bei Gesamtheit mehrerer Werke (§ 31a III UrhG).** Besonderer Regelungsbedarf besteht, wenn bei einer Gesamtheit mehrerer Werke mehrere Urheber einzeln über Widerrufsrechte verfügen. Denn es könnte dann jeder einzelne eine Auswertung durch die seinerzeit unbekannte Nutzungsart – unter Umständen entgegen den Interessen der Übrigen – verhindern. Deshalb sieht § 31a III 1 UrhG vor, dass in diesem Fall ein Urheber das Widerrufsrecht nicht wider Treu und Glauben ausüben darf. § 31a III UrhG setzt nicht eine Konstellation nach §§ 8 oder 9 UrhG voraus, sondern erfasst jede – auch über den Verwerter erfolgende – Zusammenfügung von Beiträgen. Indem der einzelne Urheber sein Widerrufsrecht nicht wider Treu und Glauben ausüben darf, sind **Auswertungsblockaden vermieden.**

44 Der Urheber kann ungeachtet des § 32a III 1 UrhG **unentgeltlich** ein einfaches Nutzungsrecht für jedermann einräumen (§ 31a I 2 UrhG; vgl. auch § 32 III 3 UrhG). Dies ist auf Grund der Besonderheiten von *Open-Source-Software* und anderem vergleichbaren *Open Content* geboten. Denn hier stellen Urheber ihre Werke für jedermann kostenlos zur Verfügung. Der Lizenznehmer kann und soll die Werke nutzen dürfen, ohne den Urheber zu kontaktieren. Um die Nutzbarkeit von *Open Content* auch bei seinerzeit unbekannten Nutzungsarten zu gewährleisten, sieht das UrhG insoweit kein Schriftformerfordernis vor. Eine Schutzlücke entsteht dadurch angesichts des Wesens von *Open Content* nicht.

45 **cc) Unverzichtbarkeit (§ 31a IV UrhG).** Ein Verzicht auf die Rechte nach § 31a I bis III UrhG ist im Voraus nicht möglich (§ 31a IV UrhG). Auch darin kommt das Anliegen zum Ausdruck, den Urheber vor einem stärkeren Verhandlungspartner zu schützen.

4. Angemessene Vergütung (§ 32 UrhG)

a) Normzweck

§ 32 UrhG beruht auf dem Grundsatz, den **Urheber** an allen Nutzungen seines Werks **angemessen** zu **beteiligen** (vgl. auch § 11 S. 2 UrhG). Zwar schuldet der Verwerter grundsätzlich nur die vertraglich vereinbarte Vergütung (§ 32 I 1 UrhG). Eine Einschränkung erfährt die Vertragsfreiheit jedoch dadurch, dass bei fehlender Bestimmung der Höhe der Vergütung eine angemessene Vergütung als vereinbart gilt (§ 32 I 2 UrhG). Auch dann, wenn die vereinbarte Vergütung nicht angemessen ist, kann der Urheber von der anderen Vertragspartei die Einwilligung in die Änderung des Vertrags im Hinblick auf die Gewährung einer angemessenen Vergütung verlangen (§ 32 I 3 UrhG). § 32 UrhG **stärkt** damit die **Stellung des Urhebers** gegenüber einem stärkeren Verhandlungspartner. 46

b) Anwendungsbereich

aa) Einräumung von Nutzungsrechten oder die Erlaubnis zur Werknutzung. § 32 I UrhG bezieht sich nur auf die Einräumung von Nutzungsrechten und die Erlaubnis zur Werknutzung, ohne dass es auf eine tatsächliche Werknutzung ankäme. Auf **andere Fälle** ist § 32 I UrhG nicht anwendbar. 47

Beispiele: Anfertigung eines Entwurfs im Auftrag, ohne Nutzungsrechte einzuräumen; gesetzliche Lizenzen; Rechtsverletzer, der das Werk ohne gesetzliches oder vertragliches Nutzungsrecht nutzt (aber Ansprüche des Urhebers nach § 97 UrhG).

bb) Keine Vereinbarung über die Höhe der Vergütung (§ 32 I 2 UrhG) oder Vereinbarung einer unangemessenen Vergütung (§ 32 I 3 UrhG). Ein Anspruch auf eine angemessene Vergütung nach § 32 I 1 UrhG besteht, wenn (1) die Höhe der Vergütung nicht bestimmt ist (§ 32 I 2 UrhG) und (2) eine vereinbarte Vergütung nicht angemessen ist (§ 32 I 3 UrhG; Ausnahme: § 32 IV UrhG). Im ersten Fall kommt es zur Fiktion der Vereinbarung einer angemessenen Vergütung, im zweiten Fall zum Anspruch auf Vertragsänderung. Das Erfordernis einer Vertragsänderung schließt es nicht aus, fällige Vergütungen für die Zeit vor Vertragsänderung zu verlangen. Ihre Höhe ergibt sich aus der Differenz zwischen der vereinbarten unangemes- 48 senen und der angemessenen Vergütung.[46] Zur Bestimmung der angemessenen Vergütung des Urhebers können Vergütungen als Vergleichsmaßstab dienen, die ein Urheber in derselben Branche oder in anderen Branchen für vergleichbare Werknutzungen nach redlicher Übung erhält.[47] Nach dem Normzweck des § 32 UrhG, die Stellung des Urhebers zu stärken, liegt eine unangemessene Vergütung i. S. d. § 32 I 3 UrhG nur dann vor, wenn die Vergütung **zu Lasten des Urhebers zu gering** ist. Bei zu hoher Vergütung des Urhebers besteht daher kein Anspruch des Verwerters auf Vertragsänderung.

49 **cc) Angemessenheit der Vergütung. (1) Gemeinsame Vergütungsregel (§ 32 II 1 UrhG i. V. m. § 36 UrhG).** § 32 II UrhG regelt, unter welchen Voraussetzungen eine Vergütung angemessen ist. Danach ist eine nach einer **gemeinsamen Vergütungsregel** (§ 36 UrhG) ermittelte Vergütung angemessen (§ 32 II 1 UrhG). Eine gemeinsame Vergütungsregel i. S. d. § 36 UrhG stellt eine Orientierungshilfe für die Bestimmung der angemessenen Vergütung dar. Sie macht den erheblichen Aufwand, der mit einer Bestimmung der angemessenen Vergütung in jedem Einzelfall erforderlich wäre, entbehrlich. Die Höhe der Vergütung nach einer gemeinsamen Vergütungsregel begründet eine unwiderlegliche Vermutung der Angemessenheit. Sie greift jedoch nur, wenn die gemeinsame Vergütungsregel wirksam zu Stande gekommen ist. Insbesondere müssen beide Vertragsparteien (Urheber und Verwerter) repräsentativ, unabhängig und befugt vertreten sein (§ 36 II UrhG). Fehlt es daran, ist die Vermutung der Angemessenheit der Vergütungsregel widerlegt. Für die Aufstellung gemeinsamer Vergütungsregeln kommt die Durchführung eines Schlichtungsverfahrens vor einer Schlichtungsstelle (§ 36a UrhG) in Betracht.

50 **(2) Feststellung der Angemessenheit der Vergütung im Einzelfall (§ 32 II 2 UrhG).** Fehlt eine gemeinsame Vergütungsregel, ist die Angemessenheit der Vergütung im Einzelfall festzustellen. Hierfür nennt § 32 II 2 UrhG die Beurteilungskriterien. Danach ist eine Vergütung angemessen, wenn sie im Zeitpunkt des Vertragsschlusses dem entspricht, was im Geschäftsverkehr nach Art und Umfang der eingeräumten Nutzungsmöglichkeit, insbesondere nach Dauer und Zeitpunkt der Nutzung, unter Berücksichtigung aller Umstände üblicher- und redlicherweise zu leisten ist.

---

46 BT-Drs. 14/8058, S. 52; *BGH* GRUR 1991, 901, 902 – Horoskop-Kalender.
47 BT-Drs. 14/8058, S. 18; *BGH* WRP 2009, 1561 Rn. 33 – Talking to Addison.

(a) Maßgeblicher Zeitpunkt. Da es auf den **Zeitpunkt des Vertragsschlusses** ankommt, ist für die Beurteilung der Angemessenheit der Vergütung eine ex-ante-Betrachtung im Einzelfall erforderlich.[48] Änderungen im Laufe des Vertrags können lediglich einen Ausgleichsanspruch nach § 32a UrhG begründen.[49] 51

(b) Redlichkeit der Höhe der Vergütung. Die Angemessenheit der Höhe der Vergütung setzt insbesondere voraus, dass sie das umfasst, was unter Berücksichtigung der Umstände des Einzelfalles redlicherweise zu leisten ist (§ 32 II 2 UrhG). § 32 II 2 UrhG nennt als solche Umstände beispielhaft **Dauer** und **Zeitpunkt** der Nutzung. Eine Vergütung ist nur dann **redlich,** wenn sie die Interessen des Urhebers neben den Interessen des Verwerters gleichberechtigt berücksichtigt.[50] Hierfür muss der Urheber an jeder wirtschaftlichen Nutzung seines Werks hinreichend beteiligt sein (sog. Beteiligungsgrundsatz). Bei fortlaufender Nutzung des Werks entspricht dem am Besten eine erfolgsabhängige Vergütung (z. B. bei Vertrieb von Vervielfältigungsstücken Berechnung der Vergütung nach Absatzzahl und Preis der verkauften Exemplare). Eine Pauschalvergütung muss bei objektiver Betrachtung zum Zeitpunkt des Vertragsschlusses eine hinreichende Beteiligung des Urhebers am voraussichtlichen Gesamtertrag der Nutzung des Werks gewährleisten.[51] Auch die Kombination von Pauschal- und Absatzvergütung kann redlich sein. Für die Ermittlung der Redlichkeit der Höhe der Vergütung kann es auf eine redliche **Branchenübung** ankommen. Danach ist bei einer Nutzung des Werks über einen längeren Zeitraum meist nicht ein einmaliges Pauschalhonorar, sondern eine prozentuale Beteiligung vereinbart (z. B. Buchverlage räumen dem Autor regelmäßig eine 10–12 %-ige Beteiligung am Ladenpreis ein; steigt die Auflagenhöhe, erhöht sich auch dieser Prozentsatz bis etwa 15 %). Ist die Vergütung des Urhebers in **AGB** geregelt, stellt sich die Frage der Inhaltskontrolle nach § 307 BGB. § 31 V UrhG und die darin Ausdruck findende Zweckübertragungslehre kann indes weder nach Wortlaut noch nach Systematik und Normzweck Maßstab einer Inhaltskontrolle nach § 307 II Nr. 1 BGB sein.[52] Insbesondere ist § 31 V UrhG lediglich Auslegungsregel und daher nur anwendbar, wenn keine an- 52

48 BT-Drs. 14/8085, S. 18.
49 BT-Drs. 14/8058, S. 18; *BGH* WRP 2009, 1561 Rn. 19 – Talking to Addison.
50 *BGH* WRP 2009, 1561 Rn. 22 – Talking to Addison.
51 *BGH* WRP 2009, 1561 Rn. 24 – Talking to Addison.
52 *BGH* WRP 2012, 1109 Rn. 16 – Honorarbedingungen Freie Journalisten.

derslautende vertragliche Regelung gegeben ist oder Unklarheiten bestehen. Außerdem sind vertragliche Regelungen, die unmittelbar den Umfang einer vertraglichen Hauptleistungspflicht festlegen, als Kernbereich privatautonomer Vertragsgestaltung einer Überprüfung nach §§ 307 ff. BGB entzogen.[53] Die formularmäßige pauschale Abgeltung der Gewährung weitreichender Nutzungsrechte ist nicht ohne Weiteres eine unangemessene Benachteiligung des Urhebers.[54] Vielmehr kommt es hierfür auf die Umstände des Einzelfalls wie die vereinbarte Vergütung und die Honorarpraxis an. Denn auch eine Pauschalvergütung kann redlich sein.[55]

53 Besteht keine redliche Branchenübung, ist die Angemessenheit der Vergütung des Urhebers nach **billigem Ermessen** zu ermitteln.[56] Als Grundsatz für diese Ermessensausübung gilt, dass der Urheber an den Erträgen aus der Nutzung seines Werks angemessen zu beteiligen ist. Hierfür kommt es auf die Umstände des Einzelfalles wie die Art und den Umfang der Nutzung, die Marktverhältnisse (z. B. Akzeptanz, Qualität und Preis des Werks), die Investitionen, die Risikotragung (z. B. Risiko der Werkerstellung bei langjähriger Romanarbeit; Absatzrisiko), die Kosten (z. B. Reisen in ferne Länder), die Zahl der Werkstücke und die zu erzielenden Einnahmen an.[57] Eine prozentuale Beteiligung des Urhebers an sämtlichen Bruttoerlösen des Verwerters (Absatzhonorar) ist insbesondere bei langfristig laufender Nutzung des Werks geboten.

54 **Verändern** sich im Laufe der Zeit **Umstände** so schwerwiegend, dass die zum Zeitpunkt des Vertragsschlusses angemessene Vergütung nicht mehr angemessen und einer Vertragspartei nicht mehr zumutbar ist, kommt eine Vertragsanpassung wegen Wegfalls der Geschäftsgrundlage in Betracht (§ 313 BGB).

c) Unabdingbarkeit (§ 32 III UrhG)

55 Zum Schutz des Urhebers darf sich der Vertragspartner des Urhebers nicht auf eine Regelung berufen, die zum Nachteil des Urhebers von § 32 I und II UrhG abweicht (§ 32 III 1 UrhG). Diese Gestaltung (vgl. auch §§ 444, 475, 478, 639 BGB) stellt sicher, dass der Vertrag im Übrigen unberührt bleibt. Eine Regelung, die zum Nachteil des Ur-

---

53 *BGH* WRP 2012, 1109 Rn. 18 – Honorarbedingungen Freie Journalisten.
54 *BGH* WRP 2012, 1109 Rn. 32 – Honorarbedingungen Freie Journalisten.
55 *BGH* WRP 2012, 1109 Rn. 32 – Honorarbedingungen Freie Journalisten.
56 BT-Drs. 14/8058, S. 43.
57 BT-Drs. 14/8058, S. 43.

hebers von § 32 I und II UrhG abweicht, kann z. B. darin liegen, dass der Urheber seinen Anspruch nach § 32 I UrhG an die andere Vertragspartei **abtritt** oder er auf diesen Anspruch **verzichtet.**

§ 32 III 2 UrhG gewährleistet, dass § 32 I und II UrhG auch dann anwendbar sind, wenn anderweitige Gestaltungen zu einer **Umgehung** führen sollen. Dies kommt etwa durch die Vereinbarung niedriger Vergütungen bei wechselseitigen Lizenzgeschäften in Betracht. **56**

Beispiel: Urheber A vereinbart mit Fernsehsender B, dass B den von A geschriebenen Roman verfilmen und an dem Film Lizenzen für andere Fernsehsender vergeben darf. Im Gegenzug soll A mit 20 % an den Erlösen beteiligt sein, die A für die Lizenzvergabe erzielt. A einigt sich mit Fernsehsender B über die Erteilung einer Lizenz. Da auch A eine Lizenz an einem von B hergestellten Film erhalten möchte, setzen A und B die jeweiligen Lizenzerlöse wesentlich tiefer an. Ohne den Lizenztausch hätte B für den von ihm hergestellten Film einen wesentlich höheren Lizenzerlös und A eine wesentlich höhere Beteiligung erlangt.

§ 32 UrhG ist nur dann nicht abdingbar, wenn deutsches Recht (§ 32 III UrhG) gilt. Die Parteien haben aber die Möglichkeit, **ausländisches Recht** zu vereinbaren (Art. 27 EGBGB). § 32b UrhG schränkt die damit verbundene Möglichkeit der Umgehung von § 32 UrhG unter zwei Voraussetzungen ein. So, wenn (1) auf den Nutzungsvertrag ohne eine Rechtswahl deutsches Recht anwendbar wäre und (2) Gegenstand des Vertrags maßgebliche Nutzungshandlungen im räumlichen Geltungsbereich des UrhG sind. **57**

Nach § 32 III 3 UrhG kann der Urheber **unentgeltlich** ein einfaches Nutzungsrecht für jedermann einräumen. Denn im *Open-Content*-Bereich bedarf es des Schutzes des Urhebers durch § 32 I und II UrhG nicht, wenn der Urheber die Unentgeltlichkeit freiwillig und nicht auf Verlangen der anderen Vertragspartei anbietet. Andernfalls läge eine Umgehung i. S. d. § 32 III 2 UrhG vor. **58**

d) Vorrang tarifvertraglicher Bestimmung (§ 32 IV UrhG)

Ein Anspruch des Urhebers nach § 32 I 3 UrhG besteht nicht, soweit die Vergütung für die Nutzung seines Werks tarifvertraglich bestimmt ist (§ 32 IV UrhG). Dem liegt die Vorstellung zu Grunde, dass die Tarifvertragsparteien selbst in der Lage sind, eine angemessene Vergütung auszuhandeln.[58] **59**

58 BT-Drs. 14/8058, S. 44.

e) Verjährung (§ 214 I BGB)

60 Ansprüche nach § 32 UrhG verjähren in der dreijährigen Regelverjährungsfrist der §§ 195, 199 BGB. Nach dem Ablauf dieser Frist ist der Verwerter zur Leistungsverweigerung berechtigt (§ 214 I BGB).

5. Weitere Beteiligung des Urhebers (§ 32a UrhG)

a) Normzweck

61 Während § 32 UrhG grundsätzlich den Fall erfasst, dass die Vergütung bereits zum Zeitpunkt des Vertragsschlusses unangemessen ist, gewährt § 32a UrhG dem Urheber dann einen Ausgleich, wenn die Vergütung des Urhebers auf Grund später eintretender, **veränderter Umstände** unangemessen gering ist. Er erhält dann aus Gründen der **Fairness** einen Ausgleich entweder von seinem Vertragspartner (§ 32a I 1 UrhG) oder einem Dritten (§ 32a II UrhG). Hierfür gelten weniger strenge Voraussetzungen als für eine Sittenwidrigkeit nach § 138 BGB oder eine Vertragsanpassung wegen Wegfalls der Geschäftsgrundlage (§ 313 BGB).

b) Anwendungsbereich

62 **aa) Anspruch gegen den Verwerter (§ 32a I 1 UrhG). (1) Rechtseinräumung.** Der Urheber muss einem anderen ein Nutzungsrecht eingeräumt haben. Es muss also ein Vertrag bestehen.

63 **(2) Auffälliges Missverhältnis zwischen Leistung und Gegenleistung.** Die Leistung, die der Urheber für die Rechtseinräumung erhält (Gegenleistung), ist dem Ertrag und den Vorteilen des Verwerters gegenüberzustellen. Zwischen beiden muss ein auffälliges Missverhältnis bestehen. Die **Gegenleistung** setzt sich aus der Vergütung und jeder sonstigen Leistung, die der Urheber von dem Verwerter erhält (z. B. Freiexemplare), zusammen. Erträge des Verwerters sind dessen Bruttoeinnahmen ohne Abzug von Herstellungskosten, Vertriebskosten und sonstigen Aufwendungen.[59] Vorteile des Verwerters sind andere wirtschaftliche Vorteile, die sich für den Verwerter aus der Nutzung des Werks ergeben (z. B. Verwendung des Werks in der Werbung). Für die Beurteilung des Missverhältnisses kommt es nicht

59 Dreier/Schulze/*Schulze*, § 32a UrhG Rn. 28.

auf den **Zeitpunkt** des Vertragsschlusses, sondern auf den Zeitpunkt der Erzielung der Erträge und sonstigen Vorteile an.

Für ein etwaiges **auffälliges Missverhältnis** ist der Einzelfall entscheidend. Es ist insbesondere objektiv auf die in der jeweiligen Branche üblichen Gepflogenheiten abzustellen. Eine Branchenübung schließt ein Missverhältnis nicht notwendig aus.[60] Der bloße Erfolg eines Werks begründet noch kein auffälliges Missverhältnis. Vielmehr muss das Verhältnis von Leistung und Gegenleistung so weit auseinanderfallen, dass dem Urheber ein Festhalten daran nicht zumutbar ist. Der Voraussetzungen für einen Wegfall der Geschäftsgrundlage (§ 313 BGB) bedarf es hierfür nicht (Rn. 54, 61). Ein auffälliges Missverhältnis ist stets dann gegeben, wenn die tatsächliche Vergütung um 100 % von der angemessenen Vertügung abweicht (Grenze des Doppelten).[61] Aber auch ein geringerer Prozentsatz kann genügen. **64**

Die **Vorhersehbarkeit** der Höhe der vom Verwerter erzielten Erträge oder Vorteile steht einem Anspruch nach § 32a I 1 UrhG nicht entgegen. Infolgedessen ist § 32a I 1 UrhG kein Sonderfall des Wegfalls der Geschäftsgrundlage, sondern ein gesetzlich geregelter Fall der Inhaltskontrolle.[62] **65**

(3) Rechtsfolge. § 32a I 1 UrhG gewährt dem Urheber einen Anspruch gegen den Verwerter auf Einwilligung in die Änderung des Vertrags, so dass der Urheber eine weitere Vergütung erhält. Der Urheber erlangt also eine weitere Vergütung infolge der erfolgreichen Nutzung des Werks. **66**

bb) Anspruch gegen Dritten (§ 32a II 1 UrhG). (1) Weiterübertragung des Nutzungsrechts oder Einräumung weiterer Nutzungsrechte durch Verwerter. Der Verwerter muss das Nutzungsrecht auf einen Dritten weiterübertragen oder einem Dritten weitere Nutzungsrechte wirksam eingeräumt haben. **67**

(2) Auffälliges Missverhältnis zwischen Leistung des Urhebers und Erträgnissen und/oder Vorteilen des Dritten. Zwischen der Leistung des Urhebers und den Erträgnissen und/oder Vorteilen des Dritten muss ein auffälliges Missverhältnis bestehen. Hierfür ist auf die zum Begriff des auffälligen Missverhältnisses bereits angestellten Erwägungen (Rn. 63 f.) zurückzugreifen. Ein auffälliges Missverhält- **68**

60 *BGH* GRUR 2002, 602, 604 – Musikfragmente.
61 BT-Drs. 14/8058, S. 45.
62 Dreier/Schulze/*Schulze*, § 32a UrhG Rn. 40.

nis kann sich daraus ergeben, dass der Dritte als Lizenznehmer des Vertragspartners des Urhebers den Vertragspartner des Urhebers unangemessen vergütet. Bei einer Lizenzkette kann der Urheber jeden einzelnen der Lizenzkette in Anspruch nehmen, gegenüber dessen Erträgnissen und Vorteilen ein auffälliges Missverhältnis besteht. Denn jeder in der Lizenzkette haftet für das (Teil-)Missverhältnis, das bei ihm gegeben ist.

69 **(3) Rechtsfolge.** § 32a II 1 UrhG gewährt dem Urheber einen Anspruch gegen den Dritten, so wie er gegenüber seinem Vertragspartner bestünde („nach Maßgabe des Absatzes 1"). Eines zusätzlichen Schutzes des Urhebers bedarf es dann nicht. Deshalb entfällt die Haftung des Vertragspartners des Urhebers (§ 32a II 2 UrhG).

c) Unverzichtbarkeit (§ 32a III 1 UrhG)

70 Zum Schutz des Urhebers kommt ein Verzicht auf die Ansprüche nach § 32a I und II UrhG im Voraus nicht in Betracht (§ 32a III 1 UrhG). Im Umkehrschluss ergibt sich daraus, dass nach der Entstehung eines Anspruchs nach § 32a I oder II UrhG ein Verzicht des Urhebers oder eine Abtretung des Anspruchs durch den Urheber zulässig ist. Ein Ausschluss von § 32a UrhG durch die Wahl ausländischen Rechts ist nur eingeschränkt möglich. Denn § 32b UrhG (Rn. 57) gilt auch für § 32a UrhG.

d) Vorrang von gemeinsamer Vergütungsregel und tarifvertraglicher Bestimmung (§ 32a IV UrhG)

71 Ein Anspruch des Urhebers nach § 32a I 1 UrhG besteht nicht, soweit die Vergütung nach einer gemeinsamen Vergütungsregel (§ 36 UrhG) oder tarifvertraglich bestimmt ist (§ 32a IV UrhG).

6. Vergütung für später bekannte Nutzungsarten (§ 32c UrhG)

72 Da ein Vertrag über die Nutzung eines Werks auch auf unbekannte Nutzungsarten gerichtet sein kann (vgl. § 31a I 1 UrhG; Rn. 37), bedarf es hierfür eines Ausgleichs für den Urheber. Denn er ist an jeder Art der Nutzung seines Werks angemessen zu beteiligen. § 32c UrhG **greift** daher die **in die Vertragsfreiheit ein,** indem er dem Urheber

eine zusätzliche Gegenleistung verschafft („gesonderte angemessene Vergütung“).[63] § 32c UrhG ist weitgehend § 31a UrhG nachgebildet. Die Anwendung der §§ 32 und 32a UrhG bleibt unberührt.

7. Übertragung von Nutzungsrechten (§ 34 UrhG)

a) Normzweck

Hat der Urheber jemandem ein Nutzungsrecht eingeräumt, kann das Interesse dieses Vertragspartners des Urhebers darauf gerichtet sein, das Nutzungsrecht auf Dritte weiter zu übertragen. Eine solche Weiterübertragung führt dazu, dass der Dritte (Erwerber), auf den der Vertragspartner des Urhebers (Veräußerer) das Nutzungsrecht überträgt, in vollem Umfang in die Rechtsstellung des Veräußerers einrückt (Wechsel des Vertragspartners). Dies berührt sowohl **materielle** als auch **ideelle Interessen des Urhebers.** Denn der wirtschaftliche Erfolg der Nutzung des Werks hängt häufig entscheidend davon ab, wer diese Nutzung vornimmt. Außerdem geben meist persönliche Gründe den Ausschlag für die Einräumung eines Nutzungsrechts. § 34 UrhG schützt diese Interessen des Urhebers, indem er für die Weiterübertragung eines Nutzungsrechts die **Zustimmung des Urhebers** voraussetzt (§ 34 I UrhG). Außerdem schützt § 34 UrhG das Interesse, im Rahmen einer **Unternehmensveräußerung** ein Nutzungsrecht zu übertragen. Denn hierfür ist grundsätzlich **keine Zustimmung des Urhebers** erforderlich (§ 34 III 1 UrhG). 73

b) Anwendungsbereich

aa) Übertragung eines Nutzungsrechts (§ 34 I UrhG). Die Übertragung eines Nutzungsrechts durch denjenigen, dem der Urheber das Nutzungsrecht ursprünglich eingeräumt (Veräußerer) hat, führt dazu, dass der Urheber in der Person des Erwerbers einen **anderen Vertragspartner** erhält (Rn. 73). Soll der bisherige Vertragspartner des Urhebers das Nutzungsrecht weiterhin behalten und dem Dritten lediglich ein weiteres Nutzungsrecht zustehen, handelt es sich um eine nach § 35 UrhG zu beurteilende Rechtseinräumung. § 34 UrhG erfasst nur die Übertragung eines Nutzungsrechts **unter Lebenden.** Für die Vererbung von Nutzungsrechten bedarf der Ver- 74

---

63 BT-Drs. 16/1828, S. 25.

tragspartner des Urhebers hingegen nicht der Zustimmung des Urhebers.[64] Keine Übertragung des Nutzungsrechts liegt vor, wenn der Vertragspartner des Urhebers lediglich weitere Personen zur Ausübung des von dem Urheber übertragenen Nutzungsrechts als Erfüllungsgehilfen (§ 278 BGB) heranzieht.

Beispiel: Ein Verleger benötigt für die Ausübung des Nutzungsrechts an dem Manuskript eines Autors einen Lektor, einen Setzer, einen Drucker und einen Auslieferer.

75 Die Übertragung eines Nutzungsrechts i. S. d. § 34 I UrhG bezieht sich allein auf das **dingliche Geschäft (Verfügungsgeschäft),** nicht hingegen auf schuldrechtliche Verpflichtungsgeschäfte.

76 **bb) Zustimmung des Urhebers. (1) Anforderungen.** Die Übertragung eines Nutzungsrechts von dem Vertragspartner des Urhebers (Veräußerer) auf Dritte (Erwerber) setzt die Zustimmung des Urhebers voraus (§ 34 I UrhG). Bei Sammelwerken i. S. d. § 4 UrhG genügt die Zustimmung des Urhebers des Sammelwerks (§ 34 II UrhG). Der Urheber kann die Zustimmung gegenüber dem Veräußerer oder dem Erwerber äußern. Sie kann **ausdrücklich** oder **konkludent** erklärt sein. Ob eine konkludente Zustimmung des Urhebers vorliegt, ist nach den Umständen des Einzelfalles (insbesondere Vertragszweck, vorangegangene Vertragsgestaltungen und Branchenübung) zu beurteilen.[65] Auch die Zweckübertragungsregel des § 31 V UrhG (Rn. 29 ff.) ist für die Auslegung von Bedeutung.[66]

77 **(2) Zustimmungspflicht (§ 34 I 2 UrhG).** Der Urheber darf die Zustimmung nicht wider Treu und Glauben verweigern (§ 34 I 2 UrhG; Ausnahme für Filme nach § 90 S. 1 UrhG). Eine Zustimmungspflicht besteht daher nur ausnahmsweise. So, wenn die Verweigerung der Zustimmung nicht durch berechtigte Belange gerechtfertigt ist, sondern willkürlich erscheint. Dies ist aufgrund einer **Abwägung** der sich gegenüberstehenden Interessen zu entscheiden. Verweigert der Urheber pflichtwidrig die Zustimmung, muss der Veräußerer des Nutzungsrechts den Urheber gerichtlich auf Zustimmung in Anspruch nehmen. Wer sich auf eine Zustimmungspflicht des Urhebers beruft, muss die Voraussetzungen hierfür darlegen und gegebenenfalls beweisen.

---

64 Dreier/Schulze/*Schulze,* § 34 UrhG Rn. 8.
65 *BGH* GRUR 2005, 860, 862 – Fash 2000.
66 *BGH* GRUR 1960, 197, 199 – Keine Ferien für den lieben Gott.

(3) Entbehrlichkeit bei Veräußerung eines Unternehmens (§ 34 III 1 UrhG). Bei der Veräußerung eines Unternehmens oder eines Teils davon einschließlich seiner Rechte (z. B. Schallplattenunternehmen) kann die **Zahl der Urheber,** die der Übertragung von Nutzungsrechten auf den Erwerber zustimmen müssten, **unübersehbar** sein. Deshalb ist in diesen Fällen globaler Übertragungen von Nutzungsrechten auf Grund der Veräußerung zumindest eines in sich geschlossenen Teils eines Unternehmens (Fachbereich) eine Zustimmung des jeweiligen Urhebers entbehrlich (§ 34 III 1 UrhG). Die bloße Übertragung einzelner Nutzungsrechte genügt nicht.[67] 78

Der Urheber erhält als **Ausgleich** für die Entbehrlichkeit seiner Zustimmung, dass Veräußerer und Erwerber ihm gegenüber für alle vertraglichen Verpflichtungen des Veräußerers gegenüber dem Urheber zwingend (§ 34 V 1 Alt. 2 UrhG) gesamtschuldnerisch haften (§ 34 IV UrhG). Außerdem kann der Urheber das Nutzungsrecht zurückrufen, wenn ihm die Ausübung des Nutzungsrechts durch den Erwerber nach Treu und Glauben nicht zuzumuten ist (§ 34 III 2 UrhG). Hierfür kommt es auf eine Interessenabwägung an. So ist dem Urheber die Ausübung des Nutzungsrechts durch den Erwerber nicht zumutbar, wenn eine vertrauensvolle Zusammenarbeit zwischen Urheber und Erwerber – etwa auf Grund beleidigender Äußerungen des Erwerbers über den Urheber – ausgeschlossen ist. Ein Rückruf des Nutzungsrechts i. S. d. § 34 III 2 UrhG durch den Urheber ist auch dann möglich, wenn sich die Beteiligungsverhältnisse am Unternehmen des Inhabers des Nutzungsrechts wesentlich ändern (§ 34 III 3 UrhG). Denn auch in diesem Fall bekommt es der Urheber mit anderen Personen als denjenigen zu tun, die er sich selbst ausgesucht hat. Eine Frist für die Ausübung des Rückrufsrechts ist im UrhG nicht vorgesehen. Nimmt man an, dass das Rückrufsrecht nicht beliebig lange bestehen soll, kommt zur Fristbestimmung eine Anknüpfung an andere Regelungen (§ 613a BGB analog oder § 314 III BGB analog oder §§ 195, 199 BGB analog) in Betracht. Die wirksame Ausübung des Rückrufsrechts führt dazu, dass das Nutzungsrecht *ipso iure,* d. h. automatisch, an den Urheber zurückfällt. 79

cc) Rechtsfolgen. Erfolgt die Übertragung eines Nutzungsrechts ohne die Zustimmung des Urhebers, ist diese Übertragung mit dinglicher Wirkung, d. h. gegenüber jedermann, **unwirksam.** Eine weitere 80

---

67 *BGH* GRUR 2005, 860, 862 – Fash 2000.

Veräußerung ist daher ausgeschlossen, da ein gutgläubiger Erwerb eines Nutzungsrechts nicht in Betracht kommt. Eine rückwirkende Heilung durch **Genehmigung** des Urhebers ist möglich (§§ 182 I, 184 I BGB). Endet das Nutzungsrecht, fällt es *ipso iure*, d. h. automatisch, wegen Geltung des Kausalitätsprinzips im Urheberrecht (dazu näher Rn. 17) an den Urheber zurück. So liegt es etwa bei der Beendigung eines Lizenzvertrags, wenn dieser Vertrag nichts anderes vorsieht.[68] Einer gesonderten Rückübertragung des Nutzungsrechts bedarf es nicht. Für diese Verknüpfung von Verflichtungsgeschäft und Verfügungsgeschäft sprechen §§ 41 V, 42 V UrhG, § 9 S. 1 VerlG, der Zweckübertragungsgedanke sowie der Umstand, dass erst das Verpflichtungsgeschäft den Umfang des Nutzungsrechts näher gestaltet.[69]

c) Dispositivität (§ 34 V UrhG)

81 Zum Schutz des Urhebers vor einem stärkeren Verhandlungspartner kann der Urheber auf das Rückrufsrecht (§ 34 III 2 und 3 UrhG) und die Haftung des Erwerbers (§ 34 IV UrhG) nicht im Voraus verzichten (§ 34 V 1 UrhG). Im Übrigen können der Inhaber des Nutzungsrechts und der Urheber Abweichendes vereinbaren (§ 34 V 2 UrhG).

8. Einräumung weiterer Nutzungsrechte (§ 35 UrhG)

82 Der Parteiwille kann darauf gerichtet sein, dass es nicht zu einer Übertragung des Nutzungsrechts i. S. d. § 34 I UrhG und dem damit verbundenen Wechsel des Vertragspartners des Urhebers kommen soll. Vielmehr soll der bisherige Vertragspartner des Urhebers ein ihm vom Urheber eingeräumtes ausschließliches Nutzungsrecht weiterhin behalten und dem Dritten lediglich ein weiteres Nutzungsrecht zustehen. In diesem Fall handelt es sich um eine nach § 35 UrhG zu beurteilende Rechtseinräumung. Auch sie bedarf zu ihrer Wirksamkeit der Zustimmung des Urhebers (§ 35 I 1 UrhG), sofern das ausschließliche Nutzungsrecht nicht nur zur Wahrnehmung der Belange des Urhebers eingeräumt ist (§ 35 I 2 UrhG). Ein ausschließliches Nutzungsrecht nur zur Wahrung der Belange des Urhebers ist z. B. Verwertungsgesellschaften eingeräumt. Denn sie sind auf Grund des

---

68 *BGH* WRP 2012, 1259 Rn. 19 – M2Trade.
69 *BGH* WRP 2012, 1259 Rn. 19 – M2Trade.

Kontrahierungszwangs (§ 11 UrhWG) verpflichtet, auf Verlangen jedermann die von ihnen wahrzunehmenden Nutzungsrechte zu angemessenen Bedingungen einzuräumen. § 35 UrhG ist weit gehend an § 34 UrhG angelehnt (vgl. die Verweise in § 35 II UrhG). Ein von einem Nutzungsrecht (Erstrecht; Hauptlizenz) gegen fortlaufende Zahlung von Lizenzgebühren abgeleitetes Nutzungsrecht (Zweitrecht; Unterlizenz) besteht auch dann fort, wenn das **Erstrecht erlischt** (z. B. wegen Rückrufs auf Grund Nichtausübung nach § 41 I 1 UrhG oder Kündigung wegen Zahlungsverzugs).[70] Hierfür spricht der **Sukzessionsschutz** nach § 33 S. 2 UrhG und insbesondere die Wertung des § 33 S. 2 Alt. 2 UrhG (Fortbestand eines übertragenen Rechts trotz Verzichts des übertragenden Rechtsinhabers auf sein eigenes Recht).[71] Denn dieser Sukzessionsschutz soll das Vertrauen des Rechtsinhabers auf den Bestand seines Rechts schützen und gewährleisten, dass er die Investitionen in dieses Recht amortisieren kann.[72] Da außerdem der Urheber der Erteilung weiterer Nutzungsrechte durch den Inhaber des ausschließlichen Erstrechts zugestimmt hat (§ 35 I 1 UrhG), ist es ihm zumutbar, wenn sein ausschließliches Nutzungsrecht bei Zurückfall des Erstrechts mit einem Zweitrecht belastet ist. Denn durch den Fortbestand eines Zweitrechts ist er nicht übermäßig in der Nutzung seines Rechts belastet.[73] Infolgedessen überwiegt das Interesse des Inhabers des Zweitrechts.[74] Erlischt ein Nutzungsrecht und fällt das Nutzungsrecht an den ursprünglich Berechtigten wie den Urheber zurück, hatte aber der Inhaber des erloschenen Nutzungsrechts (Erstlizenznehmer) seinerseits Nutzungsrechte an Unterlizenznehmer übertragen, so steht dem ursprünglich Berechtigten gegen den Erstlizenznehmer ein **Anspruch nach § 812 I 1 Alt. 2 BGB** auf Abtretung des gegen den jeweiligen Unterlizenznehmer bestehenden Anspruchs auf noch nicht erfüllte Lizenzzahlungen zu.[75] Denn der weiter bestehende Erfüllungsanspruch des Erstlizenznehmers gegen den jeweiligen Unterlizenznehmer stellt einen Eingriff in den Zuweisungsgehalt des ursprünglich und nunmehr wieder Berechtigten dar.[76]

---

70 *BGH* GRUR 2009, 946 Rn. 17 – Reifen Progressiv; WRP 2012, 1259 Rn. 23 – M2Trade; a. A. *Adolphsen/Tabrizi*, GRUR 2011, 384, 389.
71 *BGH* WRP 2012, 1259 Rn. 23 – M2Trade.
72 BT-Drs. IV/270, S. 56.
73 *BGH* GRUR 2009, 946 Rn. 24 – Reifen Progressiv.
74 *BGH* WRP 2012, 1259 Rn. 25 – M2Trade.
75 *BGH* WRP 2012, 1259 Rn. 25 – M2Trade.
76 *BGH* WRP 2012, 1259 Rn. 25 – M2Trade.

9. Verträge über künftige Werke (§ 40 UrhG)

83 Die Einräumung eines Nutzungsrechts kann – vorbehaltlich des § 31a I 1 UrhG – mündlich und konkludent erfolgen. Für den Fall, dass sich jemand – etwa in einem Vorvertrag – pauschal zur Einräumung von Nutzungsrechten an seinen künftigen Werken (auch: ein einziges künftiges Werk), die nicht näher bestimmt (z. B. „das nächste Werk“) oder nur der Gattung nach bestimmt (z. B. „Buch“; „Film“) sind, verpflichtet, bedarf er der **Warnung** vor einer so weit reichenden Verpflichtung. Dem Urheber soll klar sein, worauf er sich einlässt. Deshalb bedarf ein solcher Vertrag der schriftlichen Form i. S. d. § 126 BGB (§ 40 I 1 UrhG).

84 Zum weiteren Schutz des Urhebers ist ein Vertrag, mittels dessen der Urheber Nutzungsrechte an künftigen Werken i. S. d. § 40 I 1 UrhG einräumt, nach fünf Jahren (§ 40 I 2 UrhG) mit einer Frist von sechs Monaten (§ 40 I 3 UrhG) **kündbar.** Die sechsmonatige Kündigungsfrist können die Parteien verkürzen, nicht hingegen verlängern (§ 40 I 3 UrhG). Auf das Kündigungsrecht kann der Urheber nicht im Voraus verzichten (§ 40 II 1 UrhG). Deshalb können die Parteien die fünfjährige Wartezeit nicht im Voraus verlängern. Andere vertragliche oder gesetzliche Kündigungsrechte (z. B. außerordentliche Kündigung) bleiben unberührt (§ 40 II 2 UrhG). Die Beendigung des (schuldrechtlichen) Vertrags macht Verfügungen, die Nutzungsrechte an künftigen Werken einräumen, hinsichtlich der Werke unwirksam, die zu diesem Zeitpunkt noch nicht abgeliefert sind (§ 40 III UrhG). Sofern der Urheber bereits Rechte eingeräumt hat, fallen diese *ipso iure,* d. h. automatisch, an den Urheber zurück. Im Hinblick auf abgelieferte Werke besteht kein Kündigungsrecht. Hat der Urheber an diesen Rechte eingeräumt, verbleiben sie beim Erwerber. Ein Werk ist grundsätzlich abgeliefert, wenn der Urheber ein Werkstück körperlich übergeben hat.[77] Doch kommen insbesondere angesichts neuer Technologien auch andere Formen der Ablieferung des Werks in Betracht, sofern der Verwerter die Möglichkeit zur Nutzung des Werks erhält (z. B. Einstellen des Werks in das Internet).[78]

---

77 *BGH* GRUR 1966, 390, 391 – Werbefilm.
78 Dreier/Schulze/*Schulze,* § 40 UrhG Rn. 26.

10. Auslegungsregeln für Nutzungsrechte (§§ 37, 38, 39, 44 UrhG)

a) Verträge über die Einräumung von Nutzungsrechten (§ 37 UrhG)

Für die vertragliche Einräumung von Nutzungsrechten gilt die 85
Zweckübertragungsregel des § 31 V UrhG (Rn. 29ff.). § 37 UrhG stellt eine weitere Auslegungsregel dar, die den Grundgedanken der **Zweckübertragungsregel** aufgreift und besonders herausstellt. So steht demjenigen, dem der Urheber ein Nutzungsrecht am Werk einräumt, im Zweifel kein Recht zur Verwertung und Veröffentlichung einer Bearbeitung zu (§ 37 I UrhG). Räumt der Urheber ein Nutzungsrecht zur Vervielfältigung des Werks ein (§ 16 UrhG), verbleibt ihm im Zweifel das Recht, das Werk auf Bild- oder Tonträger (§ 16 II UrhG) zu übertragen (§ 37 II UrhG). Räumt der Urheber einem anderen ein Nutzungsrecht zu einer öffentlichen Wiedergabe des Werks ein (§ 15 II UrhG), so ist dieser im Zweifel nicht berechtigt, die Wiedergabe außerhalb der Veranstaltung, für die sie bestimmt ist, durch Bildschirm, Lautsprecher oder ähnliche technische Einrichtungen öffentlich wahrnehmbar zu machen (§ 37 III UrhG).

b) Beiträge zu Sammlungen (§ 38 UrhG)

Die – sowohl für die schuldrechtliche Gestattung als auch die ding- 86
liche Rechtseinräumung geltende – Auslegungsregel des § 38 UrhG ist nur anwendbar, wenn die Parteien nichts Abweichendes vereinbart haben.

**aa) Nutzungsrecht des Verlegers oder Herausgebers einer Zeit- 87
schrift (§ 38 I UrhG).** Nach § 38 I 1 UrhG erwirbt bei einer Zeitschrift (Behandlung von Themen von bleibendem Interesse) und bei anderen periodisch erscheinenden Sammlungen (z.B. Kalender; nicht: juristische Schriftenreihe oder Fortsetzungswerk) der Verleger oder Herausgeber im Zweifel für die Dauer **eines Jahres** das ausschließliche Nutzungsrecht an den einzelnen Beiträgen. Erst nach dem Ablauf dieses Jahres darf der Urheber mangels abweichender Vereinbarung seinen Beitrag anderweitig verwerten (§ 38 I 2 UrhG). § 38 I 2 UrhG gilt auch für einen Beitrag zu einer nicht periodisch erscheinenden Sammlung, für dessen Überlassung dem Urheber –

wie bei einer Festschrift – kein Anspruch auf Vergütung zusteht (§ 38 II UrhG). Die Auslegungsregeln des § 38 I UrhG wirken daher **zu Lasten des Urhebers.**

88 **bb) Nutzungsrecht des Verlegers oder Herausgebers einer Zeitschrift (§ 38 III UrhG).** Bei Überlassung eines Beitrags für eine **Zeitung** (tagesaktuelle Berichterstattung) erwirbt der Verleger oder Herausgeber mangels abweichender Vereinbarung lediglich ein einfaches Nutzungsrecht (§ 38 III 1 UrhG). Selbst wenn der Urheber hier ein ausschließliches Nutzungsrecht einräumt, ist er sogleich nach Erscheinen des Beitrags berechtigt, ihn anderweitig zu verwerten (§ 38 III 2 UrhG). Die Auslegungsregeln des § 38 III UrhG wirken **zu Gunsten des Urhebers.** Die unterschiedliche Behandlung von Zeitungen und Zeitschriften beruht darauf, dass Zeitungen noch schnelllebiger sind als Zeitschriften. Der Urheber soll die Möglichkeit erhalten, seinen Beitrag mehreren Zeitungen gleichzeitig anzubieten. Müsste er die Entscheidung einer Redaktion über die Annahme oder Nichtannahme des Beitrags abwarten, wäre der Beitrag auf Grund der Schnelllebigkeit des Tagesgeschehens möglicherweise schon nach kurzer Zeit nicht mehr aktuell. Im Fall der Nichtannahme durch die Redaktion, der der Urheber den Beitrag zuerst angeboten hat, kommt das Angebot des Beitrags bei einer anderen Zeitung dann nicht mehr mit Erfolgsaussicht in Betracht. Infolgedessen soll der Autor nicht exklusiv gebunden sein und erwirbt der Verleger oder Herausgeber im Zweifel nur ein einfaches Nutzungsrecht (§ 38 III 1 UrhG).

89 **cc) Nutzungsrecht eines Fernsehsenders.** Für die Berichterstattung im **Fernsehen** gilt § 38 UrhG nicht direkt. Denn die Beiträge liegen hier anders als bei Beiträgen zu Zeitungen und Zeitschriften lediglich in unkörperlicher Form vor. Doch kommt eine analoge Anwendung von § 38 III UrhG in Betracht (vgl. auch z. B. §§ 79 II, 81 S. 2 UrhG).

c) Änderungen des Werks (§ 39 UrhG)

90 **aa) Grundsatz: Änderungsverbot (§ 39 I UrhG).** Das Änderungsverbot (§ 14 UrhG) gilt auch bei der Einräumung oder Übertragung von Nutzungsrechten. Denn mangels abweichender Vereinbarung darf der Inhaber eines Nutzungsrechts das Werk, dessen Titel oder Urheberbezeichnung (§ 10 I UrhG) **nicht ändern** (§ 39 I UrhG). Die Rechte nach § 14 UrhG und § 39 I UrhG stehen selb-

ständig nebeneinander.[79] Der Schutz des § 39 I UrhG besteht gegen Änderungen des Werks mit dessen geistigem Gehalt, nicht nur gegen Änderungen eines Werkstücks, in dem sich dieser geistige Gehalt lediglich konkretisiert.[80]

bb) Ausnahme (§ 39 II UrhG). Mangels Vereinbarung einer Änderungsbefugnis ist eine Änderung nur zulässig, wenn der Urheber seine **Einwilligung** nach Treu und Glauben **nicht versagen** kann (§ 39 II UrhG). Diese Ausnahme, die nur die Änderung von Werk und Werktiteln, nicht aber auch die Urheberbezeichnung (§ 10 I UrhG) erfasst, ist eng auszulegen.[81] Für die Frage, ob der Urheber seine Einwilligung nach Treu und Glauben nicht versagen kann, kommt es auf eine Güter- und Interessenabwägung unter Berücksichtigung der Umstände des Einzelfalls an. So kann eine Änderung des Werks oder Werktitels auch ohne Einwilligung, d. h. vorheriges Einverständnis des Urhebers (§§ 182 I, 183 S. 1 BGB), zulässig sein, wenn sie durch die Art oder den Zweck der erlaubten Nutzung des Werks geboten ist. 91

Beispiel: Übertragung eines Bildes in eine andere Größe.[82]

d) Veräußerung des Originals des Werks (§ 44 UrhG)

Die Auslegungsregel des § 44 UrhG macht deutlich, dass im Urheberrecht zwischen dem **Werk** als geistig-ästhetischem Gehalt und dem **Werkstück,** in dem sich das Werk konkretisiert, zu unterscheiden ist. Die Erlangung des Eigentums an einem Werkstück (DVD mit Film) auf Grund eines Kaufvertrags führt nicht notwendig auch zu dem Erwerb eines Nutzungsrechts (z. B. Recht zur Vervielfältigung) an dem Werk. Dem entspricht § 44 I UrhG. Denn danach räumt der Urheber mit der Veräußerung des Originals des Werks dem Erwerber im Zweifel kein Nutzungsrecht ein. Auch darin kommt der Zweckübertragungsgrundsatz zum Ausdruck. Ein Original des Werks i. S. d. § 44 I UrhG ist nicht nur das Original des Werks, sondern auch ein Vervielfältigungsstück.[83] 92

Der Eigentümer des Originals eines Werks der **bildenden Künste** (z. B. Statue; Gemälde) oder eines **Lichtbildwerks** ist demgegenüber 93

---

79 *BGH* GRUR 1982, 107, 109 – Kirchen-Innenraumgestaltung.
80 *BGH* GRUR 2002, 532, 534 – Unikatrahmen.
81 *BGH* GRUR 1974, 675, 676 – Schulerweiterung.
82 Dreier/Schulze/*Schulze,* § 39 UrhG Rn. 16.
83 Schricker/Loewenheim/*Vogel,* § 44 UrhG Rn. 12.

berechtigt, das Werk öffentlich auszustellen, auch wenn es noch nicht veröffentlicht ist (§ 44 II HS. 1 UrhG). Dieses Recht des Eigentümers besteht lediglich dann nicht, wenn der Urheber dies bei der Veräußerung des Originals ausgeschlossen hat (§ 44 II HS. 2 UrhG). § 44 II UrhG begründet eine Ausnahme von dem Grundsatz, dass die Rechte im Zweifel beim Urheber verbleiben (vgl. auch § 44 I UrhG). Daher ist diese Regelung eng auszulegen. Für den Begriff des Originals i. S. d. § 44 II UrhG kommt es darauf an, ob die beteiligten Verkehrskreise das Werkstück als Original ansehen.[84] Dies ist z. B. bei einem Unikat der Fall.

11. Rückrufsrechte des Urhebers

94 Das UrhG begründet unter bestimmten Voraussetzungen das Recht des Urhebers, ein Nutzungsrecht zurückzurufen. Es handelt sich dabei um ein **Gestaltungsrecht.** Es ist durch einseitige empfangsbedürftige Willenserklärung auszuüben. Bei den Rückrufsrechten des Urhebers ist zwischen dem Rückrufsrecht wegen Nichtausübung (§ 41 UrhG) und dem Rückrufsrecht wegen gewandelter Überzeugung (§ 42 UrhG) zu unterscheiden.

a) Rückrufsrecht wegen Nichtausübung (§ 41 UrhG)

95 **aa) Normzweck.** Der Urheber muss angesichts seiner schwächeren Verhandlungsposition einem Verwerter häufig ein ausschließliches Nutzungsrecht an seinem Werk einräumen. Der Urheber und andere Personen sind dann von der Verwertung des Werks ausgeschlossen. Der Urheber ist hier darauf angewiesen, dass sein Vertragspartner das ausschließliche Nutzungsrecht auch tatsächlich ausübt. Tut die andere Vertragspartei das nicht, sind sowohl die **ideellen** wie **materiellen Interessen des Urhebers** berührt. Denn sein Werk gelangt dann nicht in die Öffentlichkeit und kann infolgedessen nicht die Reputation seines Schöpfers begründen oder verbessern (ideelle Interessen des Urhebers). Die Nichtausübung eines ausschließlichen Nutzungsrechts führt außerdem dazu, dass dem Urheber die Möglichkeit genommen ist, an einem wirtschaftlichen Erfolg der Verwertung des Werks teilzuhaben (materielle Interessen des Urhebers). § 41 UrhG schützt die Belange des Urhebers, indem ihm diese Regelung

84 Schricker/Loewenheim/*Vogel*, § 44 UrhG Rn. 23.

Rechte gegenüber dem unzureichend tätigen Rechtsinhaber einräumt. § 41 UrhG dient daher dem **Veröffentlichungsinteresse** des Urhebers.

bb) Anwendungsbereich. (1) Recht des Urhebers zum Rückruf (§ 40 I bis V UrhG). Dem Urheber steht das Recht zum Rückruf des Nutzungsrechts zu, wenn (a) der Inhaber eines ausschließlichen Nutzungsrechts (Rn. 23) das Recht nicht oder nur unzureichend ausübt und (b) dies berechtigte Interessen des Urhebers erheblich verletzt (§ 41 I 1 UrhG; Ausnahme: § 41 I 2 UrhG). Die Untätigkeit des Rechtsinhabers muss sich über einen bestimmten Zeitraum, nämlich zwei Jahre, erstrecken (§ 41 II 1 UrhG; Ausnahmen für Zeitungen und Zeitschriften: § 41 II 2 UrhG). Deshalb besteht eine Wartefrist, die der Urheber beachten muss. Auch wenn diese Voraussetzung erfüllt ist, muss der Urheber dem Rechtsinhaber eine weitere Frist zur ausreichenden Ausübung des Nutzungsrechts bestimmen (§ 41 III 1 UrhG; Ausnahme: § 41 III 2 UrhG). Bleibt der Rechtsinhaber auch dann noch untätig, erlischt das Nutzungsrecht mit dem Wirksamwerden des Rückrufs *ex nunc* (§ 41 V UrhG). Es fällt *ipso iure,* d. h. automatisch, an den Urheber zurück. Zum Schutz des Urhebers kann der Urheber nicht im Voraus auf das Rückrufsrecht verzichten (§ 41 IV 1 UrhG). Lediglich eine Verlängerung der zweijährigen Wartefrist auf bis zu fünf Jahre ist zulässig (§ 41 IV 2 UrhG). 96

(2) Pflicht des Urhebers zur Entschädigung (§ 41 VI UrhG). Soweit es der Billigkeit entspricht, hat der Urheber den Rechtsinhaber zu **entschädigen** (§ 41 VI UrhG). Diesem Anspruch des Rechtsinhabers liegt die Vorstellung zu Grunde, dass er im Hinblick auf sein Nutzungsrecht bereits Aufwendungen hatte und für die Einräumung des Nutzungsrechts ein Entgelt bezahlt hat. Entscheidend ist eine Interessenabwägung. Da der Rechtsinhaber zumindest für zwei Jahre das Recht erhielt, das Werk ausschließlich zu nutzen, überwiegen regelmäßig die Interessen des Urhebers. Ein Anspruch des Rechtsinhabers nach § 41 VI UrhG scheidet daher regelmäßig aus. 97

(3) Fortbestand anderer Rechte und Ansprüche (§ 41 VII UrhG). Rechte und Ansprüche der Beteiligten nach anderen gesetzlichen Vorschriften bleiben **unberührt** (§ 41 VII UrhG). Dies können Schadensersatzansprüche wegen Pflichtverletzung (§§ 280 ff. BGB) 98 oder das Recht zur Kündigung aus wichtigem Grund (§ 314 BGB) sein.

b) Rückrufsrecht wegen gewandelter Überzeugung (§ 42 UrhG)

99 **aa) Normzweck.** Anschauungen und **Überzeugungen** des Urhebers können sich im Laufe der Zeit **verändern.** Dies betrifft insbesondere die Einstellung des Urhebers zu seinem Werk. So kann es dazu kommen, dass sich der Urheber – etwa auf Grund neuer wissenschaftlicher Erkenntnisse oder kultureller Entwicklungen – nicht mehr mit seinem Werk identifiziert. Der Urheber kann dann ein **Interesse** daran haben, dass der Inhaber eines Nutzungsrechts das **Werk nicht verwertet.** § 42 UrhG trägt diesem Interesse des Urhebers, die Veröffentlichung des Werks zu verhindern, Rechnung.

100 **bb) Anwendungsbereich. (1) Rückrufsrecht des Urhebers (§ 42 I und II UrhG).** Der Urheber (für Rechtsnachfolger: § 42 I 2 UrhG) kann das Nutzungsrecht gegenüber dem Inhaber zurückrufen, wenn (a) das Werk nicht mehr seiner Überzeugung entspricht und (b) ihm deshalb die Verwertung des Werks nicht mehr zumutbar ist (§ 42 I 1 UrhG). Anders als bei § 41 I 1 UrhG muss das Nutzungsrecht nicht ausschließlich eingeräumt sein. Daher genügt ein einfaches Nutzungsrecht. Die Überzeugung des Urhebers kann sich aus wissenschaftlichen, politischen, religiösen, weltanschaulichen, künstlerischen oder ästhetischen Gründen gewandelt haben. Hinzukommen muss die Unzumutbarkeit der Verwertung des Werks für den Urheber. Ob diese Voraussetzung für ein Rückrufsrecht des Urhebers vorliegt, ist auf Grund einer **Interessenabwägung** zu beurteilen. Eine bloße nachträgliche Unzufriedenheit mit dem Werk genügt nicht, um durch einen Rückruf des Nutzungsrechts in die Rechtsposition des Inhabers des Nutzungsrechts eingreifen zu dürfen.[85] Zum Schutz des Urhebers kann der Urheber nicht im Voraus auf das Rückrufsrecht verzichten (§ 42 II 1 UrhG). Auch ein Ausschluss seiner Ausübung kommt nicht in Betracht (§ 42 II 2 UrhG).

101 **(2) Pflicht des Urhebers zur Entschädigung (§ 42 III UrhG).** Der Urheber hat den Inhaber des Nutzungsrechts angemessen zu entschädigen (§ 42 III 1 UrhG). Die Mindesthöhe der Entschädigung legt § 42 III 1 HS. 1 UrhG auf die Höhe der Aufwendungen, die der

85 Dreier/Schulze/*Schulze*, § 42 UrhG Rn. 18.

Inhaber des Nutzungsrechts bis zur Erklärung des Rückrufs gemacht hat, fest. Aufwendungen, die auf bereits gezogene Nutzungen entfallen, bleiben außer Betracht (§ 42 III 1 HS. 2 UrhG). Mit dem Wirksamwerden des Rückrufs erlischt das Nutzungsrecht *ex nunc* (§ 42 V UrhG i. V. m. § 41 V UrhG). Es fällt *ipso iure,* d. h. automatisch, an den Urheber zurück. Der Rückruf ist jedoch erst wirksam, wenn der Urheber die Aufwendungen ersetzt oder Sicherheit hierfür geleistet hat (§ 42 III 3 UrhG). Der Inhaber des Nutzungsrechts hat dem Urheber binnen einer Frist von drei Monaten nach Erklärung des Rückrufs die Aufwendungen mitzuteilen (§ 42 III 4 HS. 1 UrhG). Kommt er dieser Pflicht nicht nach, ist der Rückruf bereits mit Ablauf dieser Frist wirksam (§ 42 III 4 HS. 2 UrhG).

(3) Wiederverwertung des Werks durch Urheber (§ 42 IV 102
UrhG). Will der Urheber nach Rückruf des Nutzungsrechts das Werk wieder verwerten, ist er verpflichtet, dem früheren Inhaber des Nutzungsrechts ein entsprechendes Nutzungsrecht zu angemessenen Bedingungen einzuräumen (§ 42 IV UrhG). Damit räumt das Gesetz dem bisherigen Inhaber des zurückgerufenen Nutzungsrechts eine **Option** ein.

(4) Fortbestand anderer Rechte und Ansprüche (§ 42 V UrhG 103
i. V. m. § 41 VII UrhG). Rechte und Ansprüche der Beteiligten nach anderen gesetzlichen Vorschriften bleiben **unberührt** (§ 42 V UrhG i. V. m. § 42 VII UrhG).

12. Zwangslizenz zur Herstellung von Tonträgern (§ 42a UrhG)

Das heutige Kulturleben ist im Bereich der Musik entscheidend 104
durch Schallplatten und CDs, von denen der Zuhörer verschiedene Interpretationen derselben Musikwerke abspielen kann, geprägt. Um diese Möglichkeit zu erhalten und die Bildung von **Monopolstellungen zu vermeiden,** schränkt § 42a UrhG die Rechte des Urhebers ein. Denn wenn er einem Hersteller von Tonträgern ein Nutzungsrecht an einem Werk der Musik eingeräumt hat, muss er auch anderen Herstellern von Tonträgern ein Nutzungsrecht mit diesem Inhalt zu angemessenen Bedingungen einräumen (§ 42a I 1 HS. 1 UrhG). Infolgedessen ist der Urheber zum Abschluss eines Vertrags mit anderen Herstellern verpflichtet.

105 Da die Rechtseinräumung vertraglich zu erfolgen hat, handelt es sich nicht um eine gesetzliche Lizenz. Da der Urheber zur vertraglichen Einräumung eines Nutzungsrechts verpflichtet ist, unterliegt er einem **Kontrahierungszwang.** Verweigert der Urheber die Rechtseinräumung, muss der Interessent auf Einräumung der Rechte klagen. Solange dies nicht erfolgreich geschehen ist, darf er das Werk nicht nutzen. Andernfalls verletzt er die Rechte des Urhebers.[86]

13. Urheber in Arbeits- oder Dienstverhältnissen (§ 43 UrhG)

a) Normzweck

106 Nach § 43 UrhG gelten die §§ 31 bis 42a, 44 UrhG auch dann, wenn der Urheber das Werk in Erfüllung seiner Verpflichtungen aus einem Arbeits- oder Dienstverhältnis geschaffen hat, soweit sich aus dem Inhalt oder dem Wesen des Arbeitsverhältnisses nichts anderes ergibt. Urheber ist stets der Schöpfer eines Werks (§ 7 UrhG). Da das Urheberrecht nicht übertragbar ist (§ 29 I UrhG), kann der Arbeitgeber an Werken seiner Mitarbeiter Nutzungsrechte nur dadurch erlangen, dass ihm der jeweilige Mitarbeiter solche Rechte einräumt (§ 31 UrhG). § 43 UrhG **erleichtert** einen solchen **Rechtserwerb** insofern, als es für die Notwendigkeit der Einräumung eines Nutzungsrechts auf den Inhalt oder das Wesen des Arbeits- oder Dienstverhältnisses ankommt. So gilt der Grundsatz, dass auch im Arbeits- und Dienstverhältnis eine Einräumung von Nutzungsrechten den allgemeinen Regeln hierzu (§§ 31 bis 42a, 44 UrhG) unterliegt. Einem Arbeitgeber oder Dienstherrn, der sich auf eine Abweichung hiervon beruft, hilft § 43 UrhG insoweit, als sich aus dem Inhalt oder Wesen des Arbeits- oder Dienstvertrags Abweichungen von §§ 31 bis 42a, 44 UrhG ergeben können.

b) Anwendungsbereich

107 **aa) Arbeitsverhältnis.** Ein Arbeitsverhältnis liegt bei **persönlicher Abhängigkeit** vom Vertragspartner vor. Dies ist auf Grund der vertraglichen Gestaltung und der tatsächlichen Handhabung zu beurteilen. Ein wesentliches **Indiz** für ein Arbeitsverhältnis ist bei weisungs-

86 *BGH* GRUR 1998, 376, 378 – Coverversion.

gebundener Tätigkeit gegeben (vgl. auch § 84 I 2 HGB). Weitere Indizien für ein Arbeitsverhältnis können die Vorgabe von Ort und Zeit der Arbeitsleistung, die Eingliederung in den betrieblichen Ablauf oder Dienstpläne sein. Eine Befristung des Vertrags steht der Annahme eines Arbeitsverhältnisses nicht entgegen.[87] Auf arbeitnehmerähnliche Personen ist § 43 UrhG nicht anwendbar, da sie die Rechte des Urhebers einschränkt.[88] Dasselbe gilt für freie Mitarbeiter und Scheinselbständige.

bb) Dienstverhältnis. Ein Dienstverhältnis i. S. d. § 43 UrhG liegt nach zutreffender Auffassung allein bei öffentlich-rechtlichen Dienstverhältnissen (z. B. Beamte, Richter und Soldaten) vor.[89] Nicht gemeint ist der Begriff des Dienstverhältnisses i. S. d. § 611 BGB, zumal § 43 UrhG Dienstverhältnisse und Arbeitsverhältnisse nebeneinander nennt.[90] 108

cc) In Erfüllung arbeits- oder dienstvertraglicher Verpflichtungen. § 43 UrhG setzt voraus, dass der Urheber das Werk in Erfüllung seiner Verpflichtungen aus einem Arbeits- oder Dienstverhältnis geschaffen hat. Die Schaffung von Werken **vor** der Begründung des Arbeits- oder Dienstverhältnisses oder **nach** seiner Beendigung bleibt daher außer Betracht. Denn die Schaffung von Werken, ohne dass sich eine vertragliche Pflicht hierauf erstreckt, ist aus dem Anwendungsbereich des § 43 UrhG herausgenommen.[91] Inhalt und Umfang der **arbeitsvertraglichen Verpflichtungen** bestimmen sich nach kollektivvertraglichen Regelungen sowie den Individualverträgen. Sofern ein Arbeitsvertrag keine Regelung zu urheberrechtlichen Fragestellungen enthält, kommt es für den Inhalt und den Umfang der arbeitsvertraglichen Verpflichtung entscheidend auf die Umstände des Einzelfalles wie die betriebliche Funktion des Arbeitnehmers, sein 109

87 Schricker/Loewenheim/*Rojahn*, § 43 UrhG Rn. 15.
88 Dreier/Schulze/*Dreier*, § 43 UrhG Rn. 8.
89 Schricker/Loewenheim/*Rojahn*, § 43 UrhG Rn. 10.
90 Schricker/Loewenheim/*Rojahn*, § 43 UrhG Rn. 10.
91 Eine andere Frage ist es, ob der Arbeits- oder Dienstverpflichtete zumindest verpflichtet ist, dem Arbeits- oder Dienstberechtigten Nutzungsrechte an einem solchen Werk anzubieten. Teilweise wird eine solche Pflicht auf die Treuepflicht des Arbeits- oder Dienstverpflichteten gestützt; vgl. nur *BGH* GRUR 1991, 523, 528 – Grabungsmaterialien. Andere lehnen eine Anbietungspflicht ab; vgl. nur Wandtke/Bullinger/*Wandtke*, § 43 UrhG Rn. 34 ff. Wieder andere wollen eine Anbietungspflicht auf der Grundlage der arbeitsvertraglichen Treuepflicht auf Ausnahmefälle (z. B. Verstoß gegen ein Wettbewerbsverbot durch den Arbeits- oder Dienstverpflichteten) beschränken; vgl. nur *Ullmann*, GRUR 1987, 6, 9 und im Anschluss daran Dreier/Schulze/*Dreier*, § 43 UrhG Rn. 26.

Berufsbild sowie die Verwendbarkeit des Werks für den Arbeitgeber an.[92] Auch Ort und Zeit der Schaffung des Werks kommt eine bestimmte Indizwirkung zu.

Beispiel: Ein angestellter Statiker ist arbeitsvertraglich nicht zur Erstellung eines Computerprogramms verpflichtet.[93] Erstellt er ein solches Programm zu Hause in seiner Freizeit, geschieht dies nicht in Erfüllung der arbeitsvertraglichen Verpflichtung.

110 Die zu den arbeitsvertraglichen Verpflichtungen angestellten Erwägungen gelten in gleicher Weise für **dienstvertragliche Verpflichtungen.**

111 Wer nicht arbeits- oder dienstvertraglich zur Schaffung von Werken verpflichtet ist, sondern ein Werk nur **bei Gelegenheit** bei der Ausführung der Arbeit oder des Diensts schafft, unterliegt nicht § 43 UrhG.

112 **dd) Abweichung von §§ 31 bis 42a, 44 UrhG auf Grund Inhalt oder Wesen des Arbeits- oder Dienstvertrags.** Der Inhalt oder das Wesen eines Arbeits- oder Dienstvertrags können zu einer **Abweichung** von §§ 31 bis 42a, 44 UrhG führen. Dazu gehört der sich aus dem Wesen eines Arbeits- oder Dienstvertrags ergebende Grundsatz, dass das sich aus der Arbeit oder des Diensts ergebende Werk nicht dem Arbeitnehmer oder Dienstverpflichteten, sondern dem Arbeitgeber oder Dienstberechtigten zusteht. Denn die Vergütung des Arbeits- oder Dienstverpflichteten begründet einen wirtschaftlichen Ausgleich für die Erstellung des Werks. Infolgedessen ist der Arbeitnehmer oder Dienstverpflichtete zur **Einräumung der Nutzungsrechte** an seinem Werk auf den Arbeitgeber oder Dienstberechtigten **verpflichtet.** Allerdings gilt auch hier die allgemeine Zweckübertragungsregel. Denn auch der Arbeitgeber oder Dienstherr hat ein berechtigtes Interesse an der Einräumung der Nutzungsrechte nur im Hinblick auf den Zweck, der dem Arbeits- oder Dienstverhältnis zu Grunde liegt.[94] Deshalb kann es für die betrieblichen Zwecke auch nur auf die Zwecke des Betriebs ankommen, bei dem der Arbeiter oder Dienstverpflichtete tätig ist.[95] Ein Anspruch auf gesonderte **Vergütung** steht dem Arbeitnehmer oder Dienstverpflichteten für die Einräumung von Nutzungsrechten nicht zu.[96] Ein Anspruch auf ge-

92 *BGH* GRUR 1985, 129, 130 – Elektrodenfabrik.
93 *BAG* GRUR 1984, 429 – Statikprogramm.
94 Dreier/Schulze/*Dreier,* § 43 UrhG Rn. 17.
95 Schricker/Loewenheim/*Rojahn,* § 43 UrhG Rn. 53.
96 Schricker/Loewenheim/*Rojahn,* § 43 UrhG Rn. 64.

sonderte Vergütung ergibt sich auch nicht auf Grund einer analogen Anwendung des ArbErfG.[97] Lediglich Ansprüche nach § 32 UrhG (Rn. 46ff.) und § 32a UrhG (Rn. 61ff.) kommen in Betracht, sofern die Vergütung nicht tarifvertraglich festgelegt ist (§§ 32 IV, 32a IV UrhG). Für außervertraglich geschaffene Werke hat der Arbeits- oder Dienstverpflichtete hingegen Anspruch auf gesonderte Vergütung, wenn er Rechte zur Nutzung des Werks dem Arbeits- oder Dienstberechtigten einräumt. Diesem Anspruch steht es nicht entgegen, wenn der Arbeits- oder Dienstverpflichtete diese Rechtseinräumung nicht ausdrücklich gegen Entgelt vornimmt.[98]

Aus Inhalt oder Wesen eines Arbeits- oder Dienstverhältnisses **113**
können sich **Einschränkungen** der urheberpersönlichkeitsrechtlichen **Befugnisse** des Arbeits- oder Dienstverpflichteten ergeben.[99] Denn es sind auch die Interessen des Arbeits- oder Dienstberechtigten an einer möglichst uneingeschränkten Nutzung des Werks zu berücksichtigen. Deshalb kommt es auf eine umfassende Interessenabwägung unter Berücksichtigung der Umstände des Einzelfalles an.

Beispiel: Das Namensnennungsrecht i. S. d. § 13 S. 1 UrhG als auch des § 13 S. 2 UrhG steht dem Arbeits- oder Dienstverpflichteten zu. Der Arbeits- oder Dienstberechtigte darf nicht vorgeben, selbst der Urheber zu sein. Doch kommt es für das „Ob" und das „Wie" der Namensnennung auf eine umfassende Interessenabwägung unter Berücksichtigung der Umstände des Einzelfalles an. Die Nennung des Urhebers in einer Werbegrafik beeinträchtigt deren Wirkung erheblich und darf daher unterbleiben.[100]

97 Dreier/Schulze/*Dreier,* § 43 UrhG Rn. 30; Schricker/Loewenheim/*Rojahn,* § 43 UrhG Rn. 64.
98 *BGH* GRUR 1985, 129, 130 – Elektrodenfabrik.
99 Wandtke/Bullinger/*Wandtke,* § 43 UrhG Rn. 84ff.
100 *OLG München* GRUR 1969, 146 – Werbegrafik.

§ 6. Schranken des Urheberrechts (§§ 44a bis 63a UrhG)

I. Vorgabe des Unionsrechts (Art. 5 V der Richtlinie 2001/29/EG)

1 Art. 5 V RiL 2001/29/EG legt für das europäische Urheberrecht den sog. **Drei-Stufen-Test** als Vorgabe für nationale Schrankenregelungen fest und begrenzt damit den Gestaltungsspielraum des nationalen Gesetzgebers bei der Einschränkung des Urheberrechts. Danach sind nationale Schrankenregelungen auf bestimmte Sonderfälle zu begrenzen (1. Stufe). Dies soll eine Aushöhlung urheberrechtlicher Ausschließlichkeitsrechte verhindern. Nationale Schrankenregelungen dürfen außerdem die normale Auswertung des Werks durch den Urheber nicht beeinträchtigen (2. Stufe) und die berechtigten Interessen des Urhebers nicht unzumutbar verletzen (3. Stufe). Bei den drei Stufen handelt es sich um zunehmend enger werdende Kriterien.[1] Ein Anspruch des Urhebers auf Vergütung vermag zwar nicht einem Überschreiten der zweiten Stufe entgegenstehen, doch kann seine Höhe zur Zumutbarkeit der Verletzung berechtigter Interessen des Urhebers führen.

II. Regelungszweck der Schranken des Urheberrechts

2 Den Interessen des Urhebers stehen die Interessen der Werkvermittler und der Endnutzer gegenüber. Zwar ist das Urheberrecht als Eigentum durch Art. 14 GG geschützt (§ 1 Rn. 46 f.). Den Inhalt dieses Schutzes legt der Gesetzgeber fest (Art. 14 I 1 GG). Er hat dabei die **Sozialgebundenheit** des Eigentums (Art. 14 II GG) zu berücksichtigen. Die §§ 44a bis 63a UrhG tragen diesem Anliegen Rechnung und sind infolgedessen auf die Beachtung **schutzwürdiger Belange der Allgemeinheit** (z. B. Rechtspflege; öffentliche Sicherheit) gerich-

---

1 Dreier/Schulze/*Dreier*, Vor §§ 44a ff. UrhG Rn. 21; vgl. zum Drei-Stufen-Test auch *Bornkamm*, FS Erdmann, 2002, S. 29 ff.

tet. Für bestimmte Werke ergeben sich darüber hinaus aus anderen Regelungen Schrankenbestimmungen (z. B. §§ 55a, 69d bis e UrhG). Die Beschränkung der urheberrechtlichen Befugnisse durch das UrhG erfolgt durch die **gesetzliche Lizenz** (z. B. § 49 I UrhG), die **ersatzlose Freistellung** bestimmter Nutzungsarten (z. B. §§ 48, 51 UrhG), die **Verwertungsgesellschaftspflichtigkeit** (z. B. § 27 III UrhG) sowie **Zwangslizenzen** (z. B. § 42a UrhG).

III. Auslegung

Schrankenbestimmungen sind als Ausnahmeregelungen grundsätzlich **eng auszulegen.**[2] Dieses Gebot beruht auf dem Grundsatz, dass der Urheber an der wirtschaftlichen Nutzung seines Werks angemessen zu beteiligen ist. Deshalb darf keine übermäßige Beschränkung der ihm hinsichtlich der Werkverwertung zustehenden Ausschließlichkeitsrechte erfolgen.[3] Außerdem ist bei der Auslegung zu beachten, auf welchen Zweck die jeweilige Schrankenbestimmung gerichtet ist.[4] Neben den Interessen des Urhebers sind diese durch die Schrankenbestimmungen geschützten Interessen zu beachten und ihrem Gewicht entsprechend für die Auslegung der gesetzlichen Regelung heranzuziehen. Eine analoge Anwendung von Schrankenbestimmungen bedarf sorgfältiger Begründung. Soweit eine einzelne Schrankenbestimmung der Umsetzung einer europäischen Richtlinie dient, ist sie **richtlinienkonform** auszulegen. 3

IV. Schranken des Urheberrechts im Einzelnen

1. Vorübergehende Vervielfältigungshandlungen (§ 44a UrhG)

§ 44a UrhG dient der Umsetzung von Art. 5 I RiL 2001/29/EG. 4
Diese Regelung **begrenzt** das nach Art. 2 dieser Richtlinie und § 16 UrhG in weitem Umfang eingeräumte **Vervielfältigungsrecht** des Urhebers. Danach sind unter bestimmten Voraussetzungen vorüber-

2 *BGH* GRUR 1994, 800, 802 – Museumskatalog.
3 BGHZ 150, 6, 8 – Verhüllter Reichstag.
4 *BGH* GRUR 1994, 800, 802 – Museumskatalog.

gehende Vervielfältigungshandlungen zulässig. Das Urheberrecht erfährt dadurch jedenfalls dann keine unangemessene Beschränkung, wenn diese Vervielfältigungshandlungen keine eigenständige wirtschaftliche Bedeutung aufweisen. Das Tatbestandsmerkmal der Vervielfältigung ist wie bei § 16 UrhG (§ 4 Rn. 33 ff.) zu bestimmen. Die Vervielfältigung darf nur **vorübergehend** erfolgen. Für die Länge dieses Zeitraums kommt es auf die Umstände des Einzelfalls an.

Beispiele: Eine vorübergehende Vervielfältigungshandlung kann in einer Handlung liegen, die das Browsing sowie Handlungen des Cachings ermöglicht. Beim Caching erfolgt eine zeitlich begrenzte Zwischenspeicherung der bereits aufgerufenen Netzinhalte auf dem Server des Anbieters. Der Zweck dieser Zwischenspeicherung ist darauf gerichtet, einen schnelleren Zugriff der Nutzer auf diese Netzinhalte bei erneutem Abruf zu gewährleisten und das Netz zu entlasten.[5] Das Downloading ist hingegen keine nur vorübergehende Vervielfältigung i. S. d. § 44a UrhG.

5 Die vorübergehende Vervielfältigungshandlung muss **flüchtig** oder **begleitend** sein. Damit ist der Kreis vorübergehender Vervielfältigungshandlungen noch enger gefasst.[6]

6 Die vorübergehende Vervielfältigungshandlung muss integraler oder wesentlicher Teil eines **technischen Verfahrens** sein. Entscheidend ist, dass die Nutzung des Werks auf digitale Weise und nicht auf einer von dieser selbständigen technischen Grundlage erfolgt.[7]

7 § 44a Nr. 1 und Nr. 2 UrhG enthält zwei **Zwecke,** zu denen eine vorübergehende Vervielfältigungshandlung erfolgen darf. Hinzukommen muss, dass diese Zwecke keine eigenständige wirtschaftliche Bedeutung haben. § 44a Nr. 1 UrhG erfasst vorübergehende Vervielfältigungshandlungen, die für die Online-Übertragung eines geschützten Werks sinnvoll sind (vgl. auch Erwägungsgrund 33 RiL 2001/29/EG). § 44a Nr. 2 UrhG greift, wenn der Urheber die Nutzung erlaubt oder sie nach sonstigen Schrankenbestimmungen zulässig ist (vgl. auch Erwägungsgrund 33 RiL 2001/29/EG).

8 Die vorübergehende Vervielfältigungshandlung darf **keine eigenständige wirtschaftliche Bedeutung** haben. Es darf daher keine eigenständige Möglichkeit zur Nutzung des Werks entstehen.

---

5 BT-Drs. 15/38, S. 18.
6 Dreier/Schulze/*Dreier*, § 44a UrhG Rn. 5.
7 Dreier/Schulze/*Dreier*, § 44a UrhG Rn. 6.

2. Rechtspflege und öffentliche Sicherheit (§ 45 UrhG)

Die Rechtspflege und die Verwaltung können die ihnen obliegenden Aufgaben häufig nur dann sachgerecht durchführen, wenn sie über Vervielfältigungsstücke verfügen. Der Urheber soll daher die Nutzung seines Werks zu diesen Zwecken nicht untersagen und auch nicht von der Gewährung einer Vergütung abhängig machen dürfen. Die Nutzung des Werks durch Rechtspflege und öffentliche Verwaltung dient hier nämlich nur der **Wahrnehmung öffentlicher Aufgaben** und hat keine eigenständige wirtschaftliche Funktion. 9

3. Behinderte Menschen (§ 45a UrhG)

§ 45a UrhG setzt Art. 5 III lit. b der Richtlinie 2001/29/EG um. 10
Diese Regelung schränkt sowohl das Vervielfältigungsrecht als auch das Verbreitungsrecht zu Gunsten behinderter Menschen ein, sofern die Vervielfältigung oder Verbreitung nicht zu Erwerbszwecken erfolgt. § 45a UrhG soll der **Diskriminierung** behinderter Menschen **entgegenwirken.**[8] Dem Urheber bleibt lediglich ein Vergütungsanspruch, den nur eine Verwertungsgesellschaft geltend machen darf (§ 45a II UrhG).

4. Sammlungen für Kirchen-, Schul- oder Unterrichtsgebrauch (§ 46 UrhG)

§ 46 UrhG führt die Interessen des Urhebers und die Interessen 11
der Allgemeinheit an der **Erziehung der Jugend** sowie der **Religionspflege** einem ausgewogenen Ausgleich zu. Denn danach darf der Verleger Sammlungen für Kirchen-, Schul- und Unterrichtsgebrauch auch ohne Einwilligung des Urhebers veröffentlichen, vervielfältigen, verbreiten und öffentlich zugänglich machen. Umgekehrt ist diese Nutzung zum einen auf bestimmte Werke und zum anderen auf Sammlungen solcher Werke zum Zweck des Kirch-, Schul- oder Unterrichtsgebrauchs begrenzt. Außerdem ist die Zweckbestimmung anzugeben (§ 46 I 2 UrhG) und der Urheber über die Nutzung zu

8 BT-Drs. 15/38, S. 18.

unterrichten (§ 46 III UrhG). Ihm steht ein Anspruch auf Vergütung zu (§ 46 IV UrhG). Schließlich darf der Urheber die Nutzung seines Werks in der Sammlung verbieten, wenn es nicht mehr seiner Überzeugung entspricht, ihm deshalb die Verwertung des Werks nicht mehr zumutbar ist und er ein bestehendes Nutzungsrecht aus diesem Grunde (§ 42 UrhG; § 5 Rn. 99ff.) zurückgerufen hat (§ 46 V 1 UrhG).

5. Schulfunksendungen (§ 47 UrhG)

12 Die Vorführung von Funksendungen im Schulunterricht muss häufig zu anderen Zeiten, nämlich Schulzeiten, erfolgen als die Ausstrahlung der Sendung. Deshalb ist es zur Förderung des **Bildungswesens** und der **Jugenderziehung** zulässig, dass Schulen und die darüber hinaus in § 47 I UrhG genannten Bildungseinrichtungen Funksendungen nicht nur zum Zeitpunkt ihrer Ausstrahlung, sondern auch zu einem späteren Zeitpunkt vorführen. Die hierzu erforderliche Herstellung von Vervielfältigungen bedarf nicht der Zustimmung des Urhebers. Auch ein Anspruch des Urhebers auf Vergütung besteht nicht.

6. Öffentliche Reden (§ 48 UrhG)

13 Die Allgemeinheit hat ein Interesse an der **raschen Unterrichtung** über öffentlich gehaltene Reden (z. B. Ansprache der Bundeskanzlerin). Aus diesem Grunde und zum **Schutz der Pressefreiheit** schränkt § 48 UrhG das Vervielfältigungsrecht (§ 16 UrhG), das Verbreitungsrecht (§ 17 UrhG) und das Recht der öffentlichen Wiedergabe (§§ 15 II, 19 bis 22 UrhG) an bestimmten öffentlich gehaltenen Reden ein. Unter den Voraussetzungen des § 48 UrhG ist die wörtliche Wiedergabe und erst recht die Wiedergabe des Inhalts der Rede zustimmungs- und vergütungsfrei. Eine Einschränkung ergibt sich insoweit aus § 47 II UrhG.

7. Zeitungsartikel und Rundfunkkommentare (§ 49 UrhG)

14 § 49 UrhG erleichtert die Nutzung bestimmter Werke i. S. d. § 2 UrhG für bestimmte Medien zum Zweck einer umfassenden und ra-

schen **Unterrichtung** im **Interesse der Allgemeinheit** über tagesaktuelle, d. h. gegenwartsbezogene Ereignisse („Tagesfragen") über Politik, Wirtschaft und Religion (sog. Pressespiegelprivileg). Denn diese Regelung lässt den Nachdruck und die öffentliche Wiedergabe von Artikeln und Rundfunkkommentaren sowie mit ihnen im Zusammenhang veröffentlichten Abbildungen als Sendung i. S. d. § 20 UrhG (nicht: Online-Angebot, da nach § 19a UrhG zu beurteilen) bestimmten Inhalts zustimmungsfrei zu (§ 49 I 1 UrhG). Allerdings hat der Urheber unter bestimmten Voraussetzungen Anspruch auf angemessene Vergütung (§ 49 I 2 HS. 1 UrhG; Ausnahme § 49 I 2 HS. 2 und II UrhG), den nur eine Verwertungsgesellschaft geltend machen darf (§ 49 I 3 UrhG).

Als **Medien,** aus denen jedermann übernehmen darf, nennt § 49 I 1 UrhG Zeitungen und andere lediglich Tagesinteressen dienende Informationsblätter. Nicht erwähnt sind Zeitschriften (diesen Begriff enthalten aber z. B. §§ 41 II 2, 48 I Nr. 1, 50, 52a I Nr. 1, 53 II Nr. 4 lit. a UrhG). Denn sie enthalten häufig auch Artikel zu Tagesfragen mit grundsätzlicher Bedeutung und sind deshalb ohne Vorbehalt gegen Nachdruck zu schützen.[9] Der Begriff der Zeitung ist im UrhG nicht definiert. Der Begriff der Informationsblätter ist nicht als Oberbegriff zu verstehen. Denn es sind lediglich unterhalb von Zeitungen angesiedelte Korrespondenzen, Nachrichten- und Informationsdienste gemeint.[10] Der Begriff der Zeitung ist daher unter Heranziehung des Normzwecks von § 49 UrhG zu ermitteln.[11] § 49 I 1 UrhG erfasst danach nicht nur ein täglich, sondern auch ein wöchentlich oder gar monatlich erscheinendes Presseerzeugnis, das im Wesentlichen auf die **Vermittlung aktueller Informationen** gerichtet ist.[12] 15

Beispiele: Tageszeitung; Wochenzeitung; Nachrichtenmagazin; Fachzeitschrift wie „WirtschaftsWoche", da sie ihrem Gesamtcharakter im Wesentlichen lediglich der Vermittlung aktueller Informationen abzielt.

Monatlich erscheinende Titel haben ihren Schwerpunkt freilich nur ausnahmsweise in der aktuellen Berichterstattung. Doch ist auch hier tagesaktuelle Berichterstattung nicht von vornherein ausgeschlossen (z. B. Bericht über aktuelles Geschehen in einem Spezialbereich). Fachzeitschriften und andere Magazine, die nicht in erster Linie 16

9 BT-Drs. IV/270, S. 66; *BGH* GRUR 2005, 670, 672 – WirtschaftsWoche.
10 BT-Drs. IV/270, S. 65; *BGH* GRUR 2005, 670, 672 – WirtschaftsWoche.
11 *BGH* GRUR 2005, 670, 672 – WirtschaftsWoche.
12 *BGH* GRUR 2005, 670, 672 – WirtschaftsWoche.

über aktuelle Tagesereignisse informieren, fallen nicht in den Anwendungsbereich des § 49 I 1 UrhG.

17 Außerdem gilt § 49 UrhG dem Wortlaut nach nur für **Printmedien** („Zeitungen"; „Blätter"), nicht hingegen für elektronische Trägermedien.[13] Für **online** angebotene Nachrichtendienste ist jedoch eine analoge Anwendung von § 49 UrhG in Betracht zu ziehen. Denn sie ersetzen mehr und mehr gedruckte Zeitungen. Bloßen Datenbanken fehlt hingegen jeglicher meinungsbildender redaktioneller Inhalt, so dass eine analoge Anwendung von § 49 UrhG ausscheidet.

18 **Medien,** in die jedermann bestimmte Inhalte aus anderen Medien übernehmen darf, sind ebenfalls Zeitungen und Informationsblätter. Zu den Informationsblättern in diesem Sinne gehören auch sog. **Pressespiegel** (= Zusammenstellung ausschließlich fremder Artikel ohne eigenständigen redaktionellen Inhalt). Dies gilt auch dann, wenn die Übermittlung eines solchen Pressespiegels an die Empfänger elektronisch erfolgt (= elektronischer Pressespiegel). Voraussetzung hierfür ist aber, dass der Pressespiegel seiner Funktion und seinem Nutzungspotenzial nach dem herkömmlichen Pressespiegel entspricht.[14] So liegt es etwa bei lediglich betriebsinterner Übermittlung des Pressespiegels in einer Form, die keine Volltextrecherche zulässt.[15]

19 Ansprüche auf Grund **anderer Rechtsgrundlagen** (§§ 823, 826 BGB; §§ 8, 9 UWG i. V. m. §§ 3 I, 4 Nr. 9 UWG) bleiben von § 49 UrhG unberührt.

8. Berichterstattung über Tagesereignisse (§ 50 UrhG)

20 § 50 UrhG begründet für bestimmte Medien eine Ausnahme zum Zweck einer umfassenden, anschaulichen und raschen **Unterrichtung** im **Interesse der Allgemeinheit** über tagesaktuelle Ereignisse („Tagesereignisse"). Geschützt sind von dieser Schrankenbestimmung also die Meinungs- und Pressefreiheit (Art. 5 I GG) sowie das Informationsinteresse der Allgemeinheit.[16] Deshalb ist eine Berichterstattung hierüber unter Ausübung des Vervielfältigungsrechts (§ 16 UrhG), Verbreitungsrechts (§ 17 UrhG) und der Rechte der öffentlichen Wiedergabe (§§ 15 II, 19 bis 22 UrhG) zustimmungs- und ver-

13 Dreier/Schulze/*Dreier,* § 49 UrhG Rn. 7.
14 BGHZ 151, 301, 313 – Elektronischer Pressespiegel.
15 BGHZ 151, 301, 313 – Elektronischer Pressespiegel.
16 *BGH* WRP 2008, 1121 Rn. 49 – TV Total.

gütungsfrei zulässig. § 50 UrhG privilegiert nur die „Berichterstattung", d. h. die ausschnittweise, jedoch möglichst wirklichkeitsnahe oder sachliche Schilderung tatsächlicher Geschehnisse.[17] Diese Geschehnisse müssen „Tagesereignisse", d. h. aktuelle (= gegenwartsbezogene), die Allgemeinheit interessierende Vorfälle aller Art (z. B. Politik, Wirtschaft, Kunst, Kultur, Soziales, Gesellschaft), sein. Ein Geschehen, bei dem es in der Öffentlichkeit nicht auf eine aktuelle Berichterstattung ankommt, ist kein Tagesereignis i. S. d. § 50 UrhG. Denn hier ist es dem Berichterstatter oder seinem Auftraggeber möglich und zumutbar, vor dem Abdruck oder der Sendung des Berichts die Zustimmung des Rechtsinhabers einzuholen.

Beispiele: Das Nachrichtenmagazin Focus bildet ein Farbfoto von Verona Pooth, seinerzeit Feldbusch, ab. Dieses Foto hatte zunächst die „Bild"-Zeitung veröffentlicht, der ein Nutzungsrecht an dem Foto zusteht. Die „Bild"-Zeitung hatte dieses Foto zum Zwecke der Illustration der Berichterstattung angeblich gewalttätiger Übergriffe des damaligen Ehemanns von Verona Pooth, Dieter Bohlen, verwendet („Bohlens Frau, So hat er mich zugerichtet"). Focus verletzt mit dieser nicht genehmigten Wiedergabe des Fotos keine Urheberrechte der „Bild"-Zeitung, weil die Berichterstattung über ein Tagesereignis i. S. d. § 50 UrhG (= Erhebung von Anschuldigungen von Verona Pooth gegenüber Dieter Bohlen über die „Bild"-Zeitung) betroffen ist. Denn die Eheleute waren auf Grund ihrer Präsenz in den Medien von allgemeinem Publikumsinteresse.[18] Unerheblich ist, dass die Berichterstattung lediglich ein Klatschbedürfnis befriedigt.

Ein lustiges Interview mit einer Passantin ist kein Tagesereignis i. S. d. § 50 UrhG,[19] da es hier nicht auf eine aktuelle Berichterstattung ankommt. Die dem Interview innewohnende Komik würde auf die Zuschauer in gleicher Weise lustig wirken, wenn die Sequenz eine Woche später nach Einholung der Zustimmung der Berechtigten gezeigt würde.

Als **Medien** privilegiert § 50 UrhG Zeitungen, Zeitschriften, andere **21** Druckschriften, sonstige Datenträger, Funk i. S. d. § 20 UrhG (auch neue Medien wie seinerzeit Btx oder Kabeltext) oder ähnliche technische Mittel sowie Filme. Mit dem Tatbestandsmerkmal „dem Funk ähnliche technische Mittel" ist insbesondere die Berichterstattung mittels digitaler Online-Medien erfasst.[20]

Aus dem Normzweck ergibt sich eine Beschränkung des **Umfangs** **22** **der Nutzungsbefugnis** des Berichterstatters. Bei der Berichterstat-

---

17 Schricker/Loewenheim/*Vogel*, § 50 UrhG Rn. 9; Dreier/Schulze/*Dreier*, § 50 UrhG Rn. 3.
18 *BGH* GRUR 2002, 1050, 1051 – Zeitungsbericht als Tagesereignis.
19 *BGH* WRP 2008, 1121 Rn. 46 – TV Total.
20 BT-Drs. 15/38, S. 19.

tung über ein Ereignis, das mit einem Werk in Zusammenhang steht, bestimmt der Zweck dieses Ereignisses die Grenzen für die Berichterstattung.

Beispiele: Das kurze Zeigen einer Plastik bei Berichterstattung eines Fernsehsenders über die Enthüllung der Plastik des Bildhauers ist durch den Zweck der Berichterstattung geboten.

Ein Verlag veröffentlicht eine Buchreihe, deren einzelne Bücher Kunstwerke abbilden. Die Presse berichtet über die Veröffentlichung dieser Buchreihe. Dies ist zulässig, solange die Berichterstattung über die Veröffentlichung der Buchreihe und nicht der Abdruck einzelner Bilder im Vordergrund steht.[21]

23 Auf Grund ihres Normzwecks erstreckt sich die Schrankenbestimmung des § 50 UrhG allein auf die von der Berichterstattung betroffenen Urheberrechte an **Werken,** über die die Berichterstattung erfolgt, nicht hingegen auf Urheberrechte an Werken, die ihrerseits auf Berichterstattung über ein Werk gerichtet sind.

Beispiel: § 50 UrhG erfasst die Berichterstattung über ein neu entdecktes Gemälde eines berühmten Künstlers unter Wiedergabe des Inhalts des Gemäldes. § 50 UrhG erstreckt sich jedoch nicht auf die Wiedergabe eines urheberrechtlich geschützten Films, den ein Berichterstatter über dieses Gemälde gedreht hat.

24 Außerdem sind die **Rechte** der von der Berichterstattung **betroffenen Personen** zu berücksichtigen. Dies gilt insbesondere für deren allgemeines Persönlichkeitsrecht wie das Recht am eigenen Bild nach §§ 22 ff. KUG (dazu § 12 Rn. 1 ff.).

9. Zitate (§ 51 UrhG)

25 Für die **geistige Auseinandersetzung** mit den Werken anderer ist es unerlässlich, den Inhalt dieser Werke darzustellen. Insbesondere ist es zur Verwirklichung dieses **Allgemeininteresses** erforderlich, den Inhalt von Werken anderer zu nennen. Denn eine solche Nennung der Belegstelle ist als Grundlage für selbständige Ausführungen notwendig und erleichert die geistige Auseinandersetzung mit fremden Werken.[22] Deshalb lässt § 51 UrhG unter bestimmten Voraussetzungen das Zitieren aus den Werken anderer zu und schränkt das Ver-

---

21 *BGH* GRUR 1983, 28 – Presseberichterstattung und Kunstwerkwiedergabe II.
22 *BGH* WRP 2010, 916 Rn. 26 – Vorschaubilder I.

vielfältigungsrecht (§ 16 UrhG), das Verbreitungsrecht (§ 17 UrhG) sowie das Recht der öffentlichen Wiedergabe (§§ 15 II, 19 bis 22 UrhG) ein. Zu diesem Zweck enthält § 51 UrhG mit Satz 1 eine Generalklausel und nennt sodann in Satz 2 Nr. 1 bis Nr. 3 beispielhaft („insbesondere“) einzelne Werke, aus denen jedermann zustimmungs- und vergütungsfrei zitieren darf (vgl. auch Art. 5 III RiL 2001/29/EG). § 51 S. 1 UrhG erfasst danach auch Filmzitate (= Übernahme von Stellen anderer Werke zu nichtwissenschaftlichen Zwecken – andernfalls wäre § 51 S. 2 Nr. 1 UrhG einschlägig – in ein Filmwerk) und Zitate von Multimediawerken.[23] § 51 UrhG ist also auf Filmwerke, aber auch auf einen nach §§ 94 f. UrhG geschützten Filmträger entsprechend anwendbar (§ 94 IV UrhG).[24]

Die Zulässigkeit eines Zitats nach § 51 UrhG setzt stets voraus, 26
dass das aufgenommene Werk **erschienen** oder **veröffentlicht** ist und das aufnehmende Werk, für das jede Werkart in Betracht kommt, **selbständig** ist. Die Selbständigkeit des aufnehmenden Werks setzt wiederum dessen urheberrechtliche Schutzfähigkeit i. S. d. § 2 UrhG voraus.[25] Ferner bedarf es der Unabhängigkeit des Werks (= keine Bearbeitung oder sonstige Umgestaltung i. S. d. § 23 UrhG; vgl. § 4 Rn. 86 f.), so dass die eigene geistige Leistung im Vordergrund stehen muss.

Stets ist die Zulässigkeit eines Zitats an einen bestimmten **Zweck** 27
gebunden. Denn die Zitierfreiheit gestattet es nicht, ein Werk nur um seiner selbst willen der Allgemeinheit zur Kenntnis zu bringen. Zwar enthält lediglich § 51 S. 2 Nr. 1 UrhG eine ausdrückliche Zweckbestimmung („zur Erläuterung des Inhalts“ des aufnehmenden Werks). In allen anderen Fällen besteht der Zweck eines Zitats darin, in das eigene Werk erkennbar (vgl. § 63 I UrhG) fremde Werke oder Werkteile aufzunehmen. Das Zitat muss daher den Zweck des Belegs für eigene Ausführungen erfüllen.[26] Dies kann in unterschiedlicher Weise geschehen. So kann das Zitat den eigene Gedankengang bestätigen oder eine Distanzierung von dem Gedankengang eines anderen ermöglichen. In jedem Fall bedarf es daher einer **inneren Verbindung** zwischen dem genannten fremden Werk mit eigenen Gedanken.[27] Das Zitat muss sich, um als Belegstelle oder Erörterungsgrund-

23 BT-Drs. 16/1828, S. 25.
24 *BGH* WRP 2008, 1121 Rn. 40 – TV Total.
25 *BGH* AfP 2002, 444, 448 – Titelblattgestaltung.
26 *BGH* GRUR 1987, 34 – Liedtextwiedergabe.
27 *BGH* WRP 2008, 1121 Rn. 42 – TV Total.

lage zu dienen, insbesondere in dem durch den Zweck gebotenen **Umfang** halten. Eine Beschränkung auf das notwendige Minimum muss aber nicht erfolgen. Vielmehr darf das Zitat in insgesamt vernünftigem und sachgerechtem Umfang erfolgen.[28] Die innere Verbindung zwischen dem genannten fremden Werk und eigenen Gedanken fehlt indes, wenn das Zitat wirtschaftlich die Nachfrage nach dem Original ersetzt. Dasselbe gilt dann, wenn die Verwendung des fremden Werks nur darauf abzielt, dieses dem Endnutzer leichter zugänglich zu machen, oder in sonstiger Weise ideelle Interessen des Urhebers verletzt.[29]

Beispiele: Die Übernahme nicht genehmigter Zitate aus Tagebüchern und eine starke Gebrauchsnähe zwischen aufgenommenem und aufnehmendem Werk begründet die Gefahr, dass das aufnehmende Werk das Interesse an dem aufgenommenen Werk sinken lässt.[30]

Die Anzeige von Vorschaubildern (sog. Thumbnails) in der Trefferliste einer Suchmaschine mit der Abbildung des Werks eines Dritten (Urheber des abgebildeten Werks), das dieser Dritte ins Internet eingestellt hat, beschränkt sich auf den bloßen Nachweis der von der Suchmaschine aufgefundenen Abbildungen.[31] Das Zeigen der Vorschaubilder dient nicht der geistigen Auseinandersetzung mit dem dargestellten Werk. Es fehlt daher die innere Verbindung zwischen dem auf den Abbildungen gezeigten Werk des Dritten und der Leistung des Betreibers der Suchmaschine. Infolgedessen ist ein Zitatzweck nicht gegeben.

An dem erforderlichen Zitatzweck fehlt es bei bloßem Zeigen der Sequenz einer Aufnahme, die ein anderer Sender hergestellt hat, ohne dass der anmoderierende Sprecher einen eigenständigen inhaltlichen Beitrag hierzu leistet.[32]

28 Außerdem sind die **Rechte anderer,** insbesondere deren allgemeines Persönlichkeitsrecht zu beachten.

10. Öffentliche Wiedergabe (§ 52 UrhG)

29 Das dem Urheber nach §§ 15 II, 19 bis 22 UrhG zustehende Recht der öffentlichen Wiedergabe ist insbesondere durch § 52 UrhG eingeschränkt. Denn diese Regelung lässt im **Allgemeininteresse** bestimmte öffentliche Wiedergaben, die keinem Erwerbszweck des Ver-

28 Schricker/Loewenheim/*Schricker/Spindler,* § 51 UrhG Rn. 19.
29 *BGH* GRUR 1968, 607 – Kandinsky; GRUR 1987, 362 – Filmzitat.
30 *BGH* GRUR-RR 2002, 313, 315 – Übernahme nicht genehmigter Zitate aus Tagebüchern.
31 *BGH* WRP 2010, 916 Rn. 27 – Vorschaubilder I.
32 *BGH* WRP 2008, 1121 Rn. 43 – TV Total.

anstalters dienen, zustimmungsfrei und teilweise sogar vergütungsfrei (§ 52 I 3 UrhG) zu. Dient die Wiedergabe dem Erwerbszweck des Veranstalters, ist § 52 UrhG von vornherein nicht anwendbar. So, wenn die öffentliche Wiedergabe unmittelbar oder mittelbar den Erwerb des Veranstalters fördert.

Beispiel: Das Abspielen von Hintergrundmusik in der Praxis eines Arztes dient den Erwerbszwecken des Arztes.

Die Förderung des Erwerbs Dritter ist hingegen unschädlich (vgl. 30
auch § 52 I 2 UrhG).

Zustimmungsfreiheit, aber Vergütungspflicht bestehen in den Fäl- 31
len des § 52 I 2 und II UrhG. Auch diese Vergütungspflicht entfällt unter den Voraussetzungen des § 52 I 3 UrhG, wenn die Veranstaltung nicht dem Erwerbszweck eines Dritten dient (§ 52 I 4 HS. 1 UrhG). Andernfalls hat der Dritte die Vergütung zu zahlen (§ 52 I 4 HS. 2 UrhG). Etwaige Zustimmungs- und gegebenenfalls Vergütungsfreiheit setzen stets voraus, dass das wiederzugebende Werk bereits veröffentlicht i. S. d. § 6 I UrhG (§ 2 Rn. 126ff.) ist.

§ 52 III UrhG nimmt öffentliche bühnenmäßige Darstellungen, öf- 32
fentliche Zugänglichmachungen und Funksendungen eines Werks sowie öffentliche Vorführungen eines Filmwerks von der Zustimmungsfreiheit nach § 52 I 1 UrhG aus.

11. Öffentliche Zugänglichmachung für Unterricht und Forschung (§ 52a UrhG)

§ 52a UrhG dient der Umsetzung von Art. 5 III lit. a der Richtlinie 33
2001/29/EG. Diese Regelung soll die Nutzung **moderner Kommunikationsformen** in Unterricht und Wissenschaft in bestimmtem Umfang ermöglichen. § 52a UrhG beschränkt zu diesem Zweck das Recht des Urhebers zur öffentlichen Wiedergabe i. S. d. §§ 15 II, 19a UrhG. Da § 52a UrhG nicht die Verwertung eines urheberrechtlich geschützten Werks durch den Urheber oder Rechtsinhaber beeinträchtigen darf, beschränkt § 52a UrhG die Privilegierung auf bestimmte Werke und bestimmte Kreise (vgl. §§ 52a I und II UrhG). Die in § 52a I und III UrhG genannten Handlungen sind zustimmungsfrei, soweit dies (1) zu dem jeweiligen in § 52a I Nr. 1 oder 2 UrhG genannten Zweck (Nr. 1: Veranschaulichung im Unterricht; Nr. 2: Eigene wissenschaftliche Forschung) geboten und (2) zur Ver-

folgung nicht kommerzieller Zwecke gerechtfertigt ist und (3) kein Fall des § 52a II 1 UrhG (Unterrichtsgebrauch an Schulen) oder des § 52a II 2 UrhG (Filmwerk) vorliegt. Nach § 52a III UrhG erstreckt sich die Privilegierung auch auf solche Vervielfältigungen, die zur öffentlichen Zugänglichmachung erforderlich sind (Annex-Vervielfältigungen wie Abspeichern eines Werks auf dem Server für einen der in § 52a I UrhG genannten Zwecke).

34 Handlungen nach § 52a I UrhG sind **vergütungspflichtig** (§ 52a IV 1 UrhG). Den Vergütungsanspruch dürfen nur Verwertungsgesellschaften geltend machen (§ 52a IV 2 UrhG).

12. Wiedergabe von Werken an elektronischen Leseplätzen in öffentlichen Bibliotheken, Museen und Archiven (§ 52b UrhG)

35 § 52b UrhG setzt Art. 5 III lit. n der Richtlinie 2001/29/EG um. Benutzer von öffentlichen Bibliotheken, Museen oder nichtkommerziellen Archiven sollen deren Sammlungen an eigens dafür eingerichteten elektronischen Leseplätzen in gleicher Weise wie in analoger Form nutzen können.[33] Dies trägt dem **Bildungsauftrag** der genannten Einrichtungen Rechnung und fördert die **Medienkompetenz** der Bevölkerung.

36 Die Gestattung der Zugänglichmachung nach § 52b S. 1 UrhG bezieht sich allein auf Werke, die eine der genannten Einrichtungen **erworben** oder als **Pflichtexemplar erhalten** hat. Erlaubt ist danach lediglich die öffentliche Zugänglichmachung von Werken aus dem Bestand der jeweiligen Einrichtung. § 52b UrhG gilt hingegen nicht für solche Werke, für deren Nutzung in digitaler Form ein Vertrag geschlossen ist. Der Umfang der Nutzung richtet sich dann allein nach dem Vertrag. Da der Zugriff auf die Sammlungen der jeweiligen Einrichtung *ausschließlich* an elektronischen Leseplätzen erfolgen muss, ist eine Onlinenutzung von außen ausgeschlossen. Die Zugänglichmachung darf nur dem **Zweck** der Forschung oder privater Studien dienen. Grundsätzlich dürfen nur so viele Exemplare eines Werks gleichzeitig an elektronischen Leseplätzen zugänglich sein, wie der Bestand der Einrichtung erfasst. Dies trägt dem Interesse der Verlage Rechnung und verhindert, dass z. B. eine Bibiliothek,

33 BT-Drs. 16/1828, S. 25f.

die ein Standardwerk nur in einem Exemplar angeschafft hat, dieses Werk digitalisiert und gleichzeitig an beliebig vielen elektronischen Leseplätzen zugänglich macht. Ausnahmen hiervon sind auf Grund wissenschaftlicher und hochschulischer Belange zulässig, um z. B. Belastungsspitzen in der Nutzung eines bestimmten Werks berücksichtigen zu können.

Die Nutzung eines Werks ist unter den Voraussetzungen des § 52b 37
S. 1 UrhG **zustimmungsfrei,** aber **vergütungspflichtig** (§ 52b S. 2 UrhG). Den Anspruch auf Vergütung darf nur eine Verwertungsgesellschaft geltend machen (§ 52b S. 3 UrhG).

13. Vervielfältigungen zum privaten und sonstigen eigenen Gebrauch (§ 53 UrhG)

§ 53 UrhG setzt Art. 5 II lit. b der Richtlinie 2001/29/EG um. § 53 38
UrhG beschränkt das weit gefasste Vervielfältigungsrecht des § 16 UrhG, da das Verbotsrecht des Urhebers andernfalls einen unangemessen weiten Umfang erhielte. § 53 UrhG trägt dem **Interesse der Allgemeinheit** Rechnung, nicht für jede Art der Nutzung eine Erlaubnis einholen zu müssen. Auf der anderen Seite berücksichtigt § 53 UrhG das Interesse des Urhebers an einer ausschließlichen Verwertungsbefugnis und der Teilhabe daran durch den Erhalt einer angemessenen Vergütung (vgl. §§ 54 bis 54h UrhG). Deshalb sind nach § 53 UrhG Vervielfältigungen (= Kopien) zum privaten und sonstigen eigenen Gebrauch in gewissem Umfang **zustimmungsfrei.** Umgekehrt besteht eine **Vergütungspflicht** der Hersteller von Geräten und Speichermedien (§§ 54 I UrhG; Wegfall des Anspruchs: § 54 II UrhG; Höhe der Vergütung: § 53a UrhG; Einzelheiten der Durchführung in §§ 54b bis 54h UrhG). Speichermedien in diesem Sinne sind alle elektronischen (z. B. *Memory Stick*), magnetischen (z. B. Magnetband, Festplatte, Diskette) und optischen (z. B. Film, DVD, CD-ROM, Laserdisk) Speicher. §§ 53 bis 54h UrhG sollen ein **Marktversagen korrigieren** bei Vervielfältigungen zum privaten und sonstigen eigenen Gebrauch. Dieses Versagen ergibt sich daraus, dass der jeweilige Abschluss einer Vereinbarung zwischen Urheber und Verwerter wegen der hohen Zahl der Verwerter nicht möglich und wegen des damit verbundenen Eingriffs in die Privatsphäre auch nicht erwünscht ist.[34] Außerdem kommt die Gemeinwohlbin-

---

34 *BGH* GRUR 1965, 104 – Personalausweise.

dung des Urheberrechts durch Art. 14 I 1 GG zum Ausdruck. Sie ist darauf gerichtet, im Interesse der Allgemeinheit „unkomplizierten Zugang“ zu Informationen zu verschaffen.[35]

39 **§ 53 I 1 UrhG** sieht vor, dass die Vervielfältigung weder unmittelbar noch mittelbar Erwerbszwecken dienen darf. Die weitere Einschränkung des § 53 I 1 UrhG, dass für die Vervielfältigung keine offensichtlich **rechtswidrig** hergestellte oder öffentlich zugänglich gemachte **Vorlage** dienen darf, soll die Einheit der Rechtsordnung gewährleisten. Die Perpetuierung einer Rechtsverletzung, die in der Herstellung oder öffentlichen Zugänglichmachung rechtswidriger Vorlagen besteht, soll ausgeschlossen sein. Andererseits soll der Verbraucher vor der Anfertigung von Privatkopien nicht mit unerfüllbaren Prüfungspflichten belastet sein.[36] Da § 53 I 1 UrhG auch die öffentliche Zugänglichmachung nennt, ist der **Download** von Werken aus dem Internet – etwa beim *Filesharing* in *Peer-to-Peer*-Tauschbörsen – erfasst, selbst wenn die Herstellung der Vorlage als zulässige Privatkopie rechtmäßig erfolgt ist. Das Erfordernis, dass die öffentliche Zugänglichmachung für den jeweiligen Nutzer nach seinem Bildungs- und Kenntnisstand offensichtlich rechtswidrig sein muss, schließt die Belastung des Verbrauchers mit unzumutbaren Prüfungspflichten aus. § 53 I UrhG setzt nicht die Benutzung eines eigenen Werkstücks voraus.

Beispiel: A lädt sich die von einem bestimmten Komponisten veröffentlichte CD, die sich seine Freundin gekauft hat, auf seinen MP3-Player, um diese CD auf dem Weg zur Arbeit zu hören. Dies ist zulässig, da die Voraussetzungen der Schrankenregelung des § 53 I UrhG vorliegen. Eine Kompensation der Rechteinhaber ist in § 54 I UrhG vorgesehen.

40 **§ 53 II UrhG** enthält weitere Tatbestände, die die Herstellung einzelner Vervielfältigungsstücke erlauben. Danach ist zulässig die Herstellung zum eigenen wissenschaftlichen Gebrauch (§ 53 II 1 Nr. 1 UrhG), zur Aufnahme in ein Archiv (§ 53 II 1 Nr. 2 UrhG; Einschränkung § 53 II 2 UrhG), zur eigenen Unterrichtung über Tagesfragen (§ 53 II 1 Nr. 3 UrhG) sowie zum sonstigen eigenen Gebrauch (§ 53 II 1 Nr. 4 UrhG unter den Voraussetzungen von lit. a und lit. b).

41 **§ 53 III UrhG** begründet die Privilegierung der Vervielfältigungen für kleine Teile aller Werkarten sowie generell auf Werke von geringem Umfang im Hinblick auf eine bestimmte Zweckverfolgung (z. B.

---

35 *BGH* GRUR 1997, 459, 463 – CB-Infobank I.
36 BT-Drs. 16/1828, S. 27.

„zur Veranschaulichung des Unterrichts in Schulen"; § 53 III Nr. 1 Alt. 1 UrhG). Dies gilt unabhängig davon, ob das Werk analog erschienen oder online öffentlich zugänglich gemacht ist. Schulbücher sind von der gesetzlichen Schranke, die die Vervielfältigung zum Gebrauch im Schulunterricht erlaubt, ausgenommen. Für Schulbücher verbleibt es daher dabei, dass eine Vervielfältigung zum Gebrauch im Schulunterricht in Klassenstärke nach allgemeinen urheberrechtlichen Grundsätzen nur mit Einwilligung des Berechtigten zulässig ist (§ 53 III 2 UrhG). Dies dient dem Schutz von Schulbuchverlagen, da sie keine anderweitigen Absatzmöglichkeiten haben.

§ 53 IV UrhG setzt für bestimmte Fälle die Einwilligung des Ur- 42
hebers in die konkrete Vervielfältigung voraus.

§ 53 V UrhG nimmt Datenbankwerke (§ 2 Rn. 109 ff.) von der An- 43
wendung des § 53 I, II Nr. 2 bis Nr. 4, III Nr. 2 UrhG aus (§ 53 V 1 UrhG) und erklärt § 53 II Nr. 1 und III Nr. 1 UrhG auf Datenbankwerke anwendbar, wenn der wissenschaftliche Gebrauch und der Gebrauch im Unterricht nicht zu gewerblichen Zwecken erfolgen.

§ 53 VI UrhG regelt das Recht zur Verbreitung und öffentlichen 44
Wiedergabe der Vervielfältigungsstücke. Danach ist die Verbreitung und öffentliche Wiedergabe auch von rechtmäßig hergestellten Vervielfältigungsstücken grundsätzlich ausgeschlossen (§ 53 VI 1 UrhG; Ausnahme: § 53 VI 2 UrhG).

§ 53 VII UrhG enthält schließlich Fälle (z. B. Aufzeichnung öf- 45
fentlicher Vorträge), in denen stets die Einwilligung des Berechtigten erforderlich ist.

14. Kopienversand auf Bestellung (§ 53a UrhG)

Eine moderne, technisch hoch entwickelte Industrienation wie die 46
Bundesrepublik Deutschland ist auf Wissenschaft und Forschung angewiesen. Eine solche Nation benötigt daher ein gut ausgebautes, schnell funktionierendes und wirtschaftlich arbeitendes **Informationswesen.** Deshalb soll den Bibliotheken, insbesondere den großen Zentralbibliotheken, die Versendung von Kopien unter bestimmten Voraussetzungen erlaubt sein. Andernfalls dürfte sich die Anschaffung eines umfassenden Bestands wissenschaftlicher Literatur unter allgemeinwirtschaftlichen Gesichtspunkten nicht mehr lohnen. Außerdem könnten einen Bibliotheksbestand dann nur wenige Personen am Ort nutzen. § 53a UrhG soll daher die Interessen des Urhebers

einerseits und der Allgemeinheit andererseits einem angemessenen Ausgleich zuführen.[37]

47 **§ 53a I 1 UrhG** gestattet lediglich die Vervielfältigung und die Übermittlung von Beiträgen, die in Zeitungen und Zeitschriften erschienen sind, sowie kleiner Teile eines erschienen Werks. Ergänzend muss sich der Besteller auf eine Privilegierung des § 53 UrhG berufen dürfen. Eine Unterscheidung zwischen verschiedenen Formen der Übermittlung (Post oder Fax) findet nicht statt. Beide Fälle sind erfasst. Darüber hinaus ist neben einer Übermittlung per Fax die Übermittlung in sonstiger elektronischer Form zulässig, wenn der elektronische Versand funktional an die Stelle der Einzelübermittlung in körperlicher Form tritt. Dadurch entsteht keine Schranke für das Recht der öffentlichen Zugänglichmachung nach § 19a UrhG.

48 **§ 53a I 2 UrhG** beschränkt den Kopienversand in sonstiger elektronischer Form. Danach ist die Übermittlung ausschließlich (1) als grafische Datei und (2) zur Veranschaulichung des Unterrichts oder für Zwecke der wissenschaftlichen Forschung (vgl. auch Art. 5 III RiL 2001/29/EG) zulässig, soweit dies (3) zur Verfolgung nicht gewerblicher Zwecke gerechtfertigt ist. Damit ist einer Gefahr entgegengewirkt, die sich im digitalen Umfeld – anders als bei Versand per Post oder Fax – für die Ausgewogenheit des Verhältnisses zwischen den berechtigten Interessen des Urhebers einerseits und der Allgemeinheit andererseits daraus ergeben könnte, wenn Bibliotheken eine Versendung in sonstiger elektronischer Form ohne jede Beschränkung gestattet wäre.[38] Die Primärverwertung durch einen Verlag, der das Werk selbst in elektronischer Form zum Abruf anbietet, wäre erheblich beeinträchtigt. Um aber eine zügige Erlangung von Informationen zu ermöglichen, ist den öffentlichen Bibliotheken eine Übermittlung in sonstiger elektronischer Form unter den in § 53a I 2 UrhG genannten Voraussetzungen gestattet. Dabei ist dem Interesse Rechnung getragen, dass ein Besteller nur den von ihm gewünschten Einzelbeitrag einer Zeitschrift erwerben kann und nicht auch andere von ihm nicht benötigte Zeitschriftenbeiträge im Paket erwerben muss. Um der Gefahr entgegenzuwirken, dass die elektronische Übermittlung zusätzliche, die Belange des Urhebers beeinträchtigende Verwertungsmöglichkeiten eröffnet, ist das Recht zur Übermittlung auf grafische Dateien beschränkt.

---

37 BT-Drs. 16/1828, S. 26.
38 BT-Drs. 16/1828, S. 27.

Nach **§ 53a I 3 UrhG** ist die Vervielfältigung und Übermittlung in sonstiger elektronischer Form nur dann zulässig, wenn der Zugang zu den Beiträgen oder kleinen Teilen eines Werks den Mitgliedern der Öffentlichkeit nicht offensichtlich von Orten oder zu Zeiten ihrer Wahl mittels einer Vereinbarung zu angemessenen Bedingungen möglich ist. Das Tatbestandsmerkmal „offensichtlich" berücksichtigt, dass Bibliotheken kaum in der Lage sind, flächendeckend die Existenz von Online-Angeboten zu überprüfen und damit verlässlich über die Zulässigkeit eines Kopienversands zu entscheiden. Ein Angebot ist jedenfalls dann offensichtlich, wenn es in einer Datenbank aufgeführt ist, die Bibliotheken und Verlage auf Grund einer Vereinbarung zentral verwalten. Nach **§ 53a II UrhG** steht dem Urheber für die Vervielfältigung und Übermittlung ein Anspruch auf eine angemessene Vergütung zu (§ 53a II 1 UrhG). Diesen Anspruch darf nur eine Verwertungsgesellschaft geltend machen (§ 53a II 2 UrhG). Darin kommt einmal mehr der Grundsatz zum Ausdruck, dass der Urheber tunlichst angemessen an dem wirtschaftlichen Nutzen seines Werks zu beteiligen ist. **49**

15. Vervielfältigung durch Sendeunternehmen (§ 55 UrhG)

Sendeunternehmen müssen zum ordnungsgemäßen Ablauf ihres Sendebetriebs häufig Sendebänder anfertigen, um nicht live ausgestrahlte Sendungen „festhalten" zu können. Diese sog. ephemeren Aufnahmen sind für die Ausstrahlung der Sendung erforderlich. Ihre Herstellung fällt an sich unter das Vervielfältigungsrecht des Urhebers i. S. d. § 16 II UrhG. Um die **Arbeit der Sendeunternehmen zu erleichtern,** ist nach § 55 UrhG aber auch der Sender unter bestimmten Voraussetzungen zur Herstellung ephemerer Aufnahmen durch Aufzeichnung und Archivierung solcher Werke befugt, zu deren Sendung das Sendeunternehmen berechtigt ist. Ein Recht zur Sendung dieser Aufnahmen ergibt sich daher aus § 55 UrhG nicht. Es besteht vielmehr meist aus Vertrag. Daher greift § 55 UrhG insbesondere dann, wenn das Sendeunternehmen auch ohne Vertrag zur Sendung einer Aufnahme – z. B. nach § 48 I Nr. 1 UrhG – berechtigt ist. Sendeunternehmen ist nur, wer nach § 87 UrhG berechtigt ist. Dies setzt die Veranstaltung eines eigenen Programms voraus. Dem steht die Übernahme einzelner fremder Programmteile nicht entgegen.[39] Eine **50**

39 Dreier/Schulze/*Dreier*, § 55a UrhG Rn. 8.

Einschränkung erfährt das Vervielfältigungsrecht nach § 55 I 1 UrhG dadurch, dass das Sendunternehmen die hergestellte Vervielfältigung lediglich ein einziges Mal nutzen darf (§ 55 I 1 UrhG) und einen Monat nach der ersten Funksendung des Werks löschen muss (§ 55 I 2 UrhG; Ausnahme: § 55 II UrhG).

16. Benutzung eines Datenbankwerks (§ 55a UrhG)

51 § 55a UrhG setzt Art. 6 I und Art. 15 der Richtlinie 96/9/EG um und begründet eine Schrankenregelung für Datenbankwerke i. S. d. § 4 II UrhG. Die Nutzung insbesondere elektronischer Datenbanken innerhalb eines Computers ist regelmäßig mit einer Vielzahl von Vervielfältigungs- und Bearbeitungsvorgängen verbunden. § 55a UrhG ermöglicht den Zugang zum Datenbankwerk und die übliche Nutzung dieses Werks (oder von Teilen hiervon; vgl. § 55a S. 2 UrhG) **zustimmungs-** und **vergütungsfrei.** Diese Nutzung erstreckt sich allein auf die Vervielfältigung (§ 16 UrhG) und Bearbeitung (§ 23 UrhG), nicht aber auch auf die Verbreitung (§ 17 UrhG) und die öffentliche Zugänglichmachung (§ 19a UrhG). Die Rechte am Inhalt des Datenbankwerks lässt § 55a UrhG unberührt. Für jedes Element des Datenbankwerks gelten die allgemeinen Schrankenbestimmungen, insbesondere § 53 UrhG (Einschränkung für elektronische Datenbanken: § 53 V UrhG). § 55a UrhG erfasst allein die **rechtmäßige Nutzung** des Datenbankwerks. Diese Rechtmäßigkeit kann sich insbesondere aus einem Vertrag zwischen dem Urheber und dem Nutzer ergeben, wonach der Nutzer insbesondere eine Vergütung an den Urheber zu zahlen hat. Die Nutzung kann *offline* (z. B. Kauf einer CD-ROM und Erwerb des Eigentums an dem Vervielfältigungsstück) oder *online* geschehen. Die Nutzungshandlung muss für den Zugang und die übliche Nutzung des Datenbankwerks erforderlich sein. Hierzu gehört regelmäßig ein Ausdruck, das Abspeichern auf einem Einzelplatzrechner und die Ergänzung des Datenbestands.[40] § 55a UrhG ist zwingendes Recht (§ 55 S. 3 UrhG).

40 Dreier/Schulze/*Dreier,* § 55a UrhG Rn. 8.

17. Vervielfältigung und öffentliche Wiedergabe in Geschäftsbetrieben (§ 56 UrhG)

Der Elektrohandel kann seinen Geschäftsbetrieb durch die Vorführung von neuen oder reparierten Geräten (z. B. Fernsehgerät; DVD-Player; Tonbandgerät) sinnvoll nur durch das Abspielen von Bild- und Tonträgern ausüben. Dies verstößt an sich gegen das Vervielfältigungsrecht (§ 16 UrhG) oder das Verbreitungsrecht (§ 17 UrhG). Im **Interesse des Elektrohandels** gewährt § 56 UrhG die ausschließlichen Rechte Urhebers nach § 16 II UrhG, § 21 UrhG, § 22 UrhG und § 19a UrhG **zustimmungs-** und **vergütungsfrei,** wenn dies zur Vorführung oder Instandsetzung von bestimmten Geräten notwendig ist. § 56 UrhG gilt für Geschäftsbetriebe aller Wirtschaftsstufen (Hersteller, Großhändler, Einzelhändler). 52

Als **privilegierte Medien** nennt § 56 I UrhG Geräte zur Herstellung oder zur Wiedergabe von Bild- oder Tonträgern (z. B. Fernsehgerät; DVD-Player; Tonbandgerät), zum Empfang von Funksendungen (z. B. Radio- oder Fernsehgerät) oder zur elektronischen Datenverarbeitung (z. B. PC; Laptop; Modem; CD-ROM-Laufwerk; DVD-Laufwerk). Nicht erfasst sind Geräte, die keine Bild- oder Tonfolgen i. S. d. § 16 II UrhG, sondern lediglich einzelne Bilder vervielfältigen oder öffentlich wiedergeben (z. B. Kopiergerät; Fotoapparat).[41] Die von § 56 UrhG genannten Verwertungshandlungen müssen zur Vorführung oder Instandsetzung des Geräts notwendig sein. Dazu gehört die individuelle Kundenberatung auch gegenüber einem größeren Personenkreis und das Auftreten auf Messen, nicht hingegen die allgemeine Kundenwerbung (z. B. mittels TV-Werbespot). § 56 UrhG erfasst auch nicht den Fall, dass Händler einzelne Geräte wie Fernseher oder Radios einfach laufen lassen, um potenzielle Kunden zu berieseln und anzulocken. Kommt es bei einer nach § 56 I UrhG zulässigen Verwertungshandlung zur Herstellung eines Bild-, Ton- oder Datenträgers, so ist dieser unverzüglich (§ 121 I BGB) zu **löschen** (§ 56 II UrhG). 53

41 Schricker/Loewenheim/*Melichar*, § 56 UrhG Rn. 6.

18. Unwesentliches Beiwerk (§ 57 UrhG)

54 Ein Werk, das lediglich als unwesentliches Beiwerk neben dem eigentlichen Gegenstand der Vervielfältigung (§ 16 UrhG), Verbreitung (§ 17 UrhG) oder öffentlichen Wiedergabe (§§ 15 II, 19 bis 22 UrhG) anzusehen ist, ist mit Ausnahme der Ausstellung (§ 18 UrhG) auf alle Arten des UrhG (§§ 16f., 19 bis 22 UrhG) verwertbar (vgl. auch § 23 I Nr. 2 KUG). Ob der eigentliche Gegenstand der Verwertung selbst urheberrechtlichen Schutz genießt, ist unerheblich. Unwesentliches Beiwerk ist nur der Gegenstand, der im Hinblick auf den Hauptgegenstand so **nebensächlich** ist, dass er keine Beziehung zum Hauptgegenstand hat. Der Nebengegenstand würde im Falle seines Austauschs die Gesamtwirkung des Hauptgegenstands nicht beeinträchtigen.[42] So insbesondere dann, wenn der Nebengegenstand nur zufällig Bestandteil des Hauptgegenstands ist. Stets kommt es auf einen objektiven Maßstab aus der Sicht des Betrachters unter Berücksichtigung der Umstände des Einzelfalls an.

Beispiel: Ein Prospekt eines Möbelhauses zeigt ein möbliertes Wohnzimmer, an dessen Wand sich ein urheberrechtlich geschütztes Gemälde befindet. Das Gemälde ist nicht unwesentliches Beiwerk des abgebildeten Wohnzimmers.[43]

19. Werke in Ausstellungen, öffentlichem Verkauf und öffentlich zugänglichen Einrichtungen (§ 58 UrhG)

55 § 58 I UrhG dient der Umsetzung von Art. 5 III lit. j RiL 2001/29/EG, § 58 II UrhG der Umsetzung von Art. 5 II lit. c dieser Richtlinie. Die Herausgabe von Katalogen zu Ausstellungs- oder Verkaufszwecken ist dann besonders attraktiv, wenn der Katalog die ausgestellten oder beworbenen Produkte mit Bildern illustriert. Es besteht daher ein Bedürfnis, solche **Kataloge** unter **erleichterten Voraussetzungen** herausgeben zu dürfen.[44] Aus diesem Grund sind nach § 58 UrhG bestimmte Handlungen dieser Art **zustimmungs-** und **vergütungsfrei.**

56 Als privilegierte Werke nennt **§ 58 I UrhG** Werke der bildenden Künste (§ 2 I Nr. 4 UrhG) und Lichtbildwerke (§ 2 I Nr. 5 UrhG).

---

42 Dreier/Schulze/*Dreier*, § 57 UrhG Rn. 2.
43 *OLG München* NJW 1989, 404.
44 *BGH* GRUR 1993, 822, 823 – Katalogbild.

Für den Begriff der Ausstellung gelten die zu § 18 UrhG angestellten Erwägungen (§ 4 Rn. 52ff.). Es ist unerheblich, ob das Werk dauernd oder lediglich vorübergehend ausgestellt ist. Für den Begriff der Öffentlichkeit gelten die zu § 15 III UrhG angestellten Erwägungen (§ 2 Rn. 127 u. § 4 Rn. 40ff.). Privilegierte Person ist der Veranstalter, d. h. derjenige, der für die Ausstellung oder Verkaufsveranstaltung organisatorisch und finanziell verantwortlich ist.[45] Daher sind Dritte, die aus Anlass einer Ausstellung einen Katalog herausgeben, nicht erfasst. § 58 I UrhG schränkt das Recht des Urhebers zur Vervielfältigung (§ 16 UrhG), Verbreitung (§ 17 UrhG) und öffentlichen Zugänglichmachung (§ 19a UrhG) im Hinblick auf Werbung ein, soweit dies zur Förderung der Veranstaltung erforderlich ist. Werbung ist auf die Ankündigung und Bekanntmachung der jeweiligen Veranstaltung gerichtet. Für die Erforderlichkeit der Förderung der Veranstaltung kommt es auf eine Abwägung der Interessen des Urhebers einerseits und der Interessen des Veranstalters nach einem gewissen Handlungsspielraum andererseits unter Berücksichtigung der Umstände des Einzelfalls an.

Beispiel: Zulässig ist die Abbildung eines Werks als Titelbild eines Katalogs. Denn das Titelbild ist in besonderer Weise geeignet, die Aufmerksamkeit des Betrachters auf die Veranstaltung zu lenken. Für die Aufnahme eines Werks auf Postkarten oder Kalender durch ein Museum ist hingegen die Zustimmung des Urhebers erforderlich.

§ 58 II UrhG ist teilweise weiter und teilweise enger als § 58 I **57**
UrhG. Zwar hat § 58 II UrhG dieselben Werke zum Gegenstand wie § 58 I UrhG. Als Verwertung erlaubt § 58 II UrhG aber nur die Aufnahme in Verzeichnisse. Verzeichnisse können auch Kataloge sein. Umgekehrt erstreckt sich § 58 II UrhG anders als § 58 I UrhG nicht auf die öffentliche Zugänglichmachung. Außerdem ist der Kreis der Privilegierten in § 58 II UrhG (öffentlich zugängliche Bibliotheken; Bildungseinrichtungen und Museen) enger als in § 58 I UrhG. Nach § 58 I UrhG ist die Vervielfältigung und Verbreitung von Verzeichnissen nur dann zustimmungs- und vergütungsfrei, wenn dies in inhaltlichem oder zeitlichem Zusammenhang mit einer Ausstellung oder zur Dokumentation von Beständen steht. Außerdem dürfen diese Medien nicht zur Verfolgung eines eigenständigen Erwerbszwecks eingesetzt sein.

45 Dreier/Schulze/*Dreier*, § 58 UrhG Rn. 5.

20. Werke an öffentlichen Plätzen (§ 59 UrhG)

58 Fotografieren und Filmen geschieht häufig im öffentlichen Raum. Da es dabei häufig zur Abbildung geschützter Werke kommt, wäre ein Fotografieren und Filmen im öffentlichen Raum erheblich durch urheberrechtlichen Schutz eingeschränkt. Dies soll § 59 UrhG vermeiden. Denn diese Regelung lässt die Nutzung fremder Werke, die sich bleibend an öffentlichen Wegen, Straßen oder Plätzen befinden, im Wege der Vervielfältigung (§ 16 UrhG), Verbreitung (§ 17 UrhG) und öffentlichen Wiedergabe (§§ 15 II, 19 bis 22 UrhG) **zustimmungs- und vergütungsfrei** zu. Dies findet seine Rechtfertigung auch darin, dass die Aufstellung eines Werks an öffentlichen Orten eine Widmung des Werks zu Gunsten der Allgemeinheit beinhaltet. § 59 UrhG soll daher der Allgemeinheit ermöglichen, auf einem Foto oder einem Film das zu sehen, was jeder Passant ohnehin sieht (Interesse der Allgemeinheit an der Freiheit des Straßenbildes; sog. Straßenbildfreiheit). § 59 UrhG erlaubt auch eine **gewerbliche Verwertung** einzelner geschützter Werke, die sich im öffentlichen Raum befinden. Aus § 59 UrhG ergibt sich jedoch nicht, dass bei allgemeiner Zugänglichkeit eines Werks die Interessen des Urhebers stets weniger ins Gewicht fallen.[46] § 59 UrhG enthält keine Einschränkung auf eine bestimmte Werkart und gilt deshalb für alle Werkarten. Öffentliche Wege, Straßen und Plätze (privilegierte Orte) sind dadurch gekennzeichnet, dass jedermann **freien Zugang** hat. Ein Werk befindet sich an einem privilegierten Ort, wenn es von diesem Ort ohne Hilfsmittel (z. B. Leiter oder Hubschrauber) und ohne besonderes Zutun **frei sichtbar** ist. Daran fehlt es bei Werken, die sich hinter Mauern oder Hecken befinden oder die erst von Balkonen, Dächern oder aus der Luft sichtbar sind.

Beispiel: Die fotografische Aufnahme der Café-Terasse des Hundertwasserhauses ist nicht von § 59 UrhG erfasst, wenn dies allein aus einer gegenüberliegenden Privatwohnung möglich ist.[47] Dies gilt auch dann, wenn jedermann auf Wunsch die Schlüssel dieser leer stehenden Privatwohnung erhält.

59 Umstritten ist, unter welchen Voraussetzungen sich ein Werk **bleibend** an einem privilegierten Ort befindet. Nach einer Auffassung ist das Merkmal bleibend mit der Dauer der Werkexistenz gleichzuset-

46 *BGH* GRUR 2001, 52 – Parfumflakon.
47 *BGH* GRUR 2003, 1053 – Hundertwasserhaus.

zen.[48] Nach anderer Auffassung kommt es darauf an, ob der Urheber sein Werk nicht nur vorübergehend zugänglich machen, also widmen wolle.[49] Zutreffend erscheint es hingegen, mit dem *BGH*[50] auf den Zweck der mit Zustimmung des Berechtigten erfolgten Aufstellung des Werks an einem öffentlichen Ort abzustellen (Abgrenzung zu vorübergehender Aufstellung). Ist dieser objektiv auf eine zeitlich (insbesondere nach Wochen oder Monaten) befristete Werkpräsentation an einem öffentlichen Ort gerichtet, befindet sich das Werk nicht bleibend an dem privilegierten Ort i. S. d. § 59 I 1 UrhG.

Beispiel: Die Verhüllung des Reichstags durch den Künstler Christo erfolgte lediglich für die kurze Dauer von zwei Wochen, so dass sich das Werk nicht bleibend an einem privilegierten Ort i. S. d. § 59 I 1 UrhG befindet.

§ 59 I 2 UrhG beschränkt die Privilegierung des § 59 I 1 UrhG bei 60 Bauwerken auf deren Außenansicht (z. B. Straßenfront; nicht: Innenhof oder Treppenhaus). **§ 59 II UrhG** verbietet Vervielfältigungen an einem Bauwerk.

21. Bildnisse (§ 60 UrhG)

Das Interesse von Personen, die ein **Bild durch einen Dritten** 61 (z. B. Fotografen) von sich machen ließen, ist häufig darauf gerichtet, dieses Bild zu vervielfältigen oder zu verbreiten, ohne dafür gegenüber dem Dritten etwa zur Zahlung einer Vergütung verpflichtet zu sein. Daher soll der Besteller eines Bildnisses dieses **zustimmungs- und vergütungsfrei** vervielfältigen i. S. d. § 16 UrhG und unentgeltlich, nicht gewerblich verbreiten i. S. d. § 17 UrhG (z. B. verschenken) dürfen. Infolgedessen sind Nachbestellungen eines Bildes bei anderen Personen als dem Dritten (z. B. anderer Fotograf oder Fotohändler), die auf die Vervielfältigung des von einem Dritten gemachten Bildes gerichtet sind, zulässig. Der **Rechtsnatur** nach stellt § 60 UrhG grundsätzlich keine echte Schrankenregelung, sondern eine urhebervertragliche Auslegungsregel dar.[51] Der Begriff des Bildnisses entspricht dem Begriff des Bildnisses in § 22 S. 1 KUG (vgl. § 12 Rn. 4 ff.). Die gestatteten Verwertungshandlungen sind grundsätzlich mittels jedes Mediums (z. B. Abzeichnen eines Fotos) zulässig. Ledig-

48 Schulze/Dreier/*Schulze*, § 59 UrhG Rn. 5; Schricker/Loewenheim/*Vogel*, § 59 UrhG Rn. 12.
49 *Ernst*, ZUM 1998, 475, 476 f.; *Müller-Katzenburg*, NJW 1996, 2341, 2344.
50 *BGH* GRUR 2002, 605, 606 – Verhüllter Reichstag.
51 *OLG Karlsruhe* ZUM 1994, 737; Schricker/Loewenheim/*Vogel*, § 60 UrhG Rn. 5.

lich die Verwertung von Werken der bildenden Künste ist auf Lichtbilder beschränkt (§ 60 I 2 UrhG).

V. Zulässigkeitsvoraussetzungen einzelner Verwertungshandlungen trotz Schrankenbestimmung

1. Änderungsverbot (§ 62 UrhG)

62 § 62 UrhG bringt zum Ausdruck, dass die **Integrität des Werks** nicht nur allgemein (§ 14 UrhG) und bei Abschluss eines Nutzungsvertrags (§ 39 UrhG), sondern auch bei Verwertungshandlungen auf der Grundlage der §§ 44a ff. UrhG **erhalten** bleiben soll. Daher gilt auch hier ein Änderungsverbot. Es erfährt eine Einschränkung durch den Benutzungszweck (§ 62 II UrhG). Außerdem ist eine geringfügige Einschränkung des Änderungsverbots für Werke der bildenden Künste und Lichtbildwerke vorgesehen (§ 62 III UrhG). Bei Sammlungen für Kirchen-, Schul- und Unterrichtsgebrauch (§ 46 UrhG) sind außerhalb der nach § 62 I bis III UrhG erlaubten Änderungen nur Änderungen von Sprachwerken unter den Voraussetzungen des § 62 IV UrhG zulässig.

2. Quellenangabe (§ 63 UrhG)

63 § 63 I 1 UrhG begründet die Verpflichtung bei den nach §§ 45a bis 48, 50, 51, 53 II Nr. 1 und III Nr. 1 UrhG sowie den nach §§ 58 und 59 UrhG zulässigen Verwertungshandlungen zur deutlichen Angabe der Quelle (Ausnahme: § 63 I 3 UrhG). Deshalb besteht auch bei den meisten gesetzlichen Schranken des Urheberrechts das Recht auf **Anerkennung der Urheberschaft** (§ 13 UrhG). Quelle in diesem Sinne ist der Name des Urhebers und die Fundstelle (z. B. bei Buch: Titel des Werks, Erscheinungsjahr und Erscheinungsort).[52] Es soll für den Betrachter deutlich sein, welches Werk oder welcher Werkteil welcher Person zuzuordnen ist. Für die Deutlichkeit i. S. d. § 63 I 1 UrhG kommt es entscheidend auf den Ort der Quellenangabe an. Für die in § 63 I 1 UrhG nicht genannten gesetzlichen Schranken er-

52 Dreier/Schulze/*Dreier*, § 63 UrhG Rn. 1.

gibt sich im Umkehrschluss, dass keine Pflicht zur Quellenangabe besteht.

VI. Gesetzliche Vergütungsansprüche (§ 63a UrhG)

Teilweise begründen die gesetzlichen Schranken nach §§ 44a ff. UrhG einen Anspruch des Urhebers auf angemessene Vergütung. Zum Schutz des Urhebers gegenüber einem stärkeren Verhandlungspartner kann er auf diesen Vergütungsanspruch nicht im Voraus **verzichten** (§ 63a S. 1 UrhG). Außerdem ist der Urheber dadurch geschützt, dass er gesetzliche Vergütungsansprüche im Voraus nur an eine Verwertungsgesellschaft **abtreten** darf (§ 63a S. 1 Alt. 1 UrhG). Darüber hinaus ist eine Abtretung gesetzlicher Vergütungsansprüche im Voraus an einen Verleger nur zusammen mit der Einräumung des Verlagsrechts zulässig, wenn der Verleger die Vergütungsansprüche durch eine Verwertungsgesellschaft wahrnehmen lässt, die Rechte von Verlegern und Urhebern gemeinsam wahrnimmt (§ 63a S. 1 Alt. 2 UrhG). **64**

VII. Kartellrechtliche Verpflichtungen zur Einräumung von Nutzungsrechten (§ 33 I GWB i. V. m. Art. 102 AEUV oder §§ 19, 20 GWB)

Nicht nur aus dem UrhG, sondern auch aus kartellrechtlichen Regelungen, insbesondere denjenigen des § 33 I GWB i. V. m. Art. 102 AEUV (vgl. dazu § 1 Rn. 21 ff.) oder §§ 19, 20 GWB können sich Schranken für ein Urheberrecht ergeben. Denn der Rechtsinhaber kann zur Vermeidung des Missbrauchs von Marktmacht auf Grund besonderer Umstände verpflichtet sein, einem anderen Unternehmen ein Nutzungsrecht einzuräumen **(Zwangslizenz wegen Kontrahierungszwangs)**. Der aus einem Urheberrecht in Anspruch Genommene kann gegenüber dem Unterlassungsverlangen des Rechtsinhabers den Einwand eines Verstoßes gegen Art. 102 AEUV oder §§ 19, 20 GWB durch die Weigerung, einen Lizenzvertrag zu nicht diskriminierenden und nicht behindernden Bedingungen abzuschließen (kartellrechtlicher Zwangslizenzeinwand).[53] Denn das **65**

---

53 *BGH* GRUR 2009, 694 Rn. 22, 27 – Orange-Book-Standard (für das Patentrecht); *Heinemann,* ZWeR 2005, 198, 200 f.

marktmächtige Unternehmen verhindert mit der Durchsetzung des Unterlassungsverlangens den Marktzutritt des anderen Unternehmens, obwohl das marktmächtige Unternehmen verpflichtet ist, diesen Marktzutritt durch den Abschluss eines Lizenzvertrags zu eröffnen. Mit dem Unterlassungsverlangen begehrt das marktmächtige Unternehmen etwas, das es sogleich (in Gestalt der Lizenzerteilung) zurückzugewähren hat. Darin liegt aber nur dann ein treuwidriges Verhalten, wenn der um Lizenz Ersuchende dem marktmächtigen Unternehmen ein unbedingtes, bindendes und angemessenes **Angebot** auf Abschluss eines Lizenzvertrags gemacht hat, so dass insoweit auf Grund des kartellrechtlichen Kontrahierungszwangs für das marktmächtige Unternehmen ein Lizenzvertrag zustande käme. Außerdem muss der um Lizenz ersuchende für den Zeitraum der bereits erfolgten Verwertung des Urheberrechts die **Verpflichtungen einhalten,** die dieser Lizenzvertrag begründet.[54] Dazu gehört insbesondere die Bezahlung der Lizenzgebühr.

---

54 *BGH* GRUR 2009, 694 Rn. 29 – Orange-Book-Standard.

§ 7. Dauer des Urheberrechts (§§ 64 bis 69 UrhG)

I. Vorgaben des Unionsrechts

Die einzelnen Mitgliedstaaten sahen teilweise unterschiedliche Zeiträume vor, innerhalb derer ein Werk urheberrechtlich geschützt ist. Deshalb konnte die urheberrechtliche Schutzfrist in einem Mitgliedstaat bereits abgelaufen sein, wohingegen sie in einem anderen Mitgliedstaat noch nicht beendet war. Darin lag eine Behinderung des freien Warenverkehrs i. S. d. Art. 34 AEUV, die nur solange durch Art. 36 S. 1 AEUV gerechtfertigt ist, als es nicht zu einer Angleichung der Schutzfristen gekommen ist.[1] Eine solche Angleichung der Schutzfristen sieht die RiL 93/98/EWG i. d. F. der **RiL 2006/116/EG** (vgl. auch die noch umzusetzende Fassung RiL 2011/77/EU) in Teilbereichen vor. Sie verpflichtet die Mitgliedstaaten bei Werken der Literatur und Kunst unter anderem zur Gewährung einer urheberrechtlichen Schutzfrist von 70 Jahren nach dem Tod des Urhebers (Art. 1 I RiL 93/98/EWG). Allerdings ist es den Mitgliedstaaten freigestellt, ob sie einen Schutz kritischer und wissenschaftlicher Ausgaben gewähren (Art. 5 RiL 93/98/EWG). Wenn sie einen solchen Schutz gewähren, sind sie außerdem frei in der Bestimmung von dessen zeitlicher Dauer bis zu höchstens 30 Jahren (Art. 5 RiL 93/98/EWG). Auf Grund dieser Freiheiten der Mitgliedstaaten ist es bisher nicht zu einer vollständigen Angleichung der Schutzfristen gekommen. Hinzu kommt, dass die Richtlinie das Urheberpersönlichkeitsrecht und dessen nach dem nationalen Recht der Mitgliedstaaten unterschiedliche Dauer nicht erfasst. 1

II. Dauer des Urheberrechts nach §§ 64 bis 69 UrhG

1. Grundlagen

Urheberrechtlicher Schutz besteht nur für eine **bestimmte Zeit.** Insoweit unterscheidet sich das Urheberrecht maßgeblich vom Eigen- 2

---

1 *EuGH* Slg. 1989, 79 Rn. 12 – EMI-Electrola.

tumsrecht i. S. d. § 903 BGB.[2] In diesem Zeitraum soll der Urheber und sollen gegebenenfalls seine Erben das Werk verwerten und den „Lohn“ für die geistige Schöpfung erhalten. Das Wesen einer geistigen Schöpfung macht es aber erforderlich, dass nach dem Ablauf eines bestimmten Zeitraums jedermann das Werk zustimmungs- und vergütungsfrei verwerten darf **(Gemeinfreiheit des Werks)**. Auch das Urheberpersönlichkeitsrecht unterliegt dieser zeitlichen Begrenzung.

3 Der urheberrechtliche Schutz beginnt mit der Schöpfung des Werks. Davon ist der Beginn der nach Jahren festgelegten **Schutzfrist** zu unterscheiden. Sie ist je nach Schutzgegenstand unterschiedlich lang. Ihren Beginn knüpft das Gesetz an bestimmte Ereignisse (z. B. Tod des Urhebers, Veröffentlichung). Dass die Schutzfrist mit dem Tod des Urhebers (*post mortem auctoris* = p. m. a.) beginnt, bedeutet nicht, dass erst ab diesem Zeitpunkt urheberrechtlicher Schutz besteht. Dieser beginnt vielmehr bereits mit der Schöpfung des Werks. Doch besteht er für einen gewissen Zeitraum nach dem Tod des Urhebers fort. Daher ergibt sich die **Schutzdauer** des Urheberrechts aus einer Addition der Lebenszeit des Urhebers und der urheberrechtlich bestimmten postmortalen Schutzfrist (Schutzdauer = Lebenszeit des Urhebers + Schutzfrist). Die Begriffe Schutzdauer und Schutzfrist haben daher einen unterschiedlichen Inhalt.

4 Das UrhG sieht eine Regelschutzfrist (§ 64 UrhG) sowie Abweichungen hiervon (§§ 65 f. UrhG) vor.

2. Regelschutzfrist (§ 64 UrhG)

5 § 64 UrhG bestimmt die regelmäßige Schutzfrist des Urheberrechts. Danach erlischt das Urheberrecht **siebzig Jahre** nach dem Tode des Urhebers. Diese Frist gilt für alle urheberrechtlich geschützten Werke und daher unabhängig von der Werkart i. S. d. § 2 I UrhG. Da der urheberrechtliche Schutz des Werks mit seiner Schöpfung beginnt und 70 Jahre über den Tod des Urhebers hinaus fortbesteht, ergibt sich die **Schutzdauer** des Urheberrechts aus einer Addition der Lebenszeit des Urhebers und 70 Jahren nach seinem Tod (Schutzdauer = Lebenszeit des Urhebers + Schutzfrist von 70 Jahren). Dieser Zeitraum betrifft sowohl das Urheberpersönlichkeitsrecht (§§ 11 ff. UrhG) als auch die vermögensrechtlichen Verwertungsbefugnisse (§§ 15 ff. UrhG).

---

2 Dreier/Schulze/*Dreier*, Vor §§ 64 ff. UrhG Rn. 1.

Der **Beginn der 70-Jahresfrist** ist nicht nach § 187 BGB zu bestimmen. Vielmehr legt § 69 UrhG als Fristbeginn den Ablauf des Kalenderjahres fest, in dem das für den Beginn der Frist maßgebliche Ereignis eingetreten ist. Fristbeginn ist danach der Beginn des auf das Jahr des Todes des Urhebers folgenden Jahres.[3] 6

Beispiel: Der Urheber stirbt am 3.2.2002. Die 70-Jahresfrist des § 64 UrhG beginnt am 1.1.2003. Sie endet am 31.12.2072.

Die Fristberechnung nach § 69 UrhG gilt für sämtliche urheberrechtlichen Fristen i. S. d. §§ 64 bis 67 UrhG. Aus Gründen der Vereinfachung sieht § 69 UrhG Jahresfristen vor (vgl. auch § 199 I BGB). 7

3. Schutzfrist bei Miturheberschaft (§ 65 I UrhG)

Besteht Miturheberschaft nach § 8 UrhG, erlischt das Urheberrecht siebzig Jahre nach dem Tod des längstlebenden Miturhebers (§ 65 I UrhG; Fristbeginn: § 69 UrhG). Für Filmwerke und filmwerkähnliche Werke gilt die Sonderregelung in § 65 II UrhG. 8

4. Schutzfrist bei Filmwerken und filmwerkähnlichen Werken (§ 65 II UrhG)

Bei Filmwerken und Werken, die ähnlich wie Filmwerke hergestellt werden (§ 2 I Nr. 6 UrhG), erlischt das Urheberrecht 70 Jahre nach dem Tod des Längstlebenden der folgenden Personen: Hauptregisseur, Urheber des Drehbuchs, Urheber der Dialoge, Komponist der für das Filmwerk komponierten Musik (§ 65 II UrhG; Fristbeginn: § 69 UrhG). § 65 II UrhG dient der Umsetzung von Art. 2 I und II RiL 93/98/EWG und ist daher richtlinienkonform auszulegen. Es ist daher zwingend stets, aber auch **nur** auf die **vier** genannten **Personen** abzustellen. Auf andere Personen kommt es für die Bestimmung der urheberrechtlichen Schutzdauer nicht an, selbst wenn sie Miturheber sind (z. B. Kameramann). Eine solche Urheberschaft anderer Personen ist durch § 65 II UrhG nicht ausgeschlossen, sondern nach § 2 UrhG zu bestimmen. Denn § 65 II UrhG ist lediglich eine Regelung der Schutzdauer bei Filmwerken und filmwerkähnlichen Werken. Aus dieser Regelung ergibt sich aber **keine Zuweisung** 9

---

3 Dreier/Schulze/*Dreier*, § 65UrhG Rn. 4.

der Urheberschaft an einem solchen Werk.[4] Auch die Frage, ob die in § 65 II UrhG genannten Personen (Mit-)Urheber des Filmwerks oder filmähnlichen Werks sind, bestimmt sich allein nach §§ 7, 8 UrhG i. V. m. § 2 II UrhG.

5. Schutzdauer bei anonymen und pseudonymen Werken (§ 66 UrhG)

10 Der Urheber darf frei darüber entscheiden, ob er sein Werk unter Beifügung seines Namens, **anonym** (ohne jede Urheberbezeichnung) oder unter Beifügung eines **Pseudonyms** (z. B. Deckname oder Kürzel) veröffentlicht (§ 13 UrhG). Für die Entstehung urheberrechtlichen Schutzes kommt es hierauf nicht an, da sie allein die Schöpfung eines Werks voraussetzt (§ 7 UrhG). Ist der Urheber eines Werks nicht bekannt, kann auch dessen Todestag nicht maßgeblich für die Bestimmung der Schutzfrist sein. Deshalb bestimmt § 66 I 1 UrhG als maßgebliches Ereignis für den Fristbeginn nach § 69 UrhG den Zeitpunkt der **Veröffentlichung** des Werks (§ 6 I UrhG). Die Schutzfrist beträgt auch bei anonymen und pseudonymen Werken 70 Jahre. Bei anonym oder pseudonym veröffentlichten **Lieferungswerken** (z. B. Fortsetzungsroman; Fortsetzungsbeitrag in Zeitungen oder Zeitschriften) berechnet sich die Schutzfrist des § 66 I 1 UrhG einer jeden Lieferung gesondert ab dem Zeitpunkt ihrer Veröffentlichung (§ 67 UrhG). Dies erscheint deshalb gerechtfertigt, weil Lieferungswerke nicht selbständig verwertbar sind. § 67 UrhG beruht auf der Umsetzung von Art. 1 V RiL 93/98/EWG und ist daher richtlinienkonform auszulegen.

11 Ist es nicht innerhalb von 70 Jahren nach der Schaffung des Werks zu seiner Veröffentlichung gekommen, ist für den Fristbeginn nach § 69 UrhG auf die **Schaffung** des Werks abzustellen (§ 66 I 2 UrhG). Dieser allein für anonyme und pseudonyme Werke geltende Auffangtatbestand verhindert, dass die Schutzfrist bei unterbliebener Veröffentlichung nie zu laufen beginnt und infolgedessen zeitlich unbegrenzter urheberrechtlicher Schutz besteht. § 66 I 2 UrhG beruht auf Art. 1 III RiL 93/98/EWG und ist daher richtlinienkonform auszulegen.

12 § 66 I UrhG führt zu einer erheblichen **Verkürzung der Regelschutzfrist** und kann einen Ablauf der urheberrechtlichen Schutz-

4 BR-Drs. 98/95, S. 30; *Vogel*, ZUM 1995, 451, 454.

dauer schon zu Lebzeiten des Urhebers begründen. Deshalb räumt § 66 II UrhG in **drei Fällen** dem Urheber die **Regelschutzfrist** der §§ 64f. UrhG ein. So zum einen dann, wenn der Urheber innerhalb der Schutzfrist des § 66 I 1 UrhG seine Identität offenbart (§ 66 II 1 Alt. 1 UrhG). Zu Lebzeiten kann nach dem Wortlaut von § 66 II 1 Alt. 1 UrhG lediglich der Urheber selbst ein Pseudonym aufdecken (Aufdeckung nach dem Tod des Urhebers nach § 66 III UrhG; vgl. Rn. 13). Allerdings sollte auch dann, wenn Dritte wie die Medien bei einem Pseudonym die wahre Identität des Urhebers innerhalb der Frist des § 66 I 1 UrhG aufdecken, nicht die (eng auszulegende) Ausnahmevorschrift des § 66 I UrhG, sondern die den Urheber stärker schützenden §§ 64f. UrhG anzuwenden sein.[5] Die Regelschutzfrist nach §§ 64f. UrhG besteht weiter dann, wenn das vom Urheber gewählte Pseudonym keine Zweifel an seiner Identität zulässt (§ 66 II 1 Alt. 2 UrhG). Schließlich ist auch dann allein die Regelschutzfrist der §§ 64f. UrhG maßgeblich, wenn innerhalb der in § 66 I 1 UrhG bezeichneten Frist eine Anmeldung des wahren Namens des Urhebers zur Eintragung in das Register anonymer und pseudoymer Werke (§ 138 UrhG) erfolgt (§ 66 II 2 UrhG).

Zu den Handlungen i. S. d. § 66 II UrhG ist nach dem Tod des Ur- 13
hebers sein **Rechtsnachfolger** (§ 30 UrhG) oder der **Testamentsvollstrecker** (§ 28 II UrhG) berechtigt (§ 66 III UrhG). Besteht Miturheberschaft nach § 8 UrhG, ist jeder **Miturheber** allein zur Vornahme von Handlungen nach § 66 II UrhG berechtigt, um seine Identität offenzulegen. Denn das Namensnennungsrecht nach § 13 UrhG ist von der gesamthänderischen Bindung nach § 8 UrhG nicht erfasst. Ein Miturheber ist hingegen im Hinblick auf die Identität anderer Miturheber nicht zu deren Offenlegung berechtigt, sofern nicht die Voraussetzungen des § 66 III UrhG gegeben sind. Legt auch nur ein Miturheber seine Identität offen, gilt für das gesamte Werk die Regelschutzfrist des § 65 I UrhG. Dasselbe gilt dann, wenn ein Miturheber die Identität eines anderen Miturhebers offen legt, selbst wenn er dazu nicht berechtigt ist.

5 Dreier/Schulze/*Dreier*, § 66 UrhG Rn. 9.

§ 8. Besondere Bestimmungen für Computerprogramme (§§ 69a bis 69g UrhG)

I. Vorgaben des Unionsrechts

1 Das Unionsrecht enthält in der RiL 91/250/EWG Vorgaben für den urheberrechtlichen Schutz von Computerprogrammen.

II. Auslegung der §§ 69a bis 69g UrhG

2 §§ 69a bis 69g UrhG dienen der Umsetzung der RiL 91/250/EWG und sind daher richtlinienkonform auszulegen.

III. Normzweck der §§ 69a bis 69g UrhG

3 Computerprogramme können als eigene geistige Schöpfung (§ 69a III UrhG) in Gestalt eines Sprachwerks (vgl. auch § 2 I Nr. 1 UrhG) urheberrechtlich geschützt sein (zu den Voraussetzungen hierfür Rn. 6 ff.). Insoweit schützen §§ 69a bis 69g UrhG die **konkrete Gestalt** des Programms, der die eigene geistige Schöpfung des Programmierers zu Grunde liegt. Außerdem ist ein Schutz der **Investitionen,** die zur Herstellung eines Computerprogramms erforderlich sind, bezweckt.[1] Denn nur dann besteht ein Anreiz, in ein für Innovation und Wettbewerbsfähigkeit maßgebliches Gut wie ein Computerprogramm zu investieren. Insbesondere angesichts einfach umzusetzender Vervielfältigungsmöglichkeiten (z. B. Brennen auf CD) geht es um den Schutz vor **Softwarepiraterie.** Außerdem soll der Urheber die Intensität der Nutzung eines Computerprogramms weitgehend kontrollieren und infolgedessen **wirtschaftlich** an der Verwertung des Computerprogramms **teilhaben** können. Diese Zwecksetzung verstärkten urheberrechtlichen Schutzes von Computerprogrammen durch §§ 69a bis 69g UrhG kommt auch und vor allem dadurch

1 Dreier/Schulze/*Dreier,* § 69a UrhG Rn. 1 mit kritischer Auseinandersetzung in Rn. 2.

zum Ausdruck, dass diese Regelungen in §§ 69d bis 69e UrhG eine Vervielfältigung von Computerprogrammen durch Dritte zum privaten und sonstigen eigenen Gebrauch gegenüber der allgemeinen Schrankenbestimmung des § 53 UrhG erschweren.

IV. Systematik der §§ 69a bis 69g UrhG

§ 69a I UrhG definiert den Begriff des Computerprogramms. § 69a II UrhG legt den Umfang des urheberrechtlichen Schutzes von Computerprogrammen fest. § 69a III UrhG bestimmt, unter welchen Voraussetzungen ein Computerprogramm überhaupt urheberrechtlich geschützt ist. Nach § 69a IV UrhG sind die Vorschriften für Sprachwerke auch für Computerprogramme heranzuziehen, soweit §§ 69a bis 69g UrhG keine abweichende Regelung enthalten. Denn §§ 69a bis 69g UrhG enthalten ebenso wenig wie RiL 2009/24/EG) eine umfassende Regelung des Rechtsschutzes von Computerprogrammen. Soweit §§ 69a bis 69g UrhG einen Gesichtspunkt regeln, sind sie jedoch vorrangig und daher *lex specialis.* 4

Beispiele: Verdrängt sind § 2 II UrhG (statt dessen: § 69a III UrhG), §§ 15 bis 23 UrhG (statt derer: § 69c UrhG), § 43 UrhG (statt dessen § 69b UrhG), §§ 53 bis 54h UrhG (statt derer: §§ 69d und 69e UrhG).

§ 69a V UrhG schließt die Anwendung der §§ 95a bis 95d UrhG (Umgehung technischer Schutzmaßnahmen) auf Computerprogramme aus. Denn der Umgehungsschutz ist für Computerprogramme bereits in §§ 69f II UrhG gesondert geregelt. § 69b UrhG bestimmt, wer in Arbeits- und Dienstverhältnissen Urheber eines Computerprogramms ist. § 69c Nr. 1 bis Nr. 4 UrhG beschreibt, welche ausschließlichen Rechte dem Rechtsinhaber zustehen. §§ 69d bis 69e UrhG enthalten Schrankenbestimmungen. § 69f UrhG stellt die Grundlage für einen Anspruch auf Vernichtung rechtsverletzender Vervielfältigungsstücke dar (§ 69f I UrhG) und erstreckt diesen Anspruch auch auf Mittel, die die unerlaubte Beseitigung oder Umgehung technischer Programmschutzmechanismen erleichtern (§ 69f II UrhG). § 69g I UrhG legt fest, in welchem Verhältnis der urheberrechtliche Schutz von Computerprogrammen zu anderen Rechtsvorschriften steht. Die dort genannten Rechtsvorschriften sind nicht abschließend,[2] so dass auch Ansprüche nach § 823 I und 5

2 BT-Drs. 12/4002, S. 15.

II BGB, § 826 BGB, § 812 BGB und § 687 II BGB in Betracht kommen. § 69g II UrhG erklärt § 69d II und III UrhG sowie § 69e UrhG für zwingendes Recht, so dass insoweit Abweichungen durch Vertrag ausgeschlossen sind.

V. Urheberrechtlicher Schutz von Computerprogrammen

1. Schutzgegenstand: Begriff des Computerprogramms (§ 69a I UrhG)

6 Gegenstand des urheberrechtlichen Schutzes von Computerprogrammen nach §§ 69a bis 69g UrhG können Programme in jeder Gestalt sein, einschließlich des Entwurfsmaterials. Den Begriff des Computerprogramms definiert § 69a I UrhG zwar nicht. Doch lässt diese Vorschrift erkennen, dass der Begriff des Computerprogramms **weit zu verstehen** ist („jeder Gestalt"). Es kommt allein darauf an, dass Befehls- und Steuerungsanweisungen an den Computer enthalten sind. Urheberrechtlichen Schutz genießen daher Computerprogramme **aller Art.**[3]

Beispiele: Computerprogramme können Betriebssysteme, Anwendungsprogramme, Hilfsprogramme, Browser, Suchmaschinen oder Software für E-Mail sein.

7 Auf die **Programmiersprache** kommt es ebenso wenig an wie auf den **Code,** in dem das Programm vorliegt (z. B. Quellcode oder Objektcode). Auch ist unerheblich, ob es sich bei dem Programm um **Individual-** oder **Standardsoftware** handelt.[4] Kein Computerprogramm ist eine bloße **Datensammlung** ohne Befehls- oder Steuerungsanweisung an den Computer. Auch **Hyperlinks** und **Webseiten** stellen kein Computerprogramm dar.

8 Da Programme „jeder Gestalt" erfasst sind, kommt es nicht darauf an, ob das Programm als Software vorliegt oder in die Hardware integriert ist (Erwägungsgrund 7 RiL 2009/24/EG).[5] § 69a I UrhG nennt als Bestandteil eines Computerprogramms auch **Entwurfsma-**

---

3 Dreier/Schulze/*Dreier*, § 69a UrhG Rn. 12.
4 Schricker/Loewenheim/*Loewenheim*, § 69a UrhG Rn. 3.
5 Vgl. auch BT-Drs. 12/4022, S. 9.

terial, d. h. Vorstufen des Programms (z. B. Flussdiagramm) oder sonstige Vor- und Zwischenstufen der Programmentwicklung. Kein Bestandteil eines Computerprogramms sind hingegen **Anweisungen** und Erläuterungen an den Benutzer (z. B. Handbücher oder Bedienungsanleitungen). Dasselbe gilt für die Benutzeroberfläche, und zwar auch dann, wenn sie in ihrer Struktur im Programm implementiert ist.[6] Bei **Videospielen** ist Programm i. S. d. § 69a I UrhG lediglich der Teil, der den Spielablauf steuert, nicht hingegen die audiovisuelle Darstellung auf dem Bildschirm. Letztere kann aber auf andere Weise – etwa als Lichtbildwerk nach § 2 I Nr. 5 UrhG – urheberrechtlich geschützt sein. **Multimediawerke** (= Werke unterschiedlicher Gattung wie Ton, Text, Bild sind zu einer Einheit verbunden) sind als solche keine Computerprogramme.[7] Lediglich der Teil des Werks, der die Ansteuerung und den Ablauf, mithin das Zusammenspiel der einzelnen Werke steuert, ist ein Programm i. S. d. § 69a I UrhG. Freilich können die anderen Teile des Multimediawerks anderweitig urheberrechtlich geschützt sein.

2. Schutzvoraussetzung: Eigene geistige Schöpfung (§ 69a III 1 UrhG)

Ein Computerprogramm ist urheberrechtlich geschützt, wenn es 9
ein individuelles Werk in dem Sinne darstellt, dass es das Ergebnis der eigenen geistigen Schöpfung ihres Urhebers ist (§ 69a III 1 UrhG; vgl. auch Art. 1 III RiL 2009/24/EG). Wie bei § 2 II UrhG ist daher eine menschliche, gestaltende Tätigkeit Voraussetzung für den urheberrechtlichen Schutz eines Computerprogramms (vgl. auch § 2 Rn. 11 ff.). Die erforderliche Individualität ist bereits mit der kleinen Münze erfüllt, so dass die urheberrechtliche **Schutzfähigkeit** von Computerprogrammen den **Normalfall** darstellt.[8] Es besteht jedoch keine *gesetzliche* Vermutung urheberrechtlichen Schutzes von Computerprogrammen.[9] Bei komplexen Computerprogrammen spricht

---

6 *OLG Düsseldorf* CR 2000, 184; Schricker/Loewenheim/*Loewenheim*, § 69a UrhG Rn. 7; Wandtke/Bullinger/*Grützmacher*, § 69a UrhG Rn. 14; a. A. *OLG Karlsruhe* GRUR 1994, 726, 729.

7 *OLG Karlsruhe* GRUR 1994, 726, 729; Schricker/Loewenheim/*Loewenheim*, § 69a UrhG Rn. 29; Wandtke/Bullinger/*Grützmacher*, § 69a UrhG Rn. 21.

8 BT-Drs. 12/4022, S. 9; vgl. auch *BGH* GRUR 1994, 39 – Buchhaltungsprogramm; GRUR 2000, 866, 868 – Programmfehlerbeseitigung; GRUR 2001, 153 – OEM-Version (Urheberrechtsschutz für die Betriebssysteme MS-DOS und MS-Windows bejaht); GRUR 2005, 860, 861 – Fash 2000.

9 BT-Drs. 12/4022, S. 9.

eine *tatsächliche* Vermutung für eine hinreichende Individualität der Programmgestaltung.[10]

10 Die Ausnahme der urheberrechtlichen **Schutzunfähigkeit** beschränkt sich auf ganz einfache und routinemäßige Vorgänge, die jeder Programmierer auf dieselbe oder ähnliche Weise gestalten würde.[11] Dies kann sich auf Grund der Natur der Aufgabe oder funktionaler Erfordernisse ergeben. Auf welcher Stufe der Entwicklung eines Computerprogramms eine eigene geistige Schöpfung einfließt, ist unerheblich. Denn ein Computerprogramm ist als Ganzes geschützt. Anders ist es bei Entwurfsmaterial. Hier muss dieses selbst die erforderliche Individualität aufweisen.

11 § 69a III 2 UrhG legt die Erfordernisse des § 69a III 1 UrhG als **alleinige Beurteilungskriterien** für die urheberrechtliche Schutzfähigkeit eines Computerprogramms fest. Denn danach sind zur Bestimmung der urheberrechtlichen Schutzfähigkeit von Computerprogrammen keine anderen Kriterien, insbesondere keine qualitativen oder ästhetischen Kriterien heranzuziehen.

3. Schutzumfang (§ 69a II UrhG)

12 Nach § 69a II 1 UrhG erstreckt sich der urheberrechtliche Schutz von Computerprogrammen auf **alle** seine **Ausdrucksformen.** Dazu gehören z. B. der Quellcode und der Objektcode. Ideen und Grundsätze sind hingegen nicht geschützt (§ 69a II 2 UrhG).

Beispiel: Die Idee, ein Computerprogramm zur Lösung einer bestimmten Aufgabe zu entwickeln, ist nicht geschützt.

13 § 69a II 2 UrhG stellt weiter klar, dass auch Ideen und Grundsätze, die **Schnittstellen** zu Grunde liegen, nicht urheberrechtlich geschützt sind. Schnittstellen sind die Teile eines Programms, die Hardware und Software miteinander verbinden und in Interaktion treten lassen.

14 § 69a II 2 UrhG hat lediglich klarstellende Funktion, da sich sein Inhalt bereits aus allgemeinen urheberrechtlichen Grundsätzen ergibt (§ 2 Rn. 7 ff.). Denn danach ist allein die Form als **konkreter Ausdruck** eines Werks urheberrechtlich schutzfähig. Dieser ist gegen eine Übernahme wesentlicher inhaltlicher Strukturelemente (z. B. Gliederung des Programmablaufs) geschützt. Geringfügige Ab-

10 *BGH* GRUR 2005, 860, 861 – Fash 2000.
11 BT-Drs. 12/4022, S. 9 f.

weichungen ändern daher nichts an der Verletzung eines fremden Urheberrechts.[12] Stellt ein **Algorithmus** (= von einer Maschine ausführbare Verarbeitungsvorschrift) eine allgemein bekannte, mathematische Rechenregel dar, kommt insoweit urheberrechtlicher Schutz nicht in Betracht. Ein Algorithmus kann aber auch ein Programm in der Weise konkret gestalten, dass er urheberrechtlich geschützt ist. Außerdem kann die Art und Weise der Kombination von Algorithmen urheberrechtlichen Schutz genießen.[13] Auch eine **Programmiersprache** kann urheberrechtlich schutzfähig sein.[14]

4. Zustimmungsbedürftige Handlungen (§§ 69c bis § 69e UrhG)

§ 69c Nr. 1 bis Nr. 3 UrhG setzt Art. 4 I lit. a bis lit. c RiL 91/250/ 15
EWG um. Darüber hinaus ist ein weiteres Ausschließlichkeitsrecht in § 69c Nr. 4 UrhG vorgesehen, das nicht auf unionsrechtlichen Vorgaben beruht, sondern der Klarstellung dient.[15] § 69c UrhG ist vorrangige Sonderregelung gegenüber §§ 15 bis 23 UrhG (Rn. 4). Nach § 69c UrhG ist zur Vervielfältigung (§ 69c Nr. 1 UrhG), Bearbeitung (§ 69c Nr. 2 UrhG), Verbreitung (§ 69c Nr. 3 UrhG) und öffentlichen Wiedergabe (§ 69c Nr. 4 UrhG) eines Computerprogramms die Zustimmung des Rechtsinhabers erforderlich. § 69d UrhG enthält Ausnahmen hiervon.

a) Vervielfältigung (§ 69c Nr. 1 UrhG)

aa) Zustimmungsbedürftige Handlungen. § 69c Nr. 1 S. 1 UrhG 16
begründet für den Rechtsinhaber das ausschließliche Recht zur Vervielfältigung eines Computerprogramms. Diese Vervielfältigung kann dauerhaft (z. B. Diskette, CD-ROM, Festplatte oder Server)[16] oder vorübergehend, ganz oder teilweise (soweit der Teil des Programms urheberrechtlich geschützt ist), mit jedem Mittel (z. B. elektronisch oder als Papierausdruck) und in jeder Form (z. B. Software oder Implementierung in Hardware) erfolgen. Da § 69c Nr. 1 UrhG

---

12 Dreier/Schulze/*Dreier,* § 69a UrhG Rn. 21.
13 *BGH* GRUR 1991, 449, 453 – Betriebssystem.
14 Dreier/Schulze/*Dreier,* § 69a UrhG Rn. 24; a. A. Schricker/Loewenheim/*Loewenheim,* § 69a UrhG Rn. 12.
15 BT-Drs. 15/38, S. 22.
16 Vgl. auch *BGH* GRUR 1994, 363 – Holzhandelsprogramm.

den Begriff der Vervielfältigung nicht definiert, ist hierzu auf den weiten Vervielfältigungsbegriff des § 16 I UrhG, der auf der RiL 2001/29/EG beruht, zurückzugreifen. Soweit das Laden, Anzeigen, Ablaufen, Übertragen oder Speichern des Computerprogramms eine Vervielfältigung erfordert, bedürfen auch diese Handlungen der Zustimmung des Rechtsinhabers (§ 69c Nr. 1 S. 2 UrhG). Die **Speicherung** eines urheberrechtlich geschützten Programms oder Programmteils im Arbeitsspeicher ist stets zustimmungspflichtig.[17] Das bloße Sichtbarmachen des Programms auf dem **Bildschirm** ist hingegen nicht von § 69c Nr. 1 UrhG erfasst.

17 **bb) Anwendbarkeit der Schrankenbestimmung des § 44a UrhG.** Es stellt sich die Frage, ob die Schrankenbestimmung des § 44a UrhG auch für die Vervielfältigung eines Computerprogramms i. S. d. § 69c Nr. 1 UrhG gilt. Zwar beruht § 44a UrhG auf Art. 5 I RiL 2001/29/EG und sollen nach Erwägungsgrund 50 dieser Richtlinie die speziellen Schutzbestimmungen der RiL 91/250/EWG unberührt bleiben. Doch ist die Interessenlage bei der Vervielfältigung von Computerprogrammen mit der § 44a UrhG zu Grunde liegenden Interessenlage vergleichbar. Es erscheint daher geboten, rein technische Vervielfältigungen, die nicht eine zusätzliche eigenständige Nutzung des geschützten Programms zulassen, nicht dem Vervielfältigungsrecht des § 69c Nr. 1 UrhG zu unterstellen.

b) Umarbeitung (§ 69c Nr. 2 UrhG)

18 **aa) Zustimmungsbedürftige Handlungen. (1) Regelungsinhalt.** § 69c Nr. 2 S. 1 UrhG berechtigt den Rechtsinhaber umfassend zur Umarbeitung des Computerprogramms. Das Gesetz spricht von Übersetzung, Bearbeitung, Arrangement und *anderen* Umarbeitungen. Der Begriff der Umarbeitung ist daher der Oberbegriff, den die Beispiele Übersetzung, Bearbeitung und Arrangement konkretisieren. Das Recht des Rechtsinhabers zur Umarbeitung ist daher weit gefasst. Es erstreckt sich z. B. auch auf die Änderung oder Ergänzung des Quellcodes. Ein Verstoß gegen § 69c Nr. 2 S. 1 UrhG liegt außerdem vor, wenn ein Dritter ein urheberrechtlich geschütztes Computerprogramm als Vorlage für eine **abhängige Nachgestaltung** benutzt. Ob das Ergebnis dieser Nachgestaltung urheberrechtlich i. S. d. § 2 II UrhG oder § 69a III UrhG geschützt ist, ist unerheblich.

17 Wandtke/Bullinger/*Grützmacher*, § 69c UrhG Rn. 5.

Die Vervielfältigung ist hingegen vom Recht zur Umarbeitung nicht erfasst, zumal sie speziell in § 69c Nr. 1 UrhG geregelt ist. Kein Verstoß gegen § 69c Nr. 2 S. 1 UrhG liegt vor, wenn eine freie Benutzung eines Computerprogramms i. S. d. § 24 UrhG gegeben ist.

Der Rechtsinhaber ist nicht nur zur Umarbeitung berechtigt. Er darf auch die bei dieser Umarbeitung erzielten **Ergebnisse vervielfältigen** (§ 69c Nr. 2 S. 1 UrhG). 19

Nach § 69c Nr. 2 S. 2 UrhG bleiben die Rechte derjenigen, die das Programm bearbeiten, unberührt. Das Tatbestandsmerkmal des Bearbeitens ist nicht auf den Beispielstatbestand in § 69c Nr. 2 S. 1 UrhG beschränkt. Denn es erfasst jede Umarbeitung.[18] Das bedeutet, dass dann, wenn die Umarbeitung selbst urheberrechtlich geschützt ist, der Umarbeitende eine **eigenes Bearbeitungsrecht** nach § 3 UrhG erwirbt. Dies gilt auch dann, wenn die Umarbeitung ohne die Zustimmung des Rechtsinhabers erfolgt ist. 20

(2) Verhältnis zu § 23 UrhG. § 69c Nr. 2 UrhG ist vorrangige **Sonderregelung** gegenüber § 23 UrhG. Gegenüber § 23 UrhG gewährt § 69c Nr. 2 UrhG dem Rechtsinhaber insoweit ein umfassenderes Recht, als nicht erst die Veröffentlichung eines umgearbeiteten Programms, sondern bereits dessen Herstellung der Zustimmung durch den Rechtsinhaber bedarf.[19] 21

c) Verbreitung (§ 69c Nr. 3 UrhG)

aa) Befugnisse des Rechtsinhabers (§ 69c Nr. 3 S. 1 UrhG). § 69c Nr. 3 S. 1 UrhG begründet für den Rechtsinhaber das Recht zu jeder Form der Verbreitung des Originals oder Vervielfältigungsstücks eines Computerprogramms einschließlich der Vermietung. Der Begriff des Verbreitens ist **weit** zu verstehen („jede Form"). Insoweit ist auf die zur Bestimmung dieses Begriffs in § 17 I UrhG angestellten Erwägungen zurückzugreifen (§ 4 Rn. 38 ff.).[20] Für die Bestimmung des Begriffs der Vermietung sind die zur Bestimmung dieses Begriffs in § 17 III UrhG angestellten Erwägungen heranzuziehen (§ 4 Rn. 50). 22

bb) Unionsweite Erschöpfung (§ 69c Nr. 3 S. 2 UrhG). § 69c Nr. 3 S. 2 UrhG legt eine **unionsweite Erschöpfung** des Rechts zur Verbreitung von Vervielfältigungsstücken eines Computerprogramms 23

18 BT-Drs. 12/4022, S. 11.
19 Dreier/Schulze/*Dreier*, § 69a UrhG Rn. 14.
20 BT-Drs. 12/4022, S. 11.

fest. Das **Vermietrecht** ist jedoch – wie in § 17 II UrhG – von dieser Erschöpfung ausgenommen. Deshalb tritt eine unionsweite Erschöpfung des Verbreitungsrechts nur dann ein, wenn eine Veräußerung stattfindet und das Vervielfältigungsstück **endgültig beim Erwerber** verbleibt. Die bloß zeitweise Überlassung genügt hingegen nicht. Zwar begründet § 69c Nr. 3 S. 2 UrhG eine unionsweite Erschöpfung nur bei Veräußerung von Vervielfältigungsstücken (§ 69c Nr. 3 S. 1 UrhG unterscheidet hingegen zwischen Original und Vervielfältigungsstücken). Sie muss aber erst recht eintreten, wenn der Rechtsinhaber das **Original** eines Computerprogramms veräußert, indem er etwa den Quellcode übergibt.[21] Da § 69c Nr. 3 S. 2 UrhG von Vervielfältigungs*stücken* spricht, setzt die unionsweite Erschöpfung des Verbreitungsrechts die Veräußerung von körperlichen Werkstücken voraus. Einer Veräußerung körperlicher Werkstücke durch den Rechtsinhaber steht es angesichts einer identischen Interessenlage gleich, wenn der Rechtsinhaber das Computerprogramm ***online*** **übermittelt** und der Empfänger mit Zustimmung des Rechtsinhabers ein körperliches Werkstück herstellt.[22]

24 Die unionsweite Erschöpfung erstreckt sich nach § 69c Nr. 3 S. 2 UrhG allein auf das Recht zur **Verbreitung,** nicht jedoch auf das Recht zur **Vervielfältigung.** Wäre jedoch das Verbreitungsrecht und nicht auch das Vervielfältigungsrecht erschöpft, führte dies dazu, dass der Rechtsinhaber zwar nicht die weitere Verbreitung veräußerter Vervielfältigungsstücke, aber die zur Vervielfältigung des Programms erforderlichen Nutzungshandlungen verhindern könnte. Den damit verbundenen Widerspruch beseitigt § 69d I UrhG (Rn. 26ff.). Denn nach dieser Regelung bedarf eine Person, die ein Computerprogramm rechtmäßig nutzt, nicht der Zustimmung des Rechtsinhabers zu den für die Vervielfältigung des Programms erforderlichen Vervielfältigungshandlungen.

d) Öffentliche Wiedergabe (§ 69c Nr. 4 UrhG)

25 Das Recht zur öffentlichen Wiedergabe nach § 69c Nr. 4 UrhG erfasst alle Formen der öffentlichen Wiedergabe i. S. d. §§ 15 II, 19 bis 22 UrhG. Es kommt nicht darauf an, ob diese Wiedergabe drahtgebunden oder drahtlos erfolgt.

---

21 Dreier/Schulze/*Dreier,* § 69c UrhG Rn. 23; a. A. Schricker/Loewenheim/*Loewenheim,* § 69c UrhG Rn. 31.
22 Dreier/Schulze/*Dreier,* § 69a UrhG Rn. 14.

e) Ausnahmen von den zustimmungsbedürftigen Handlungen

aa) § 69d UrhG. (1) Normzweck. § 69c UrhG begründet in sehr weitem Umfang Ausschließlichkeitsrechte des Rechtsinhabers. § 69d UrhG, der Art. 5 der Richtlinie 2009/24/EG umsetzt, macht hiervon Ausnahmen und setzt damit den Befugnissen des Rechtsinhabers **Schranken.** Dabei geht es um die bestimmungsgemäße Benutzung des Computerprogramms (§ 69d I UrhG), die Erstellung einer Sicherungskopie (§ 69d II UrhG) und das Beobachten, Untersuchen oder Testen des Funktionierens des Programms (§ 69d III UrhG). 26

§ 69d UrhG unterscheidet sich dadurch von den **allgemeinen Schrankenbestimmungen** der §§ 44a ff. UrhG, dass diese Regelung anders als §§ 44a ff. UrhG bestimmte Handlungen nicht jedem Dritten zustimmungs- und vergütungsfrei gestattet. Vielmehr sind die Privilegien des § 69d UrhG auf bestimmte Personen beschränkt. Es muss sich nämlich um Personen handeln, die zur Verwendung eines Vervielfältigungsstücks (§ 69d I, III UrhG) oder zur Benutzung (§ 69d II UrhG) des Programms berechtigt sind. Damit ist sichergestellt, dass die Privilegierungen des § 69d UrhG nur dann eingreifen können, wenn der **Rechtsinhaber** damit **einverstanden** ist. Zum Schutz des Rechtsinhabers vor einem stärkeren Verhandlungspartner sind § 69d II und III UrhG zwingend (§ 69g II UrhG). Wegen des Erfordernisses des Einverständnisses des Rechtsinhabers sind die Ausnahmen des § 69g UrhG keine Schrankenbestimmungen im eigentlichen Sinne. Vielmehr legen sie einerseits den Umfang eingeräumter Rechte fest und bieten andererseits Anhaltspunkte für die Auslegung von Verträgen, auf Grund derer der Rechtsinhaber Rechte i. S. d. § 69c UrhG überträgt. Es handelt sich deshalb der Rechtnatur nach um eine Mischform zwischen gesetzlicher Lizenz und vertraglicher Auslegungsvorschrift.[23] 27

(2) Verhältnis zu §§ 44a ff. UrhG. § 69d UrhG ist gegenüber §§ 44a ff. UrhG **vorrangige Sonderregelung.** §§ 44a ff. UrhG sind aber auch auf Computerprogramme anwendbar, soweit es sich nicht um einen vorrangig in § 69d UrhG geregelten Interessenkonflikt handelt.[24] Danach ist insbesondere die Anwendung von §§ 53 f. UrhG ausgeschlossen, weil deren Regelungsgegenstände vorrangig in § 69d I und II UrhG enthalten sind. Auch § 44a UrhG gilt nicht für Com- 28

23 Dreier/Schulze/*Dreier*, § 69d UrhG Rn. 14.
24 Dreier/Schulze/*Dreier*, § 69d UrhG Rn. 3.

puterprogramme (vgl. Erwägungsgrund 20 RiL 2001/29/EG). Demgegenüber sind etwa § 45 I UrhG und § 51 Nr. 1 UrhG auf Computerprogramme anwendbar.

29 **(3) Bestimmungsgemäße Nutzung durch den Berechtigten (§ 69d I UrhG).** § 69d I UrhG begründet für denjenigen, der zur Verwendung eines Vervielfältigungsstücks des Programms – etwa auf Grund des Erwerbs von Nutzungsrechten auf Grund eines Lizenzvertrags – berechtigt ist, das Recht zur bestimmungsgemäßen Benutzung des Computerprogramms einschließlich der Fehlerberichtigung. Damit ist das Nutzungsinteresse eines berechtigten Nutzers höher bewertet als die Interessen des Rechtsinhabers.[25] Der Umfang der bestimmungsgemäßen Benutzung ergibt sich in erster Linie aus dem **Vertrag** über die Rechtseinräumung. Außerdem sind der Zweck der Überlassung und sonstige vertragliche Umstände zu berücksichtigen.[26]

30 Als **zulässige Benutzungshandlungen** sieht § 69d I UrhG das Recht zur Vervielfältigung (§ 69c Nr. 1 UrhG) und das Recht zur Umarbeitung (§ 69c Nr. 2 UrhG) vor (zur Dekompilierung vgl. § 69e UrhG; Rn. 40). § 69d I UrhG bezieht sich jedoch nicht auf das Recht zur Verbreitung (§ 69c Nr. 3 UrhG) und das Recht zur öffentlichen Wiedergabe (§ 69c Nr. 4 UrhG). Die Benutzungshandlungen nach § 69c Nr. 1 und Nr. 2 UrhG müssen zur bestimmungsgemäßen Benutzung des Computerprogramms **notwendig** sein. Bloße Zweckmäßigkeit oder Nützlichkeit genügt hingegen nicht.[27] Notwendigkeit liegt nur dann vor, wenn andere Maßnahmen die bestimmungsgemäße Nutzung des Programms nicht auf zumutbare Weise ermöglichen.[28]

31 Zwar lässt § 69d I UrhG **„besondere vertragliche Bestimmungen"** zur Einschränkung der zulässigen Benutzungshandlungen zu. Diese Einschränkung darf aber nur bis zur Grenze eines sog. abredefesten Kerns erfolgen (vgl. Erwägungsgrund 16 S. 2 RiL 2009/24/EG).

Beispiel: Der berechtigte Nutzer eines Computerprogramms verpflichtet sich vertraglich dazu, das Programm nicht Dritten zugänglich zu machen.

---

25 BT-Drs. 12/4022, S. 12.
26 *OLG Düsseldorf* CR 2002, 95, 96 f.; Wandtke/Bullinger/*Grützmacher*, § 69d UrhG Rn. 6.
27 *OLG München* CR 1996, 11, 17; Schricker/Loewenheim/*Loewenheim*, § 69d UrhG Rn. 11.
28 Dreier/Schulze/*Dreier*, § 69d UrhG Rn. 11.

Diese Verpflichtung erstreckt sich aber nicht auf den abredefesten Kern, Dritte zur Fehlerbeseitigung einzuschalten. Eine solche Einschaltung Dritter ist jedoch ausgeschlossen, wenn der Vertrag vorsieht, dass der Rechtsinhaber selbst die Fehlerbeseitigung auf eine dem Nutzer zumutbare Art und Weise anbietet und durchführt.[29]

Nicht zum abredefesten Kern zählt etwa die **Nutzungsintensität.** 32
Daher kann sich die bestimmungsgemäße Nutzung nach dem Vertrag auf die Nutzung des Computerprogramms an verschiedenen Arbeitsplätzen (Mehrplatzlizenz) oder nur an einem bestimmten Computer (sog. CPU-Klausel)[30] beziehen. Auch individuelle **Änderungen** und **Anpassungen** des Programms sowie **Verbesserungen** und **Erweiterungen** des Programms gehören nicht zum abredefesten Kern.[31]

(4) Sicherungskopie (§ 69d II UrhG). Nach § 69d II UrhG darf 33
der Rechtsinhaber einer zur Nutzung des Programms berechtigten Person die Erstellung einer Sicherungskopie nicht untersagen, wenn eine solche Kopie für die Sicherung künftiger Nutzung erforderlich ist. Unter diesen Voraussetzungen ist die Erstellung einer Sicherungskopie zustimmungs- und vergütungsfrei. Dies soll dem Nutzer einen möglichst ungehinderten Gebrauch des Programms ermöglichen. Er soll davor geschützt sein, bei Ausfall des Computerprogramms erst nach längerer Zeit weiterarbeiten zu können. Vertragliche Abweichungen hiervon sind nichtig (§ 69g II UrhG). Eine Sicherungskopie liegt vor, wenn ein Computerprogramm **ein weiteres Mal 1 : 1** hergestellt ist, um eine Neuinstallation zu ermöglichen.

Die Erstellung der Sicherungskopie muss für die Sicherung künfti- 34
ger Nutzung **erforderlich** sein. Daran fehlt es, wenn der Hersteller bereits mit der Lieferung des Computerprogramms eine Sicherungskopie dieses Programms liefert.[32] Dem steht nicht der Fall gleich, dass der Hersteller zwar keine Sicherungskopie mitliefert, aber deren umgehende Übersendung für den Bedarfsfall zusagt. Denn wegen des Normzwecks des § 69d II UrhG ist dem Nutzer die Mitteilung des Programmausfalls und ein etwaiges Warten nicht zumutbar.[33] Die bloße Zusage des Herstellers als solche gewährleistet nämlich noch nicht den möglichst ungehinderten Gebrauch des Programms, die Er-

29 *BGH* GRUR 2000, 866, 868 – Programmfehlerbeseitigung.
30 Vgl. dazu *BGH* GRUR 2003, 416 – CPU-Klausel.
31 Schricker/Loewenheim/*Loewenheim,* § 69d UrhG Rn. 13 f.
32 BT-Drs. 12/4022, S. 12.
33 Wandtke/Bullinger/*Grützmacher,* § 69d UrhG Rn. 44; *Hoeren/Schumacher,* CR 2000, 137, 140; differenzierend Dreier/Schulze/*Dreier,* § 69d UrhG Rn. 16.

stellung einer Sicherungskopie durch den Nutzer nach Auslieferung des Programms hingegen schon.

35 § 69d II UrhG spricht zwar von der Erstellung *einer* Sicherungskopie. Dies ist in der Weise zu verstehen, dass der Nutzer nur **eine einzige Sicherungskopie** erstellen darf.[34] Soweit technische Schutzmechanismen die Erstellung einer Sicherungskopie verhindern, obwohl die Voraussetzungen des § 69d II UrhG gegeben sind, steht dem Nutzer ein Anspruch gegen den Rechtsinhaber auf Entfernung des Kopierschutzes zu.[35]

36 **(5) Beobachten, Untersuchen und Testen (§ 69d III UrhG).** Nach § 69d III UrhG ist der zur Verwendung eines Vervielfältigungsstücks eines Programms Berechtigte (insoweit Übereinstimmung mit § 69d I UrhG) auch ohne Zustimmung des Rechtsinhabersberechtigt, die zur Vornahme bestimmter Handlungen erforderlichen Informationen zu ermitteln (vgl. auch Art. 5 III RiL 2009/24/EG). Bestimmte **Handlungen** sind erlaubt, wenn sie einem bestimmten **Zweck** dienen und auf bestimmte **Vorgänge** beschränkt sind.

37 Als **Handlungen** in diesem Sinne nennt § 69d III UrhG das Beobachten, Untersuchen und Testen des Funktionierens des Programms. Diese Handlungen können sich auf das gesamte Computerprogramm erstrecken und sind nicht nur auf Teile von ihm begrenzt.[36] Sie erfassen jedoch nicht die Dekompilierung, da dafür eine Sonderregelung in § 69e UrhG besteht (Rn. 40).

38 Die Handlungen müssen dem **Zweck** der Ermittlung der einem Programmelement zu Grunde liegenden Ideen und Grundsätze dienen. Dies kann etwa zur Erstellung kompatibler Programme, nicht aber zur Herstellung weiterer Vervielfältigungen geschehen. Obwohl die einem Programmelement zu Grunde liegenden Ideen und Grundsätze urheberrechtlich gar nicht geschützt sind (vgl. auch § 69a II 2 UrhG), verfügt § 69d III UrhG über einen **eigenständigen Anwendungsbereich**. Denn das Beobachten und Testen ist bei Durchführung einer Vervielfältigung nach § 69c Nr. 1 UrhG zustimmungspflichtig und § 69d UrhG enthält lediglich eine Ausnahme hiervon für den bestimmungsgemäßen Gebrauch. Daher ist es erforderlich,

---

34 Schricker/Loewenheim/*Loewenheim*, § 69d UrhG Rn. 19; *Lehmann/Klein*, NJW 1993, 1822, 1823; a. A. Wandtke/Bullinger/*Grützmacher*, § 69d UrhG Rn. 56 (für Sicherungsbedürfnis erforderliche Anzahl).
35 Dreier/Schulze/*Dreier*, § 69d UrhG Rn. 19.
36 BT-Drs. 12/4022, S. 12.

das Laufenlassen eines Programms allein zu Beobachtungs- und Testzwecken gesondert freizustellen.

Die Handlungen sind auf die **Vorgänge** des Ladens, Anzeigens, Ablaufens, Übertragens und Speicherns des Programms beschränkt. Vertragliche Abweichungen von § 69d III UrhG sind nichtig (§ 69g II UrhG). 39

bb) Dekompilierung (§ 69e UrhG). § 69e UrhG (vgl. auch Art. 6 RiL 2009/24/EG) lässt unter bestimmten Voraussetzungen die Vervielfältigung des Codes eines Computerprogramms und der Übersetzung in Codeform ohne die Zustimmung des Rechtsinhabers zu. Diese Regelung soll die zustimmungs- und vergütungsfreie **Erlangung** und **Verwertung** von **Informationen** über die Schnittstellen eines Computerprogramms ermöglichen, um eigene Programme oder Geräte herstellen zu können, die mit dem fremden Computerprogramm in Verbindung treten **(Interoperabilität).** Da § 69c Nr. 1 und Nr. 2 UrhG dem entgegenstehen, ist die Freistellung durch § 69e UrhG notwendig. Sie knüpft die Erlangung von Informationen an drei Voraussetzungen (§ 69e I Nr. 1 bis Nr. 3 UrhG). Für die Verwertung nach § 69e I UrhG rechtmäßig erlangter Informationen enthält § 69e II UrhG drei Beschränkungen (vgl. § 69e II Nr. 1 bis Nr. 3 UrhG). § 69e III UrhG enthält schließlich eine Vorgabe zur Auslegung von § 69e I und II UrhG in Anlehnung an den Drei-Stufen-Test (vgl. § 6 Rn. 1). Die Schrankenbestimmung des § 69e UrhG ist nicht abdingbar (§ 69g II UrhG). 40

f) Rechtseinräumung durch Vertrag

Der Rechtsinhaber kann seine Rechte nach § 69c UrhG auf andere Personen übertragen. Sein Interesse ist dabei häufig darauf gerichtet, die zu übertragenden Nutzungsrechte zu beschränken. Dies darf jedoch nur innerhalb der dafür bestehenden **rechtlichen Grenzen** (vgl. § 69g II UrhG) geschehen. Solche Grenzen können sich aus dem Urheberrecht, dem Kartellrecht sowie – sofern die Nutzungsbeschränkung in Allgemeinen Geschäftsbedingungen enthalten ist – den §§ 305 ff. BGB ergeben. 41

5. Urheber in Arbeits- und Dienstverhältnissen (§ 69b UrhG)

42 § 69b UrhG ist eine vorrangige Sonderregelung gegenüber § 43 UrhG für Computerprogramme, die ein Arbeitnehmer oder Dienstverpflichteter (§ 69b II UrhG) in Wahrnehmung seiner Aufgaben oder nach Anweisungen seines Arbeitgebers/des Dienstberechtigten schafft. Diese Regelung beruht auf Art. 2 III RiL 2009/24/EG und ist daher richtlinienkonform auszulegen. § 69b UrhG **stärkt** die Rechtsposition des **Arbeitgebers** oder **Dienstverpflichteten.** Denn ausschließlich ihm steht die Ausübung aller vermögensrechtlichen Befugnisse an dem Computerprogramm zu. Etwas anderes kann sich nur aus einer abweichenden Vereinbarung ergeben. Da sich die Zuweisung des § 69b UrhG allein auf die vermögensrechtlichen Befugnisse an dem Computerprogramm bezieht, sind Urheberpersönlichkeitsrechte wie das Namensnennungsrecht (§ 13 UrhG) nicht betroffen. Sie verbleiben daher beim Urheber.[37] § 69b UrhG erstreckt sich nicht auf **Auftragswerke.** Dies soll freiberufliche Programmierer privilegieren und die Schaffung von Programmen fördern.

43 Der Begriff des Arbeitnehmers ist wie bei § 43 UrhG zu bestimmen. Der Begriff des Dienstverpflichteten ist wegen der gebotenen richtlinienkonformen Auslegung nicht auf ein öffentlich-rechtliches Dienstverhältnis beschränkt.[38] Das Tatbestandsmerkmal „in Wahrnehmung seiner Aufgaben oder nach den Anweisungen seines Arbeitgebers“ weicht zwar von der Fassung des § 43 UrhG („in Erfüllung seiner Verpflichtungen aus einem Arbeits- oder Dienstverhältnis“) ab. Inhaltliche Unterschiede sind damit aber nicht verbunden, da § 69b UrhG lediglich Art. 2 III RiL 2009/24/EG wörtlich umsetzen soll.[39] Daher ist auch insoweit auf die Erwägungen zu § 43 UrhG (§ 5 Rn. 106 ff.) zu verweisen. Da dem Arbeitgeber/Dienstberechtigten **alle vermögensrechtlichen Befugnisse** zustehen, sind ihm kraft Gesetzes alle ausschließlichen Nutzungsrechte nach § 69c UrhG eingeräumt.[40] Insoweit kann die allgemeine Zweckübertragungslehre hier ebenso wenig Platz greifen wie § 31 V UrhG. Infol-

---

37 BT-Drs. 12/4022, S. 12.
38 BT-Drs. 12/4022, S. 11; Schricker/Loewenheim/*Loewenheim,* § 69b UrhG Rn. 4.
39 Schricker/Loewenheim/*Loewenheim,* § 69b UrhG Rn. 5; Wandtke/Bullinger/*Grützmacher,* § 69b UrhG Rn. 5.
40 Dreier/Schulze/*Dreier,* § 69c UrhG Rn. 24.

gedessen stehen dem Arbeitgeber/Dienstberechtigten die **Ausschließlichkeitsrechte nach § 69c UrhG** inhaltlich, räumlich und zeitlich unbeschränkt zu. Will der Arbeitnehmer/Dienstverpflichtete gegebenenfalls nach seinem Ausscheiden aus dem Arbeitsverhältnis/Dienstverhältnis das Programm anderweitig etwa für einen neuen Arbeitgeber/Dienstberechtigten weiterentwickeln, so ist ihm dies verwehrt, soweit er damit die Befugnisse des bisherigen Arbeitgebers/Dienstberechtigten nach § 69c UrhG verletzt und ihm das nicht auf Grund einer Vereinbarung mit dem bisherigen Arbeitgeber/Dienstberechtigten gestattet ist. Der Arbeitnehmer/Dienstverpflichtete hat keinen Anspruch auf eine gesonderte Vergütung. Auch eine analoge Anwendung des ArbNErfG ist ausgeschlossen.[41]

6. Rechtsverletzungen (§ 69f UrhG)

a) Normzweck

§ 69f UrhG setzt Art. 7 RiL 91/250/EWG um. Diese Regelung 44
dient dem Schutz vor Handlungen, die **Urheberrechtsverletzungen vorbereiten** oder **mittelbar herbeiführen.** Zu diesem Zweck sieht § 69f I UrhG einen Anspruch des Rechtsinhabers auf Vernichtung rechtswidrig hergestellter oder verbreiteter oder zur rechtswidrigen Verbreitung bestimmter Vervielfältigungsstücke eines Computerprogramms vor. § 69f II UrhG erstreckt diesen Anspruch auf Mittel, die allein dazu bestimmt sind, die unerlaubte Beseitigung oder Umgehung technischer Programmschutzmechanismen zu erleichtern.

b) Anwendungsbereich

Der Anspruch auf Vernichtung rechtswidrig hergestellter oder ver- 45
breiteter oder zur rechtswidrigen Verbreitung bestimmter Vervielfältigungsstücke i. S. d. § 69f I 1 UrhG ist gegenüber Ansprüchen nach §§ 98 f. UrhG vorrangige Sonderregelung. So weicht § 69f I UrhG von §§ 98 f. UrhG insoweit ab, als es bei § 69f I UrhG nicht darauf ankommt, dass der Eigentümer oder Besitzer selbst Verletzer ist. Lediglich § 98 II und III UrhG gelten auch für § 69f I 1 UrhG (§ 69f I 2 UrhG). Der Anspruch auf Vernichtung als besonderer Beseitigungsanspruch setzt kein Verschulden voraus.

41 *BGH* GRUR 2001, 155 – Wetterführungspläne I; GRUR 2002, 149 – Wetterführungspläne II.

46 Vernichtung bedeutet die **Unbrauchbarmachung** des Programms, so dass seine Funktionsfähigkeit dauerhaft beseitigt ist.[42]

Beispiele: Löschung von Software; bei implementierter Software Zerstörung des Chip.

47 Da § 69f I 2 UrhG auf § 98 III UrhG verweist, ist der Vernichtungsanspruch bei Vorliegen von dessen Voraussetzungen, zu denen insbesondere der **Verhältnismäßigkeitsgrundsatz** gehört, lediglich auf mildere Maßnahmen der Beseitigung gerichtet. Da solche Maßnahmen aber meist mangels Möglichkeit zu anderweitiger rechtmäßiger Nutzung eines rechtswidrigen Vervielfältigungsstücks nicht in Betracht kommen, ist der Anspruch regelmäßig auf Vernichtung gerichtet.[43]

48 § 69f II UrhG erstreckt den Vernichtungsanspruch nach § 69f I UrhG auf Mittel, die allein dazu bestimmt sind, die unerlaubte Beseitigung oder Umgehung technischer Programmschutzmechanismen (z. B. Kopierschutz) zu erleichtern (Umgehungsmittel).

Beispiele: Programme, die den Kopierschutz oder eine Laufzeitbegrenzung ausschalten oder die Nutzung an mehreren Arbeitsplätzen trotz Nutzungsbefugnis nur für einen einzigen Platz ermöglichen.

49 Ein Umgehungsmittel muss **allein** dazu bestimmt sein, Umgehung zu ermöglichen. Es darf daher nicht auch für einen rechtmäßigen Zweck wie das Dekompilieren (§ 69e UrhG) einsetzbar sein. Zur Ermittlung der Bestimmung des Umgehungsmittels ist ein objektiver Maßstab anzulegen.[44]

---

42 Dreier/Schulze/*Dreier*, § 69f UrhG Rn. 7.
43 Dreier/Schulze/*Dreier*, § 69f UrhG Rn. 7.
44 Wandtke/Bullinger/*Grützmacher*, § 69g UrhG Rn. 20; Möhring/Nicolini/*Hoeren*, § 69f UrhG Rn. 16.

§ 9. Verwandte Schutzrechte (§§ 70 bis 87e, 94f. UrhG)

I. Grundlagen

Das UrhG schützt nicht nur das Urheberpersönlichkeitsrecht und dessen Interessen im Hinblick auf die Verwertung des Werks. Es schützt darüber hinaus die Inhaber sog. verwandter Schutzrechte (auch Leistungsschutzrechte oder Nachbarrechte genannt). Dabei handelt es sich um eine Ausprägung des urheberrechtlichen Schutzes **im weiteren Sinne** (vgl. schon § 1 Rn. 43).[1] Dieser Schutz ist zum einen auf **bestimmte Gegenstände** (Bestimmte Ausgaben, §§ 70f. UrhG; Lichtbilder § 72 UrhG) zum anderen auf den Schutz bestimmter **Personen** oder Unternehmen gerichtet. Geschützte Personen sind ausübende Künstler (§§ 73 bis 84 UrhG) oder Personen, die mit ihrer kaufmännisch-organisatorischen Einheit (Tonträgerhersteller, §§ 85f. UrhG; Sendeunternehmen, § 87 UrhG; Datenbankhersteller, §§ 87a bis 87e UrhG; Filmhersteller, §§ 94f. UrhG) zum kulturellen Leben beitragen. Da Verleger nicht genannt sind, können sie nur aus abgeleiteten Rechten berechtigt sein. 1

II. Einzelne verwandte Schutzrechte

1. Wissenschaftliche Ausgaben (§ 70 UrhG)

Die bloße Herausgabe bestimmter vorgegebener Werke oder Texte (z. B. Inschrift) ist meist mangels schöpferischer Leistung urheberrechtlich nicht geschützt. Doch kann dies mit einer bedeutenden wissenschaftlichen Arbeit und der Aufwendung hoher Kosten verbunden sein. Deshalb räumt § 70 UrhG dem Verfasser einer solchen Ausgabe unter bestimmten Voraussetzungen ein Leistungsschutzrecht ein. Dieses bezieht sich nur auf die Ausgabe (= Leistungsergebnis des Verfassers), nicht auf das Werk selbst. 2

1 Dreier/Schulze/*Dreier*, Einl. Rn. 1.

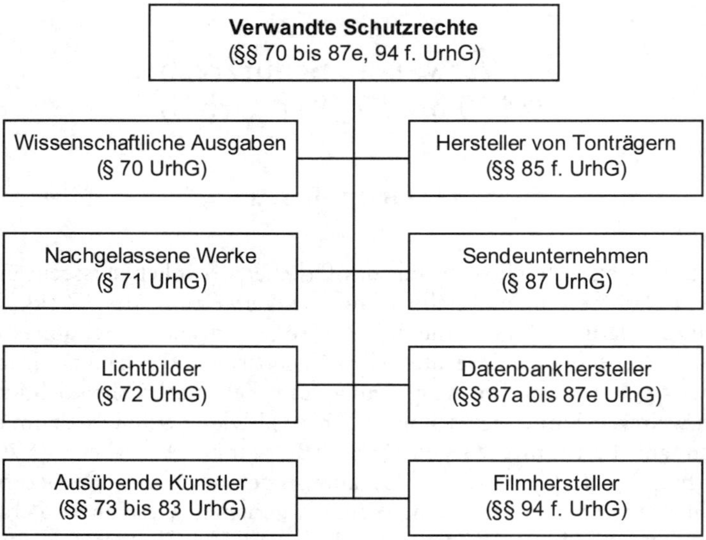

2. Nachgelassene Werke (§ 71 UrhG)

3 Wer ein nicht erschienenes Werk nach Erlöschen des Urheberrechts erlaubterweise erstmals erscheinen lässt oder erstmals öffentlich wiedergibt, hat das ausschließliche Recht, das Werk zu verwerten (§ 71 I 1 UrhG). Damit soll der meist erhebliche Arbeits- und Kostenaufwand, der für die erstmalige öffentliche Zugänglichmachung des Werks häufig erforderlich ist, durch die Zuerkennung eines Leistungsschutzrechts geschützt sein. Auf Grund von Art. 4 der Richtlinie 93/98/EWG genügt für den Schutz nach § 71 UrhG aber auch die erstmalige öffentliche Wiedergabe, die nur geringe Kosten verursacht.[2]

3. Lichtbilder (§ 72 UrhG)

4 Sofern kein Lichtbildwerk i. S. d. § 2 I Nr. 5 UrhG vorliegt, kommt ein Schutz nach § 72 UrhG in Betracht. Denn dieser Schutz besteht

2 BR-Drs. 98/95, S. 22: „nicht unproblematisch und sehr weit gehend".

generell für Lichtbilder, ohne dass es auf die Anforderungen von § 2 II UrhG ankommt. Lichtbilder sind Fotos aller Art, die nicht die Voraussetzungen des § 2 II UrhG erfüllen (z. B. Familienfotos).

4. Schutz des ausübenden Künstlers (§§ 73 bis 84 UrhG)

a) Regelungszweck

Die §§ 73 bis 84 UrhG schützen ausübende Künstler. Denn recht- 5
licher Schutz soll nicht nur urheberrechtlich geschützten Werken, sondern auch Personen zukommen, die ein Werk darbieten. So erscheint nicht nur die **Persönlichkeit** solcher Personen, sondern auch deren Interesse an einer **kommerziellen Verwertung** ihrer Darbietungen schutzwürdig. Außerdem soll ein Anreiz für Darbietungen bestehen, die im Interesse der Allgemeinheit liegen.[3] Die Rechtsposition ausübender Künstler ist vor allem deshalb schwächer als die Rechtsposition von Urhebern, da die Leistungen ausübender Künstler ohne das dargebotene Werk nicht möglich wären.

b) Begriff des ausübenden Künstlers (§ 73 UrhG)

Nach § 73 UrhG ist ausübender Künstler, wer ein Werk oder eine 6
Ausdrucksform der Volkskunst aufführt, singt, spielt oder auf andere Weise darbietet oder an einer solchen Darbietung künstlerisch mitwirkt. Der Begriff der Darbietung ist der **Oberbegriff** („auf eine andere Weise"), den die Beispiele „aufführen", „singen" und „spielen" konkretisieren. Eine Darbietung in diesem Sinne muss nicht den Anforderungen nach § 2 II UrhG genügen.[4] Der Hörer oder Betrachter muss lediglich einen **Sinneseindruck** empfangen, der seine Stimmung, sein Empfinden, sein Gefühl oder seine Phantasie anregt. Hierzu bedarf es einer **künstlerischen Ausgestaltung** der Darbietung („Künstler").[5]

Beispiele: Sänger, Tänzer, Schauspieler, Synchronsprecher fremdsprachiger Filme[6] oder Quizmaster[7] gestalten ihre Darbietung regelmäßig künstlerisch

---

3 Dreier/Schulze/*Dreier,* § 73 UrhG Rn. 1.
4 *BGH* GRUR 1981, 419, 422 – Quizmaster.
5 *BGH* GRUR 1981, 419, 420 – Quizmaster; Wandtke/Bullinger/*Büscher,* § 73 UrhG Rn. 6.
6 *BGH* GRUR 1984, 119, 120 – Synchronisationssprecher.
7 *BGH* GRUR 1981, 419, 420 – Quizmaster.

aus. Bei einem Nachrichtensprecher, der nur einen Text vorliest,[8] oder einer sog. Plastikgruppe, die nicht selbst singt, sondern Playback laufen lässt,[9] fehlt es hingegen an einer künstlerischen Ausgestaltung. Dasselbe gilt für Sportler wie Fußballspieler. Anders kann es beim Tanzsport und Eiskunstlauf liegen. Eine künstlerische Ausgestaltung fehlt bei Personen, die wie ein Tonmeister[10] oder ein Maskenbildner[11] lediglich technische Leistungen oder wie ein Intendant oder Produzent lediglich sonstige Unterstützungsleistungen erbringen. Der Schutz des Veranstalters einer Darbietung ist in § 81 UrhG geregelt.

7 Darauf, ob das **dargebotene Werk** urheberrechtlich geschützt ist, kommt es nicht an. Es muss sich lediglich um eine Werkart i. S. d. § 2 I UrhG handeln.

c) Rechte

8 Ausübenden Künstlern steht das Namensnennungsrecht (§ 74 UrhG), ein Recht gegen Entstellungen (§ 75 UrhG), das Recht zur Aufnahme, Vervielfältigung und Verbreitung (§ 77 UrhG) und das Recht zur öffentlichen Wiedergabe (§ 78 I UrhG; stattdessen nur Vergütungsanspruch bei Vorliegen der Voraussetzungen des § 78 II UrhG) zu. Den Schutz **ausländischer ausübender Künstler** regelt § 125 UrhG.

5. Schutz des Herstellers von Tonträgern (§§ 85f. UrhG)

a) Normzweck

9 Der Hersteller eines Tonträgers (z. B. Schallplatte oder CD) nimmt Laute („Töne") wie Musik oder gesprochene Texte (z. B. Hörbuch) erstmalig auf einen Tonträger auf. Damit ist ein **erheblicher wirtschaftlicher Aufwand** verbunden, der der Allgemeinheit die Wahrnehmung dieser Laute ermöglicht. Außerdem besteht für Dritte ohne Weiteres die Möglichkeit, die aufgenommenen Laute zu übernehmen. Infolgedessen soll der Hersteller von Tonträgern für seine **unternehmerische Leistung** rechtlichen Schutz durch die Zuerkennung eines Leistungsschutzrechts erfahren. Deshalb hat nach § 85 I 1 UrhG der Hersteller eines Tonträgers das ausschließliche Recht, den

8 *BGH* GRUR 1981, 419, 420 – Quizmaster.
9 Vgl. auch *BGH* GRUR 1989, 198, 202 – Künstlerverträge.
10 *BGH* GRUR 1983, 22 – Künstlerverträge.
11 *BGH* GRUR 1974, 672 – Celestina.

Tonträger (Legaldefinition in § 16 II UrhG) zu vervielfältigen, zu verbreiten und öffentlich zugänglich zu machen.

b) Anwendungsbereich

aa) Hersteller eines Tonträgers. Hersteller eines Tonträgers i. S. d. 10
§ 85 I 1 UrhG ist, wer die **organisatorische** und **wirtschaftliche Leistung** erbringt, das Tonmaterial aufzuzeichnen. Dazu gehören die Übernahme des wirtschaftlichen Risikos, der Abschluss von Verträgen mit Künstlern im eigenen Namen, die Miete von Räumen und Gegenständen wie Instrumenten, die Übernahme der Materialkosten etc.

Beispiel: Der erstmalige Mitschnitt einer Live-Sendung begründet nicht die Eigenschaft des Mitschneidenden als Tonträgerhersteller i. S. d. § 85 I 1 UrhG. Es entsteht zwar durch den Mitschnitt ein Tonträger. Doch ist der Mitschneidende nicht als Hersteller dieses Tonträgers zu betrachten, weil er nicht die organisatorische und wirtschaftliche Leistung der Live-Sendung erbringt. Der geringe Aufwand des Mitschneidens ist nicht mit der organisatorischen und wirtschaftlichen Leistung vergleichbar, die § 85 I 1 UrhG schützen soll.[12] Außerdem könnte andernfalls eine Vielzahl von mitschneidenden Personen Tonträgerhersteller sein. Daher kann hier Tonträgerhersteller nur derjenige sein, der die organisatorische und wirtschaftliche Leistung der Live-Sendung erbringt.

Bei Herstellung des Tonträgers in einem **Unternehmen** gilt der In- 11
haber des Unternehmens als Hersteller (§ 85 I 2 UrhG). Denn § 85 UrhG will das Ergebnis eines besonderen unternehmerischen Aufwands mit dem Mittel eines Schutzrechts dem zuordnen, der diesen Aufwand als Unternehmer erbracht hat.

bb) Tonträger. Der Begriff des Tonträgers ist in § 16 II UrhG le- 12
galdefinert (§ 4 Rn. 37). Ein Tonträger kann auch dann vorliegen, wenn Musik, Sprache und Bilder verbunden sind **(Tonfilm).** Dabei kann die Musik („Ton“) im Vordergrund stehen (z. B. Musikvideo). Der Produzent ist hier sowohl Hersteller eines Tonträgers als auch **Filmhersteller i. S. d. § 94f. UrhG.** Es kommt nicht darauf an, dass der Tonträger von vornherein zur Vervielfältigung und Verbreitung bestimmt sein muss. Vielmehr ist die Zweckbestimmung für den Begriff des Tonträgers ohne Bedeutung.[13]

---

12 Schricker/Loewenheim/*Vogel*, § 85 UrhG Rn. 23.
13 *BGH* GRUR 1999, 577, 578 – Sendeunternehmen als Tonträgerhersteller.

13 Nimmt ein öffentlich-rechtlicher **Fernsehsender** das Konzert eines Orchesters auf, um es zu einem späteren Zeitpunkt oder wiederholt zu senden, stehen dem Fernsehsender an diesen Aufnahmen die Rechte nach § 85 I 1 UrhG zu. Unerheblich ist, ob die Aufnahme auch für andere Sendezwecke oder als Vorlage für weitere Vervielfältigungen dienen soll.[14] Einem Fernsehsender können daher mehrere Leistungsschutzrechte nebeneinander zustehen, nämlich das Recht des Tonträgerherstellers (§ 85 I 1 UrhG) an eigenen Aufnahmen, das Recht des Filmherstellers (§ 94 UrhG) bei Eigenproduktionen und das Recht des Sendeunternehmens an der Funksendung (§ 87 I UrhG).

14 cc) **Erstmalige Herstellung.** Da die Herstellung einer Vervielfältigung nicht genügt (§ 85 I 3 UrhG), stehen die Rechte nach § 85 I 1 UrhG nur demjenigen zu, der den Tonträger **erstmalig** herstellt.[15]

15 **dd) Rechte des Tonträgerherstellers (§§ 85f. UrhG).** Die dem Tonträgerhersteller zustehenden **Rechte** sind in §§ 85f. UrhG abschließend genannt. Danach steht dem Tonträgerhersteller das ausschließliche Recht zur Vervielfältigung, Verbreitung und öffentlichen Zugänglichmachung zu (§ 85 I 1 UrhG). In bestimmten Fällen steht dem Tonträgerhersteller darüber hinaus ein Anspruch auf eine angemessene Beteiligung an der Vergütung eines ausübenden Künstlers i. S. d. § 78 II UrhG zu (§ 86 UrhG).

6. Schutz des Sendeunternehmens (§ 87 UrhG)

a) Normzweck

16 Die Herstellung einer Funksendung ist mit erheblichen **organisatorischen** und **wirtschaftlichen Leistungen** verbunden. Zum Schutz dieser Leistung räumt § 87 I Nr. 1 bis Nr. 3 UrhG einem Sendeunternehmen verschiedene ausschließliche Rechte an seinen Funksendungen ein.

b) Anwendungsbereich

17 **aa) Sendeunternehmen.** Sendeunternehmen i. S. d. § 87 I UrhG ist ein Unternehmen, das die organisatorische und wirtschaftliche Leis-

---

14 *BGH* GRUR 1999, 577, 578 – Sendeunternehmen als Tonträgerhersteller.
15 *BGH* GRUR 1999, 577, 578 – Sendeunternehmen als Tonträgerhersteller.

tung der Herstellung einer Funksendung erbringt und die Funksendung i. S. d. § 20 UrhG in der Weise durchführt, dass die Öffentlichkeit sie empfangen kann.[16] Es ist nicht notwendig, dass das Unternehmen den gesamten Inhalt seiner Sendung selbst produziert und selbst über eigene Sendeanlagen verfügt. Auch die Rechtsform spielt keine Rolle, so dass öffentlich-rechtliche wie privatrechtliche Unternehmen Sendeunternehmen i. S. d. § 87 I UrhG sein können. Stellt ein Unternehmen (z. B. Sendunternehmen; Produktionsunternehmen) den Film her, gilt der Inhaber des Unternehmens als Hersteller (§ 85 I 2 UrhG analog). Denn § 87 UrhG will wie § 85 UrhG das Ergebnis eines besonderen unternehmerischen Aufwands mit dem Mittel eines Schutzrechts dem zuordnen, der diesen Aufwand als Unternehmer erbracht hat.

Kein Sendeunternehmen liegt vor, wenn ein Unternehmen die Sendung eines anderen Unternehmens zeitgleich und unverändert weitersendet. Andernfalls würden die Rechte nach § 87 I UrhG an derselben Sendung mehreren Unternehmen zustehen. Eine solche Verlängerung des rechtlichen Schutzes muss ausgeschlossen sein.[17] Dasselbe gilt dann, wenn eine inhaltlich unveränderte Sendung zeitversetzt erfolgt. Sendeunternehmen ist außerdem nicht, wer lediglich die Sendesignale transportiert (z. B. Satellitenbetreiber). Auch Produzenten, die selbst keine Sendungen durchführen, sind keine Sendeunternehmen i. S. d. § 87 I UrhG. 18

bb) Funksendung. Eine **Funksendung** ist die drahtlose oder drahtgebundene Übermittlung programmtragender Signale i. S. d. § 20 UrhG an die Öffentlichkeit (§ 15 III UrhG), die den Inhalt einer Sendung enthalten.[18] Eine bloße Wahrnehmbarmachung genügt daher ebenso wenig wie eine Online-Zugänglichmachung. Die Sendung muss nicht an die Öffentlichkeit insgesamt gerichtet sein. Wegen des maßgeblichen Öffentlichkeitsbegriffs i. S. d. § 15 III UrhG genügt es, dass die Sendung nur ein begrenzter Personenkreis empfangen kann, wobei es anderen Personen freisteht, diesem Personenkreis beizutreten (z. B. Pay-TV). Die Kommunikation zwischen einzelnen Empfängern stellt hingegen keine Funksendung i. S. d. § 87 I UrhG dar (z. B. Funkverkehr in der Luft).[19] Eine Funksendung ist sowohl in ih- 19

---

16 Dreier/Schulze/*Dreier*, § 87 UrhG Rn. 5.
17 Schricker/Loewenheim/*v. Ungern-Sternberg*, § 87 UrhG Rn. 13.
18 Dreier/Schulze/*Dreier*, § 87 UrhG Rn. 9 f.
19 Schricker/Loewenheim/*v. Ungern-Sternberg*, § 87 UrhG Rn. 17.

rem **Tonteil** als auch ihrem **Bildteil** geschützt. Ob der Inhalt der Funksendung urheberrechtlich geschützt ist, spielt für die Entstehung der Rechte nach § 87 I UrhG keine Rolle.[20]

20 **cc) Rechte des Sendeunternehmens (§ 87 I UrhG) und Schranken (§ 87 IV UrhG).** § 87 I Nr. 1 bis Nr. 3 UrhG begründet drei Ausschließlichkeitsrechte des Sendeunternehmens an (seinen) Funksendungen. Nach § 87 IV UrhG gelten die **Schrankenbestimmungen** der §§ 44a ff. UrhG *mit Ausnahme der §§ 47 II 2, 54 UrhG* auch für die Rechte der Sendeunternehmen nach § 87 UrhG. Demgegenüber steht dem Hersteller eines Tonträgers i. S. d. § 85 I 1 UrhG ein Vergütungsanspruch nach § 54 I UrhG zu. Dem liegt die Vorstellung zu Grunde, dass die zulässige Aufzeichnung von Rundfunksendungen nicht unmittelbar in die geschützte Tätigkeit der Sendeunternehmen eingreift, wohingegen Vervielfältigungen die wirtschaftliche Grundlage eines Tonträgerherstellers im Kern betreffen. Damit ist die Frage aufgeworfen, ob und ggf. inwieweit ein Sendeunternehmen Hersteller eines Tonträgers i. S. d. § 85 I 1 UrhG sein kann, so dass insoweit ein Vergütungsanspruch nach § 54 I UrhG besteht. Dem UrhG liegt die Vorstellung zu Grunde, dass auf Grund verschiedener Leistungen mehrere Leistungsschutzrechte in einer Person vereint sein können. Deshalb können die Rechte nach § 85 I 1 UrhG und § 87 I UrhG nebeneinander bestehen, so dass § 87 IV UrhG nicht die in Gestalt eines Sendeunternehmens entstandenen Rechte als Tonträgerhersteller einschränken kann. Allerdings bedarf es insoweit der Prüfung, unter welchen Voraussetzungen ein Sendeunternehmen i. S. d. § 87 I UrhG Hersteller eines Tonträgers i. S. d. § 85 I 1 UrhG sein kann. Die bloße Aufnahme einer Sendung auf einem Tonträger genügt hierfür nicht, weil die Sendeunternehmen regelmäßig einen Großteil der gesendeten oder zu sendenden Darbietungen auf Tonträger aufnehmen und § 87 IV UrhG insoweit bedeutungslos würde. Erforderlich ist daher, dass das Sendeunternehmen den Tonträger nicht als bloße Fixierung der Funksendung herstellt (bloß notwendige Begleiterscheinung der Tätigkeit des Sendunternehmens), sondern den wirtschaftlichen und organisatorischen Aufwand für das auf den Tonträger aufzunehmende Ereignis trägt.

Beispiel: Führt Fernsehsender A, Sendeunternehmen i. S. d. § 87 I UrhG, ein Konzert durch das hauseigene Orchester in eigener Regie durch und

20 Schricker/Loewenheim/*v. Ungern-Sternberg*, § 87 UrhG Rn. 29.

nimmt A dieses Konzert auf CD auf, so ist A insoweit Hersteller eines Tonträger i. S. d. § 85 I 1 UrhG[21]. Dies gilt auch dann, wenn A das Konzert darüber hinaus filmt und ausstrahlt. Denn A hat hier den wirtschaftlichen und organisatorischen Aufwand für das Konzert getragen. Anders liegt es, wenn A ein von einem Dritten veranstaltetes Konzert filmt und das Konzert auf einen Tonträger aufnimmt. Hier trägt A keinen wirtschaftlichen und organisatorischen Aufwand für das Konzert, so dass A nicht als Hersteller eines Tonträgers i. S. d. § 85 I 1 UrhG zu behandeln ist.

7. Schutz des Datenbankherstellers (§§ 87a bis 87e UrhG)

a) Normzweck

Die Herstellung einer Datenbank durch die Beschaffung, Sammlung, Überprüfung, Aufbereitung und Darbietung von Informationen ist mit erheblichen **organisatorischen** und **wirtschaftlichen Leistungen** verbunden. Die §§ 87a bis 87e UrhG schützen diese Leistungen für einen Zeitraum vom 15 Jahren (§ 87d S. 1 UrhG). Dieser – von dem urheberrechtlichen Schutz eines Datenbank*werks* i. S. d. § 4 II UrhG unabhängige und auf einen anderen Gegenstand, nämlich die Investitionsleistung, gerichtete – Schutz erfolgt durch die Zuerkennung ausschließlicher, im Einzelnen in § 87b I UrhG genannter Rechte. Die Regelungen zum Schutz des Datenbankherstellers beruhen auf der Richtlinie 96/9/EG. Das Ziel des durch diese Richtlinie geschaffenen Schutzes besteht darin, einen Anreiz für die Einrichtung von Systemen zur Speicherung und Verarbeitung vorhandener Informationen zu geben. 21

b) Auslegung und Systematik

§§ 87a bis 87e UrhG beruhen auf der Umsetzung von Art. 7 der RiL 96/9/EG und sind daher **richtlinienkonform** auszulegen. § 87a UrhG enthält Begriffsbestimmungen (§ 87a I 1: Datenbank; § 87a I 2 UrhG: neue Datenbank, von Bedeutung für die Schutzdauer nach § 87d UrhG; § 87a II UrhG: Datenbankhersteller). § 87b UrhG begründet ausschließliche Rechte des Datenbankherstellers. § 87c UrhG enthält Schranken für diese Rechte. § 87d UrhG legt die Dauer des Schutzes fest. § 87e UrhG ordnet die Unwirksamkeit bestimmter 22

21 *BGH* GRUR 1999, 577, 578 – Sendeunternehmen als Tonträgerhersteller.

einschränkender Benutzungsbedingungen an. Die unerlaubte Verwendung einer fremden Datenbank ist strafbar (§ 108 I Nr. 8 UrhG).

c) Anwendungsbereich

23 **aa) Datenbank (§ 87a I 1 UrhG).** Der Begriff der **Datenbank** i. S. d. § 87a I 1 UrhG stimmt inhaltlich mit dem Begriff der Datenbank in § 4 II UrhG überein. Eine Datenbank i. S. d. § 87a I 1 UrhG hat vier Voraussetzungen: (1) Sammlung von Werken, Daten oder anderen unabhängigen Elementen, (2) systematische oder methodische Anordnung der Elemente, (3) einzelne Zugänglichkeit der Elemente mit Hilfe elektronischer Mittel oder auf andere Weise, (4) Erforderlichkeit wesentlicher Investition für die Beschaffung, Überprüfung und Darstellung der Elemente.

24 **(1) Sammlung von Werken, Daten oder anderen unabhängigen Elementen.** Der Begriff des Elements ist der Oberbegriff, den die Begriffe Werke und Daten beispielhaft konkretisieren. Das Merkmal einer Sammlung von Werken, Daten oder anderen unabhängigen Elementen ist **weit.** So ist etwa auch die bloße Sammlung physischer Objekte durch ein Museum oder eine Privatsammlung erfasst.[22] Kein Bestandteil einer Datenbank sind Computerprogramme, die elektronische Datenbanken erstellen oder betreiben (vgl. Art. 1 III RiL und Erwägungsgrund 23 RiL 96/9/EG). Computerprogramme sind vielmehr eigenständige, durch §§ 69a ff. UrhG geschützte Gegenstände.

25 **Unabhängigkeit der Elemente** der Sammlung liegt vor, wenn sich diese Elemente voneinander trennen lassen, ohne dass dies den Wert ihres Inhalts beeinträchtigt (vgl. auch 10. und 12. Erwägungsgrund der RiL 96/6/EG).[23]

26 **(2) Systematische oder methodische Anordnung der Elemente.** Eine systematische und methodische Anordnung der Elemente setzt voraus, dass eine Ordnung der Elemente nach vordefinierten, logischen Kriterien besteht (Systematik) oder eine planmäßige Strukturierung zur Verwirklichung eines bestimmten Zwecks (Methodik) erfolgt.[24]

---

22 Dreier/Schulze/*Dreier,* § 87a UrhG Rn. 4.
23 *EuGH* Slg. 2004, I-10549 Rn. 29 – Fixtures-Fußballspielpläne II; *BGH* GRUR 2005, 940, 942 – Marktstudien.
24 Dreier/Schulze/*Dreier,* § 87a UrhG Rn. 7.

Beispiele: Alphabetische, numerische, chronologische, semantische Anordnung.

Da die Anordnung der Elemente systematisch *oder* methodisch erfolgen kann, stehen beide Tatbestandsmerkmale im Verhältnis der **Alternativität.** 27

(3) Einzelne Zugänglichkeit dieser Elemente mit Hilfe elektronischer Mittel oder auf andere Weise. Die einzelne Zugänglichkeit der Elemente erfordert, dass sich die Sammlung auf einem festen Träger befindet und ein Mittel (z. B. ein elektronisches Verfahren oder ein Inhaltsverzeichnis) jedes in der Sammlung enthaltene Element auffinden lässt.[25] 28

(4) Erforderlichkeit wesentlicher Investition für die Beschaffung, Überprüfung und Darstellung dieser Elemente. Der Begriff der **Investition** ist weder in RiL 96/9/EG noch im UrhG definiert. Er ist daher unter Rückgriff auf den Zweck der Richtlinie zu entwickeln. Sie soll Investitionen in Datenspeicher- und Datenverarbeitungssysteme schützen, die zur Entwicklung des Informationsmarkts in einem Rahmen beitragen, der durch exponentielle Zunahme der Daten geprägt ist. Der Begriff der mit der Beschaffung, der Überprüfung und der Darstellung des Inhalts einer Datenbank verbundenen Investition bezeichnet die für die Erstellung dieser **Datenbank als solche** entstandenen („gewidmeten“) Ausgaben (vgl. auch 9., 10. und 12. Erwägungsgrund der RiL 96/6/EG).[26] 29

Die für die Beschaffung (z. B. Aufbereitung des Datenbestands), Überprüfung und Darstellung (z. B. Konzeption von Verknüpfungen; Erarbeitung von Abfragemöglichkeiten) der Elemente erforderliche Investition muss nicht in der Erbringung **finanzieller Mittel** liegen. Sie kann auch durch **Arbeits- und Zeitaufwand** erfolgen. Denn der Begriff der Investition ist weit auszulegen (vgl. Erwägungsgrund 40 RiL 96/9/EG). Der Aufwand muss nicht in gleichem Umfang auf sämtlichen Stufen der Herstellung der Datenbank entstehen. Es genügt, dass die Herstellung der Datenbank insgesamt mit Aufwand verbunden ist. 30

Wegen des Zwecks der RiL 96/9/EG (Rn. 21) erstreckt sich der Begriff der mit der Beschaffung des Inhalts einer Datenbank verbunde- 31

25 *EuGH* Slg. 2004, I-10549 Rn. 30f. – Fixtures-Fußballspielpläne II; *BGH* GRUR 2005, 940, 942 – Marktstudien.

26 *EuGH* Slg. 2004, I-10549 Rn. 39 – Fixtures-Fußballspielpläne II; *BGH* GRUR 2005, 857, 858 – Hit Bilanzen.

nen wesentlichen Investition auf solche Mittel, die der **Ermittlung von vorhandenen Elementen** und der Zusammenstellung in der Datenbank dienen. Er umfasst dagegen nicht Mittel zur Erzeugung der Elemente, aus denen der Inhalt einer Datenbank besteht. Zu den berücksichtigungsfähigen Investitionen zählen damit alle Aufwendungen, die zur Beschaffung von vorhandenen Elementen, deren Überprüfung und Zusammenstellung anfallen.

Beispiel: Zu den Investitionen für eine Datenbank über Musik-Charts (Titel, Interpret, Label, Verkaufszahlen und Abspielhäufigkeit im Hörfunk) gehören auch die Kosten für Investitionen zur Ermittlung der Verkaufszahlen sowie der Hörfunkeinsätze der Titel.[27] Denn dabei handelt es sich um die Feststellung tatsächlicher Vorgänge und infolgedessen um die Ermittlung von vorhandenen Elementen zur Zusammenstellung in einer Datenbank. Die Information existiert bereits. Sie ist nicht erst noch zu erzeugen. Sie steht auch nicht jedermann zur Verfügung.

32 Investitionen für Produkte, auf denen die Datenbank aufbaut (Vorinvestitionen), sind dann nicht zu berücksichtigen, wenn sie lediglich zur Folge haben, dass eine an sich unabhängige vorherige Leistung als reines Neben- oder Abfallprodukt für die Datenbank Verwendung finden kann **(sog. Spin-Off-Theorie)**.

Beispiel: Der Veranstalter der englischen Fußballmeisterschaften A stellt die Spielpläne für die im Laufe der betreffenden Saison auszutragenden Spiele, nämlich etwa 2.000 Spiele pro Saison, auf. Diese Informationen sind elektronisch gespeichert und in Broschüren zum einen chronologisch und zum anderen für jede betroffene Mannschaft veröffentlicht. Unternehmen B veranstaltet Wettspiele, die sich auf die Fußballspiele der englischen Fußballmeisterschaften beziehen. Zu diesem Zweck gibt es auf seinen Spielscheinen die Daten für diese Spiele wieder. A sieht darin einen Eingriff in sein Recht als Datenbankhersteller.

Ein Fußballspielplan stellt eine Datenbank dar. Zum einen haben die darin enthaltenen Daten, die das Datum, die Uhrzeit und die Identität der Mannschaften im Hinblick auf eine Fußballbegegnung einen selbständigen Informationswert. Denn sie informieren Interessenten über die jeweilige Begegnung. Zum anderen erfüllt die Zusammenstellung dieser Daten in Form eines Spielplans die Voraussetzungen der systematischen und methodischen Anordnung und der individuellen Zugänglichkeit der diese Sammlung bildenden Elemente, die Art. 1 II RiL 96/9/EG und § 87a I UrhG vorgeben.[28] Im Rahmen der Erstellung eines Spielplans von Begegnungen zur Veranstaltung von Fußballmeisterschaften stellen die Mittel, die der Festlegung der Daten, der Uhrzeiten und der Mannschaftspaarungen für die einzelnen Begegnungen dieser

27 *BGH* GRUR 2005, 857, 859 – Hit Bilanzen.
28 *EuGH* Slg. 2004, I-10549 Rn. 32 bis 36 – Fixtures-Fußballspielpläne II.

Meisterschaften gewidmet sind, keine Investition i. S. d. § 87a I UrhG dar.[29] Denn diese Mittel beziehen sich allein auf die Veranstaltung der Meisterschaften als solche und nicht auf die Beschaffung der in der Datenbank enthaltenen Elemente.

Keine Investition i. S. d. § 87a I 1 UrhG stellt der **Preis für den Erwerb** einer Datenbank dar. 33

Das Tatbestandsmerkmal der **Wesentlichkeit** einer Investition ist weit auszulegen. 34

Beispiel: Eine wesentliche Investition liegt jedenfalls dann vor, wenn Beschaffungskosten von 46,5 Mio. Euro für 30 Millionen Datensätze aufzuwenden sind.[30] Dasselbe gilt für Kosten, die dafür entstehen, Artikel von Tageszeitungen in Printform herzustellen und online anzubieten.[31]

(5) Form. Auf die Form der Datenbank kommt es nicht an. Daher können Datenbanken sowohl in elektronischer Form als auch in **Printform** geschützt sein („mit Hilfe elektronischer Mittel oder auf andere Weise zugänglich"; vgl. auch Erwägungsgrund 14 RiL 96/9/EG). 35

(6) Beispiele. Datenbanken i. S. d. § 87a I 1 UrhG stellen Telefonbücher,[32] online abrufbare Tageszeitungsartikel[33] und Musik-Charts,[34] nicht hingegen Musikkompilationen dar. 36

bb) Hersteller einer Datenbank (§ 87a II UrhG). § 87a II UrhG definiert den Begriff des Datenbankherstellers. Danach kommt es darauf an, wer die Investition i. S. d. § 87a I UrhG vorgenommen hat. Das ist die „Person, die die **Initiative ergreift** und das **Investitionsrisiko** trägt" (vgl. Erwägungsgrund 41 S. 2 RiL 96/9/EG). Damit scheiden Auftragnehmer und Arbeitnehmer aus.[35] Hersteller einer Datenbank kann eine natürliche Person, aber auch eine juristische Person sein. Stellen mehrere die Datenbank gemeinsam her, ist § 8 UrhG analog anzuwenden. Dies setzt aber voraus, dass in jeder Person die Voraussetzung der Investitionsvornahme gegeben ist. Reine Ausführungsarbeiten wie die bloße Datenerhebung genügen hierfür nicht.[36] Ob die Person, die die Investition vorgenommen hat, die Da- 37

29 *EuGH* Slg. 2004, I-10549 Rn. 31 – Fixtures-Fußballspielpläne I.
30 *BGH* GRUR 1999, 923, 926 – Tele-Info-CD.
31 *BGH* GRUR 2003, 958 – Paperboy.
32 *BGH* GRUR 1999, 923 – Tele-Info-CD.
33 *BGH* GRUR 2003, 958 – Paperboy.
34 *BGH* GRUR 2005, 857, 858 – Hit Bilanzen.
35 *BGH* GRUR 1999, 923, 926 – Tele-Info-CD.
36 *BGH* GRUR 1999, 923, 925 – Tele-Info-CD.

tenbank selbst wirtschaftlich verwertet oder dies einem Dritten überträgt, ist hingegen unerheblich.

38 **cc) Rechte des Herstellers einer Datenbank (§ 87b UrhG) und Schranken (§ 87c UrhG).** § 87b UrhG begründet verschiedene ausschließliche Rechte des Herstellers einer Datenbank. Diese Regelung beruht auf Art. 7 I und V der RiL 96/9/EG und ist daher richtlinienkonform auszulegen. § 87b I UrhG schränkt mit den gewährten ausschließlichen Rechten zu Gunsten des Datenbankherstellers das Grundrecht der **Informationsfreiheit** ein. Dieses ist jedoch durch die allgemeinen Gesetze beschränkbar (Art. 5 II GG), zu denen auch das UrhG gehört.[37]

39 Dem Hersteller der Datenbank steht das ausschließliche Recht zur **Vervielfältigung** und **Verbreitung** zu. Daher ist der Datenbankhersteller auch dann vor unbefugter Vervielfältigung geschützt, wenn sich sein Verbreitungsrecht nach § 17 II UrhG erschöpft hat. Denn eine solche Erschöpfung bezieht sich nur auf das Verbreitungsrecht und lässt das Vervielfältigungsrecht unberührt.[38]

40 Der Begriff des **Vervielfältigens** i. S. d. § 87b I 1 UrhG ist ebenso wie der in der Richtlinie 96/9/EG verwendete Begriff der „Entnahme" auszulegen. Er bezieht sich auf jede Handlung, mit der sich jemand ohne die Zustimmung des Datenbankherstellers die Ergebnisse von dessen Investition anzueignet oder öffentlich verfügbar macht. Denn dies nimmt dem Datenbankhersteller die Einkünfte, mit denen er die Amortisation der Kosten dieser Investition soll erreichen können.[39]

41 Die Vervielfältigung ist dann ein **Eingriff in das ausschließliche Recht** des Datenbankherstellers nach § 87b I UrhG, wenn sie einen nach Art oder Umfang wesentlichen Teil der Datenbank betrifft. Dasselbe gilt für eine wiederholte und systematische Vervielfältigung von nach Art und Umfang unwesentlichen Teilen der Datenbank, wenn die Vervielfältigung einer gewöhnlichen Auswertung der Datenbank zuwiderläuft und die berechtigten Interessen des Datenbankherstellers unzumutbar beeinträchtigt.[40] Unerheblich ist, ob es

37 *BGH* GRUR 2005, 857, 859 – Hit Bilanzen.
38 *EuGH* Slg. 2004, I-10415 Rn. 52 – BHB-Pferdewetten; *BGH* GRUR 2005, 940, 942 – Marktstudien.
39 *EuGH* Slg. 2004, I-10415 Rn. 47 u. 51 – BHB-Pferdewetten; *BGH* GRUR 2005, 857, 859 – Hit Bilanzen; GRUR 2005, 940, 941 – Marktstudien.
40 *BGH* GRUR 2005, 857, 859 – Hit Bilanzen.

zu einer Übernahme der **Anordnung der Daten** in einer der Datenbank des Herstellers entsprechenden Gestaltung kommt.[41]

Beispiele: Unternehmen A erstellt wöchentlich Charts. Unternehmen B fasst diese in größeren Zeiträumen zu HIT BILANZEN wie „Deutsche Chart-Singles 1956 bis 2007" aus den Daten von A zusammen und veröffentlicht sie in Büchern und auf CD-ROMs. Darin liegt eine Vervielfältigung, auch wenn es an der typischen Anordnung der Daten in Form einer Ranking-Liste fehlt.[42]

Verlag A macht in einer von ihm herausgegebenen Zeitschrift Daten wie grafische Marktstudien aus einer von B hergestellten Datenbank ohne dessen Zustimmung öffentlich zugänglich. Darin liegt ein Eingriff in das ausschließliche Vervielfältigungs- und Verbreitungsrecht des B.[43] A darf sich nicht auf die Pressefreiheit des Art. 5 I 2 GG berufen, weil das UrhG den Konflikt zwischen dem Interesse der Presse an einer freien Berichterstattung über urheberrechtlich geschützte Werke und dem Interesse des Urhebers an der Verwertung seiner Rechte regelt. Damit besteht eine Schranke nach Art. 5 II GG. Veräußert B ein Vervielfältigungsstück der Datenbank, ist damit lediglich das Recht erschöpft, den weiteren Vertrieb zu kontrollieren (Verbreitungsrecht; § 17 II UrhG). Nicht erschöpft ist hingegen das Recht von B, die Entnahme und Weiterverwendung des Inhalts dieses Vervielfältigungsstücks zu untersagen (Vervielfältigungsrecht; vgl. Rn. 39).

Ob die Vervielfältigung einen **wesentlichen Teil der Datenbank** 42
betrifft, ist in qualitativer und quantitativer Hinsicht zu bestimmen. Der wesentliche Teil des Inhalts einer Datenbank in quantitativer Hinsicht bezieht sich auf das entnommene und/oder weiter verwendete Datenvolumen der Datenbank. Dieses Volumen ist ins Verhältnis zum Umfang des gesamten Inhalts der Datenbank zu setzen.[44]

Beispiel: In dem unter Rn. 41 geschilderten Beispiel vervielfältigt und verbreitet B sowohl in qualitativer als auch in quantitativer Hinsicht den wesentlichen Teil der Datenbanken von A. Die Übernahme der Daten bezieht sich insbesondere auf diejenigen Teile, die mit erheblichen Investitionen verbunden sind. Denn die Rangziffer des jeweiligen Musikstücks ergibt sich aus der Häufigkeit des Abspielens eines Titels im Hörfunk oder des Verkaufs eines Titels im Handel. Deren Ermittlung ist kostenintensiv.[45]

Für § 87b I UrhG ist es unerheblich, ob die Vervielfältigung oder 43
Verbreitung bestimmter Daten aus einer Datenbank einem **anderen**

---

41 *EuGH* Slg. 2004, I-10415 Rn. 81 – BHB-Pferdewetten; *BGH* GRUR 2005, 857, 858 – HIT BILANZ.
42 *BGH* GRUR 2005, 857, 859 – Hit Bilanzen.
43 *BGH* GRUR 2005, 940, 942 – Marktstudien.
44 *EuGH* Slg. 2004, I-10415 Rn. 70f. – BHB-Pferdewetten; *BGH* GRUR 2005, 857, 859 – Hit Bilanzen.
45 *BGH* GRUR 2005, 857, 859 – Hit Bilanzen.

Verwendungszweck dient als die Datenbank (vgl. auch Erwägungsgrund 42 RiL 96/9/EG).

44 § 87c UrhG setzt den Rechten des Herstellers einer Datenbank Schranken. Der Schutz ausländischer Datenbankhersteller ist in § 127a UrhG geregelt.

8. Schutz des Filmherstellers (§§ 94f. UrhG)

a) Normzweck

45 Die Herstellung eines Films ist wie die Herstellung eines Tonträgers und einer Funksendung mit erheblichen **organisatorischen** und **wirtschaftlichen Leistungen** verbunden. §§ 94f. UrhG schützen diese Leistungen. Dieser Schutz ist deshalb erforderlich, weil der Hersteller eines Films regelmäßig keinen schöpferischen Beitrag zu dem Film leistet und infolgedessen keinen Schutz durch ein Urheberrecht erfährt. Deshalb sehen §§ 94f. UrhG einen von einem Urheberrecht unabhängigen Leistungsschutz des Filmherstellers vor. Dieser Leistungsschutz setzt nicht voraus, dass der Film nach § 2 I Nr. 6, II UrhG geschützt ist. Geschützt ist auch die Herstellung von Laufbildern, d. h. Bildfolgen oder Bild- und Tonfolgen, die nicht als Filmwerk geschützt sind (§ 95 UrhG). Soweit der Hersteller eines Films schöpferische Beiträge zu einem Film leistet, stehen ihm die Rechte nach §§ 94f. UrhG und die Rechte auf Grund Urheberrechts nebeneinander zu. Das Schutzrecht des Filmherstellers nach §§ 94f. UrhG besteht unabhängig davon, ob es sich bei dem auf Filmträger aufgezeichneten Film um ein Filmwerk (dann gilt § 94 UrhG unmittelbar) oder eine Bildfolge von nicht als Filmwerk geschützten Laufbildern (z. B. Interview mit einer Passantin) handelt (dann gilt § 94 UrhG nach § 95 UrhG entsprechend). Auch einzelne Teile von Filmwerken und Bildfolgen (z. B. Ausschnitt aus einem Interview mit einer Passantin) sind unabhängig von der Größe oder der Länge des Filmausschnitts geschützt nach §§ 94f. UrhG.[46] Denn §§ 94f. UrhG soll die organisatiorische und wirtschaftliche Leistung des Filmherstellers schützen und der Filmhersteller erbringt diesen unternehmerischen Aufwand für den gesamten Film.

46 *BGH* WRP 2008, 1121 Rn. 19 – TV Total.

b) Anwendungsbereich

aa) Filmhersteller (§ 94 I, II 2 UrhG). Filmhersteller ist, wer tatsächlich die wirtschaftliche Verantwortung übernimmt und die organisatorische Tätigkeit erbringt, um den Film als **Gesamtergebnis** vorzulegen, so dass seine Verwertung möglich it.[47] Erst der Filmhersteller ermöglicht daher die Auswertung eines Films durch Realakte. 46

Beispiele: Beschaffung der für die Herstellung des Films notwendigen finanziellen Mittel; Auswahl des zu verfilmenden Stoffes; Bestimmung des Drehbuchverfassers, der Hauptdarsteller, des Regisseurs; Erwerb der für die Verfilmung erforderlichen Rechte; Miete von Räumen; Stellung der Kameraausrüstung.

Filmhersteller kann eine **natürliche,** aber auch eine **juristische Person** sein. Stellt ein Unternehmen (z. B. Sendunternehmen; Produktionsunternehmen) den Film her, gilt der Inhaber des Unternehmens als Hersteller (§ 85 I 2 UrhG analog).[48] Denn § 94 UrhG will wie § 85 UrhG das Ergebnis eines besonderen unternehmerischen Aufwands mit dem Mittel eines Schutzrechts dem zuordnen, der diesen Aufwand als Unternehmer erbracht hat. Bei einem Wechsel der den Film produzierenden Person oder Hinzutreten einer weiteren Person ist derjenige Filmhersteller, dem im Zeitpunkt der ersten Fixierung des Films die Gesamtleistungen zuzurechnen sind.[49] Wenn zu diesem Zeitpunkt **mehrere Personen** tätig sind, können sie gemeinsam Hersteller des Films sein. Hat eine Person mit der Produktion begonnen und führt eine andere Person die Produktion alleine fort, ist nur diese zweite Person Filmhersteller, weil sie den Film erstmalig fixiert.[50] Sind von Beginn bis Ende der Herstellung des Films mehrere Personen gemeinsam daran mit organisatorischer und wirtschaftlicher Verantwortung beteiligt (Koproduktion), entsteht eine Gesellschaft bürgerlichen Rechts i. S. d. § 705 BGB, deren Gesellschafter gesamthänderisch gebunden sind.[51] 47

Die bloße Erteilung eines **Auftrags** zur Herstellung eines Films begründet als solche nicht die Filmherstellereigenschaft. Filmhersteller ist vielmehr der Auftragnehmer, wenn er die wirtschaftliche und organisatorische Leistung tatsächlich erbringt. Er muss die notwendi- 48

---

47 *BGH* GRUR 1993, 472 f. – Filmhersteller.
48 *BGH* GRUR 1993, 472, 473 – Filmhersteller.
49 Wandtke/Bullinger/*Manegold,* § 94 UrhG Rn. 21.
50 Wandtke/Bullinger/*Manegold,* § 94 UrhG Rn. 21; a. A. Dreier/Schulze/*Schulze,* § 94 UrhG Rn. 7: „Parallele zur Miturheberschaft".
51 Dreier/Schulze/*Schulze,* § 94 UrhG Rn. 10.

gen Entscheidungen als Unternehmer verwirklichen (z. B. Vertragsschlüsse mit Schauspielern und Investoren) und das wirtschaftliche Risiko tragen.[52] Das gilt selbst bei einem Produktionsauftrag zum Festpreis, wenn der Auftragnehmer die Verträge im eigenen Namen schließt und das wirtschaftliche Risiko von Kostenüberschreitungen übernimmt. Auch wer die Ablieferung eines fertigen Films schuldet, ist Filmhersteller.[53] Ist der Auftragnehmer hingegen lediglich ausführendes Organ des Auftraggebers, weil der Auftraggeber das gesamte Risiko trägt, ist der Auftraggeber Filmhersteller.[54]

49 **bb) Bildträger oder Bild- und Tonträger, auf den das Filmwerk aufgenommen ist (§ 94 I 1 UrhG).** Ein Bildträger oder ein Bild- und Tonträger, auf den das Filmwerk aufgenommen ist, setzt eine Fixierung auf einem Träger zum Zweck wiederholter Nutzung voraus. Eine **Live-Sendung** erfüllt diese Voraussetzung zum Zeitpunkt ihrer Durchführung nicht. Es besteht hierfür aber Schutz nach § 87 UrhG.[55] Die Aufnahme einer Live-Sendung setzt keine besondere organisatorische und wirtschaftliche Leistung voraus, so dass auch sie nicht von § 94 I 1 UrhG erfasst ist.[56] Die **Aufnahmetechnik** (z. B. digitale Aufzeichnung) ist für das Entstehen einer Aufnahme i. S. d. § 94 I 1 UrhG unerheblich. Dasselbe gilt für die **Filmart,** so dass es gleichgültig ist, ob es sich etwa um einen Spielfilm, einen Dokumentarfilm oder einen Werbefilm handelt. Weiter kommt es nicht darauf an, ob die Aufnahme rechtmäßig erfolgt ist. Bildträger oder Bild- und Tonträger i. S. d. § 94 I 1 UrhG ist nur derjenige Träger, auf den das Filmwerk **erstmalig** aufgenommen ist. Kopien etwa auf DVD oder Videokassette sind lediglich Vervielfältigungen. Zu ihrer Herstellung ist zwar nur der Filmhersteller berechtigt, doch kommt ihnen kein selbständiger Leistungsschutz zu. Bei mehrfacher Verfilmung desselben Stoffes entsteht der Leistungsschutz für jeden Film. Der Schutz nach § 94 I 1 UrhG erstreckt sich auch auf einzelne Teile eines Films. Daher sind auch einzelne Sequenzen und sogar einzelne (Stand-)Bilder geschützt.

50 **cc) Rechte des Filmherstellers (§ 94 I UrhG).** § 94 I 1 UrhG nennt abschließend die Rechte des Filmherstellers. Danach stehen ihm die

52 *BGH* GRUR 1993, 472, 473 – Filmhersteller.
53 Wandtke/Bullinger/*Manegold,* § 94 UrhG Rn. 33.
54 Schricker/Loewenheim/*Katzenberger,* Vor §§ 88ff. UrhG Rn. 33.
55 Schricker/Loewenheim/*Katzenberger,* Vor §§ 88ff. UrhG Rn. 22.
56 Dreier/Schulze/*Schulze,* § 94 UrhG Rn. 21.

ausschließlichen Rechte nach §§ 16, 17, 19 IV, 19a, 20, 20a, 20b I UrhG zu. Auch gegen Entstellungen oder Kürzungen ist der Filmhersteller geschützt (§ 19 I 2 UrhG). Ein Filmhersteller i. S. d. § 94 I 1 UrhG kann zugleich Hersteller eines Tonträgers i. S. d. § 85 I 1 UrhG und Sendeunternehmen i. S. d. § 87 I UrhG sein. Entscheidend ist allein, dass der jeweilige Leistungsschutztatbestand verwirklicht ist. Der Schutz des Filmherstellers durch Leistungsschutzrechte nach §§ 94 f. UrhG geht über den durch § 85 I 1 UrhG geregelten Schutz des Herstellers eines Tonträgers hinaus. So enthält das Filmherstellerrecht ein ausschließliches Senderecht, wohingegen dem Hersteller eines Tonträgers insoweit lediglich ein Vergütungsanspruch zusteht. Welches Leistungsschutzrecht betroffen ist, bestimmt sich nach der Verletzungshandlung. Bei unberechtigter Verwertung lediglich der Tonspur (z. B. Herstellung eines Soundtracks) sind sowohl die Rechte nach § 85 I 1 UrhG als auch die Rechte nach § 94 I UrhG verletzt. Der Filmhersteller kann sich auf beide Vorschriften berufen. Bei unberechtigter Verwertung des Bildtonträgers liegt ein Verstoß allein gegen die Rechte nach § 94 I UrhG vor.

dd) Laufbilder (§ 95 UrhG). § 94 UrhG gilt auch für Laufbilder 51
(§ 95 UrhG). Infolgedessen kommt es nicht auf die Abgrenzung an, ob ein Film vorliegt oder nicht. § 95 UrhG dient daher der **Rechtssicherheit.** Diese Regelung findet ihre Rechtfertigung darin, dass auch die Herstellung von Laufbildern häufig eine organisatorische und wirtschaftliche Leistung erforderlich macht, die der Leistung eines Filmherstellers gleichsteht. Laufbilder sind Bildfolgen und Bild- und Tonfolgen, die nicht als Filmwerk i. S. d. § 94 I 1 UrhG geschützt sind. Es handelt sich dabei meist um Aufzeichnungen mit feststehender Kamera oder dergleichen.

Beispiele: Tagesschau oder Dokumentarfilm, der sich auf die Wiedergabe vollständig vorgegebener Vorgänge mit feststehender Kamera beschränkt; kleiner Ausschnitt aus einen Naturfilm, der fliegende Schwäne zeigt.[57]

57 BGHZ 9, 262, 268 – Lied der Wildbahn.

III. Rechtsverkehr mit verwandten Schutzrechten (§§ 28 ff. UrhG)

52 Das Urheberpersönlichkeitsrecht ist nicht in vollem Umfang übertragbar. Dies gilt auch für verwandte Schutzrechte, soweit sie bestimmte **urheberpersönlichkeitsrechtliche Elemente** enthalten. §§ 28 ff. UrhG (§ 5 Rn. 15 ff.) gelten für wissenschaftliche Ausgaben (§ 70 I UrhG) und Lichtbilder (§ 72 I UrhG). Bestehende Rechte sind daher vererblich, auf Grund urheberpersönlichkeitsrechtlicher Elemente aber nicht in vollem Umfang übertragbar. Die Rechte des ausübenden Künstlers sind grundsätzlich in vollem Umfang übertragbar (§ 79 I 1 UrhG) und infolgedessen ohne jede Einschränkung vererblich (Ausnahmen: §§ 74 f. UrhG). Die übrigen verwandten Schutzrechte weisen keine urheberpersönlichkeitsrechtlichen Elemente auf. Sie sind daher in vollem Umfang nach den Regeln des BGB durch Abtretung (§§ 398 ff. BGB) übertragbar (vgl. z. B. §§ 71 II, 79 I, 85 II 1, 87 II 1, 94 II 1 UrhG) und vererblich. Die Einräumung von **Nutzungsrechten** ist auch bei verwandten Schutzrechten nach §§ 31 ff. UrhG möglich (vgl. auch §§ 70 I, 72 I UrhG). Auch für verwandte Schutzrechte gilt Sukzessionsschutz nach § 33 UrhG (vgl. §§ 70 I, 72 I, 79 II, 81, 85 II, 87 II, 94 II UrhG). Für die Weiterübertragung von Nutzungsrechten an verwandten Schutzrechten, die persönlichkeitsrechtliche Elemente aufweisen, ist die Zustimmung des Berechtigten erforderlich (vgl. etwa § 79 II UrhG i. V. m. § 34 UrhG).

IV. Schutzfrist verwandter Schutzrechte

53 Der Zweck einer Schutzdauer (zum Begriff vgl. § 7 Rn. 2 ff.) ist bei verwandten Schutzrechten – sofern urheberpersönlichkeitsrechtliche Elemente nicht vorliegen – darauf gerichtet, die **Amortisation von Investitionen** und **angemessene Gewinnmöglichkeiten** zu gewährleisten. Die Schutzfrist verwandter Schutzrechte ist abweichend von §§ 64 ff. UrhG geregelt. So ist die Schutzfrist bei bestimmten verwandten Schutzrechten kürzer (vgl. etwa §§ 70 III 1, 71 III 1 UrhG, 76 S. 1, 82 S. 1 und S. 2, 94 III UrhG). Für den Beginn der Schutzfrist (i. S. d. § 69 UrhG) kommt es meist nicht auf den Tod

des Berechtigten, sondern grundsätzlich auf das Erscheinen (vgl. §§ 70 III 1, 71 III 1, 82 S. 1, 94 III UrhG) an. Lediglich die Frist für den Schutz der Persönlichkeitsrechte des ausübenden Künstlers nach § 76 S. 1 und S. 3 UrhG knüpft an den Tod des Leistungsschutzberechtigten an.

§ 10. Besondere Bestimmungen für Filme (§§ 88 bis 95 UrhG)

I. Regelungszweck

1 Filmwerke weisen meist die Besonderheit auf, dass ihre Herstellung einen erheblichen **organisatorischen** und **wirtschaftlichen** Aufwand erfordert. Sie sind außerdem dadurch gekennzeichnet, dass sie mehrere Werkarten und Leistungen verschiedener Personen (z. B. Drehbuchautor, Komponist, Regisseur, Filmarchitekt) zu einem **Gesamtwerk** zusammenführen. Könnte eine einzelne Person der Verwertung des Films entgegentreten, wäre die Verwertung des gesamten Werks beeinträchtigt und die häufig erheblichen Produktionskosten wären vergeblich. Um dies zu verhindern, erleichtern §§ 88 bis 95 UrhG den Erwerb von Rechten zu Gunsten des Filmherstellers (zu diesem Begriff § 9 Rn. 46 ff.), um eine **möglichst ungehinderte Verwertung** des Films zu ermöglichen.[1] Dies geschieht in erster Linie durch Auslegungsregeln. Sie gelten allein zwischen dem Urheber eines Werks und dem Filmhersteller. §§ 88 bis 95 UrhG regeln nur den Umfang der Einräumung von Nutzungsrechten sowie den Leistungsschutz des Filmherstellers.

2 Die Frage, ob an einem Film Urheberrechte auf Grund einer persönlichen geistigen Schöpfung bestehen, ist nach § 2 I Nr. 6, II UrhG zu beurteilen. Auch die Frage, wer (Mit-)Urheber eines Films ist, richtet sich nach den allgemeinen Regelungen des Urheberrechts (§§ 7 f. UrhG). Auf die allgemeinen Regelungen des Urheberrechts kommt es weiter für die Verwertungsrechte an einem Filmwerk (§§ 15 ff. UrhG), die Schranken (§§ 44a ff. UrhG) und die Dauer des Urheberrechts (§§ 64 ff. UrhG) an.

---

1 Dreier/Schulze/*Schulze*, Vor §§ 88 ff. UrhG Rn. 1.

II. Recht zur Verfilmung (§ 88 UrhG)

1. Normzweck

Die Herstellung eines Films erfordert häufig die Verwertung eines **vorbestehenden Werks** (z. B. Roman, Drehbuch, Filmmusik). Infolgedessen ist zwischen Urhebern vorbestehender Werke einerseits und Filmurhebern andererseits zu unterscheiden. Wer ein vorbestehendes Werk durch Verfilmung verwerten will, muss über die dafür erforderlichen Rechte verfügen. Hierzu bedarf es eines wirksamen Rechtserwerbs vom Urheber des vorbestehenden Werks nach §§ 31 ff. UrhG. Einen gutgläubigen Erwerb von Rechten gibt es nicht. An sich gilt der **Zweckübertragungsgrundsatz** des § 31 V UrhG (vgl. § 5 Rn. 29 ff.). Im Hinblick auf die besondere Interessenlage bei Filmen (Rn. 1) **schränkt** § 88 UrhG diesen Grundsatz zu Gunsten des Filmherstellers **ein.** Denn danach darf der Berechtigte das Filmwerk auf alle bekannt wie unbekannten Nutzungsarten nutzen (§ 88 I 1 UrhG). Dies geht über § 31a UrhG hinaus. Denn § 88 I 1 UrhG lässt die Rechtseinräumung für **unbekannte Nutzungsarten** nicht nur zu, sondern erklärt zur Regel, dass sich eine Rechtseinräumung auf alle bekannten sowie unbekannten Nutzungsarten bezieht. Denn der Nacherwerb von Rechten ist gerade im Filmbereich häufig schwierig.[2] 3

Beispiel: Will ein Filmproduzent etwa einen in den 60er Jahren gedrehten Film als On-Demand-Angebot im Internet auswerten, müsste er an sich die Verwertungsrechte für diese neue Nutzungsart bei allen Urhebern, deren Leistungen in den Film Eingang gefunden haben, nacherwerben. Der Filmproduzent müsste für alle beteiligten Personen prüfen, ob sie überhaupt Urheber sind, d. h., ob sie tatsächlich einen hinreichend eigenschöpferischen Beitrag erbracht haben. Sodann müsste er von allen diesen Personen die Nutzungsrechte erwerben. Verweigerte auch nur einer der Urheber die Rechtseinräumung, wäre eine Verwertung ausgeschlossen. Der Verwertung von Filmproduktionen in einer neuen Nutzungsart stehen für den Filmhersteller daher Risiken und mögliche Hindernisse entgegen. Diese Situation liegt weder im Interesse der Urheber noch der Filmproduzenten noch der Konsumenten. Alle Beteiligten sind nämlich daran interessiert, dass eine möglichst schnelle Auswertung und Verfügbarkeit eines Films in einem neuen Medium möglich ist.

---

2 BT-Drs. 16/1828, S. 32

4 Voraussetzung ist aber stets, dass der Urheber des vorbestehenden Werks dem Filmhersteller **Rechte** für eine bestimmte Nutzungsart, insbesondere Filmart (z. B. Kinofilm, Fernsehfilm, Werbefilm) **eingeräumt** hat. Für diese Frage der Rechtseinräumung als solcher gilt die Zweckübertragungsregel des § 31 V UrhG. Denn auch die Übertragung des Verfilmungsrechts kann inhaltlich (z. B. auf eine bestimmte Filmart), räumlich und zeitlich beschränkt sein. Der Umfang dieser Rechtseinräumung kann sich aus dem **Vertragszweck** und den **Umständen des Einzelfalls** ergeben. § 88 UrhG hat hierfür keine Bedeutung.

Beispiele: Das Recht zur Herstellung eines Kinofilms erstreckt sich nicht auf die Herstellung eines Fernsehfilms.

Die Gestattung, ein zu Lehrzwecken veranstaltetes Happening per Video aufzunehmen, erstreckt sich nach dem Vertragszweck allein auf eine Nutzung der Videoaufzeichnung für inneruniversitäre Zwecke.[3]

Die Gestattung, ein Musikstück nur einfach und nicht ausschließlich allein für eine deutsche Filmfassung nutzen zu dürfen, erstreckt sich nicht auf ein ausschließliches Recht und das Recht, das Musikstück auch für fremdsprachige Versionen zu verwerten.[4]

5 Erst wenn feststeht, dass der Urheber Rechte auf den Filmhersteller übertragen hat und in welchem Umfang dies geschehen oder nicht geschehen ist, ist § 88 UrhG heranzuziehen. Enthält der Vertrag **keine Lücke,** deren Schließung durch Auslegung erfolgen müsste, ist § 88 UrhG nicht anwendbar. So, wenn das Nutzungsrecht und dessen Umfang ausdrücklich – individualvertraglich oder durch Allgemeine Geschäftsbedingungen – bezeichnet ist.

2. Rechtsnatur

6 Da der Filmhersteller den Film auf alle bekannten und unbekannten Nutzungsarten nutzen können soll, erwirbt er nach § 88 I UrhG *im Zweifel* alle Rechte, die hierzu erforderlich sind. § 88 UrhG ist deshalb eine **Auslegungsregel** zu Gunsten des Filmherstellers.[5]

---

3 *BGH* GRUR 1985, 529, 530 – Happening.
4 *BGH* GRUR 1984, 45, 48 – Honorarbedingungen: Sendevertrag.
5 Schricker/Loewenheim/*Katzenberger,* § 88 UrhG Rn. 2.

3. Anwendungsbereich

a) Gestattung zur Verfilmung eines Werks

Der Urheber muss einem anderen wirksam gestatten, sein Werk zu verfilmen. Gemeint ist der Urheber eines **vorbestehenden Werks** (z. B. Romanautor), das als Vorlage für den Film dient, nicht hingegen der Regisseur, Kameramann oder weitere Urheber des Films. Insoweit ist zwischen dem Urheber des vorbestehenden Werks und den Urhebern des Films zu unterscheiden. Allerdings ist eine **Doppelfunktion** möglich. 7

Beispiel: Der Romanautor schreibt das Drehbuch.

Als vorbestehendes Werk kommen **alle Werkarten** in Betracht. 8

Zwar greift auch die (erstmalige) Herstellung eines Films über die **Aufführung eines Musikwerks** in urheberrechtliche Befugnisse ein. Denn sie ist jedenfalls eine Vervielfältigung i. S. d. § 16 I UrhG[6] und bedarf schon deshalb der Zustimmung des Berechtigten. Dabei ist unerheblich, dass die Aufzeichnung lediglich die spätere Filmauswertung vorbereitet. Denn die Verwertungsrechte sollen dem Urheber grundsätzlich die Kontrolle über das „Ob", „Wann" und „Wie" der Verwertung seines Werks geben. 9

Die Verfilmung eines urheberrechtlich geschützten Werks ist eine **selbständige Nutzungsart,** für die der Urheber durch Gestattung ein eigenständiges Nutzungsrecht einräumen muss. Ob und in welchem Umfang eine solche Gestattung vorliegt, ist nach allgemeinen urheberrechtlichen Grundsätzen, insbesondere der Zweckübertragungsregel des § 31 V UrhG, zu prüfen. § 88 UrhG spielt insoweit keine Rolle. 10

b) Umfang der Rechtseinräumung

aa) Ausschließlichkeit (§ 88 I 1 UrhG). Hat der Urheber durch Gestattung ein Recht zur Verfilmung des Werks eingeräumt, so erfolgt diese Rechtseinräumung im Zweifel **ausschließlich** (§ 88 I 1 UrhG). Das eingeräumte Recht erstreckt sich darauf, das Werk unverändert oder unter Bearbeitung oder Umgestaltung zur Herstellung eines Filmwerks zu verwenden und das Filmwerk sowie Über- 11

6 *BGH* GRUR 2006, 319, 321 – Alpensinfonie.

setzungen und andere filmische Bearbeitungen auf alle – bekannten und unbekannten – Nutzungsarten zu nutzen. Die Exklusivität des Verfilmungsrechts ist auf den **konkreten Filmstoff** beschränkt. Der Filmhersteller darf wegen der ausschließlichen Rechtseinräumung eine Zweitverfilmung durch andere verhindern, wenn diese Zweitverfilmung die **Erstverfilmung beeinträchtigen** kann.[7] Eine solche Beeinträchtigungsgefahr kann je nach Werkart unterschiedlich zu beurteilen sein.

Beispiele: Die Erstverfilmung eines Romans kann durch eine Zweitverfilmung desselben Stoffs beeinträchtigt sein.

Die Verfilmung eines Kriminalromans unter Gestattung der musikalischen Unterlegung eines bestimmten Rocksongs ist nicht beeinträchtigt, wenn der Urheber des Rocksongs auch einem Kulturfilm die Verwendung dieses Songs gestattet.

12 **bb) Benutzung zur Herstellung eines Filmwerks (§ 88 I 1 UrhG).** Ob der Berechtigte das vorbestehende Werk zur Herstellung eines urheberrechtlich geschützten Filmwerks (§ 2 I Nr. 6, II UrhG) oder zur Herstellung eines nicht urheberrechtlich geschützten Films (sog. Laufbilder, § 95 UrhG; vgl. § 9 Rn. 45, 51) benutzt, ist unerheblich. Das Recht des Filmherstellers erstreckt sich allein auf die **einmalige Verfilmung** des vorbestehenden Werks. Eine **anderweitige Nutzung** wie eine Wiederverfilmung (vgl. § 88 II UrhG; Rn. 17) oder die Nutzung von Ausschnitten der Erstverfilmung für einen anderen Film (sog. Abklammern)[8] oder die Herstellung von Vervielfältigungsstücken für andere Formen der Verwertung (z. B. Merchandising-Artikel; Buch zum Film) sind daher nicht erfasst. Die Benutzung zur Herstellung des Films erstreckt sich auch auf **Bearbeitungen** und **Umgestaltungen.**

Beispiele: Kürzung des zu verfilmenden Romans und Umsetzung in direkte Rede.

13 Allerdings muss die Bearbeitung und Umgestaltung **zur Herstellung eines Filmwerks,** d. h. zur Anpassung des vorbestehenden Werks an das Medium Film, erfolgen.

Beispiel: Der Urheber eines Musikstücks gestattet dessen Verwendung für einen Film. Der Hersteller darf das Musikstück kürzen oder in Ausschnitten

---

7 Dreier/Schulze/*Schulze,* § 88 UrhG Rn. 29.

8 *BGH* GRUR 1957, 611, 612 – Bel ami: Verwendung von Filmmusik in einem anderen Film.

verwenden. Er muss sich jedoch eigens ein Bearbeitungsrecht einräumen lassen, wenn er eine Technoversion des Musikstücks erstellen und für den Film verwenden will.[9]

Eine **Grenze** für Bearbeitungen und Umgestaltungen des vorbestehenden Werks ergibt sich auch aus **§ 93 I UrhG.** Danach darf das Filmwerk das vorbestehende Werk nicht gröblich entstellen oder in anderer Weise gröblich beeinträchtigen. 14

cc) Nutzung auf alle Nutzungsarten. Der Berechtigte darf das vorbestehende Werk auf alle bekannten und unbekannten Nutzungsarten nutzen, sofern keine abweichenden Vereinbarungen bestehen. So kann z. B. das Recht zur Videoauswertung von Fernsehfilmen durch Dritte vertraglich ausgeschlossen sein. Außerdem ist zwischen einer Kinoauswertung und einer Fernsehauswertung zu unterscheiden.[10] Das Recht, einen Kinofilm herzustellen und zu vervielfältigen, beinhaltet das Recht zur Erstauswertung des Films durch „Filmverleih" an die Kinos sowie zur Zweitauswertung durch den Verkauf von Videos.[11] Eines gesonderten Video-Verfilmungsrechts bedarf es hierfür daher grundsätzlich nicht. 15

Beispiel: Unternehmen A stellt einen Film her und erhält von dem Komponisten eines Musikstücks das Recht, dieses Musikstück für den Film zu verwenden. Der Film läuft einige Zeit in den Kinos. Für den Zeitpunkt von vier Monaten nach Erstausstrahlung in den Kinos überträgt A das Recht zur Zweitauswertung des Films durch Videos auf das Unternehmen B. Der Komponist des Musikstücks ist dadurch nicht in seinen Rechten verletzt. Zur Nutzung der Filmmusik durch Videozweitauswertung von Kinospielfilmen bedarf es keines Video-Verfilmungsrechts, sondern allein der Übertragung der Vervielfältigungs- und Verbreitungsrechte. Denn der Vorgang der Videozweitauswertung stellt eine Vervielfältigung (§ 16 II UrhG) und eine Verbreitung (§ 17 UrhG) dar. Der Ansatz, dass es zur Videozweitauswertung der Einräumung eines besonderen Verfilmungsrechts bedürfe, findet im Gesetz keine Stütze. Das Verfilmungsrecht kennzeichnet lediglich die Art und den Umfang der vertraglich eingeräumten Nutzungsbefugnis. Die Gestattung des Urhebers i. S. d. § 88 I UrhG, sein Werk zu verfilmen, betrifft ein als Vorlage dienendes Werk (vorbestehendes Werk), das die Grundlage einer selbständigen Verfilmung ist. Nach dem Wortlaut des Gesetzes ist die Herstellung von Videokassetten auf der Grundlage eines Kinospielfilms nicht als eine selbständige Verfilmung i. S. d. § 88 I UrhG zu beurteilen.[12] Einer besonderen Einwilligung

9 Dreier/Schulze/*Schulze,* § 88 UrhG Rn. 35.
10 *BGH* GRUR 1969, 364, 366 – Fernsehauswertung.
11 *BGH* GRUR 1994, 41, 43 – Videozweitauswertung II.
12 *BGH* GRUR 1994, 41, 43 – Videozweitauswertung II.

des Urhebers eines vorbestehenden Werks in die Videozweitauswertung bedarf es danach nicht.

16 Der umfassenden Verwertungsbefugnis nach § 88 I UrhG muss eine ausreichende Berücksichtigung der Interessen des Urhebers, insbesondere dessen **angemessene Vergütung,** gegenüberstehen.[13] Eine angemessene Vergütung ist für jede Nutzungsart zu leisten (für unbekannte Nutzungsarten vgl. § 32c UrhG).

17 **dd) Wiederverfilmung (§ 88 II UrhG).** Die Befugnisse nach § 88 I 1 UrhG erstrecken sich im Zweifel nicht auf eine Wiederverfilmung des Werks (§ 88 II 1 UrhG). Eine Wiederverfilmung in diesem Sinne ist dann gegeben, wenn eine weitere Version eines bereits verfilmten Stoffs entsteht. Daher ist dem Filmhersteller eine Verwendung des vorbestehenden Werks **außerhalb des konkret gestatteten Films** untersagt. Da auch § 88 II 1 UrhG eine Auslegungsregel („im Zweifel") darstellt, ist eine abweichende Vereinbarung zulässig. Der Urheber des vorbestehenden Werks ist im Zweifel berechtigt, sein Werk zehn Jahre nach Vertragsabschluss anderweit filmisch zu verwerten (§ 88 II 2 UrhG). Infolgedessen ist die Exklusivität des dem Filmhersteller eingeräumten Nutzungsrechts auf zehn Jahre beschränkt. Da § 88 II 2 UrhG eine Auslegungsregel darstellt („im Zweifel"), ist eine abweichende Vereinbarung zulässig. § 88 II 2 UrhG lässt hingegen mangels abweichender vertraglicher Regelung die Möglichkeit des Filmherstellers unberührt, den von ihm hergestellten Film auch nach Ablauf von zehn Jahren nach Vertragsabschluss weiter zu verwerten.

III. Rechte am Filmwerk (§ 89 UrhG)

1. Normzweck

18 § 89 UrhG bezieht sich nicht wie § 88 UrhG auf die Urheber vorbestehender Werke, sondern auf die Leistungen der **Urheber des Films.** Dies kann eine Vielzahl von Personen sein (z. B. Regisseur, Kameramann, Cutter, Filmtonmeister). Denn ein Filmwerk ist ein klassisches Beispiel eines in Miturheberschaft entstehenden Gesamtwerks. Um dem **Filmhersteller** eine **möglichst ungehinderte Verwertung des Werks** zu ermöglichen, erhält er von jedem, der sich

13 BT-Drs. 14/8058, S. 25.

zur Mitwirkung an dem Film verpflichtet, im Zweifel das Recht, das Filmwerk auf alle – bekannten wie unbekannten – Nutzungsarten zu nutzen (§ 89 I 1 UrhG). § 89 I 1 UrhG geht über § 31a UrhG hinaus, weil der Nacherwerb von Rechten im Filmbereich häufig mit Schwierigkeiten verbunden ist (Rn. 3).

Die Rechtseinräumung durch Urheber des Films (für ausübende 19
Künstler vgl. § 92 UrhG) nach § 89 I 1 UrhG setzt voraus, dass sich der Filmurheber zuvor **verpflichtet, an dem Film mitzuwirken.** Hierfür gelten die allgemeinen Vorschriften und insbesondere die Zweckübertragungsregel des § 31 V UrhG. Liegt eine Verpflichtung zur Mitwirkung an dem Film vor, schränkt § 89 UrhG die Zweckübertragungsregel des § 31 V UrhG dadurch ein, dass der Filmhersteller den konkreten Film auf alle Nutzungsarten nutzen darf. § 89 I UrhG ist gegenüber der allgemeinen Auslegungsregel des § 31 V UrhG grundsätzlich vorrangig, weil sie auf eine besondere, umfassende Rechtseinräumung zu Gunsten des Filmherstellers gerichtet ist.[14]

2. Rechtsnatur

Wie § 88 UrhG ist auch § 89 UrhG eine **Auslegungsregel** zu 20
Gunsten des Filmherstellers.

3. Anwendungsbereich

a) Verpflichtung zur Mitwirkung bei der Herstellung eines Films

Es muss eine wirksame Verpflichtung zur Mitwirkung bei der Her- 21
stellung eines Films bestehen. Der Filmurheber muss sich zum einen etwa durch Dienst-, Arbeits- oder Werkvertrag verpflichten, an der Herstellung des Films mitzuwirken. Der diese Verpflichtung begründende Vertrag ist die Grundlage der Rechtseinräumung. Sie erstreckt sich allein auf den konkret vereinbarten Film. Dabei ist wie bei § 88 I 1 UrhG nach der Filmart (z. B. Kinofilm, Fernsehfilm, Werbefilm) zu unterscheiden.[15] § 89 UrhG bezieht sich nur auf den Umfang der zuvor durch Vertrag erfolgten Rechtseinräumung.

Einer wirksamen Rechtseinräumung durch den Urheber steht es 22
nicht entgegen, dass der Urheber des Filmwerks einem Dritten schon

14 BGHZ 163, 109, 114 – Der Zauberberg.
15 Schricker/Loewenheim/*Katzenberger*, § 89 UrhG Rn. 10.

im Voraus ein Nutzungsrecht eingeräumt hat. Denn er behält gleichwohl stets die Befugnis, dem Filmhersteller dieses Recht beschränkt oder unbeschränkt einzuräumen (§ 89 II UrhG). Dem Dritten gegenüber ist die Verfügung über das Nutzungsrecht danach sowohl in seinem schuldrechtlichen wie dinglichen Bestand auflösend bedingt i. S. d. § 158 II BGB.[16] Die Verfügung erlischt, wenn der Urheber eine Verfügung zu Gunsten eines Filmherstellers vornimmt. § 88 II UrhG erfasst nur Nutzungsrechte i. S. d. § 89 I 1 UrhG (nicht: gesetzliche Vergütungsansprüche des Filmurhebers) und nur eine spätere Verfügung zu Gunsten eines Filmherstellers. Gegenüber dem Dritten kann der Urheber schadensersatzpflichtig sein.

b) Erwerb eines Urheberrechts an dem Filmwerk

23 § 89 I 1 UrhG erstreckt sich auf Personen, die ein Urheberrecht an dem Filmwerk nach § 2 I Nr. 6, II UrhG erwerben. Es gilt das Schöpferprinzip. Bloße Gehilfenleistungen sind daher nicht erfasst. Für Urheberrechte an vorbestehenden Werken gilt allein § 88 UrhG. Diese Urheberrechte bleiben von § 89 UrhG unberührt (§ 89 III UrhG). Es kann eine **Doppelfunktion** bestehen, sofern zwei Leistungen voneinander zu trennen sind.

Beispiel: Der Regisseur (Miturheber des Films) schreibt das Drehbuch und ist damit auch Urheber eines vorbestehenden Werks.

24 Soweit beide Leistungen ineinander aufgehen, kommt nur Urheber- oder Leistungsschutz in Betracht.[17]

25 Auf den **Umfang des schöpferischen Beitrags** kommt es für die Entstehung von Miturheberschaft nicht an. Dieser ist allein für die Höhe des Anteils von Bedeutung (§ 8 III UrhG).

26 Für die **Miturheberschaft** einer Person an einem Film besteht eine **Vermutung,** wenn diese Person in üblicher Weise (z. B. Vorspann) mit einer Funktion (Regisseur, Kameramann, Cutter) benannt ist, die zu urheberrechtlich geschützte Leistungen führen kann (vgl. § 10 UrhG u. § 3 Rn. 56).[18]

---

16 Wandtke/Bullinger/*Manegold,* § 89 UrhG Rn. 34.
17 *BGH* GRUR 1984, 730, 732 – Filmregisseur, m. Anm. *Schricker.*
18 Dreier/Schulze/*Schulze,* § 89 UrhG Rn. 8.

c) Umfang der Rechtseinräumung

Hat sich der Urheber zur Mitwirkung bei der Herstellung verpflichtet, so steht dem Filmhersteller im Zweifel das **ausschließliche** (§ 89 I 1 UrhG) Nutzungsrecht zu. Dieses Recht erstreckt sich darauf, das Filmwerk sowie Übersetzungen oder andere filmische Bearbeitungen oder Umgestaltungen des Filmwerks auf alle – bekannten und unbekannten – Nutzungsarten zu nutzen. Die Exklusivität jenes Rechts ist aber auf das **konkrete Filmwerk** beschränkt. Eine selbständige Verwertung des Beitrags eines Filmurhebers außerhalb des Filmwerks kommt daher nicht in Betracht. 27

Beispiel: Die Entnahme von Bildfolgen eines Films für einen anderen Film ist nicht zulässig.[19]

Die Befugnis des Filmherstellers im Hinblick auf **Bearbeitungen** oder **Umgestaltungen** des Filmwerks ist außerdem durch § 93 I UrhG beschränkt. 28

Im Zweifel darf der Filmhersteller das Filmwerk auf **alle** bekannten und unbekannten **Nutzungsarten** nutzen. Hierfür besteht eine gesetzliche Vermutung. 29

IV. Ausübende Künstler (§ 92 UrhG)

An der Filmherstellung wirken meist Schauspieler mit. Ist wie so häufig ein Film mit Musik unterlegt, kommt es auch zur Nutzung der Leistungen von Musikern (z. B. Rockband). Die Leistungen von Schauspielern und Musikern sind verwandte Schutzrechte (vgl. §§ 73 ff. UrhG; § 9 Rn. 5 ff.). Um eine **möglichst ungehinderte Verwertung von Filmen** zu ermöglichen, räumt § 92 UrhG dem Filmhersteller – wie schon die §§ 88 f. UrhG für ihre Regelungsgegenstände – im Zweifel diejenigen Rechte ein, die er für eine möglichst ungehinderte Verwertung des Films benötigt. Es handelt sich auch bei § 92 UrhG um eine Auslegungsregel. Sie enthält eine widerlegbare Übertragungsvermutung zu Gunsten des Filmherstellers.[20] Abweichende Vereinbarungen sind möglich. § 92 UrhG ist weit gehend § 89 UrhG nachgebildet, so dass ein Rückgriff auf die dazu angestellten Erwägungen möglich ist. 30

19 BGHZ 9, 262, 268 – Lied der Wildbahn.
20 Schricker/Loewenheim/*Katzenberger*, § 92 UrhG Rn. 3.

31 Die Auslegungsregel des § 92 UrhG findet wie § 89 UrhG erst dann Anwendung, wenn sich der ausübende Künstler **verpflichtet,** an der Herstellung des konkreten Filmwerks **mitzuwirken.** Dies ist nach den allgemeinen Vorschriften und insbesondere der Zweckübertragungsregel des § 31 V UrhG zu beurteilen.

Beispiel: Wirkt ein Schauspieler an einem Kinofilm mit, erstreckt sich die Rechtseinräumung nicht auf die Verwertung seiner Leistung als Werbefilm.

32 Die **Nennung** jedes einzelnen an einem Film mitwirkenden ausübenden Künstlers ist nicht erforderlich, wenn sie einen **unverhältnismäßigen Aufwand** erfordert (§ 93 II UrhG). Grundsätzlich müssen nämlich, selbst wenn an einem Film zahlreiche Schauspieler und sonstige Künstler in Haupt- und Nebenrollen auftreten, alle diese Personen im Vor- oder Abspann namentlich erwähnt sein. Da dies im Einzelfall unverhältnismäßig sein kann, besteht nach § 93 II UrhG eine Ausnahme. Die Nennung der Hauptdarsteller ist hingegen regelmäßig nicht unverhältnismäßig.

V. Einschränkung der Rechte (§ 90 UrhG)

33 Für die Übertragung und/oder Einräumung der Rechte an einem Filmwerk ist grundsätzlich die Zustimmung jedes (Mit-)Urhebers erforderlich (§§ 34f. UrhG). Außerdem stehen jedem (Mit-)Urheber Rückrufsrechte (§§ 40f. UrhG) zu. Da dies die möglichst ungehinderte Verwertung eines Filmwerks erschwert, erleichtert § 90 UrhG (gilt auch für ausübende Künstler: § 92 III UrhG) die Verfügung über die Rechte an einem Filmwerk. Denn §§ 34f. UrhG und §§ 40f. UrhG gelten nicht für die in §§ 88 I, 89 I UrhG bezeichneten Rechte (§ 90 S. 1 UrhG), sofern der Filmhersteller mit den Dreharbeiten bereits begonnen hat (§ 90 S. 2). Daher darf der Filmhersteller bis zum Beginn der Dreharbeiten nur mit Zustimmung der Urheber vorbestehender Werke die ihm eingeräumten Rechte übertragen. Ab dem Zeitpunkt des Beginns der Dreharbeiten entstehen hingegen für den Filmhersteller Kosten, so dass er insoweit des Schutzes bedarf. Der Filmhersteller erwirbt deshalb ab diesem Zeitpunkt die Rechte zur Auswertung des Films, ohne dass es einer Zustimmung der Filmurheber bedürfte und ohne dass den Filmurhebern Rückrufsrechte zustünden.

VI. Verwandtes Schutzrecht des Filmherstellers (§§ 94 f. UrhG)

Für das verwandte Schutzrecht des Filmherstellers nach §§ 94 f. UrhG ist auf die hierzu an anderer Stelle (§ 9 Rn. 45 ff.) angestellten Erwägungen zu verweisen. 34

§ 11. Gemeinsame Bestimmungen für Urheberrecht und verwandte Schutzrechte (§§ 95a bis 143 UrhG)

I. Ergänzende Schutzbestimmungen (§§ 95a bis 96 UrhG)

1. Grundlagen

1 Für urheberrechtlich geschützte Werke und Leistungen besteht häufig die Gefahr unbefugter Nutzung. Dies gilt insbesondere im digitalen und vernetzten Bereich. Deshalb versuchen Urheber oder Rechtsinhaber häufig, den Zugang oder die Art und Weise der Nutzung ihrer Werke und Leistungen durch **technische Maßnahmen** zu kontrollieren. Solche Maßnahmen sind jedenfalls zum Schutz von Ausschließlichkeitsrechten zulässig. Es besteht aber wiederum die Gefahr der **Umgehung** solcher Maßnahmen. §§ 95a bis 96 UrhG gewähren rechtlichen Schutz für technische Schutzmechanismen.

2. Schutz technischer Maßnahmen (§ 95a UrhG)

2 § 95a UrhG setzt Art. 6 I bis III der Richtlinie 2001/29/EG um und ist daher richtlinienkonform auszulegen. § 95a UrhG schützt wirksame technische Maßnahmen vor **Umgehung** (§ 95a I UrhG) und vor bestimmten Handlungen, die eine Umgehung vorbereiten (§ 95a III UrhG). Der Begriff der technischen Maßnahme ist in § 95a II 1 UrhG, der Begriff der Wirksamkeit in § 95a II 2 UrhG legaldefiniert. Die wirksamen technischen Maßnahmen müssen auf den Schutz eines nach dem UrhG geschützten Gegenstands gerichtet sein. Daran fehlt es z. B. dann, wenn die Schutzdauer abgelaufen ist.[1] § 95a IV UrhG enthält Ausnahmen vom Schutz technischer Maßnahmen. Für Computerprogramme besteht in § 69f II UrhG eine Sonderregelung. Soweit technische Maßnahmen i. S. d. § 95a UrhG der

1 BT-Drs. 15/38, S. 26.

Verwirklichung von Schrankenbestimmungen (§§ 45 ff. UrhG) entgegenstehen, ist die Schrankenbestimmung vorrangig.

Beispiel: Die Erstellung einer Privatkopie als Vervielfältigung des ordnungsgemäß erworbenen Originals ist nach § 53 UrhG zulässig. Eine technische Schutzmaßnahme i. S. d. § 95a UrhG darf dies nicht verhindern.

3. Durchsetzung von Schrankenbestimmungen (§ 95b UrhG)

§ 95b UrhG dient der Umsetzung von Art. 6 der Richtlinie 2001/ 3
29/EG und ist daher richtlinienkonform auszulegen. § 95b UrhG erkennt zwar das Recht des Urhebers oder Rechtsinhabers an, ein Werk durch wirksame technische Maßnahmen zu schützen. § 95b UrhG soll gewährleisten, dass dies lediglich **im Einklang mit den Schrankenbestimmungen** der §§ 45 ff. UrhG erfolgt. Denn wirksame technische Maßnahmen zum Schutz von Ausschließlichkeitsrechten führen zugleich dazu, dass ein Zugriff auch in den durch die Schrankenbestimmungen der §§ 45 ff. UrhG geregelten Fällen des freien Zugangs und der freien Verwertung eines Werks nicht möglich ist. Infolgedessen besteht insoweit kein berechtigtes Interesse der Urheber oder Rechtsinhaber, auch insoweit rechtlichen Schutz gegen die Umgehung ihrer technischen Maßnahmen zu erhalten.

Dem von einer Schrankenbestimmung begünstigten Nutzer steht 4
kein Selbsthilferecht zu.[2] Vielmehr sind **zunächst freiwillige Maßnahmen** der Rechtsinhaber (z. B. Abschluss einer Vereinbarung) in Betracht zu ziehen (vgl. auch Art. 6 IV Unterabs. 1 RiL 2001/29/ EG). Erst dann, wenn es nicht zu solchen Maßnahmen kommt, müssen die Mitgliedstaaten sicherstellen, dass die von bestimmten Schrankenbestimmungen Begünstigten auch tatsächlich von ihrer Begünstigung Gebrauch machen können. So sind die Rechtsinhaber gegenüber den Personen, die durch die in § 95b I 1 UrhG genannten Schrankenbestimmungen begünstigt sind und die rechtmäßigen Zugang zu dem Werk oder Schutzgegenstand haben, verpflichtet, die notwendigen Mittel zur Verfügung zu stellen, damit sie von den Schrankenbestimmungen im erforderlichen Umfang Gebrauch machen können. Diese Verpflichtung ist nicht abdingbar (§ 95b I 2 UrhG). Zur Durchsetzung der Verpflichtung des Rechtsinhabers

2 BT-Drs. 15/38, S. 27.

i. S. d. § 95b I 1 UrhG sieht § 95b II 1 UrhG einen **Anspruch des Begünstigten** gegen denjenigen, der gegen die Verpflichtung nach § 95b I 1 UrhG verstößt, vor. Dieser ist darauf gerichtet, die zur Verwirklichung der jeweiligen Befugnis benötigten Mittel zur Verfügung zu stellen. Der Anspruch entfällt dann, wenn das angebotene Mittel einer Vereinbarung zwischen Vereinigungen der Rechtsinhaber und dem durch die Schrankenregelung Begünstigten entspricht. Denn es ist dann zu vermuten, dass das Mittel ausreicht.

5 Nach § 95b III UrhG gelten § 95b I und II UrhG nicht, wenn geschützte Werke und Leistungen auf vertraglicher Grundlage **online** zugänglich gemacht sind (vgl. Art. 6 IV Unterabs. 4 RiL 2001/29/EG). Nach § 95b IV UrhG sind solche Mittel, die der Umgehung des vom Rechtsinhaber in Erfüllung einer vertraglichen Verpflichtung nach § 95b I UrhG eingerichteten technischen Schutzes dienen, ihrerseits nach § 95a UrhG gegen unerlaubte Umgehung geschützt (vgl. Art. 6 IV Unterabs. 3 RiL 2001/29/EG).

4. Schutz der zur Rechtewahrnehmung erforderlichen Informationen (§ 95c UrhG)

6 § 95c UrhG setzt Art. 7 der Richtlinie 2001/29/EG um und ist daher richtlinienkonform auszulegen. § 95c UrhG schützt die zur Rechtewahrnehmung erforderlichen Informationen (Legaldefinition in § 95c II UrhG) gegen ihre Entfernung oder Veränderung. Ohne solche Informationen (z. B. Name des Fotografen bei elektronischer Übermittlung von Bilddatensätzen) ist die Rechtewahrnehmung im digitalen und vernetzten Bereich nämlich kaum möglich. Informationen, die zur Rechtewahrnehmung im analogen Bereich erforderlich sind, sind hingegen nicht geschützt.[3] § 95c I UrhG begründet ein Verbot der Entfernung oder Veränderung von Informationen, die (1) zur Rechtewahrnehmung erforderlich sind und die (2) entweder an einem Vervielfältigungsstück eines Werks oder eines sonstigen Schutzgegenstands angebracht sind oder im Zusammenhang mit der öffentlichen Wiedergabe eines solchen Werks oder Schutzgegenstands erscheint, sofern (3) die Entfernung oder Veränderung wissentlich unbefugt erfolgt und (4) dem Handelnden bekannt ist oder den Umständen nach bekannt sein muss, dass er dadurch die Verletzung von

3 Dreier/Schulze/*Dreier*, § 95b UrhG Rn. 1.

Urheberrechten oder verwandter Schutzrechte veranlasst, ermöglicht, erleichtert oder verschleiert. § 95c III UrhG enthält daher ein Verbreitungs- und Nutzungsverbot für solche Werke oder sonstige Schutzgegenstände, bei denen jemand unbefugt die Informationen für die Rechtewahrnehmung entfernt oder geändert hat.

5. Kennzeichnungspflichten (§ 95d UrhG)

Ist ein Schutzgegenstand durch technische Maßnahmen geschützt, 7
so können die Nutzer diesen Gegenstand nur noch eingeschränkt nutzen. Dies soll für die Nutzer erkennbar sein. Daher müssen Werke oder andere Schutzgegenstände, die durch technische Maßnahmen geschützt sind, deutlich sichtbar mit Angaben über die Eigenschaften der technischen Maßnahme gekennzeichnet sein (§ 95d I UrhG). Außerdem sollen die von Schrankenbestimmungen Begünstigten Kenntnis von den Personen erlangen, gegen die sie einen Anspruch i. S. d. § 95b II UrhG richten müssen. Deshalb müssen Personen, die Werke oder andere Schutzgegenstände mit technischen Maßnahmen schützen, diese Werke oder Schutzgegenstände mit ihrem Namen oder ihrer Firma und der zustellungsfähigen Anschrift kennzeichnen (§ 95d II 1 UrhG). § 95d II 2 UrhG macht hiervon eine Ausnahme für die Fälle des § 95b III UrhG, da hier kein Anspruch nach § 95b II UrhG besteht.

6. Verwertungsverbot (§ 96 UrhG)

§ 96 I UrhG verbietet es, **rechtswidrig hergestellte Vervielfälti-** 8
gungsstücke (§§ 6, 16 UrhG) zu verbreiten oder zu öffentlichen Wiedergaben zu benutzen. § 96 II UrhG untersagt es, **rechtswidrig veranstaltete Funksendungen** auf Bild- oder Tonträger (§ 16 II UrhG) aufzunehmen oder öffentlich wiederzugeben. Die Regelung des § 96 I UrhG schützt den Inhaber des Vervielfältigungsrechts, indem sie für ihn ein Verbotsrecht hinsichtlich andersartiger Werknutzungen – öffentliche Wiedergabe und Verbreitung – begründet, sofern diese Werknutzungen mit Hilfe rechtswidrig hergestellter Vervielfältigungsstücke erfolgen. § 96 I UrhG stellt jedoch kein Verbot auf, Vervielfältigungsstücke mit Hilfe eines rechtswidrig hergestellten Vervielfältigungsstücks zu fertigen. Sie erfasst einen solchen Fall nach ihrem Wortlaut nicht. Für eine analoge Anwendung fehlt

es an einer Gesetzeslücke.[4] Denn bei rechtswidriger Vervielfältigung rechtswidrig hergestellter Vervielfältigungsstücke liegt bereits ein Verstoß gegen § 16 I UrhG vor.

9 Den beiden Verboten des § 96 UrhG kommt in den Fällen eigenständige Bedeutung zu, in denen ein Dritter rechtswidrig vervielfältigt und jemand diese rechtswidrigen Vervielfältigungsstücke verwendet, der an sich zu deren Verbreitung oder öffentlichen Wiedergabe berechtigt ist. § 96 I UrhG schützt daher den Inhaber des Verbreitungsrechts vor der Verbreitung rechtswidrig hergestellter Vervielfältigungsstücke. Denn danach ist die **weitere Nutzung** rechtswidrig hergestellter Vervielfältigungsstücke eine selbständige **Verletzung fremder Rechte** und begründet Ansprüche nach § 97 UrhG. Dasselbe gilt nach § 96 II UrhG für Funksendungen. Ein Vervielfältigungsstück ist rechtswidrig hergestellt, wenn weder eine vertragliche Erlaubnis des Berechtigten noch die Voraussetzungen einer Schrankenbestimmung nach §§ 44a ff. UrhG gegeben sind.[5] Dasselbe gilt für die Rechtswidrigkeit der Funksendung (§ 20 UrhG) eines geschützten Werks oder verwandten Schutzrechts.

II. Rechtsverletzungen (§§ 97 bis 143 UrhG)

1. Vorgaben des Unionsrechts

10 Die Richtlinie 2004/48/EG ist auf eine Rechtsangleichung des vorprozessualen wie prozessualen Verfahrensrechts der Mitgliedstaaten gerichtet, da die Unterschiede zwischen den Regelungen der Mitgliedstaaten im Hinblick auf die Durchsetzung der Rechte des geistigen Eigentums das reibungslose Funktionieren des Binnenmarktes beeinträchtigen (Erwägungsgrund 8 S. 1 RiL 2004/48/EG). Diese Richtlinie soll ein hohes, gleichwertiges und homogenes Schutzniveau für geistiges Eigentum im Binnenmarkt gewährleisten (vgl. Erwägungsgrund 10 RiL 2004/48/EG). Sie sieht Beweisvorlagepflichten des Verletzers (Art. 6), Beweissicherungsverfahren (Art. 7), Auskunftsrechte (Art. 8), bestimmte einstweilige Maßnahmen und Sicherungsmaßnahmen (Art. 9), Abhilfemaßnahmen (Art. 10), Unterlassungsanordnungen (Art. 11) und Ersatzmaßnahmen (Art. 12),

4 *BGH* GRUR 2006, 319, 322 – Alpensinfonie.
5 Dreier/Schulze/*Dreier*, § 96 UrhG Rn. 7.

Regelungen zum Schadensersatz (Art. 13) und den Prozesskosten (Art. 14) sowie zur Veröffentlichung von Gerichtsentscheidungen vor.

2. Anspruchsgrundlagen im UrhG

§ 97 UrhG begründet Ansprüche des Urhebers oder Rechtsinhabers bei Verletzung eines Urheberrechts oder verwandten Schutzrechts. Es handelt sich dabei um den Anspruch auf (1) Beseitigung nach § 97 I 1 Alt. 1 UrhG mit Sonderregelungen hierzu in § 98 UrhG, (2) Unterlassung nach § 97 I 1 Alt. 2 UrhG und § 97 I 2 UrhG, (3) Schadensersatz bei Vermögensschaden nach § 97 II 1 UrhG (4) Schadensersatz bei immateriellem Schaden (§ 97 II 4 UrhG). Außerdem kommen Ansprüche nach anderen gesetzlichen Vorschriften (z. B. § 687 II BGB, § 812 I 1 Alt. 2 BGB, §§ 8 bis 10 UWG, § 809 BGB) in Betracht, da sie von § 97 I und II UrhG unberührt bleiben (§ 102a UrhG). Beseitigungs- und Unterlassungsansprüche sind unter dem Oberbegriff Abwehransprüche zusammenzufassen. 11

3. Sachbefugnis (Aktivlegitimation)

Zur Geltendmachung der in § 97 UrhG genannten Ansprüche ist derjenige berechtigt, der in seinem Urheberrecht oder einem anderen nach dem UrhG geschützten Recht verletzt ist. Ihm steht die Sachbefugnis (Aktivlegitimation) zu. Insoweit ist danach zu unterscheiden, ob sich die Rechtsverletzung auf das **Urheberpersönlichkeitsrecht** oder auf **Verwertungsrechte** bezieht. Außerdem kommt es darauf an, ob dem Berechtigten ein **ausschließliches** oder nur **einfaches Nutzungsrecht** (§ 5 Rn. 15, 21 ff.) zusteht. 12

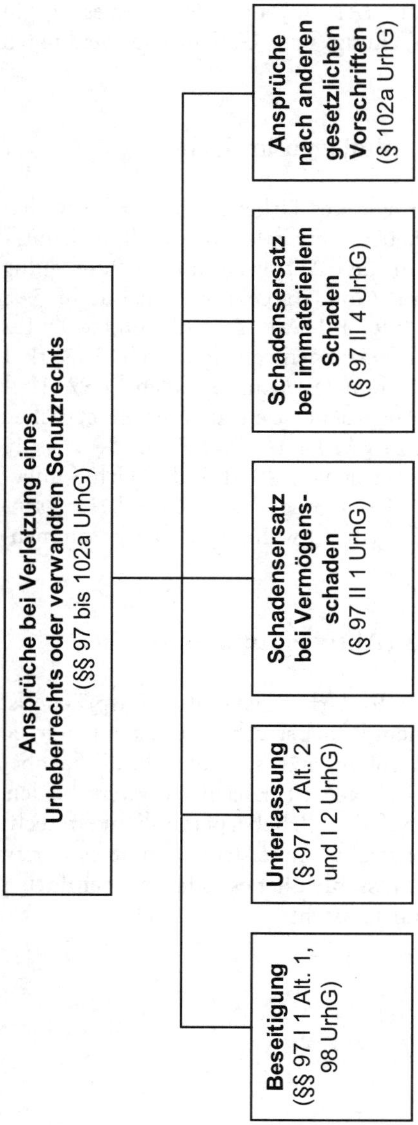
Ansprüche bei Verletzung eines Urheberrechts oder verwandten Schutzrechts (§§ 97 bis 102a UrhG)
Beseitigung (§§ 97 I 1 Alt. 1, 98 UrhG)
Unterlassung (§ 97 I 1 Alt. 2 und I 2 UrhG)
Schadensersatz bei Vermögens-schaden (§ 97 II 1 UrhG)
Schadensersatz bei immateriellem Schaden (§ 97 II 4 UrhG)
Ansprüche nach anderen gesetzlichen Vorschriften (§ 102a UrhG)

13 Ist das **Urheberpersönlichkeitsrecht** verletzt, ist zur Geltendmachung von Ansprüchen nach § 97 UrhG der Urheber oder Inhaber des verwandten Schutzrechts befugt. Denn nur dieser Person steht das Urheberpersönlichkeitsrecht zu. Nach deren Tod sind ihre Erben sachbefugt. Nach dem Tod eines ausübenden Künstlers stehen Urheberpersönlichkeitsrechte (Nennungsrecht; Entstellungsschutz) nicht den Erben, sondern den Angehörigen zu (§ 76 S. 4 UrhG). Dies gilt auch für Verletzungen des allgemeinen Persönlichkeitsrechts i. S. d. § 823 I BGB.[6] Der Schutz des Filmherstellers vor Entstellungen seiner Leistung ist hingegen frei übertragbar (§ 94 II 1 UrhG). Ist ein Testamentsvollstrecker eingesetzt (§ 28 II UrhG), ist allein er aktivlegitimiert, auch wenn der Erbe die Stellung des Rechtsinhabers erlangt.

14 Bei **ausschließlichen Nutzungsrechten** ist nur der jeweilige Rechtsinhaber sachbefugt. Das ist ursprünglich der Urheber. Hat der Urheber aber ein ausschließliches Nutzungsrecht eingeräumt, hat er sich insoweit seiner Verfügungsmacht begeben. Daher ist im Umfang der Einräumung des ausschließlichen Nutzungsrechts allein der Inhaber dieses Rechts zur Geltendmachung von Ansprüchen berechtigt. Ein **Miturheber** darf alleine Ansprüche wegen Verletzung des gemeinsamen Urheberrechts geltend machen (§ 8 II 3 HS. 1 UrhG). Er darf jedoch nur Leistung an alle Miturheber verlangen (§ 8 II 3 HS. 2 UrhG). Für die gemeinsame Darbietung mehrerer **ausübender Künstler** besteht eine Sonderregelung in § 80 UrhG. Nach dem Tod des Urhebers gehen die Nutzungsrechte auf die Erben über. Sie sind dann auch zur Geltendmachung von Ansprüchen wegen Verletzung dieser Rechte befugt. Bereits zu Lebzeiten des Urhebers können anderen Personen als dem Urheber ausschließliche Rechte zustehen. So, wenn der Urheber einer anderen Person ein solches Recht einräumt. Die Einräumung eines Rechts führt zum Erlöschen der Aktivlegitimation des früheren Inhabers und zur Begründung der Aktivlegitimation des neuen Inhabers.[7] Dies gilt aber nur in dem sachlichen, räumlichen und zeitlichen Umfang, in dem das Recht eingeräumt ist. Deshalb ist der Urheber neben dem Inhaber eines ausschließlichen Rechts jedenfalls in dem Bereich noch selbst aktivlegitimiert, auf den sich die Einräumung des ausschließlichen Nutzungsrechts nicht erstreckt.[8] In dem Bereich, auf den sich die

6 *BGH* GRUR 1968, 552 – Mephisto.
7 Dreier/Schulze/*Dreier,* § 97 UrhG Rn. 19.
8 *BGH* GRUR 1960, 251, 252 – Mecki-Igel II.

Einräumung des ausschließlichen Rechts erstreckt, ist der Urheber zur Geltendmachung der Verletzung dieses Rechts nur dann befugt, wenn er ein eigenes schutzwürdiges – wirtschaftliches oder ideelles – Interesse daran hat.[9] So, wenn die Vergütung des Urhebers von den Einnahmen des Inhabers des Ausschließlichkeitsrechts etwa auf Grund Umsatzbeteiligung abhängig ist.[10]

15 Bei **einfachen Nutzungsrechten** kann dessen Inhaber nicht aus eigenem Recht Ansprüche geltend machen. Hier bleibt allein der Urheber sachbefugt. Denn er hat sich nicht seiner Verfügungsmacht vollständig begeben, da er berechtigt ist, weitere einfache Nutzungsrechte zu vergeben. In Betracht kommt aber eine Zustimmung des Urhebers zur Geltendmachung von Ansprüchen durch den Nutzungsrechtsinhaber sowie eine gewillkürte Prozessstandschaft. Letztere setzt voraus, dass der Urheber zustimmt und der Klagende ein eigenes berechtigtes Interesse an der Rechtsverfolgung hat.[11] Ein solches Interesse liegt bei einem Lizenznehmer regelmäßig dann vor, wenn die Rechtsverletzung ihm eingeräumte Nutzungsrechte berührt.[12]

4. Abwehransprüche

16 § 97 I UWG regelt die Anspruchsgrundlage des Beseitigungsanspruchs und des Unterlassungsanspruchs. Wer das Urheberrecht oder ein anderes nach dem UrhG geschütztes Recht widerrechtlich verletzt, kann nämlich auf Beseitigung (§ 97 I 1 Alt. 1 UrhG) und bei **Wiederholungsgefahr** auf Unterlassung (§ 97 I 1 Alt. 2 UrhG; Verletzungsunterlassungsanspruch) in Anspruch genommen werden. Der Anspruch auf vorbeugende Unterlassung besteht, wenn eine Zuwiderhandlung erstmalig droht (vgl. § 97 I 2 UrhG und die ähnlichen Regelungen in § 8 I 2 UWG und § 33 I 2 GWB), also **Erstbegehungsgefahr** gegeben ist. Der Unterlassungsanspruch dient der Verhinderung einer bestimmten Verletzungshandlung in der Zukunft, der Beseitigungsanspruch der Beseitigung einer fortdauernden Störungsquelle. Beseitigungsanspruch und Unterlassungsanspruch setzen **kein Verschulden** voraus.

---

9 *OLG Hamburg* GRUR 2002, 335 – Kinderfernseh-Sendereihe.
10 *BGH* GRUR 1992, 697 – ALF.
11 *BGH* GRUR 1998, 376 – Coverversion.
12 *BGH* GRUR 1981, 652 – Tische und Stühle.

a) Beseitigung (§§ 97 I 1 Alt. 1, 98 UrhG)

aa) Voraussetzungen. Der verschuldensunabhängige Beseitigungsanspruch, für den grundsätzlich die Vorschriften des Schuldrechts (insbesondere §§ 275, 280ff., 286ff. BGB) gelten, setzt die Herbeiführung eines **fortdauernden, rechtswidrigen Störungszustands** auf Grund der Verletzung eines Urheberrechts oder eines anderen nach dem UrhG geschützten Rechts voraus. Dies kann durch die eigene Schaffung eines rechtswidrigen Störungszustands sowie die Aufrechterhaltung oder Ausnutzung eines von anderen herbeigeführten Störungszustands geschehen. Die Rechtswidrigkeit entfällt, wenn eine Duldungspflicht, sei es auf Grund Gesetzes, sei es auf Grund einer Einwilligung, besteht. Ist die Störungsbeseitigung unmöglich i. S. d. § 275 BGB oder fällt der Störungszustand weg, besteht kein Beseitigungsanspruch. 17

(1) Verletzung eines Urheberrechts oder eines anderen nach dem UrhG geschützten Rechts. § 97 I 1 Alt. 1 UrhG setzt die Verletzung eines Urheberrechts oder eines anderen nach dem UrhG geschützten Rechts voraus. Es muss sich also um ein **absolutes,** d. h. ein gegenüber jedermann wirkendes **Recht,** handeln. Eine Verletzung bloß schuldrechtlicher Berechtigungen, die lediglich gegenüber dem Vertragspartner wirken, genügt hingegen nicht.[13] Absolute Rechte sind die Rechte, die sich aus dem **Urheberpersönlichkeitsrecht** ergeben, sowie die sich aus dem umfassenden **Verwertungsrecht** des Urhebers ergebenden dinglichen Verwertungsrechte des Urhebers einschließlich der Verwertungsverbote nach § 96 UrhG. Aus dem Urheberpersönlichkeitsrecht ergeben sich insbesondere die Rechte des Urhebers nach **§§ 12 bis 14 UrhG sowie §§ 39 und 62f. UrhG.** §§ 25, 35 I, 41 f. 46 V UrhG enthalten Sonderregelungen, die Ansprüche nach §§ 97ff. UrhG ausschließen.[14] Zu den Verwertungsrechten gehören insbesondere die nach **§§ 15ff. UrhG** dem Urheber ausschließlich zugewiesenen Rechte oder ein dingliches Nutzungsrecht, das der Urheber einem Dritten eingeräumt hat. Zu den anderen nach dem UrhG geschützten Rechten gehören verwandte Schutzrechte nach §§ 70ff. UrhG, sofern sie absoluten, dinglichen Charakter haben (§§ 70 I, 71 I, 72 I, 74, 75, 76 I, 81, 83 I, 85 I, 87 I, 93, 94 I, 95 18

---

13 BT-Drs. IV/270, S. 103.

14 Schricker/Loewenheim/*Wild*, § 97 UrhG Rn. 10; Dreier/Schulze/*Dreier*, § 97 UrhG Rn. 4.

UrhG). Kein absolutes Recht begründet hingegen ein gesetzlicher Vergütungsanspruch.

19 Die **Verletzung** eines absoluten Rechts ist gegeben, wenn jemand in die Befugnisse des Urhebers oder Rechtsinhabers eingreift. Hierfür ist es bedeutsam, wie weit die Befugnisse des Rechtsinhabers reichen. Insoweit sind insbesondere die Schrankenbestimmungen der §§ 44a ff. UrhG zu berücksichtigen. Die Befugnisse des Rechtsinhabers legt insbesondere eine vertragliche Gestattung fest. Deshalb greift in die Verwertungsrechte des Urhebers ein, wer den Umfang eines eingeräumten Nutzungsrechts überschreitet. Die Verletzung eines absoluten Rechts setzt voraus, dass sich der Eingriff gegen das Recht als solches richtet. Die Zerstörung des Werkoriginals vereitelt die Verwertung des Werks und stellt daher nicht nur eine Eigentumsverletzung, sondern auch eine Verletzung der Verwertungsrechte dar.[15] Bloße reflexartige Beeinträchtigungen von Verwertungsrechten z. B. durch die Berühmung der Urheberschaft genügen hingegen nicht.[16] Auch die Verfügung eines Nichtberechtigten begründet keine Verletzung eines fremden Rechts.[17] Denn ein gutgläubiger Erwerb von Rechten kommt im Urheberrecht nicht in Betracht. Eine Rechtsverletzung scheidet weiter dann aus, wenn die Schutzdauer i. S. d. §§ 64 ff. UrhG eines absolut geschützten Rechts abgelaufen ist. Denn insoweit besteht infolge Zeitablaufs kein Recht mehr, in das eingegriffen sein könnte. Aus räumlicher Sicht muss eine Verletzungshandlung im Inland begangen sein, so dass ein deutsches Urheberrecht oder verwandtes Schutzrecht verletzt ist (sog. **Territorialitätsprinzip**).[18]

20 Bei der Prüfung einer Verletzung kommt es nicht auf die Unterschiede zwischen dem geschützten und dem angeblich verletzenden Werk an. Entscheidend sind vielmehr die **Gemeinsamkeiten** dieser beiden Werke.[19] Deshalb kann die Übernahme erheblicher schöpferischer Merkmale eines Werks eine Rechtsverletzung darstellen. Eine sog. **unabhängige Doppelschöpfung** ist zwar möglich und begründet keine Rechtsverletzung. Sie ist jedoch selten. Es ist grundsätzlich davon auszugehen, dass der nachfolgende Schöpfer seinem Schaffen das vorbestehende Werk bewusst oder unbewusst zu Grunde gelegt hat. Zur Entkräftung dieses Anscheinsbeweises muss der zweite

---

15 Dreier/Schulze/*Dreier*, § 97 UrhG Rn. 5.
16 *BGH* GRUR 1997, 896, 897 – Mecki-Igel III.
17 *BGH* GRUR 2002, 963, 964 – Elektronischer Pressespiegel.
18 *BGH* GRUR 1999, 49, 50 – Bruce Springsteen and his Band.
19 *BGH* GRUR 1981, 267, 269 – Dirlada.

Schöpfer darlegen und gegebenenfalls beweisen, dass die Übereinstimmungen nicht auf einem Nachschaffen, sondern auf anderen, naheliegenden Gründen beruhen.

Ein **verwandtes Schutzrecht** ist verletzt, wenn sich jemand die ge- 21
stalterischen Eigenarten einer Leistung i. S. d. §§ 70, 72, 73 ff. UrhG oder die organisatorisch-wirtschaftliche Leistung in den Fällen der §§ 85 f. UrhG, 87, 87a ff. UrhG, 94 f. UrhG aneignet.

In der Geltendmachung eines **Vergütungsanspruchs** etwa nach 22
§ 49 I 2 UrhG liegt noch keine eigenständige Urheberrechtsverletzung.[20]

(2) Widerrechtlichkeit der Verletzung. Die Verletzung eines Ur- 23
heberrechts oder eines anderen nach dem UrhG geschützten Rechts **indiziert** grundsätzlich die Rechtswidrigkeit.[21] Auf ein Bewusstsein der Rechtswidrigkeit kommt es nicht an.[22] Die Rechtswidrigkeit ist **ausgeschlossen,** wenn sich der Verletzer auf einen Rechtfertigungsgrund berufen darf. So, wenn der Urheber oder Rechtsinhaber die Ausübung der betreffenden Befugnis – etwa durch die Einräumung eines Nutzungsrechts im Sinne von § 31 UrhG – vertraglich gestattet hat oder eine der Schrankenbestimmungen nach §§ 44a ff. UrhG eingreift. Die Rechtswidrigkeit einer Verletzungshandlung kann weiter durch die Genehmigung, das Schikaneverbot (§ 226 BGB), Notwehr (§ 227 BGB), Notstand (§ 228 BGB) und erlaubte Selbsthilfe (§§ 229 ff. BGB) ausgeschlossen sein. Als weiterer Rechtfertigungsgrund kommt die bloße Einwilligung in die konkrete Nutzungshandlung in Betracht. Eine solche Einwilligung setzt nicht eine rechtsgeschäftliche Willenserklärung des Rechtsinhabers voraus.[23] Es genügt vielmehr bereits ein Verhalten, aus dem ein Dritter auf eine Einwilligung zu dem Eingriff in ein Rechtsgut schließen darf (z. B. das Zugänglichmachen des Inhalts einer Internetseite mit Abbildungen eigener Werke für den Zugriff von Suchmaschinen begründet aus Sicht des Betreibers einer Suchmaschine die Einwilligung, die Abbildungen auf der Internetseite der Suchmaschine in üblichem Umfang – etwa zur Erstellung von Vorschaubildern – zu nutzen).[24] Eine solche Einwilligung begründet zwar die Rechtmäßigkeit der konkreten Verwertungshandlung. Im Gegensatz zur rechtsgeschäftlichen Einräumung

20 BGHZ 151, 300, 305 – Elektronischer Pressespiegel.
21 Dreier/Schulze/*Dreier,* § 97 UrhG Rn. 14.
22 *BGH* GRUR 1991, 769, 770 – Honorarfrage.
23 *BGH* WRP 2010, 916 Rn. 34 – Vorschaubilder I.
24 *BGH* WRP 2010, 916 Rn. 33, 36 – Vorschaubilder I.

eines Nutzungsrechts durch den Rechtsinhaber begründet eine solche Einwilligung aber kein Recht, das gegen den Willen des Rechtsinhabers durchsetzbar wäre.[25]

24 **(3) Fortdauer eines rechtswidrigen Störungszustands.** Die widerrechtliche Verletzung muss zu einem rechtswidrigen fortdauernden Störungszustand führen.

25 **bb) Inhalt und Umfang.** Der Beseitigungsanspruch verpflichtet nur zu einem Tätigwerden im Hinblick auf die **Beseitigung der Beeinträchtigung, nicht** aber zum **Geldersatz.**

Beispiel: Entfernung einer gefälschten Signatur auf einem dem durch die Übernahme stilistischer Merkmale untergeschobenen Gemäldes.[26]

26 Er ist insbesondere **nicht** auf die **Beseitigung** eines bereits eingetretenen **Schadens** (Naturalrestitution nach § 249 I BGB) gerichtet. Denn würde § 97 I 1 Alt. 1 UrhG auch die Verpflichtung zur Beseitigung der Beeinträchtigungsfolgen umfassen, drohten schwerwiegende Wertungswidersprüche zur Schadensersatzhaftung. Ein Schadensersatzanspruch setzt nämlich Verschulden voraus (§ 97 II 1 UrhG), § 97 I 1 Alt. 1 UrhG hingegen nicht. Zwar können Schadensersatzansprüche auch ohne Verschulden entstehen (z. B. §§ 833 S. 1 BGB, 7 I StVG, 1 I 1 ProdhaftG). Doch sind diese Gefährdungstatbestände abschließend nur für bestimmte Einzelfälle, also enumerativ, geregelt. Dieses Enumerationsprinzip würde unterlaufen, wenn § 97 I 1 Alt. 1 UrhG eine Gefährdungshaftung auf Schadensersatz auch außerhalb der gesetzlich geregelten Einzelfälle begründete. Es bedarf daher – ebenso wie bei § 1004 I 1 BGB – der sorgfältigen Abgrenzung des Beseitigungsanspruchs von der Schadensersatzhaftung, weil andernfalls das Verschuldenserfordernis und das Enumerationsprinzip der Gefährdungshaftung auf Schadensersatz unterlaufen würde. Diese Abgrenzung erfolgt in der Weise, dass der Beseitigungsanspruch nur auf die Beseitigung einer fortwirkenden Störungsquelle, aus der sich gegebenenfalls weitere Schäden ergeben können, nicht aber auf die Beseitigung bereits eingetretener Störungsfolgen gerichtet ist. Der Beseitigungsanspruch hat daher nur Abwehrfunktion gegenüber gegenwärtigen und zukünftigen Störungen, nicht aber Ausgleichsfunktion im Hinblick auf bereits eingetretene Schäden. Er ist deshalb ein negatorischer Anspruch.

---

25 *BGH* WRP 2010, 916 Rn. 34 – Vorschaubilder I.
26 *BGH* GRUR 1995, 668 – Emil Nolde.

Inhaltlich ist der Beseitigungsanspruch i. S. d. § 97 I 1 Alt. 1 UrhG wie der Anspruch nach § 1004 I 1 BGB durch den Grundsatz der **Verhältnismäßigkeit** begrenzt. Dies setzt eine umfassende Interessenabwägung voraus.[27] Es sind nur solche Handlungen geschuldet, die geeignet und erforderlich sind, die noch vorhandene Störung zu beseitigen, und die dem Schuldner zumutbar sind. Im Rahmen der Zumutbarkeitsprüfung sind alle Umstände des Einzelfalls zu würdigen. Insbesondere ist zu berücksichtigen, ob und gegebenenfalls welche Form von Verschulden den Verletzer trifft, wie schwer der Eingriff ist, welche Kosten die Beseitigung verursacht und welche Auswirkungen sie auf das Ansehen des Verletzers hat. 27

Die **Vernichtung** rechtswidrig hergestellter, verbreiteter oder zur rechtswidrigen Verbreitung bestimmter Vervielfältigungs*stücke*, die im Besitz oder Eigentum des Verletzers stehen, ist nach § 98 I 1 UrhG geschuldet. Dasselbe gilt für Vervielfältigungs*vorrichtungen*, die im Eigentum des Verletzers stehen und vorwiegend zur Herstellung dieser Vervielfältigungsstücke gedient haben (§ 98 I 2 UrhG). Statt der Vernichtung kann der Verletzte verlangen, dass der Verletzer ihm die Vervielfältigungs*stücke*, die im Eigentum des Verletzers stehen, gegen eine angemessene Vergütung **überlässt** (§ 98 III UrhG). 28

§ 98 II UrhG sieht vor, dass der Verletzte **Rückruf** von rechtswidrig hergestellten, verbreiteten oder zur rechtswidrigen Verbreitung bestimmten Vervielfältigungsstücken oder deren endgültiges **Entfernen aus den Vertriebswegen** verlangen kann. Der Verletzer muss also keine Verfügungsgewalt über diese Stücke ausüben können. Die Pflicht zum Rückruf ist daher darauf gerichtet, dass der Verletzer seine Abnehmer, gleich ob Unternehmer oder Verbraucher, dazu auffordert, ihm die Stücke zurückzusenden. § 98 II UrhG dient der Umsetzung von Art. 10 der Richtlinie 2004/48/EG und ist daher richtlinienkonform auszulegen. Die Durchsetzung setzt voraus, dass für den Verletzer der Rückruf oder die Entfernung aus den Vertriebswegen noch möglich ist.[28] 29

Auch für die Ansprüche nach § 98 I bis III UrhG gilt der **Verhältnismäßigkeitsgrundsatz** (vgl. § 98 IV 1 UrhG). Danach bestehen Vernichtungs-, Rückruf- oder Entfernungsansprüche nur, wenn die Maßnahmen geeignet und erforderlich sind, um die Rechtsverletzung zu beseitigen. Außerdem müssen sie in einem angemessenen Verhält- 30

27 *BGH* GRUR 1984, 54 – Kopierläden.
28 BT-Drs. 16/5048, S. 97.

nis zur Schwere der Verletzung stehen. Bei der Prüfung der Verhältnismäßigkeit unter Berücksichtigung aller Umstände des Einzelfalls sind auch die berechtigten Interessen Dritter zu berücksichtigen (vgl. 98 IV 2 UrhG). Für **Computerprogramme** ist § 69f UrhG gegenüber § 98 UrhG vorrangige Sonderregelung.

31 cc) **Prüfungsreihenfolge.** Für die Prüfung eines Beseitigungsanspruchs nach § 97 I 1 Alt. 1 UrhG ergibt sich folgende Prüfungsreihenfolge:

Beseitigungsanspruch nach § 97 I 1 Alt. 1
1. Sachbefugnis (Aktivlegitimation) 2. Widerrechtliche Verletzung eines Urheberrechts oder anderen nach dem UrhG geschützten Rechts 3. Herbeiführung eines rechtswidrigen Störungszustands durch die Verletzung 4. Fortdauer des Störungszustands 5. Art und Umfang der Beseitigung, ggf. § 98 UrhG (Verhältnismäßigkeit)

b) Unterlassung (§ 97 I 1 Alt. 2 UrhG)

32 **aa) Verletzungsunterlassungsanspruch (§ 97 I 1 Alt. 2 UrhG). (1) Wiederholungsgefahr.** Der verschuldensunabhängige Verletzungsunterlassungsanspruch dient der Verhinderung zukünftiger neuer rechtswidriger Verletzungen eines Urheberrechts oder anderen nach dem UrhG geschützten Rechts, da er die rechtswidrige Verletzung eines solchen Rechts und Wiederholungsgefahr (§ 97 I 1 Alt. 2 UrhG) voraussetzt. Es müssen also weitere rechtswidrige Verletzungen zu besorgen sein (vgl. auch §§ 12 S. 2, 1004 I 2 BGB). So, wenn künftig dieselbe oder eine im Kern gleichartige Verletzungshandlung objektiv möglich ist und ernsthaft droht. Die Wiederholungsgefahr ist materielle Anspruchsvoraussetzung. Fehlt sie, ist die Klage daher als unbegründet und nicht etwa als unzulässig abzuweisen.

33 **(2) Widerlegliche Vermutung der Wiederholungsgefahr.** Die Beweislast für das Vorliegen der Wiederholungsgefahr trägt grundsätzlich der Kläger, da es sich um einen anspruchsbegründenden Um-

stand handelt. Liegt jedoch bereits eine rechtswidrige Verletzung eines Urheberrechts oder anderen nach dem UrhG geschützten Rechts vor, begründet dies die „ernsthafte und greifbare Besorgnis", dass der Verletzer erneut in dieser Weise handelt. Deshalb besteht eine widerlegbare Vermutung der Wiederholungsgefahr sowohl für die Wiederholung derselben Verletzungsform als auch für die Begehung in ihrem Kern gleichartiger Handlungen. Eine bereits begangene Rechtsverletzung **indiziert** daher die Wiederholungsgefahr.[29] Nur besondere Umstände, für die der Verletzer die Darlegungs- und Beweislast trägt, können zur Widerlegung dieser Vermutung führen.

(3) Fehlen der Wiederholungsgefahr. Ein Verletzungsunterlassungsanspruch besteht nicht, wenn keine Wiederholungsgefahr besteht. So, wenn eine Wiederholung von vornherein objektiv nicht möglich ist, etwa weil ein bestimmter Gegenstand, auf dem die rechtswidrige Verletzung des Urheberrechts oder anderen nach dem UrhG geschützten Rechts *allein* beruht, zerstört ist. 34

(4) Wegfall der Wiederholungsgefahr. (a) Rechtsfolge. Der Verletzungsunterlassungsanspruch erlischt, wenn die Wiederholungsgefahr wegfällt. Ob eine Wiederholungsgefahr weggefallen ist, beurteilt sich objektiv nach den Umständen des Einzelfalls. Dabei sind strenge Anforderungen an den Wegfall der Wiederholungsgefahr zu stellen. 35

(b) Voraussetzungen. (aa) Änderung der tatsächlichen Verhältnisse. Die bloße Änderung der tatsächlichen Verhältnisse lässt die Wiederholungsgefahr nur dann wegfallen, wenn im Hinblick darauf jede Wahrscheinlichkeit für die erneute Begehung einer gleichartigen Rechtsverletzung beseitigt ist. Die bloße Beendigung einer Rechtsverletzung genügt diesem Erfordernis insbesondere dann nicht, wenn der Verletzer sie jederzeit ohne größeren Aufwand wieder aufnehmen kann. 36

(bb) Unterwerfungserklärung. Es gilt der Grundsatz, dass die Wiederholungsgefahr in erster Linie bei Abgabe einer eindeutig und hinreichend bestimmten sowie den ernstlichen Willen erkennen lassenden **strafbewehrten Unterlassungsverpflichtungserklärung** (Unterwerfungserklärung; vgl. auch § 97a I 1 UrhG) entfallen kann. Die Vertragsstrafe muss angemessen hoch sein, um den Verletzer von weiteren Verletzungen abzuschrecken.[30] Die Abgabe einer auch 37

29 *BGH* GRUR 1955, 97 – Constanze II.
30 *BGH* GRUR 1994, 146, 147f. – Vertragsstrafebemessung.

formlos wirksamen Unterwerfungserklärung gegenüber einem Gläubiger führt zu einem Wegfall der Wiederholungsgefahr gegenüber *allen* Unterlassungsgläubigern (Drittwirkung der Unterwerfungserklärung und Unteilbarkeit der Wiederholungsgefahr).[31] Gegenüber einem anderen Gläubiger braucht der Schuldner daher grundsätzlich keine weitere Unterwerfungserklärung abzugeben.

38 Eine Erklärung ist etwa dann nicht **ernstlich** abgegeben, wenn der Schuldner sich im Rahmen der Auseinandersetzung mit einem Dritten sich seiner Handlung weiterhin als rechtmäßig berühmt.[32] Eine aufschiebend befristete Unterwerfung[33] und eine Teilunterwerfung[34] stehen für sich allein der Ernstlichkeit nicht entgegen. Doch lässt eine aufschiebend befristete Unterwerfung die Wiederholungsgefahr nur bis zum Fristablauf, eine Teilunterwerfung die Wiederholungsgefahr nur für den von ihr erfassten Teil des Anspruchs wegfallen. Von vornherein unberührt bleibt die Wiederholungsgefahr, wenn die Unterwerfungserklärung lediglich einen räumlich engeren Bereich erfasst oder die Höhe der versprochenen Vertragsstrafe nicht zur Begründung einer abschreckenden Wirkung ausreichend ist.[35]

39 **(cc) Rechtskräftige gerichtliche Entscheidung.** Ein in einem Hauptsacheverfahren ergangenes rechtskräftiges Unterlassungsurteil lässt grundsätzlich die nach einer begangenen Rechtsverletzung zu vermutende Begehungsgefahr auch im Verhältnis zu Dritten entfallen.[36] Eine andere Beurteilung kann ausnahmsweise im Einzelfall geboten sein.

40 **(dd) Einstweilige Verfügung.** Ein Wegfall der Wiederholungsgefahr auf Grund des Erlasses einer einstweiligen Verfügung (vgl. auch § 12 II UWG) setzt voraus, dass diese Verfügung auf Grund einer Abschlusserklärung endgültig ist. Eine solche Erklärung stellt den Gläubiger nämlich so, als hätte er statt des vorläufigen Titels einen endgültigen Titel.[37] Voraussetzung dafür ist, dass der Schuldner auf mögliche **Rechtsbehelfe** (§§ 924, 926 f. ZPO) und etwaige Gegenansprüche (Gefährdungshaftung nach § 945 ZPO) **verzichtet.** In dem Umfang, in dem der Schuldner wegen des Verzichts die Möglichkeit

---

31 St. Rspr.; vgl. nur *BGH* GRUR 2003, 450, 452 – Begrenzte Preissenkung.
32 *Bornkamm*, FS Tilmann, 2003, S. 769, 778.
33 *BGH* GRUR 2002, 180, 182 – Weit-Vor-Winter-Schluss-Verkauf.
34 *BGH* GRUR 2001, 422, 424 – ZOCOR.
35 *BGH* GRUR 2002, 180, 181 – Weit-Vor-Winter-Schluss-Verkauf.
36 *BGH* GRUR 2003, 450, 452 – Begrenzte Preissenkung.
37 Köhler/Bornkamm/*Köhler*, § 12 UWG Rn. 3.74.

verliert, gegen den Verfügungstitel vorzugehen, entfällt das Rechtsschutzbedürfnis für eine Hauptsacheklage des Gläubigers und eine negative Feststellungsklage des Schuldners.[38] Da die „endgültig“ gewordene einstweilige Verfügung ebenso wie eine Unterwerfungserklärung oder ein rechtskräftiges Unterlassungsurteil im Regelfall, und zwar auch im Verhältnis zu Dritten, die Wiederholungsgefahr wegfallen lässt (Drittwirkung der Abschlusserklärung und Unteilbarkeit der Wiederholungsgefahr), genügt es bei der Erwirkung *mehrerer* einstweiliger Verfügungen wegen *einer bestimmten* Rechtsverletzung, wenn der Schuldner *einem* Gläubiger gegenüber eine Abschlusserklärung abgibt.[39]

(5) Prüfungsreihenfolge. Für die Prüfung eines Unterlassungsanspruchs nach § 97 I 1 Alt. 2 UrhG ergibt sich folgende Prüfungsreihenfolge: 41

Unterlassungsanspruch nach § 97 I 1 Alt. 2 UrhG
1. Sachbefugnis 2. Widerrechtliche Verletzung eines Urheberrechts oder anderen nach dem UrhG geschützten Rechts 3. Wiederholungsgefahr

bb) Vorbeugender Unterlassungsanspruch. (1) Erstbegehungsgefahr (§ 97 I 2 UrhG). Der verschuldensunabhängige vorbeugende Unterlassungsanspruch nach § 97 I 2 UrhG besteht bereits dann, wenn eine rechtswidrige Verletzung eines Urheberrechts oder anderen nach dem UrhG geschützten Rechts erstmals ernsthaft droht (vgl. auch § 8 I 2 UWG). Dies setzt die Gefahr der Erstbegehung einer Rechtsverletzung voraus (Erstbegehungsgefahr). Sie ist gegeben, wenn tatsächliche Anhaltspunkte dafür vorhanden sind, dass sich eine Person in naher Zukunft in einer bestimmten, ein Urheberrecht oder ein nach dem UrhG geschütztes Recht verletzenden Weise verhalten wird.[40] 42

Die Erstbegehungsgefahr kann sich aus **Vorbereitungshandlungen** wie der internen Anweisung an Beauftragte, bestimmte Werbe- 43

38 *BGH* GRUR 1991, 76, 77 – Abschlusserklärung.
39 Köhler/Bornkamm/*Köhler*, § 12 UWG Rn. 3.77.
40 *BGH* GRUR 2003, 890, 891 – Buchclub-Kopplungsangebot.

aussagen zu verwenden, ergeben.[41] Erstbegehungsgefahr kann auch begründen, wer sich des Rechts **berühmt,** bestimmte Handlungen vornehmen zu dürfen.[42] Eine **verjährte Verletzungshandlung** genügt zur Begründung der Erstbegehungsgefahr nicht.

44 **(2) Wegfall der Erstbegehungsgefahr.** An den Wegfall der Erstbegehungsgefahr sind grundsätzlich weniger strenge Anforderungen zu stellen als an den Wegfall der durch eine Verletzungshandlung begründeten Gefahr der Wiederholung des Verhaltens in der Zukunft.[43] Anders als bei der durch eine bereits eingetretene Rechtsverletzung begründeten Wiederholungsgefahr besteht für den Fortbestand der Erstbegehungsgefahr **keine Vermutung.** Die Abgabe einer Unterwerfungserklärung ist daher grundsätzlich nicht erforderlich.[44] Bei Vorbereitungshandlungen genügt regelmäßig deren Rückgängigmachung. Eine durch Berühmung geschaffene Erstbegehungsgefahr entfällt grundsätzlich mit der Aufgabe der Berühmung.

45 **(3) Prüfungsreihenfolge.** Für die Prüfung eines vorbeugenden Unterlassungsanspruchs ergibt sich folgende Prüfungsreihenfolge:

Vorbeugender Unterlassungsanspruch nach § 97 I 2 UrhG
1. Sachbefugnis 2. Widerrechtliche Verletzung eines Urheberrechts oder anderen nach dem UrhG geschützten Rechts 3. Erstbegehungsgefahr

46 **cc) Erfüllung der Unterlassungspflicht.** Die Unterlassungspflicht ist vor allem durch Unterlassen (weiterer) Verletzungshandlungen zu erfüllen. Doch kann auch positives Tun des Schuldners erforderlich sein, sofern nur dadurch künftige Verstöße zu vermeiden sind.[45] Dies ist insbesondere dann der Fall, wenn die Verletzung im Unterlassen einer gebotenen Handlung besteht.

47 **dd) Räumliche Reichweite des Unterlassungsanspruchs.** Der Unterlassungsanspruch erstreckt sich räumlich auf das gesamte Bundesgebiet. Dies gilt auch dann, wenn der Gläubiger lediglich räumlich

41 *BGH* GRUR 1971, 119, 120 – Branchenverzeichnis.
42 *BGH* GRUR 2001, 1174, 1175 – Berühmungsaufgabe.
43 *BGH* GRUR 2001, 1174, 1175 – Berühmungsaufgabe.
44 Wandtke/Bullinger/*v. Wolf*, § 97 UrhG Rn. 41.
45 *BGH* GRUR 1993, 415, 416 – Straßenverengung.

begrenzt sachbefugt ist[46] oder der Unterlassungsanspruch auf einer vertraglichen Unterwerfung beruht.[47]

ee) Übergang des Unterlassungsanspruchs. Der Unterlassungsanspruch kann auf eine andere Person übergehen, soweit das zu Grunde liegende Recht übertragbar ist. 48

c) Schuldner des Abwehranspruchs

aa) Begriffe. Schuldner des Abwehranspruchs kann nur der Verletzer sein. Verletzer ist, wer eine (eigene) Rechtsverletzung begeht oder zu begehen droht. Daneben zieht die Rechtsprechung die Haftung des Störers in Betracht. Störer ist, wer lediglich an einer fremden Rechtsverletzung willentlich und adäquat kausal mitwirkt, aber nicht Verletzer ist.[48] Auch gegen den Störer bestehen nach Auffassung des *BGH* unter bestimmten Voraussetzungen Unterlassungs- und Beseitigungsansprüche in entsprechender Anwendung von § 1004 BGB.[49] 49

bb) Haftung des Verletzers. (1) Grundlagen. Auf die Unterscheidung des Zivil- und Strafrechts zwischen unmittelbarem und mittelbarem Täter (§ 25 StGB), Einzel- und Mittäter (§ 830 I 1 BGB), Anstifter und Gehilfen (§ 830 II BGB; §§ 26, 27 StGB) kommt es im Urheberrecht für die Haftung als Verletzer nicht an.[50] Jede dieser Tatbegehungsformen kann die Verletzereigenschaft begründen. Ein Abwehranspruch kann sich daher nicht nur gegen den Täter, sondern auch gegen den **Teilnehmer** einer (drohenden) Verletzungshandlung richten, wenn die Voraussetzungen der Teilnahme gegeben sind und die vom Vorsatz des Teilnehmers erfasste Haupttat eine Rechtsverletzung darstellt. Die Gehilfenhaftung setzt neben einer objektiven Beihilfehandlung zumindest bedingten Vorsatz im Hinblick auf die Haupttat voraus.[51] 50

Beispiele: Jemand, der auf fremde Informationen etwa mit Hilfe eines **Hyperlinks** verweist und sich diese zu eigen macht, haftet für diese Informationen so, als hätte er sie selbst erteilt.[52]

---

46 *BGH* GRUR 2000, 1089, 1093 – Missbräuchliche Mehrfachverfolgung.
47 *BGH* GRUR 2001, 85, 86 – Altunterwerfung IV.
48 *BGH* WRP 2004, 899, 901 – Schöner Wetten.
49 *BGH* GRUR 1999, 418, 419 – Möbelklassiker.
50 Dreier/Schulze/*Dreier*, § 97 UrhG Rn. 23.
51 *BGH* WRP 2007, 964 Rn. 31 – Internet-Versteigerung II.
52 *BGH* WRP 2008, 771 Rn. 20 – ueber18.de.

Können Versteigerer bei einem **Internet-Auktionshaus** ihre Angebote in einem automatischen Verfahren ohne vorherige Kenntnisnahme des Auktionshauses in das Internet stellen, scheidet zunächst eine Haftung des Auktionshauses als Täter für das Angebot eines Dritten aus. Denn das Auktionshaus bietet das Produkt weder selbst an, noch bringt es das Produkt in Verkehr, noch nutzt es das Angebot in der Werbung. Auch eine vorsätzliche Teilnahme des Auktionshauses an dem jeweiligen Angebot kommt nicht in Betracht. Der Umstand, dass das Auktionshaus mit gelegentlichen Rechtsverletzungen rechnen muss, reicht für die Annahme eines Gehilfenvorsatzes nicht aus. Dieser muss sich vielmehr auf die konkrete Haupttat beziehen.[53] Es kommt dann lediglich eine Haftung wegen Verletzung einer Verkehrssicherungspflicht (Rn. 51 ff.) in Betracht.

Wer ein Internetportal betreibt, in das Dritte öffentlich zugängliche Inhalte wie Rezepte stellen können, haftet für diese Inhalte, als hätte er sie selbst ins Netz gestellt, wenn er sich diese Inhalte zu eigen macht.[54] Dies ist etwa dann der Fall, wenn der Betreiber des Internetportals die von Dritten eingestellten Inhalte auf Vollständigkeit und Richtigkeit überprüft[55] oder sich an diesen Inhalten Nutzungsrechte erwirbt, die er Dritten zur kommerziellen Nutzung anbietet.[56]

51 **(2) Verletzung einer Verkehrssicherungspflicht.** Auch wer gegen eine Verkehrssicherungspflicht verstößt, ist Verletzer und damit Täter. Denn jeder, der in seinem Verantwortungsbereich eine Gefahrenquelle schafft oder andauern lässt, muss die ihm möglichen und zumutbaren Maßnahmen treffen, die zur Abwendung der daraus Dritten drohenden Gefahren notwendig sind.[57] Bei Verletzung einer Verkehrssicherungspflicht des geistigen Eigentums[58] kommt nicht nur ein Anspruch auf Beseitigung und Unterlassung, sondern auch auf Schadensersatz (§ 97 II 1, II 4 UrhG) in Betracht. Die Übertragung des im Bürgerlichen Recht entwickelten Rechtsinstituts der Verkehrssicherungspflichten auf das Urheberrecht beruht auf folgender Erwägung: Wer durch sein Handeln im geschäftlichen Verkehr die Gefahr schafft, dass Dritte durch das Urheberrecht geschützte Interessen von Marktteilnehmern verletzen, ist urheberrechtlich dazu verpflichtet, diese Gefahr im Rahmen des Möglichen und Zumutbaren zu begrenzen. Die urheberrechtliche Verkehrssicherungspflicht

53 *BGH* WRP 2007, 964 Rn. 32 – Internet-Versteigerung II.
54 *BGH* GRUR 2010, 616 Rn. 23 – marions-kochbuch.
55 *BGH* GRUR 2010, 616 Rn. 32 – marions-kochbuch.
56 *BGH* GRUR 2010, 616 Rn. 23 – marions-kochbuch.
57 *BGH* GRUR 2007, 890 Rn. 26 – Jugendgefährdende Medien bei eBay.
58 Für die Annahme solcher Pflichten im Urheberrecht auch *Schaefer,* ZUM 2010, 699, 700; *Fürst,* WRP 2009, 378, 389; *J. B. Nordemann,* FS Loewenheim, 2009, S. 215, 219; a. A. *BGH* GRUR 2010, 633 Rn. 13 – Sommer unseres Lebens.

bezieht sich also auf das Verhalten eines Dritten. Die Verbindung von Bürgerlichem Recht und Urheberrecht verdient auch deshalb Zustimmung, weil dies die innere Verbindung des Urheberrechts als eines Sonderdeliktsrechts zum allgemeinen Deliktsrecht deutlich macht.[59] Um einer unangemessenen Ausdehnung der Haftung für Rechtsverstöße Dritter entgegenzuwirken, muss (1) eine Verkehrssicherungspflicht verletzt sein und (2) Erstbegehungs- oder Wiederholungsgefahr bestehen. Der Inhalt einer Verkehrssicherungspflicht ist auf die Pflicht zu gefahrverhütenden Maßnahmen gerichtet. Bei deren Konkretisierung sind die Umstände des Einzelfalls sowie alle betroffenen Interessen und maßgeblichen rechtlichen Wertungen zu berücksichtigen. So kommen insbesondere Prüfungs- und Eingreifpflichten in Betracht.[60]

Beispiele: Für den Umfang von Prüfungspflichten durch Setzen eines **Hyperlinks** kommt es auf den Gesamtzusammenhang des Hyperlinks an (Zweck des Hyperlinks, Kenntnisse des den Link Setzenden von rechtswidrigem Handeln auf der verlinkten Website; Erkennbarkeit für den Link Setzenden von rechtswidrigem Handeln auf der verlinkten Website etwa auf Grund Abmahnung oder Klageerhebung). Setzt ein Presseunternehmen einen Hyperlink, um den Zugang zu ohnehin allgemein zugänglichen Quellen zu erleichtern, sind wegen der Meinungs- und Pressefreiheit (Art. 6 EUV i. V. m. Art. 11 I, II GR-Charta; Art. 5 I GG) an die Prüfungspflicht keine zu strengen Anforderungen zu stellen.[61] Ein von der Meinungs- und Pressefreiheit (Art. 6 EUV i. V. m. Art. 11 I, II GR-Charta; Art. 5 I GG) erfasster Beitrag im Internet – z. B. über die Umgehung von Kopierschutz – ist einschließlich seiner den Beitrag belegenden oder ergänzend informierenden Verweise auf fremde Internetseiten, die rechtswidriges Verhalten unterstützen – z. B. Hyperlink auf die Homepage des Anbieters von Software, die Kopierschutz beseitigt –, grundrechtlich geschützt.[62] Dies gilt auch bei Kenntnis des Autors des Beitrags von der Rechtswidrigkeit des Angebots, auf das der Hyperlink verweist, wenn die Meinungs- und Pressefreiheit des Autors gegenüber den Interessen der durch das rechtswidrige Angebot Verletzten überwiegt. Ein solches Überwiegen kann insbesondere dann vorliegen, wenn der Autor deutlich auf die Rechtswidrigkeit des Angebots auf der fremden Internetseite hinweist und wegen der Schwere des in Frage stehenden Verstoßes ein besonderes Informationsbedürfnis der Allgemeinheit besteht.

Der Betreiber eines **Internet-Auktionshauses**, auf der private und gewerbliche Anbieter Waren im Internet versteigern können, haftet für Urheberrechtsverletzungen durch Dritte (z. B. unautorisierter Vertrieb eines Kino-

59 *Köhler*, GRUR 2008, 1, 3.
60 *Köhler*, GRUR 2008, 1, 4.
61 *BGH* WRP 2004, 899, 902 – Schöner Wetten.
62 *BGH* WRP 2011, 762 Rn. 15 – AnyDVD.

films) wegen Verletzung einer Verkehrssicherungspflicht, wenn für ihn zumutbare Kontrollmöglichkeiten bestehen, eine solche Rechtsverletzung zu verhindern. Er muss nicht jedes in einem automatisierten Verfahren ins Internet gestellte Angebot darauf überprüfen, ob eine Verletzung von Schutzrechten Dritter erfolgt. Es besteht keine allgemeine Überwachungspflicht (vgl. auch Art. 15 I Richtlinie 2001/31/EG). Der Umstand, dass derzeit eine lückenlose Vorabkontrolle, die sämtliche Rechtsverletzungen sicher erkennt, technisch nicht möglich ist, schließt einem Unterlassungsanspruch gegen den Betreiber nicht aus.[63] Erfährt dieser aber von einer Rechtsverletzung, muss er nicht nur das konkrete Angebot unverzüglich sperren, sondern auch technisch mögliche und zumutbare Maßnahmen ergreifen, um Vorsorge dafür zu treffen, dass es nicht zu weiteren entsprechenden Rechtsverletzungen kommt. Ein Schreiben des Verletzten, das den Diensteanbieter auf eine Rechtsverletzung durch einen Dritten aufmerksam macht, verschafft dem Diensteanbieter die Kenntnis von der Rechtsverletzung des Dritten. Eine Haftung des Diensteanbieters für diese Rechtsverletzung setzt aber zusätzlich voraus, dass der Diensteanbieter gleichwohl untätig bleibt. Erst dann ist die Abmahnung zum Zwecke der Geltendmachung eines Unterlassungsanspruchs gegen den Diensteanbieter möglich.

Verwendet der Inhaber eines **WLAN-Anschlusses** nicht die zum Kaufzeitpunkt des WLAN-Routers marktüblichen Sicherungen, haftet er auf Unterlassung, wenn Dritte mittels dieses Anschlusses Urheberrechtsverletzungen etwa durch die Einrichtung einer Internettauschbörse für urheberrechtlich geschützte Musiktitel begehen.[64]

52 **cc) Haftung des Störers. (1) Für begangenen fremden Wettbewerbsverstoß.** Nach ständiger Rechtsprechung des *BGH,* für deren Aufrechterhaltung nach der Einführung von Verkehrssicherungspflichten im Bereich des geistigen Eigentums jedoch keine sachlichen Gründe mehr bestehen,[65] haftet in entsprechender Anwendung von § 1004 BGB als Störer auf Beseitigung oder Unterlassung (nicht aber auf Schadensersatz), wer – auch ohne Verschulden – an der Rechtsverletzung eines Dritten in der Weise beteiligt ist, dass er in irgendeiner Weise willentlich und adäquat kausal an der Herbeiführung der rechtswidrigen Beeinträchtigung **mitwirkt.** Dabei könne als Mitwirkung auch die Unterstützung oder Ausnutzung der Handlung eines eigenverantwortlich handelnden Dritten genügen, sofern der in Anspruch Genommene die rechtliche Möglichkeit zur Verhinderung der Handlung hatte. Die **Haftung als Störer** kommt nach Auffassung des *BGH* insbesondere dann in Betracht, wenn eine Person

63 *BGH* WRP 2007, 964 Rn. 47 – Internet-Versteigerung II (für gefälschte Markenware).
64 A. A. *BGH* GRUR 2010, 633 Rn. 47 – Sommer unseres Lebens, mit Anm. *Stang* (aber Störerhaftung annehmend).
65 *Köhler,* GRUR 2008, 1, 6.

(1) sich an der Urheberrechtsverletzung eines Dritten (Akzessorietätserfordernis) (2) durch willentliche und adäquat kausale Mitwirkung an der Herbeiführung der rechtswidrigen Beeinträchtigung beteiligt und (3) eine zumutbare Verhaltenspflicht, insbesondere eine zumutbare Prüfungspflicht, verletzt.[66] Für den Inhalt und den Umfang der Zumutbarkeit einer Verhaltenspflicht, insbesondere einer Prüfungspflicht, stellt der *BGH* auf die Umstände des Einzelfalls, vor allem aber auf die Funktion und Aufgabenstellung des als Störer in Anspruch Genommenen sowie die Eigenverantwortung des unmittelbar handelnden Dritten ab.[67]

(2) Für drohenden fremden Gesetzesverstoß. Der Verletzte kann 53 nach Auffassung des *BGH* einen Störer nach § 1004 BGB i. V. m. der verletzten Norm des UrhG auch vorbeugend, d. h. ohne Vorliegen einer bereits begangenen Verletzungshandlung, in Anspruch nehmen, wenn der potenzielle Störer eine Erstbegehungsgefahr begründe.[68] Dies folge aus dem Wesen des vorbeugenden Unterlassungsanspruchs. Danach müsse derjenige, dem gegenüber eine Verletzungshandlung drohe, nicht erst abwarten, bis der erste Eingriff in ein Rechtsgut erfolgt sei.

dd) Haftung des Inhabers eines Unternehmens (§ 99 UrhG). 54 **(1) Normzweck.** Verletzt in einem Unternehmen ein Arbeitnehmer oder Beauftragter widerrechtlich ein nach dem UrhG geschütztes Recht, hat der Verletzte die Ansprüche nach § 97 I UrhG und § 98 UrhG mit Ausnahme des Schadensersatzanspruchs auch gegen den Inhaber des Unternehmens (§ 99 UrhG). § 99 UrhG begründet eine **Erfolgshaftung,** ohne dass eine Möglichkeit zur Entlastung bestünde. Er stellt die Rechtsgrundlage für einen zusätzlichen („auch") selbständigen Anspruch des Verletzten gegen den Unternehmensinhaber dar (= Anspruchsgrundlage). § 99 UrhG schließt die Schutzlücke, die sich bei der Beschränkung der Haftung für fremdes Verhalten nach § 831 BGB ergäbe. Dem Inhaber des Unternehmens sind Rechtsverletzungen der Arbeitnehmer und Beauftragten des Unternehmens wie eigene Handlungen zuzurechnen.[69] Denn die **arbeitsteilige Organisation** darf nicht die Verantwortung für Rechtsverletzungen beseitigen. Dies gilt umso mehr, als dem Unter-

66 *BGH* GRUR 1997, 313, 315 – Architektenwettbewerb.
67 *BGH* GRUR 2003, 969, 970 f. – Ausschreibung von Vermessungsleistungen.
68 *BGH* WRP 2007, 964 Rn. 41 – Internet-Versteigerung II.
69 *BGH* GRUR 1993, 37, 39 – Seminarkopien.

nehmer die Handlungen seiner Arbeitnehmer und Beauftragten auch zugute kommen und er den **Risikobereich beherrscht.** Der Unternehmensinhaber soll sich hinsichtlich einer urheberrechtlichen Haftung nicht hinter den von ihm abhängigen Dritten verstecken können. Er kann sich deshalb auch nicht darauf berufen, er habe von der Rechtsverletzung nichts gewusst oder er habe dem Mitarbeiter oder Beauftragten in dem zu beurteilenden Bereich Entscheidungsfreiheit eingeräumt.

55 **(2) Anwendungsbereich.** § 99 UrhG erfasst, wie sich schon aus seinem Wortlaut ergibt, nur **Beseitigungs- und Unterlassungsansprüche** i. S. d. § 97 I UrhG einschließlich des dazugehörigen Auskunftsanspruchs und § 98 UrhG. Diese Ansprüche setzen die Verletzung eines Urhberrechts oder eines anderen nach dem UrhG geschützten Rechts voraus. Nicht anwendbar ist § 99 UrhG auf **Schadensersatzansprüche** sowie dazugehörige Auskunftsansprüche.[70] Für Schadensersatzansprüche gelten die allgemeinen Regeln, insbesondere §§ 31, 831 BGB und § 166 BGB. Diese allgemeinen Regeln lässt § 99 UrhG unberührt.

56 **(3) Voraussetzungen. (a) Rechtsverletzung.** Der Arbeitnehmer oder Beauftragte eines Unternehmens muss ein nach dem UrhG geschütztes Recht widerrechtlich verletzt haben. Da infolgedessen der Tatbestand des § 97 I UrhG oder § 98 UrhG erfüllt sein muss („auch"), setzt § 99 UrhG voraus, dass ein **Abwehranspruch** nach § 97 I oder nach § 98 UrhG **gegen den Arbeitnehmer oder Beauftragten** besteht. § 100 S. 1 UrhG ist auch dann anwendbar, wenn der Anspruch gegen den Mitarbeiter oder Beauftragten z. B. durch die Abgabe einer Unterwerfungserklärung wegfällt oder wegen Verjährung nicht durchsetzbar ist. Rechtsverletzungen aus einer Tätigkeit für andere Arbeit- oder Auftraggeber sind hingegen nicht nach § 99 UrhG zuzurechnen, da sich eine solche Haftung nicht mit der arbeitsteiligen Organisation in einem Unternehmen begründen lässt. Insoweit kommt eine Haftung des neuen Arbeit- oder Auftraggebers als Verletzer oder Störer in Betracht.

57 **(b) Arbeitnehmer.** Arbeitnehmer ist jeder Arbeitnehmer im arbeitsrechtlichen Sinne, d. h. jeder auf Grund Arbeitsvertrags abhängig Beschäftigte (vgl. bereits § 5 Rn. 107 f.).

---

70 Dreier/Schulze/*Dreier,* § 100 UrhG Rn. 1.

(c) **Beauftragter.** Beauftragter ist, wer im oder für das Unternehmen eines anderen auf Grund eines vertraglichen oder anderen Verhältnisses tätig und nicht Mitarbeiter ist. Die Entgeltlichkeit dieses Vertrags ist ebenso unerheblich wie seine Wirksamkeit und Rechtsnatur. Voraussetzung ist aber entsprechend dem Normzweck des § 99 UrhG eine Eingliederung in die betriebliche Organisation in der Weise, dass einerseits der Erfolg seiner Handlungen zumindest auch dem Inhaber des Unternehmens zugutekommt und andererseits der Inhaber des Unternehmens bestimmenden und durchsetzbaren Einfluss auf die beanstandete Handlung nehmen kann. 58

Beispiele: Beauftragte können Handelsvertreter, Vertragshändler, Franchisenehmer, Werbeagenturen sowie abhängige Unternehmen beim Beherrschungsvertrag (§ 291 AktG) und faktischen Konzern (§§ 308 ff. AktG) sein.

(d) **In einem Unternehmen.** § 99 UrhG setzt eine Rechtsverletzung „in einem Unternehmen" voraus. Da dieses Tatbestandsmerkmal entsprechend dem Normzweck des § 99 UrhG nicht räumlich, sondern **funktional** zu verstehen ist, kommt es allein darauf an, ob die Handlung im Geschäftskreis des Unternehmens liegt und ihm zugutekommen soll. Daran fehlt es, wenn Mitarbeiter oder Beauftragte im Unternehmen zu privaten Zwecken handeln. 59

Beispiel: Mitarbeiter oder Beauftragte beschaffen oder veräußern unternehmensfremde oder unternehmenseigene Produkte auf eigene Rechnung.

Da der Begriff des Unternehmens **weit auszulegen** ist, erfasst er auch nicht wirtschaftlich tätige Personen wie politische Parteien und Bürgerinitiativen. Auch für den Staat gilt § 99 UrhG.[71] 60

(e) **Unternehmensinhaber.** Unternehmensinhaber ist die Person, in deren **Namen** und **Verantwortung** das Unternehmen geführt wird, regelmäßig also der Eigentümer, Pächter oder Nießbraucher. Führt eine juristische Person, OHG oder BGB-Gesellschaft das Unternehmen, ist die juristische Person oder die Gesellschaft als Inhaber anzusehen. Daher sind die Organe einer juristischen Person (z. B. Vorstand einer AG; Geschäftsführer einer GmbH) und die Gesellschafter einer OHG oder BGB-Gesellschaft nicht Unternehmensinhaber. 61

---

71 *BGH* GRUR 1993, 37, 39 – Seminarkopien.

62 **(4) Rechtsfolgen.** Der gegen den Arbeitnehmer oder Beauftragten eines Unternehmens gerichtete Abwehranspruch ist „auch gegen den Inhaber des Unternehmens begründet". Es bestehen also zwei grundsätzlich **selbständige Abwehransprüche.** Dies gilt sowohl für die rechtliche Beurteilung als auch für die Geltendmachung.

Beispiel: Fällt die Erstbegehungs- oder Wiederholungsgefahr in der Person des Arbeitnehmers oder Beauftragten weg, wirkt sich dies nicht auch auf den Anspruch gegen den Unternehmensinhaber aus. Umgekehrt gilt dasselbe.

63 Dem **Inhalt** und **Umfang** nach unterscheiden sich die Ansprüche gegen den Arbeitnehmer oder Beauftragten einerseits und gegen den Unternehmensinhaber andererseits nicht. Der Unternehmensinhaber ist daher in gleicher Weise zu Beseitigung und Unterlassung verpflichtet wie der Arbeitnehmer oder Beauftragte. Seine Verpflichtung erstreckt sich daher nicht nur darauf, zu gewährleisten, dass derartige Rechtsverletzungen nicht mehr erfolgen.

64 **ee) Ausnahmen von der Haftung auf Beseitigung und Unterlassung (§ 100 UrhG).** Die Durchsetzung der Ansprüche auf Beseitigung (§§ 97 I 1 Alt. 1, 98 UrhG) und Unterlassung (§ 97 I 1 Alt. 2 und I 2 UrhG) können beim Verletzer zu einem unverhältnismäßig großen Schaden durch die **Vernichtung wirtschaftlicher Werte** führen. Sofern die Rechtsverletzung lediglich versehentlich, also nicht schuldhaft erfolgte, erscheint es in einem solchen Fall gerechtfertigt, dem Verletzer die Möglichkeit einzuräumen, zur Abwendung der Ansprüche den Verletzten in Geld zu entschädigen, sofern dem Verletzten die Abfindung in Geld zuzumuten ist (§ 100 S. 1 UrhG).

Beispiel: Unternehmen A stellt einen Film her. Versehentlich ist ihm ein zur Auswertung eines Filmwerks erforderliches Nutzungsrecht nicht eingeräumt.

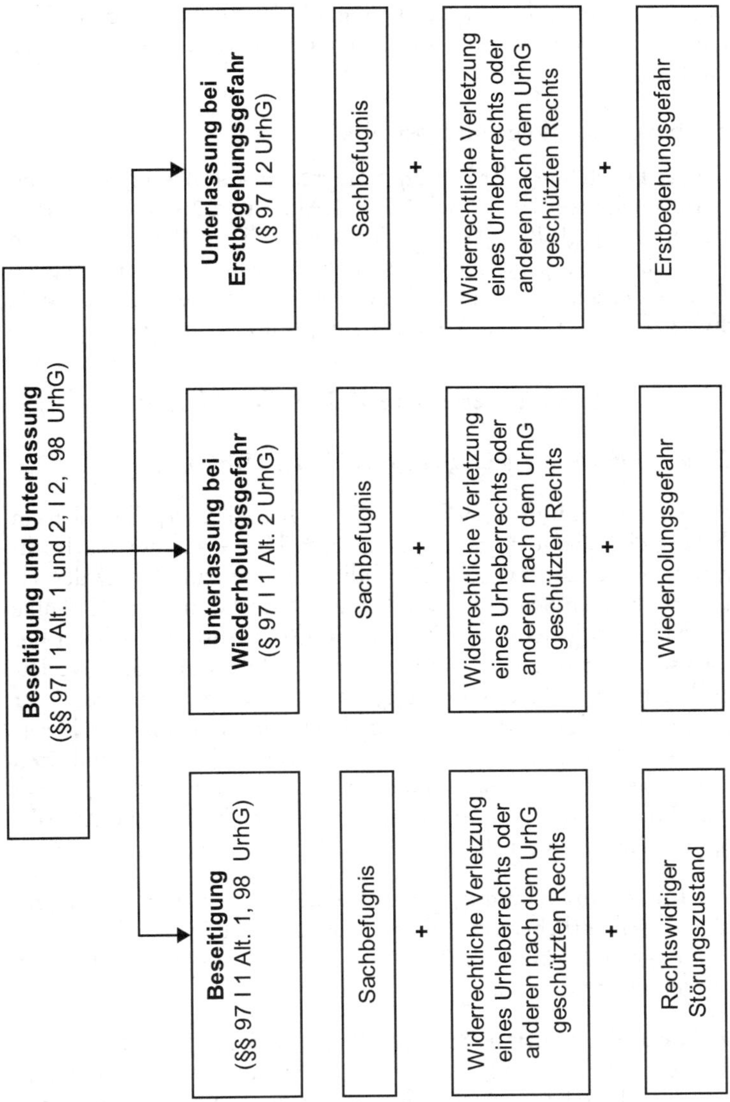
Beseitigung und Unterlassung
(§§ 97 I 1 Alt. 1 und 2, I 2, 98 UrhG)
Beseitigung
(§§ 97 I 1 Alt. 1, 98 UrhG)
Sachbefugnis
+
Widerrechtliche Verletzung eines Urheberrechts oder anderen nach dem UrhG geschützten Rechts
+
Rechtswidriger Störungszustand
Unterlassung bei Wiederholungsgefahr
(§ 97 I 1 Alt. 2 UrhG)
Sachbefugnis
+
Widerrechtliche Verletzung eines Urheberrechts oder anderen nach dem UrhG geschützten Rechts
+
Wiederholungsgefahr
Unterlassung bei Erstbegehungsgefahr
(§ 97 I 2 UrhG)
Sachbefugnis
+
Widerrechtliche Verletzung eines Urheberrechts oder anderen nach dem UrhG geschützten Rechts
+
Erstbegehungsgefahr

65 Mit der Zahlung der Entschädigung gilt die Einwilligung des Verletzten zur Verwertung im üblichen Umfang als erteilt (§ 100 S. 2 UrhG).

d) Prüfungsreihenfolge im Überblick

66 Bei der Darstellung der Prüfungsreihenfolge von Beseitigungs- und Unterlassungsansprüchen nach § 97 I 1 Alt. 1 und 2 sowie I 2 UrhG im Überblick (vgl. Rn. 64) zeigt sich, dass sich die Voraussetzungen der einzelnen Ansprüche teilweise entsprechen. So ist eine widerrechtliche Verletzung eines Urheberrechts oder anderen nach dem UrhG geschützten Rechts Voraussetzung jedes Anspruchs.

5. Schadensersatz (§ 97 II 1, II 4 UrhG)

a) Ersatz von Vermögensschäden (§ 97 II 1 UrhG)

67 **aa) Voraussetzungen.** Nach § 97 II 1 UrhG ist derjenige, der ein Urheberrecht oder ein anderes nach dem UrhG geschütztes Recht vorsätzlich oder fahrlässig widerrechtlich verletzt, zum Ersatz des daraus entstehenden Schadens verpflichtet. Darin kommt der Gedanke des Schadensausgleichs zum Tragen. Strafschadensersatz lehnen der europäische und deutsche Gesetzgeber ab.[72] Für Tatbestand (Verletzungshandlung, Handlungserfolg, Kausalität, Schutzzweck der Norm, Rechtswidrigkeit und Verschulden = Vorsatz und Fahrlässigkeit, § 276 BGB) gelten die allgemeinen zivilrechtlichen Grundsätze. Ein zunächst schuldlos handelnder Verletzer verliert die Gutgläubigkeit im Hinblick auf sein Handeln, wenn er eine berechtigte Abmahnung des Verletzten erhält.

68 **bb) Inhalt und Umfang des Schadensersatzes.** Für Inhalt und Umfang des urheberrechtlichen Schadensersatzanspruchs gelten grundsätzlich die §§ 249 bis 254 BGB. Es sind insoweit jedoch einige Besonderheiten zu beachten.

69 **(1) Naturalrestitution (§ 249 BGB).** Nach **§ 249 I BGB** kann der Verletzte vom Verletzer grundsätzlich Herstellung des Zustands verlangen, der bestehen würde, wenn der zum Ersatz verpflichtende Umstand nicht eingetreten wäre (Naturalrestitution).

72 Vgl. Erwägungsgrund 26 RiL 2004/48/EG und BT-Drs. 16/5048, S. 96.

Nach § 249 II 1 BGB kann der Gläubiger in den Fällen der Verletzung einer Person oder der Beschädigung einer Sache den dazu erforderlichen Geldbetrag verlangen. Er ist dabei nicht verpflichtet, die Herstellung tatsächlich durchzuführen (vgl. § 249 II 2 BGB).[73] Da es im Urheberrecht aber regelmäßig nicht um Schadensersatz wegen der Verletzung einer Person oder der Beschädigung einer Sache, sondern in erster Linie um Vermögensschäden insbesondere infolge des Verlusts (potenzieller) Kunden geht, ist § 249 II 2 BGB zumeist nicht unmittelbar anwendbar. Ein tatsächlich zu erwartender Gewinn ist dann nicht ersatzfähig, wenn der Gläubiger ihn nur auf rechtswidrige Weise hätte erlangen können.[74] 70

(2) Entgangener Gewinn (§ 252 BGB). Der Geschädigte muss zur begründeten Geltendmachung entgangenen Gewinns (§ 252 BGB) nicht den Nachweis führen, dass er bestimmte Aufträge erhalten hätte, wenn der Schädiger sich rechtmäßig verhalten hätte. Vielmehr kommt dem Geschädigten die Fiktion des § 252 S. 2 BGB zugute. Der Geschädigte hat daher nur die Umstände darzulegen und gegebenenfalls zu beweisen, aus denen sich die Wahrscheinlichkeit eines entgangenen Gewinns ergibt.[75] An diese Darlegung sind keine allzu strengen Anforderungen zu stellen. Bei der Beweisführung kommen dem Geschädigten sodann die Erleichterungen des § 287 ZPO zugute. Das Gericht darf die Schätzung eines Mindestschadens nur dann ablehnen, wenn es hierzu an jeglichen greifbaren Anknüpfungstatsachen fehlt. Dem Geschädigten kann zur Ermittlung solcher Tatsachen ein Auskunftsanspruch zustehen. 71

(3) Dreifache Schadensberechnung. (a) Rechtsnatur und Inhalt. Die dreifache Schadensberechnung ist im Urheberrecht gesetzlich vorgesehen. Sie berechtigt lediglich zu verschiedenen Berechnungsarten im Hinblick auf die Höhe *eines* bestimmten Schadensersatzanspruchs. Danach hat der Verletzte die Wahl, seinen Schaden auf folgende Weise zu berechnen: (1) **konkreter Schaden** einschließlich des **Gewinnentgangs** (§§ 249ff. BGB); (2) Herausgabe des **Verletzergewinns** (vgl. auch § 97 II 2 UrhG); (3) angemessene (fiktive) **Lizenzgebühr** (Lizenzanalogie; § 97 II 3 UrhG). Zwischen diesen drei Arten der Schadensberechnung darf der Verletzte frei wählen und 72

73 *BGH* NJW 1997, 520; Köhler/Bornkamm/*Köhler*, § 9 UWG Rn. 1.28.
74 *BGH* GRUR 2005, 519, 520 – Vitamin-Zell-Komplex.
75 *BGH* GRUR 2007, 532 Rn. 15 – Meistbegünstigungsvereinbarung.

grundsätzlich auch noch im Prozess die Berechnungsart wechseln.[76] Dieses Wahlrecht erlischt erst durch Erfüllung oder rechtskräftige Zuerkennung des Anspruchs. Der Verletzte kann die Berechnungsarten nicht häufen oder miteinander vermengen (Vermengungs- oder Verquickungsverbot).[77] Bei vertraglichen Schadensersatzansprüchen kommt eine dreifache Schadensberechnung nicht in Betracht.[78] Denn schuldrechtliche Vereinbarungen über ein Immaterialgut begründen keine Rechtsposition, die mit dem Immaterialgut selbst vergleichbar sind.

73 **(b) Zweck.** Die Anerkennung der Schadensberechnung nach Maßgabe der fiktiven Lizenzgebühr oder des Verletzergewinns beruht auf dem **besonderen Schutzbedürfnis** des Inhabers eines Immaterialgüterrechts wie eines Urheberrechts. Dieses Schutzbedürfnis ergibt sich daraus, dass der Verletzte regelmäßig nicht den Nachweis führen kann, welcher Gewinn ihm durch die Verletzung seines Rechts entgangen ist.[79] Da die Schadensberechnung nach Maßgabe der fiktiven Lizenzgebühr und des Verletzergewinns den Verletzten von dem Erfordernis dieses Nachweises entlastet, eignet sie sich für einen angemessenen Interessenausgleich.[80] Sie trägt außerdem dazu bei, schädigende Handlungen zu sanktionieren und damit vor einer Verletzung der Immaterialgüterrechte oder vergleichbarer Rechtsstellungen abzuschrecken (Prävention).[81]

74 **(c) Einzelne Berechnungsmethoden. (aa) Herausgabe des Verletzergewinns.** Die Schadensberechnung unter Berücksichtigung des Verletzergewinns (vgl. § 97 II 2 UrhG; gemeint ist ein Anspruch auf Herausgabe des Verletzergewinns) bezweckt wie der Herausgabeanspruch bei der angemaßten Eigengeschäftsführung (§§ 687 II 1, 681 S. 2, 667 BGB), dem Verletzer einen Gewinn, der auf der unbefugten Nutzung eines Immaterialgüterrechts wie eines Urheberrechts oder eines diesem vergleichbaren Rechts beruht, zu nehmen.[82] Deshalb ist davon auszugehen, dass der **Verletzte** durch die Verwertung seines verletzten Rechts den **gleichen Gewinn wie der Verletzer erzielt** hätte **(Fiktion).** Der Verletzte muss, um dem Gericht eine Schätzung

76 *BGH* GRUR 2000, 226, 227 – Planungsmappe.
77 *BGH* GRUR 1993, 757, 758 – Kollektion „Holiday“.
78 *BGH* GRUR 2002, 795, 797 – Titelexklusivität.
79 *BGH* GRUR 2001, 329, 331 – Gemeinkostenanteil.
80 *BGH* GRUR 1995, 349, 351 – Objektive Schadensberechnung.
81 *BGH* GRUR 2001, 329, 331 – Gemeinkostenanteil.
82 *BGH* GRUR 2001, 329, 331 – Gemeinkostenanteil.

nach § 287 ZPO zu ermöglichen, darlegen und gegebenenfalls beweisen, dass die Verletzungshandlung mit Wahrscheinlichkeit bei ihm zu einem Schaden und beim Verletzer zu einem Gewinn geführt hat.[83] Allerdings lässt ein Verletzergewinn regelmäßig auf einen Schaden des Verletzten infolge entgangenen Gewinns schließen.[84] Darauf, ob der Verletzte denselben Gewinn wie der Verletzer hätte erzielen können, kommt es nicht an.[85]

Die besondere Schutzbedürftigkeit des Verletzten rechtfertigt die 75
Fiktion, dass der Verletzte ohne die Rechtsverletzung unter Ausnutzung des ihm ausschließlich zugewiesenen Rechts in gleicher Weise Gewinn erzielt hätte wie der Verletzer. Deshalb ist zu **unterstellen,** dass der Verletzte ein Unternehmen unterhält, das dieselben **Produktions-** und **Vertriebsleistungen** wie das Unternehmen des Verletzers erbringen könnte. Infolgedessen sind bei der Ermittlung des Verletzergewinns folgerichtig die Kosten, die der Herstellung und des Vertriebs des Verletzungsgegenstands unmittelbar zuzuordnen sind, abzuziehen.[86]

Beispiele: Kosten des Materials sowie der Energie für die Produktion und die Kosten der Sachmittel für Verpackung und Vertrieb (etwa Frachtkosten) sind bei der Ermittlung des Verletzergewinns abzuziehen. Dasselbe gilt für die auf die fragliche Produktion entfallenden Lohnkosten sowie die Kosten für Maschinen und Räumlichkeiten (anteilig bezogen auf ihre Lebensdauer), die der Verletzer nur für die Produktion und den Vertrieb der urheberrechtsverletzenden Produkte verwendet hat.

Nicht anrechenbar sind hingegen Kosten, die unabhängig von der 76
Produktion und des Vertriebs durch die Unterhaltung des Unternehmens entstanden sind. Der Verletzer kann daher nicht anteilige Gemeinkosten, die nicht unmittelbar der Herstellung und dem Vertrieb des Verletzungsgegenstands zuzuordnen sind, pauschal abziehen.

Beispiele: Allgemeine Marketingkosten; Entwicklungs- und Anlaufkosten in Form eines Anteils der Arbeitskraft des Geschäftsführers; Materialkosten für nicht verkaufte Ware.

Andernfalls würde der aus der Rechtsverletzung stammende **Ge-** 77
winn nicht **vollständig abgeschöpft.** Dem Verletzer verbliebe ein Deckungsbeitrag zu seinen Fixkosten.

---

83 *BGH* GRUR 1962, 509, 512 – Dia-Rähmchen II.
84 *BGH* GRUR 1995, 349, 351 – Objektive Schadensberechnung.
85 *BGH* GRUR 2001, 329, 332 – Gemeinkostenanteil.
86 *BGH* WRP 2009, 1129 Rn. 36 – Tripp-Trapp-Stuhl.

78 Der Verletzergewinn ist nach einer Verletzung urheberrechtlicher Nutzungsrechte nur in dem Umfang herauszugeben, als er auf der Rechtsverletzung **beruht.** Dies ist nicht im Sinne einer adäquaten Kausalität, sondern wertend zu verstehen. Maßgeblich ist, inwieweit beim Vertrieb des rechtsverletzenden Produkts die Übernahme von urheberrechtlich geschützten Elementen des Originals und die Gestaltung als Imitat für die Entscheidung der Teilnehmer auf der Marktgegenseite über den Erwerb ursächlich gewesen sind, oder ob andere Umstände eine wesentliche Rolle gespielt haben.[87] Insoweit kann sich ein **Kausalitätsabschlag** ergeben. Bei einer Urheberrechtsverletzung durch den Verkauf einer unfreien Bearbeitung kommt es insoweit entscheidend darauf an, inwieweit der Entschluss der Teilnehmer auf der Marktgegenseite zum Erwerb des rechtsverletzenden Produkts gerade auf Elemente des rechtsverletzenden Produkts zurückzuführen ist, auf denen der Urheberrechtsschutz des Originals beruht. Dafür kommt insbesondere der Art des Gegenstandes entscheidende Bedeutung zu (z. B. Funktionalität hat für Erwerbsentscheidung erfahrungsgemäß bei Möbeln größere Bedeutung als bei Schmuck; bei Kinderstuhl: gestalterische Elemente, aber auch Funktionalität, Sicherheit und günstiger Preis für Erwerbsentscheidung bedeutsam).[88] Die Höhe des Anteils, zu dem die erzielten Gewinne auf der Rechtsverletzung beruhen, ist nach § 287 ZPO zu schätzen. Ob der Verletzte den Gewinn in der Höhe des Verletzergewinns hätte erzielen können, ist unerheblich. Verletzen innerhalb einer Lieferkette mehrere Lieferanten nacheinander urheberrechtliche Nutzungsrechte, darf der Verletzte zwar grundsätzlich von jedem Verletzer innerhalb der Verletzerkette die Herausgabe des von diesem erzielten Gewinns verlangen.[89] Denn wegen des auf Schadensausgleich gerichteten Präventionsgedankens soll ein einzelner Verletzer innerhalb einer Verletzerkette einen durch eine schuldhafte Rechtsverletzung erzielten Gewinn nicht behalten dürfen. Der von einem Lieferanten herauszugebende Gewinn ist aber in Höhe der Ersatzzahlungen zu mindern, die der jeweilige Lieferant gegenüber seinen Abnehmern wegen deren Inanspruchnahme durch den Verletzten erbringt.[90] Denn insoweit hat der Lieferant keinen Gewinn erzielt.

87 *BGH* WRP 2009, 1129 Rn. 37 – Tripp-Trapp-Stuhl.
88 *BGH* WRP 2009, 1129 Rn. 46 – Tripp-Trapp-Stuhl.
89 *BGH* WRP 2009, 1129 Rn. 61 – Tripp-Trapp-Stuhl.
90 *BGH* WRP 2009, 1129 Rn. 78 – Tripp-Trapp-Stuhl.

Beispiel: A vertreibt Kinderstühle, die B hergestellt hat und die das Urheberrecht von C verletzen. A und B erzielen dadurch Gewinne. C ist berechtigt, sowohl von A als auch von B Herausgabe des Verletzergewinns zu verlangen. Leistet jedoch B gegenüber A wegen der Inanspruchnahme von A durch C 100.000,- Euro Schadensersatz, ist der von B an C herauszugebende Verletzergewinn um diesen Betrag gemindert. Denn insoweit ist der auf der unbefugten Nutzung des Urheberrechts beruhende Gewinn von B aufgezehrt.

(bb) Lizenzanalogie. Die Schadensberechnung nach der Lizenz- 79
analogie (§ 97 II 3 UrhG) bezweckt wie der Bereicherungsausgleich (§§ 812 I 1 Alt. 2, 818 II BGB), den Verletzer grundsätzlich nicht besser, aber auch nicht schlechter zu stellen als einen vertraglichen Lizenznehmer, der eine Lizenzgebühr entrichtet hätte.[91] Angesichts der normativen Zielsetzung dieser Schadensberechnungsmethode ist es unerheblich, ob es bei rechtmäßigem Verhalten des Verletzers im konkreten Fall tatsächlich zu einer entsprechenden Lizenzerteilung gekommen wäre. Entscheidend ist vielmehr allein, dass der Verletzte die Nutzung nicht ohne Gegenleistung gestattet hätte. Allein für die Schadensberechnung ist deshalb danach zu fragen, was vernünftig denkende Vertragsparteien eines **(fiktiven) Lizenzvertrags als Lizenzgebühr** bei Kenntnis der Dauer und des Ausmaßes der Nutzung vereinbart hätten. Dies setzt lediglich voraus, dass ein solcher (fiktiver) Lizenzvertrag rechtlich möglich ist, eine Überlassung des Rechts verkehrsüblich ist und der Verletzte die Nutzung nicht ohne die Entrichtung einer Lizenzgebühr gestattet hätte.[92] Für die Verkehrsüblichkeit der Überlassung von (Ausschließlichkeits-)Rechten kommt es nicht auf die Verhältnisse gerade in der Branche an, in der die Beteiligten tätig sind. Maßgebend ist vielmehr, ob bei einem (Ausschließlichkeits-)Recht dieser Art ganz allgemein die Erteilung von Lizenzen im Verkehr üblich ist. Es genügt, dass ein solches Recht seiner Art nach überhaupt durch die Einräumung von Nutzungsrechten genutzt werden kann und genutzt wird.[93]

Die Berechnung der **Höhe** der angemessenen Lizenzgebühr ist 80
nach dem objektiven Wert der Benutzungsberechtigung zu ermitteln.[94] Es ist nämlich unerheblich, ob der Verletzer selbst bereit gewesen wäre, für seine Nutzungshandlungen eine Vergütung in dieser Höhe zu bezahlen. Die Ermittlung der Höhe einer angemessenen Li-

91 *BGH* GRUR 2000, 685, 686f. – Formunwirksamer Lizenzvertrag.
92 Köhler/Bornkamm/*Köhler*, § 9 UWG Rn. 1.42.
93 BGHZ 60, 206, 211 – Miss Petite; 143, 220, 232 – Marlene Dietrich; *BGH* NJW-RR 2006, 184, 186 – Catwalk (bejahend für Gebrauchsmusterrecht).
94 *BGH* GRUR 1995, 578, 580 – Steuereinrichtung II.

zenzgebühr erfordert die Berücksichtigung aller Umstände des Einzelfalls (z. B. Unrechtsgehalt der Verletzungshandlung, branchenübliche Vergütungssätze und Tarife).[95]

81 In der Höhe der nicht geleisteten Lizenzgebühr ist unter den genannten Voraussetzungen ein **Schaden indiziert.**[96] Da der Lizenzanalogie lediglich ein fiktiver Lizenzvertrag zwischen Verletztem und Verletzer zu Grunde liegt, kommt es auch nach der Leistung von Schadensersatz in Höhe der Lizenzanalogie nicht zum Abschluss eines Lizenzvertrags, der den Verletzer zur Fortsetzung seines Verhaltens berechtigen würde.[97]

82 **cc) Keine Haftung des Störers auf Schadensersatz.** Die von der Rechtsprechung entwickelte Störerhaftung gilt nur für Abwehransprüche und nicht auch für Schadensersatzansprüche.[98] Schuldner eines Schadensersatzanspruchs ist daher ebenso wie im Bürgerlichen Recht nur, wer als (mittelbarer) Täter, Mittäter (§ 830 I 1 BGB), Anstifter oder Gehilfe (§ 830 II BGB) den Tatbestand einer urheberrechtlichen Haftungsnorm erfüllt.[99]

83 **dd) Prüfungsreihenfolge.** Für einen Schadensersatzanspruch nach § 97 II 1 UrhG ergibt sich folgende Prüfungsreihenfolge:

Schadensersatzanspruch nach § 97 II 1 UrhG
1. Sachbefugnis 2. Widerrechtliche Verletzung eines Urheberrechts oder anderen nach dem UrhG geschützten Rechts 3. Vorsätzliche oder fahrlässige Verletzung 4. Vermögensschaden 5. Art und Umfang des Schadensersatzes (dreifache Schadensberechnung)

b) Ersatz immateriellen Schadens (§ 97 II 4 UrhG)

84 **aa) Normzweck.** § 97 II 4 UrhG begründet eine Anspruchsgrundlage für den Ersatz immateriellen Schadens, um vor Rechts-

95 *BGH* GRUR 2006, 136, 138 – Pressefotos.
96 *BGH* WRP 1995, 393, 396 – Objektive Schadensberechnung.
97 *BGH* WRP 2002, 214, 218 – SPIEGEL-CD-ROM.
98 *BGH* GRUR 2005, 670, 671 – WirtschaftsWoche.
99 *BGH* WRP 2002, 532, 535 – Meißner Dekor.

verletzungen **abzuschrecken** und dem Verletzten **Genugtuung** zu verschaffen. Es handelt sich dabei um einen gesetzlich bestimmten Fall i. S. d. § 253 I BGB. Der Anspruch nach § 97 II 4 UrhG besteht neben Ansprüchen nach § 97 I UrhG. Gläubiger eines solchen Anspruchs können der Urheber und die in § 97 II UrhG genannten Inhaber verwandter Schutzrechte (§§ 70, 72, 73 UrhG) sein. Diese Beschränkung auf bestimmte Personen beruht darauf, dass das UrhG lediglich für sie **urheberpersönlichkeitsrechtliche Befugnisse** vorsieht und ein Anspruch auf immateriellen Schadensersatz nur bei der Verletzung solcher Befugnisse gerechtfertigt erscheint.[100] Inhaber des Anspruchs kann nur eine natürliche Person und nur der Urheber oder der ursprüngliche Inhaber eines verwandten Schutzrechts sein (nicht: Lizenznehmer). Der Anspruch kann jedoch auch in der Person entstehen, die auf Grund Verfügung von Todes wegen Inhaber des Urheberpersönlichkeitsrechts eines verstorbenen Urhebers geworden ist. Ein Anspruch nach § 97 II 4 UrhG ist vererblich.

bb) Voraussetzungen. Ein Anspruch nach § 97 II 4 UrhG setzt **85**
(1) die widerrechtliche, schuldhafte Verletzung eines Urheberrechts oder eines anderen nach § 70 UrhG oder § 72 UrhG oder § 73 UrhG geschützten verwandten Schutzrechts und **(2)** das Erfordernis einer Entschädigung in Geld auf Grund Billigkeit voraus. Letztere Voraussetzung verlangt eine **schwerwiegende** und **nachhaltige Verletzung des Urheberpersönlichkeitsrechts.**[101] Hierfür kommt es auf die Umstände des Einzelfalls wie Anlass und Beweggrund des Handelns, Grad des Verschuldens, Bedeutung, Intensität und Dauer des Eingriffs sowie anderweitige Möglichkeiten zur Beseitigung der Beeinträchtigung (z. B. Widerruf, Richtigstellung) an. Auf Seiten des Verletzten ist vor allem die Genugtuungsfunktion von Bedeutung.

Beispiel: Eine Entschädigung nach § 97 II UrhG kommt in Betracht, wenn jemand ein Foto bei der Buchumschlagsgestaltung verstümmelt.[102]

cc) Art und Umfang des Anspruchs. Die **Höhe** der Entschädi- **86**
gung in Geld ist nach § 287 ZPO zu schätzen. Auch hier kommt es entscheidend auf die Umstände des Einzelfalls, insbesondere die Bedeutung und Tragweite des Eingriffs an. Aus Gründen der Präven-

100 Dreier/Schulze/*Dreier*, § 97 UrhG Rn. 73.
101 *BGH* GRUR 1971, 525 – Petite Jacqueline.
102 *BGH* GRUR 1971, 525 – Petite Jacqueline.

tion ist auch die Gewinnerzielung des Verletzers als Bemessungsfaktor heranzuziehen.[103]

87 **dd) Prüfungsreihenfolge.** Für einen Schadensersatzanspruch nach § 97 II 4 UrhG ergibt sich folgende Prüfungsreihenfolge:

Schadensersatzanspruch nach § 97 II 4 UrhG
1. Sachbefugnis (Urheber oder Inhaber eines verwandten Schutzrechts nach §§ 70, 72 oder 73 UrhG) 2. Widerrechtliche Verletzung eines Urheberrechts oder eines verwandten Schutzrechts nach §§ 70, 72 oder 73 UrhG 3. Vorsätzliche oder fahrlässige Verletzung 4. Immaterieller Schaden 5. Billigkeit 6. Art und Umfang des Schadensersatzes

c) Prüfungsreihenfolge im Überblick

88 Bei der Darstellung der Prüfungsreihenfolge eines Schadensersatzanspruchs nach § 97 II 1 UrhG im Überblick (Rn. 83) zeigt sich, dass die widerrechtliche Verletzung eines Urheberrechts oder eines anderen nach dem UrhG geschützten Rechts, wie im Falle von verschuldensunabhängigen Abwehransprüchen, die Grundlage auch eines Anspruchs auf Schadensersatz ist. Im Gegensatz zu den verschuldensunabhängigen Abwehransprüchen muss für einen Schadensersatzanspruch aber Verschulden des Verletzers gegeben sein. Eine Entschädigung für einen immateriellen Schaden setzt nach § 97 II 4 UrhG darüber hinaus voraus, dass dies der Billigkeit entspricht.

103 Dreier/Schulze/*Dreier*, § 97 UrhG Rn. 76.

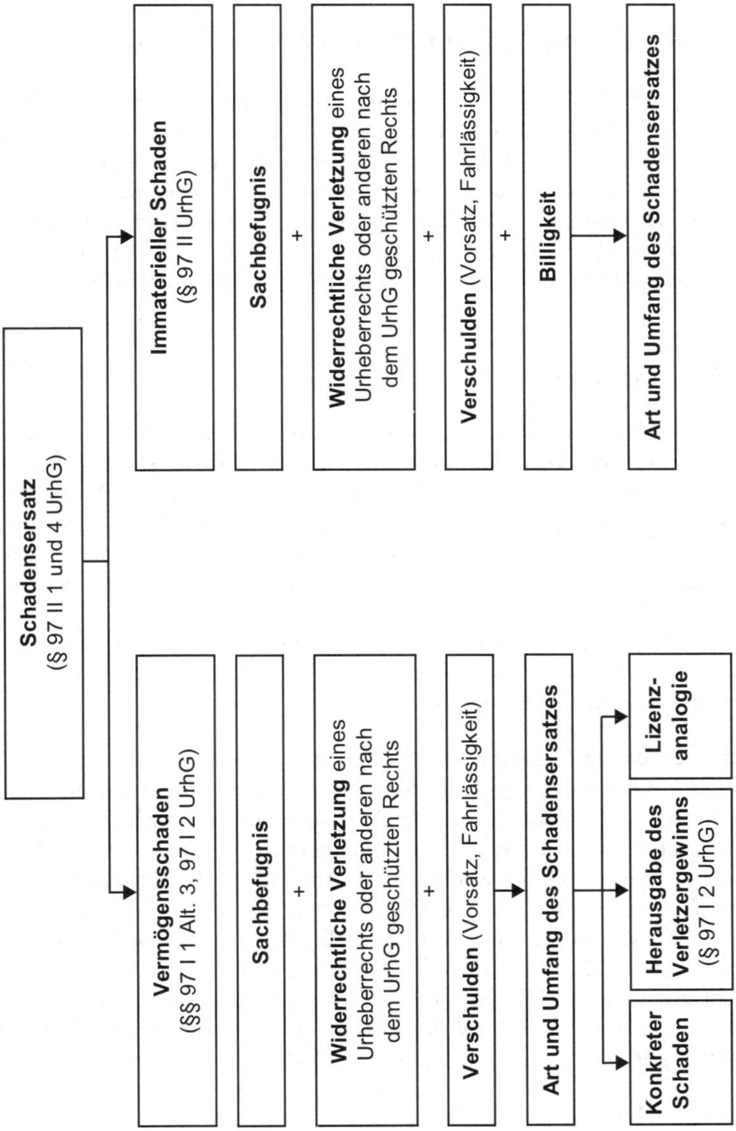
Schadensersatz
(§ 97 II 1 und 4 UrhG)
Vermögensschaden
(§§ 97 I 1 Alt. 3, 97 I 2 UrhG)
Sachbefugnis
+
Widerrechtliche Verletzung eines Urheberrechts oder anderen nach dem UrhG geschützten Rechts
+
Verschulden (Vorsatz, Fahrlässigkeit)
Art und Umfang des Schadensersatzes
Konkreter Schaden
Herausgabe des Verletzergewinns
(§ 97 I 2 UrhG)
Lizenz-
analogie
Immaterieller Schaden
(§ 97 II UrhG)
Sachbefugnis
+
Widerrechtliche Verletzung eines Urheberrechts oder anderen nach dem UrhG geschützten Rechts
+
Verschulden (Vorsatz, Fahrlässigkeit)
+
Billigkeit
Art und Umfang des Schadensersatzes

6. Anspruch auf Auskunft (§ 101 UrhG)

89 § 101 UrhG sieht einen Anspruch auf Auskunft gegen den Verletzer eines Urheberrechts oder ein anderes nach dem UrhG geschützten Rechts vor. Danach besteht ein Anspruch des Verletzten auf unverzügliche Auskunft über die Herkunft und den Vertriebsweg der rechtsverletzenden Vervielfältigungsstücke oder sonstigen Erzeugnisse gegen den, der in gewerblichem Ausmaß das Urheberrecht oder ein anderes nach diesem Gesetz geschütztes Recht widerrechtlich verletzt.

a) Anspruchsgegner

90 **aa) Verletzer oder Störer (§ 101 I UrhG).** § 101 UrhG dient der Umsetzung von Art. 8 der Richtlinie 2004/48/EG und ist daher richtlinienkonform auszulegen. § 101 I UrhG begründet einen Anspruch des Verletzten **gegen den Verletzer** bei widerrechtlicher Verletzung eines Urheberrechts oder anderen nach dem UrhG geschützten Rechts in gewerblichem Ausmaß. Auskunft nach § 101 I UrhG schulden auch Personen, die Störer sind.

91 Der Verletzer oder Störer hat **unverzüglich Auskunft** über die Herkunft und den Vertriebsweg der rechtsverletzenden Vervielfältigungsstücke oder sonstigen Erzeugnisse zu erteilen.

92 **bb) Unbeteiligte Dritte (§ 101 II UrhG).** § 101 II UrhG regelt den Auskunftsanspruch **gegen andere (unbeteiligte) Personen** als den Verletzer oder Störer, wobei der Anspruch auf Auskunft gegen den Verletzer oder Störer selbst hiervon unberührt bleibt. So ist in den Fällen **offensichtlicher Rechtsverletzung** oder **Klageerhebung** gegen den Verletzer ein Auskunftsanspruch gegen einen Dritten begründet, wenn der Dritte (1) in gewerblichem Ausmaß die Voraussetzungen des § 101 II 1 Nr. 1 bis Nr. 4 UrhG erfüllt und (2) der Dritte nicht nach den §§ 383 bis 385 ZPO zur Zeugnisverweigerung berechtigt ist (§ 101 II 1 UrhG). Auch dieser Auskunftsanspruch setzt voraus, dass die Rechtsverletzung im geschäftlichen Verkehr erfolgt ist.

93 **Klageerhebung** des Verletzten gegen den Verletzer setzt voraus, dass der Verletzte den Verletzer bereits kennt. Durch die Erhebung einer Klage hat der Rechtsinhaber deutlich gemacht, dass er die

Rechtsverletzung auch tatsächlich verfolgen will und das Auskunftsbegehren nicht hauptsächlich anderen Zielen dient.

§ 101 II UrhG gewährt einen Auskunftsanspruch gegen Dritte auch bei **offensichtlicher Rechtsverletzung.** Damit ist dem berechtigten Interesse des Rechtsinhabers Rechnung getragen, den Verletzer überhaupt erst zu ermitteln (vgl. auch § 14 II TMG). § 101 II UrhG soll insbesondere einen Auskunftsanspruch gegen Internet-Provider begründen, um dem Verletzten eine Ermittlung des Verletzers zu ermöglichen (z. B. Offenlegung von Name und Adresse einer unter einem Pseudonym auftretenden Person).[104] Die Offensichtlichkeit der Rechtsverletzung setzt eine Eindeutigkeit voraus, die eine ungerechtfertigte Belastung des Dritten ausgeschlossen erscheinen lässt.[105] 94

Die Rechtsverletzung ist in **gewerblichem Ausmaß** begangen, wenn sie zum Zwecke der Erlangung eines wirtschaftlichen Vorteils erfolgt (vgl. Erwägungsgrund 14 RiL 2004/48/EG). Gewerbliches Ausmaß kann sich sowohl aus der Anzahl der Rechtsverletzungen als auch aus der Schwere der Rechtsverletzung ergeben (§ 101 I 2 UrhG). Eine Handlung in gewerblichem Ausmaß liegt regelmäßig dann vor, wenn ihr Ausmaß eine Nutzung zum privaten Gebrauch überschreitet.[106] Ein gewerbliches Ausmaß kann aber auch rein privates Handeln erreichen. Doch sollen Handlungen von Endverbrauchern in gutem Glauben ausgenommen sein.[107] Ist die Rechtsverletzung nicht in gewerblichem Ausmaß begangen, kommt ein gewohnheitsrechtlich anerkannter Auskunftsanspruch aus § 242 BGB in Betracht. 95

Die Voraussetzungen des § 101 II 1 Nr. 1 bis Nr. 4 UrhG ziehen den **Kreis der Verpflichteten** sehr weit. 96

Die Verpflichtung zur Drittauskunft gilt dann nicht, wenn der Dritte als Zeuge ein **Zeugnisverweigerungsrecht** nach §§ 383 bis 385 ZPO beanspruchen könnte. Der Dritte ist daher im Rahmen des Auskunftsanspruchs nicht schlechter gestellt, als wenn er wegen desselben Sachverhalts in einem Gerichtsverfahren als Zeuge geladen würde. 97

§ 101 II 3 UrhG bestimmt, dass der Dritte die Auskunft nicht auf eigene **Kosten** erteilen muss. Vielmehr kann er die erforderlichen Aufwendungen vom Verletzten ersetzt verlangen. Dies findet seine 98

104 BT-Drs. 16/5048, S. 128.
105 BT-Drs. 16/5048, S. 127 und 99.
106 BT-Drs. 16/5048, S. 128.
107 Erwägungsgrund 14 RiL 2004/48/EG u. BT-Drs. 16/5048, S. 97.

Rechtfertigung darin, dass der Dritte als Unbeteiligter Auskunft geben muss.

b) Grundsatz der Verhältnismäßigkeit (§ 101 IV UrhG)

99 Die Auskunftspflicht des Verletzers, Störers und Dritten nach § 101 I und II UrhG steht unter dem Grundsatz der **Verhältnismäßigkeit** (§ 101 IV UrhG; vgl. auch Art. 8 I RiL 2004/48/EG). Die Auskunft muss zur Rechtsverfolgung geeignet, erforderlich und angemessen sein.

c) Umfang der Auskunftspflicht (§ 101 III UrhG)

100 § 101 III UrhG legt den **Umfang** der Auskunftspflicht nach § 101 I und II UrhG fest.

d) Schadensersatz bei falscher oder unvollständiger Auskunft (§ 101 V und VI UrhG)

101 Erteilt der zur Auskunft Verpflichtete die **Auskunft** vorsätzlich oder grob fahrlässig **falsch** oder **unvollständig**, ist er dem Verletzten nach § 101 V UrhG zum Schadensersatz verpflichtet. Infolgedessen bleiben fehlerhafte Auskünfte nicht folgenlos.

102 Wer eine **wahre Auskunft erteilt** hat, ohne dazu nach § 101 I oder II UrhG verpflichtet gewesen zu sein, haftet Dritten gegenüber nur, wenn er wusste, dass er zur Auskunfterteilung nicht verpflichtet war (§ 101 VI UrhG). Damit kommt es zu einer Haftungserleichterung.

e) Einstweiliger Rechtsschutz (§ 101 VII UrhG)

103 Bei offensichtlicher Rechtsverletzung kann der Verletzte die Verpflichtung des Verletzers zur Erteilung der Auskunft durch **einstweilige Verfügung** nach den §§ 935 bis 945 ZPO durchsetzen (§ 101 VII UrhG).

f) Straf- und Ordnungswidrigenkeitenverfahren (§ 101 VIII UrhG)

104 Eine Verwertung der Erkenntnisse in einem **Straf-** oder **Ordnungswidrigkeitenverfahren** wegen einer vor der Erteilung der Auskunft begangenen Tat gegen den Verpflichteten oder einen in

§ 52 I StPO bezeichneten Angehörigen kommt nur mit Zustimmung des Verpflichteten in Betracht (§ 101 VIII UrhG).

g) Verwendung von Verkehrsdaten (§ 101 IX 1 UrhG)

Ist die Erteilung der Auskunft nur unter Verwendung von Verkehrsdaten i. S. d. § 3 Nr. 30 TKG möglich, bedarf es der vorherigen richterlichen Anordnung der Zulässigkeit dieser Verwendung (§ 101 IX 1 UrhG). Verkehrsdaten enthalten **nähere Umstände der Telekommunikation** – insbesondere zeitliche Umstände einer bestimmten Datenverbindung und deren Zuordnung zu einem Telefonanschluss – und unterliegen dem Fernmeldegeheimnis (Art. 10 I GG). Die Möglichkeit, im Internet weit gehend anonym zu kommunizieren, führt in bestimmten Fällen zur Verletzung von Urheberrechten (z. B. Tauschbörsen). Hier besteht ein besonderes Interesse an einer Auskunft, ohne die der Verletzte den Verletzer nicht ermitteln kann. Wegen der besonderen Schutzwürdigkeit von Verkehrsdaten und um Internet-Provider und Telekommunikationsunternehmen von der Prüfung zu entlasten, ob eine offensichtliche Rechtsverletzung vorliegt, steht der Auskunftsanspruch unter einem Richtervorbehalt. 105

h) § 242 BGB

aa) Voraussetzungen. Außerhalb des Anwendungsbereichs von § 101 UrhG ist die Rechtsgrundlage für einen Auskunftsanspruch § 242 BGB. So ist gewohnheitsrechtlich anerkannt: 106

> „Nach Treu und Glauben besteht eine Auskunftspflicht, wenn die zwischen den Parteien bestehenden Rechtsbeziehungen es mit sich bringen, dass der Berechtigte in entschuldbarer Weise über Bestehen und Umfang seines Rechts im Ungewissen ist, er sich die zur Vorbereitung und Durchsetzung seines Anspruchs notwendigen Auskünfte nicht auf zumutbare Weise selbst beschaffen kann und der Verpflichtete sie unschwer, d. h. ohne unbillig belastet zu sein, zu geben vermag“.[108]

Der Auskunftsanspruch ist nicht darauf gerichtet, erst die anspruchsbegründenden Tatsachen zu ermitteln. So genügt der Nachweis bestimmter Verletzungshandlungen schon grundsätzlich nicht, um einen Anspruch auf Auskunft auch über alle möglichen anderen Verletzungshandlungen zu begründen; denn dies liefe darauf hinaus, einen allgemeinen Auskunftsanspruch anzuerkennen und die **Ausfor-** 107

---

108 *BGH* GRUR 2001, 841, 842 – Entfernung der Herstellungsnummer II.

schung unter Vernachlässigung allgemein anerkannter Beweislastregelungen zu ermöglichen.[109] Grundsätzlich erstreckt sich die Auskunftspflicht des Verletzers daher nur auf die konkrete Verletzungshandlung.

108 **bb) Begrenzung durch den Grundsatz der Verhältnismäßigkeit.** Für das Bestehen und den Umfang des Auskunftsanspruchs (und gegebenenfalls Rechnungslegungsanspruchs) ergibt sich eine Begrenzung durch den Grundsatz der Verhältnismäßigkeit.[110] Die Auskunft muss also (1) zur Vorbereitung und Durchsetzung des Hauptanspruchs geeignet und erforderlich sowie (2) dem Schuldner zumutbar sein.

109 **(1) Eignung und Erforderlichkeit.** Ob die Auskunft zur Vorbereitung und Durchsetzung des Hauptanspruchs geeignet und erforderlich ist, bestimmt sich nach den **Umständen des Einzelfalls.** Ist der Hauptanspruch auf Beseitigung gerichtet, bezieht sich die Eignung und Erforderlichkeit auf die Beseitigung des fortdauernden Störungszustands. Ein Auskunftsanspruch, der den Gläubiger in die Lage versetzen soll, die für eine Schadensschätzung erforderlichen Anhaltspunkte für einen entgangenen Gewinn darzulegen, ist grundsätzlich nicht dem Einwand ausgesetzt, es sei unwahrscheinlich, dass der Gläubiger mit Hilfe der erhaltenen Angaben entgangene Umsatzgeschäfte konkret darlegen könne.[111] Denn dies widerspräche Sinn und Zweck des Auskunftsanspruchs.

110 **(2) Zumutbarkeit.** Zur Beurteilung der Frage, ob dem Schuldner die Auskunft zumutbar ist, bedarf es einer **umfassenden Interessenabwägung** unter Berücksichtigung der Umstände des Einzelfalls. Insoweit kommt es vor allem sowohl auf die Art und Schwere der Verletzung als auch auf die Interessen des Berechtigten und des Verpflichteten an.[112] Zumutbar ist die Erteilung von Auskunft immer dann, wenn die mit der Vorbereitung und Erteilung der Auskunft verbundenen Belastungen für den Schuldner nicht ins Gewicht fallen. Auch wenn diese Belastungen beträchtlich sind, kann dem Schuldner die Auskunftserteilung zumutbar sein. Für die Zumutbarkeit kommt es auf eine Abwägung aller Umstände des Einzelfalls an (Arbeitsaufwand des Auskunftspflichtigen, Aufklärungsinteresse des Verletzten

---

109 *BGH* GRUR 2001, 841, 842 – Entfernung der Herstellungsnummer II.
110 *BGH* GRUR 2001, 841, 843 – Entfernung der Herstellungsnummer II.
111 *BGH* GRUR 2007, 532 Rn. 15 – Meistbegünstigungsvereinbarung.
112 *BGH* GRUR 2001, 841, 843 – Entfernung der Herstellungsnummer II.

etwa infolge vertraglicher Informationspflichten gegenüber Dritten, Interessen der Allgemeinheit).

Darüber hinaus sind zu berücksichtigen die **Darlegungs-** und **Beweisnot** des Gläubigers und die **Bedeutung,** die die verlangte Auskunft für die Darlegung der für Grund oder Höhe des Hauptanspruchs wesentlichen Umstände hat.[113] Weiter ist zu berücksichtigen, ob der Schuldner in tatsächlicher Hinsicht schon im Hinblick auf seine steuerrechtlichen Aufbewahrungspflichten zur Auskunft in der Lage ist. Weiter kann es darauf ankommen, ob der Schuldner im Hinblick auf die von ihm geforderten Angaben ein schützenswertes **Geheimhaltungsinteresse** geltend machen kann. Daran fehlt es, wenn der Schuldner zur Offenbarung dieser Angaben gegenüber dem Gläubiger ohnehin verpflichtet ist oder war. Ist oder war der Schuldner bereits vertraglich zur Auskunft verpflichtet (z. B. Information über Anfragen an Automobilzulieferer) und begeht der Schuldner schwerwiegende Verletzungen von Vertragspflichten, ist das Interesse des Schuldners, sich den Aufwand einer nachträglichen Zusammenstellung der geschuldeten Angaben zu ersparen, nicht schutzwürdig. 111

Der Verletzer muss grundsätzlich keine Belege (z. B. Auftragsbestätigung oder Rechnung) vorlegen. Allerdings kann sich der Auskunftsanspruch im Einzelfall auch auf die Vorlage von Belegen erstrecken, wenn (1) der Gläubiger hierauf angewiesen ist, um die Verlässlichkeit der Auskunft überprüfen zu können, und (2) dem Schuldner diese zusätzliche Verpflichtung zuzumuten ist.[114] Beim selbständigen Auskunftsanspruch (Drittauskunft) sind diese Voraussetzungen im Allgemeinen gegeben. 112

(3) Wirtschaftsprüfervorbehalt. Das Gericht kann einen Wirtschaftsprüfervorbehalt anordnen, wenn dem Auskunftsanspruch deutlich höherrangige Belange des Auskunftspflichtigen gegenüberstehen.[115] 113

Beispiel: „Der Beklagte kann diese Tatsachen einem von ihm zu bezeichnenden, zur Verschwiegenheit verpflichteten vereidigten Wirtschaftsprüfer mitteilen, sofern er die Kosten seiner Einschaltung trägt".[116]

Die Rechtsprechung steht einem Wirtschaftsprüfervorbehalt aber mit **Zurückhaltung** gegenüber, da sie dessen Ausnahmecharakter be- 114

113 *BGH* GRUR 2007, 532 Rn. 16 – Meistbegünstigungsvereinbarung.
114 *BGH* GRUR 2002, 709, 712 – Entfernung der Herstellungsnummer III.
115 *BGH* GRUR 1999, 1025, 1031 – Preisbindung durch Franchisegeber.
116 Vgl. *BGH* WRP 1999, 1031, 1032 – Rollstuhlnachbau.

tont und die Zumutbarkeitsschwelle für die Erteilung direkter Auskunft durch den Auskunftspflichtigen herabsetzt.[117]

115 **(4) Einwendungen und Einreden.** Erlischt der Hauptanspruch (z. B. durch Erfüllung, Aufrechnung oder Verzicht; Verwirkung), erlischt auch der Auskunftsanspruch.[118] Der Auskunftsanspruch kann auch selbständig **verwirkt** sein.[119] Der Auskunftsanspruch **verjährt** nach Auffassung des *BGH* in derselben Frist wie der Hauptsacheanspruch.[120] Ist der Hauptanspruch verjährt, fehlt dem Gläubiger regelmäßig ein berechtigtes Interesse (Ausnahme: Möglichkeit der Aufrechnung, § 390 S. 2 BGB). Eine Auskunftsklage ist dann unbegründet.[121]

116 **(5) Prozessuale Durchsetzung.** Der Auskunftsanspruch ist prozessual durch Leistungsklage und Vollstreckung nach § 888 ZPO (bzw. § 887 ZPO) durchzusetzen. Der Erlass einer **einstweiligen Verfügung** kommt bei einem Auskunftsanspruch nach § 242 BGB (vgl. demgegenüber Rn. 103) nur ausnahmsweise bei Existenzgefährdung des Gläubigers oder bei offensichtlicher Rechtsverletzung in Betracht.

117 Zur Sicherstellung der Richtigkeit und Vollständigkeit der Auskunft kann der Gläubiger vom Auskunftspflichtigen selbst oder seinem gesetzlichen Vertreter, nicht aber durch Hilfspersonen (§§ 889, 478 ZPO), die Abgabe einer **Versicherung an Eides statt** verlangen, wenn Grund zu der Annahme besteht, dass der Auskunftspflichtige die Auskunft nicht mit der erforderlichen Sorgfalt erteilt hat (§§ 259 II, 260 II BGB). Voraussetzung ist also eine Verletzung der Sorgfaltspflicht des Auskunftspflichtigen. Hierfür kommt es auf die persönlichen Verhältnisse (Bildung, Geschäftserfahrung usw.) des Auskunftspflichtigen sowie sein Gesamtverhalten an. Eine Sorgfaltspflichtverletzung kann sich auf Grund verschiedener Umstände des Einzelfalls ergeben (z. B. der Auskunftspflichtige berichtigt die Auskunft mehrfach, die Unvollständigkeit der Auskunft ist nachgewiesen, widersprüchliche Einlassungen oder sonstige Umstände rufen Zweifel an der Verlässlichkeit der Auskunft hervor).[122] Inhaltlich ist

---

117 *BGH* WRP 1999, 534, 542 – Peisbindung durch Franchise-Geber.
118 BGHZ 85, 16, 29.
119 BGHZ 39, 87, 92.
120 *BGH* GRUR 1974, 99, 101 – Brünova; **a. A.** Köhler/Bornkamm/*Köhler*, § 9 UWG Rn. 4.42 (Regelverjährungsfrist der §§ 195, 199 BGB).
121 *BGH* NJW 1985, 384, 385; NJW 1990, 180, 181.
122 *BGH* WRP 1999, 534, 542 – Preisbindung durch Franchisegeber.

die Versicherung des Schuldners an Eides statt darauf gerichtet, dass er die Auskunft nach bestem Wissen so vollständig abgegeben hat, als er dazu im Stande war. Der Anspruch auf Abgabe einer Versicherung an Eides statt besteht unter den genannten Voraussetzungen auch bei einer Drittauskunft.[123]

7. Anspruch auf Vorlage, Besichtigung, Zugang, Rechnungslegung (§§ 101a, 101b UrhG, 242 BGB)

a) Vorlage, Besichtigung, Zugang (§§ 101a, 101b UrhG)

aa) Vorlage und Besichtigung zur Begründung von Ansprüchen (§ 101a UrhG). § 101a UrhG dient der Umsetzung von Art. 6 und 7 der Richtlinie 2004/48/EG und ist daher richtlinienkonform auszulegen. § 101a UrhG sieht einen Anspruch auf Vorlage und Besichtigung vor. Danach kann der Verletzte denjenigen, der mit hinreichender Wahrscheinlichkeit das Urheberrecht oder ein anderes nach dem UrhG geschütztes Recht widerrechtlich verletzt, auf Vorlage einer Urkunde oder Besichtigung einer Sache in Anspruch nehmen, die sich in seiner Verfügungsgewalt befindet, wenn **dies zur Begründung von Ansprüchen** des Verletzten **erforderlich** ist (§ 101a I 1 UrhG). Das Kriterium der Erforderlichkeit stellt sicher, dass ein Missbrauch des Anspruchs zur allgemeinen Ausforschung der Gegenseite ausgeschlossen ist. Vielmehr besteht der Anspruch nur dann, wenn der Verletzte die durch die Vorlage oder Besichtigung gewonnene Kenntnis zur Durchsetzung seiner Ansprüche benötigt. Dies ist insbesondere dann der Fall, wenn er eine anspruchsbegründende Tatsache nachweisen oder erst Kenntnis von dieser Tatsache erlangen muss. Eine hinreichende Wahrscheinlichkeit einer Rechtsverletzung besteht nicht schon bei jedwedem Verdacht. Der Rechtsinhaber muss vielmehr glaubhaft machen, dass eine hinreichende Wahrscheinlichkeit für eine Verletzung seiner Rechte durch den Gegner besteht. Es genügt zwar ein Anfangsverdacht, der aber durch Tatsachen zu belegen ist. Der Anspruch auf Vorlage nach § 101a UrhG ist vor allem für die Herausgabe von Quellcodes in Computerprogrammverletzungsprozessen von Bedeutung. 118

Bei hinreichender Wahrscheinlichkeit einer in **gewerblichem Ausmaß** (Rn. 95) begangenen Rechtsverletzung erstreckt sich der An- 119

123 *BGH* GRUR 2001, 841, 845 – Entfernung der Herstellungsnummer II.

spruch auch auf die Vorlage von Bank-, Finanz- oder Handelsunterlagen (§ 101a I 2 UrhG).

120 Macht der vermeintliche Verletzer geltend, dass es sich um vertrauliche Informationen handelt, trifft das Gericht die erforderlichen Maßnahmen, um den im Einzelfall gebotenen Schutz zu gewährleisten (§ 101a I 3 UrhG). Diese Regelung dient dem Schutz von **Geheimhaltungsinteressen.** In Betracht kommt insoweit, dass die Offenbarung lediglich gegenüber einem zur Verschwiegenheit verpflichteten Dritten erfolgt, der sodann Auskunft geben kann, ob und gegebenenfalls in welchem Umfang die behauptete Rechtsverletzung vorliegt.

121 Der Anspruch nach § 101a I UrhG besteht nicht bei **Unverhältnismäßigkeit** der Inanspruchnahme im Einzelfall (§ 101a II UrhG; vgl. auch Art. 3 II RiL 2004/48/EG). Dies schließt es aus, dass geringfügige Verletzungen umfangreiche Vorlageansprüche begründen.

122 Das Gericht kann über den Anspruch nach § 101a I UrhG auch im Wege der **einstweiligen Verfügung** entscheiden (§ 101a III 1 UrhG; vgl. auch Art. 7 RiL 2004/48/EG). Danach ist der Erlass einer einstweiligen Verfügung i. S. d. §§ 935 ff. ZPO auch dann möglich, wenn es hierdurch zur Vorwegnahme der Hauptsache kommt. Allerdings ist der Rechtsinhaber nicht von der Glaubhaftmachung der weiteren Voraussetzungen für den Erlass einer einstweiligen Verfügung befreit. Das Gericht hat den Schutz vertraulicher Informationen sicherzustellen (§ 101a III 2 und 3 UrhG).

123 **Vorlegungsort, Gefahr** und **Kosten** bestimmen sich nach § 811 BGB (§ 101a IV Alt. 1 UrhG).

124 Eine Verwertung der Erkenntnisse in einem **Straf-** oder **Ordnungswidrigkeitenverfahren** wegen einer vor der Vorlage oder Besichtigung begangenen Tat gegen den Verpflichteten oder einen in § 52 I StPO bezeichneten Angehörigen kommt nur mit Zustimmung des Verpflichteten in Betracht (§ 101a IV Alt. 2 UrhG i. V. m. § 101 VIII UrhG). Damit besteht wie bei § 101 VIII UrhG ein Beweisverwertungsverbot.

125 Wenn keine Verletzung vorlag oder drohte, kann der vermeintliche Verletzer von demjenigen, der die Vorlage oder Besichtigung nach § 101a I UrhG begehrte, den **Ersatz** des ihm **durch das Begehren entstandenen Schadens** verlangen (§ 101a V UrhG).

126 **bb) Vorlage und Zugang zur Sicherung von Schadensersatzansprüchen (§ 101b UrhG).** § 101b UrhG dient der Umsetzung von

Art. 9 II 2 RiL 2004/48/EG und ist daher richtlinienkonform auszulegen. Sein Zweck ist auf die **Sicherung von Schadensersatzansprüchen des Verletzten nach § 97 II UrhG** gerichtet. Der Verletzte soll Kenntnis von den konkreten Vermögenswerten des Verletzers erhalten und infolgedessen den Erlass eines Arrests nach § 917 ZPO beantragen können. Damit soll ein schneller Zugriff auf die Vermögenswerte des Verletzers möglich sein. Deshalb kann der Verletzte bei einer in gewerblichem Ausmaß begangenen Rechtsverletzung nach § 97 I UrhG von dem Verletzer auch die Vorlage von Bank-, Finanz- oder Handelsunterlagen oder einen geeigneten Zugang zu den entsprechenden Unterlagen verlangen (§ 101b I UrhG). Voraussetzung dafür ist, dass (1) dem Verletzten ein Schadensersatzanspruch gegen den Verletzer zusteht, (2) sich die Unterlagen in der Verfügungsgewalt des Verletzers befinden, (3) sie für die Durchsetzung des Schadensersatzanspruchs erforderlich sind und (4) ohne ihre Vorlage die Durchsetzung des Schadensersatzanspruchs (im Wege der Zwangsvollstreckung) fraglich ist (§ 101b I 1 UrhG). § 101b UrhG ist im Übrigen weitgehend § 101a UrhG nachgebildet. Der Anspruch nach § 101b UrhG ist im einstweiligen Verfügungsverfahren durchsetzbar, wenn der Schadensersatzanspruch offensichtlich besteht und die Voraussetzungen der §§ 935, 940 ZPO vorliegen (§ 101b III 1 UrhG).

b) Rechnungslegung (§ 242 BGB)

Für den Anspruch auf Rechnungslegung nach § 242 BGB gelten **127**
die gleichen Grundsätze wie für den Auskunftsanspruch. Denn beide unterscheiden sich zwar ihrem Inhalt, nicht aber ihrem Wesen nach. Das Bestehen eines Auskunftsanspruchs hat nicht ohne Weiteres zugleich einen Anspruch auf Rechnungslegung zur Folge. Rechnungslegung kommt aber zur Ermittlung einer fiktiven Lizenzgebühr in Betracht, wenn der Schaden bezifferbar ist.[124] So kann der Verletzte zur Ermittlung der fiktiven Lizenzgebühr Rechnungslegung über die Umsätze verlangen.[125] Zur Ermittlung des Verletzergewinns kann der Verletzte Rechnungslegung über die Einnahmen und Ausgaben fordern.[126]

124 *BGH* GRUR 1995, 50, 54 – Indorektal/Indohexal.
125 *BGH* GRUR 1995, 349, 352 – Objektive Schadensberechnung.
126 *BGH* GRUR 1980, 227, 233 – Monumenta Germaniae Historica.

8. Einwendungen und Einreden

a) Grundlagen

128 Einwendungen hindern einen Anspruch am Entstehen (rechtshindernd), beschränken ihn (rechtsbeschränkend) oder bringen ihn zum Erlöschen (rechtsvernichtend). Sie sind im Prozess **von Amts wegen** zu berücksichtigen. Als Einwendungen kommen vor allem die Einwilligung des Verletzten, die Abwehr von Rechtsverletzungen und die Verwirkung in Betracht, wobei sich gegenüber den allgemeinen bürgerlich-rechtlichen Grundsätzen einige Besonderheiten ergeben. Einreden berechtigen den Schuldner dazu, die Leistung zu verweigern (z. B. § 214 I BGB). Sie sind im Prozess nur zu berücksichtigen, wenn sich der **Schuldner darauf beruft.** Eine Einrede, die im UrhG geregelt ist, ist die Einrede der Verjährung (§ 102 UrhG). Danach finden insbesondere die §§ 195, 199 BGB Anwendung (§ 102 S. 1 UrhG), so dass die dreijährige Regelverjährungfrist gilt.

b) Verwirkung

129 Die Verwirkung ist einem Verstoß gegen Treu und Glauben unter dem Gesichtspunkt der unzulässigen Rechtsausübung wegen widersprüchlichen Verhaltens (§ 242 BGB)[127] zuzuordnen und begründet eine rechtshemmende Einwendung, die im Prozess von Amts wegen zu berücksichtigen ist.[128] Die Rechtsprechung[129] hat dazu folgenden Grundsatz entwickelt:

> „Ein Recht ist verwirkt, wenn sich ein Schuldner wegen der Untätigkeit seines Gläubigers über einen gewissen Zeitraum hin (Zeitmoment) bei objektiver Beurteilung darauf einrichten darf und auch eingerichtet hat, dieser werde sein Recht nicht mehr geltend machen, und deswegen die verspätete Geltendmachung gegen Treu und Glauben verstößt (Umstandsmoment)."

130 **Zeit- und Umstandsmoment** sind nicht voneinander unabhängig zu betrachten, sondern stehen in einer **Wechselwirkung.** Die zeitlichen wie die sonstigen Umstände des Falls müssen den Schluss rechtfertigen, dass die Verfolgung des Anspruchs nunmehr allein deshalb ausgeschlossen ist, weil der Schuldner mit dessen Geltendmachung

---

127 *BGH* GRUR 2001, 323, 324 – Temperaturwächter.
128 *BGH* GRUR 1966, 623, 625 – Kupferberg.
129 *BGH* GRUR 2001, 323, 324 – Temperaturwächter.

nicht mehr rechnen musste. Je länger der Gläubiger untätig bleibt, obwohl eine Geltendmachung des Anspruchs ohne Weiteres möglich wäre, desto mehr ist das Vertrauen des Schuldners schutzwürdig, der Gläubiger werde ihn nicht mehr in Anspruch nehmen. Muss der Schuldner davon ausgehen, dass der Berechtigte keine Kenntnis von dem ihm zustehenden Anspruch hat, fehlt es demnach an dem für die Verwirkung erforderlichen Vertrauenstatbestand.[130] Der für den Verwirkungseintritt erforderliche – normalerweise längere – Verwirkungszeitraum kann dadurch verkürzt sein, dass die Parteien am selben Ort tätig sind und diese Tätigkeit auf dem Markt zahlreiche Berührungspunkte aufweist[131] oder die Parteien sogar in geschäftlichen Beziehungen stehen.[132]

9. Bekanntmachung des Urteils (§ 103 UrhG)

Nach § 103 S. 1 UrhG (vgl. auch Art. 15 RiL 2004/48/EG) kann das Gericht, wenn auf Grund des UrhG Klage erhoben worden ist, der obsiegenden Partei die Befugnis zusprechen, das Urteil auf Kosten der unterliegenden Partei öffentlich bekannt zu machen, wenn sie ein **berechtigtes Interesse** hieran darlegt. Ein berechtigtes Interesse ist deshalb erforderlich, weil sich aus der Bekanntmachung erhebliche Nachteile für die unterliegende Partei ergeben können. Die Bekanntmachung soll fortdauernde Beeinträchtigungen auf Grund einer Rechtsverletzung beseitigen. Die obsiegende Partei muss einen entsprechenden Antrag stellen und diesen ausreichend begründen. 131

Die Entscheidung trifft das Gericht nach **pflichtgemäßem Ermessen** unter **Abwägung** der durch die Bekanntmachung bzw. Nichtbekanntmachung entstehenden Vorteile der einen und der Nachteile der anderen Partei. Dabei sind insbesondere die Schwere der Beeinträchtigung und die Belastung der unterliegenden Partei zu berücksichtigen. Art und Umfang der Bekanntmachung sind im Urteil bestimmt (§ 103 S. 2 UrhG). Sofern es zur Wahrung der Interessen des Berechtigten ausreicht, ist die Veröffentlichungsbefugnis auf einen Teil des Urteils oder sogar auf die Urteilsformel zu beschränken. Nach § 103 S. 3 UrhG **erlischt** die Befugnis kraft Gesetzes, wenn der Berechtigte das Urteil nicht innerhalb von sechs Monaten nach Eintritt der 132

130 *BGH* GRUR 2003, 628, 630 – Klosterbrauerei.
131 *BGH* GRUR 2001, 323, 327 – Temperaturwächter.
132 *BGH* GRUR 2002, 280, 282 – Rücktrittsfrist.

Rechtskraft bekannt macht. Die Kosten der Bekanntmachung fallen dem Verletzer zur Last.

10. Privatrechtliches Verfahren

a) Außergerichtliches Verfahren (§ 97a UrhG)

133 **aa) Begriff von Abmahnung und Unterwerfung.** In § 97a I 1 UrhG ist in enger Anlehnung an § 12 I 1 UWG die außergerichtliche Anspruchsdurchsetzung im Wege von Abmahnung und Unterwerfung geregelt.[133] Danach *soll* der Verletzte den Verletzer vor der Einleitung eines gerichtlichen Verfahrens abmahnen und ihm Gelegenheit geben, den Streit durch die Abgabe einer mit einer angemessenen Vertragsstrafe bewehrten Unterlassungsverpflichtung (Unterwerfungserklärung) beizulegen. Abmahnungen erledigen den größten Teil von Streitigkeiten außergerichtlich. Es handelt sich dabei um (1) die Mitteilung einer sachbefugten Person oder Organisation gegenüber einem Verletzer, dass dieser durch eine genau bezeichnete Handlung eine Rechtsverletzung begangen hat, (2) verbunden mit der Aufforderung, diese Handlung in Zukunft zu unterlassen und (3) binnen einer bestimmten Frist eine mit einer angemessenen Vertragsstrafe bewehrte Unterlassungsverpflichtung (Unterwerfungserklärung) abzugeben, (4) andernfalls der Abmahnende gerichtliche Hilfe in Anspruch nehme.[134]

134 **bb) Zweck der Abmahnung.** Die Abmahnung ermöglicht dem Gläubiger, sich gegen eine Rechtsverletzung **ohne gerichtliche Hilfe** rasch und wirksam zur Wehr zu setzen. Gibt nämlich der abgemahnte Schuldner eine Unterwerfungserklärung ab, ist der Gläubiger vor weiteren Rechtsverletzungen durch einen strafbewehrten vertraglichen Anspruch geschützt. Damit entfällt die Wiederholungsgefahr. Kommt der Schuldner der Abmahnung nicht nach, kann der Gläubiger den Anspruch gerichtlich geltend machen, ohne die Kostenfolge des § 93 ZPO befürchten zu müssen.[135] Die Abmahnung liegt insoweit aber auch im Interesse des Schuldners, als ihm die möglicherweise nur versehentlich begangene Rechtsverletzung zur Kenntnis

133 BT-Drs. 16/5048, S. 125.
134 BT-Drs. 16/5048, S. 125.
135 BT-Drs. 16/5048, S. 126.

gelangt und er durch die Abgabe einer Unterwerfungserklärung ein gerichtliches Vorgehen gegen sich abwenden kann.

cc) Rechtsnatur der Abmahnung. Die Abmahnung ist ein **Antrag** i. S. d. § 145 BGB auf Abschluss eines Unterwerfungsvertrags.[136] Der Zugang der Annahmeerklärung ist nach § 151 S. 1 BGB entbehrlich, wenn sie keine wesentlichen Abweichungen von der Abmahnung enthält. Die Abmahnung ist **keine Prozessvoraussetzung,** so dass auch bei unterbliebener Abmahnung sowohl ein Antrag auf Erlass einer einstweiligen Verfügung als auch eine Klage zulässig ist („sollen"). Das Fehlen einer Abmahnung berührt auch die Begründetheit eines solchen Antrags oder einer Klage nicht. 135

dd) Wirksamkeitsvoraussetzungen für eine Abmahnung. (1) Abmahnbefugnis. Abmahnbefugt ist nur, wer auch sachbefugt ist. 136

(2) Form, Zugang, Vertretung und Inhalt. Die Abmahnung ist nicht an eine bestimmte Form gebunden, sondern **formlos** wirksam. Sie muss dem Adressaten nach §§ 130 ff. BGB zugehen, da sie andernfalls ihren Zweck nicht erreicht. Vertretung ist zulässig, doch ist zu Gunsten des Abgemahnten § 174 BGB analog zu beachten. Der **Inhalt** der Abmahnung muss, um den Zweck der Abmahnung zu erreichen, so **bestimmt** sein, dass sich für den Abgemahnten zweifelsfrei ergibt, welches Verhalten ihm der Abmahnende im Einzelnen vorwirft und was der Abmahnende von ihm zur Vermeidung eines gerichtlichen Verfahrens verlangt. Die Parteien und der vorgeworfene Sachverhalt sind daher so genau anzugeben, dass dem Abgemahnten eine Überprüfung möglich ist. Die Abmahnung muss ferner das Verlangen nach Abgabe einer Unterlassungsverpflichtung und eines Vertragsstrafeversprechens (Unterwerfungserklärung) enthalten, wenn dies zum Wegfall der Erstbegehungs- oder Wiederholungsgefahr notwendig ist.[137] Weiter muss die Abmahnung schon aus Gründen der Rechtsklarheit eine angemessene **Fristsetzung** zur Abgabe der Unterwerfungserklärung enthalten. Sie muss, um ihren Zweck der Befriedigung eines Unterlassungsanspruchs ohne gerichtliches Verfahren zu erfüllen, schließlich für den Fall des fruchtlosen Fristablaufs gerichtliche Schritte androhen. 137

Hat der Beklagte im Prozess auf die Klageerhebung hin eine strafbewehrte Unterlassungserklärung abgegeben und behauptet, ihm sei 138

---

136 St. Rspr.; vgl. nur *BGH* GRUR 2002, 824 f. – Teilunterwerfung.
137 *BGH* GRUR 1992, 116, 117 – Topfguckerscheck.

die Abmahnung des Klägers nicht zugegangen, so trifft ihn grundsätzlich die **Darlegungs- und Beweislast** für die Voraussetzungen einer Entscheidung, die dem Kläger nach § 93 ZPO die Kosten auferlegt.[138]

139 **(3) Entbehrlichkeit der Abmahnung.** Zur Vermeidung der Kostenfolge des § 93 ZPO bei sofortigem Anerkenntnis des Verletzers ist grundsätzlich eine Abmahnung erforderlich. Von diesem Grundsatz gibt es Ausnahmen. So ist eine Abmahnung entbehrlich, wenn sie **voraussichtlich erfolglos** oder **unzumutbar** ist. Die Abmahnung ist voraussichtlich erfolglos, wenn der Verletzer zu erkennen gibt, dass er eine Abmahnung nicht beachten wird oder beachtet hätte. So, wenn er erklärt, die Angelegenheit gerichtlich entscheiden lassen zu wollen, oder der Verletzer selbst nach einer Verurteilung oder Unterwerfung erneut eine Verletzungshandlung begeht. Unzumutbar kann eine Abmahnung bei besonderer Eilbedürftigkeit gerichtlichen Vorgehens, der Gefährdung weiter gehender Rechtsschutzziele bei Verzögerung der Rechtsdurchsetzung oder vorsätzlichem oder besonders hartnäckigem wiederholten Verletzerverhalten sein.

140 **ee) Rechtsfolgen. (1) Keine Rechtspflicht zur Abmahnung.** Nach § 97a I 1 UrhG „soll" eine Abmahnung erfolgen. Damit kommt zum Ausdruck, dass keine Rechtspflicht zur Abmahnung besteht. Infolgedessen ist eine Klage nicht deshalb unzulässig oder unbegründet, weil der Kläger nicht vor Klageerhebung abgemahnt hat. Unterlässt der Kläger eine mögliche und zumutbare Abmahnung, besteht für ihn aber die Gefahr, dass er die **Kosten zu tragen** hat, wenn der Beklagte den Anspruch sofort anerkennt (§ 93 ZPO). Kommt der Abgemahnte den Aufforderungen der Abmahnung nach, hat sich der Streit außergerichtlich erledigt, da der Abmahnende durch die Unterwerfungserklärung des Verletzers wirksam gegen eine Wiederholung der fraglichen Rechtsverletzung geschützt ist. Damit entfällt die Wiederholungsgefahr.

141 **(2) Ersatz der Abmahnkosten nach § 97a I 2 UrhG.** Nach § 97a I 2 UrhG (vgl. auch § 12 I 2 UWG) kann der *berechtigt* Abmahnende Ersatz der erforderlichen Aufwendungen verlangen. Denn der Urheber oder der Inhaber eines verwandten Schutzrechts soll bei der

---

138 *BGH* WRP 2007, 781 Rn. 12 – Zugang des Abmahnschreibens (für den Wettbewerbsprozess).

Rechtsverfolgung auf **anwaltliche Hilfe** zurückgreifen können.[139] Außerdem soll grundsätzlich derjenige entstehende Kosten tragen, der das Recht verletzt hat.

Erforderlich i. S. d. § 97a I 2 UrhG sind nicht in jedem Fall die Kosten der **Einschaltung eines Rechtsanwalts.** Die Beauftragung eines Rechtsanwalts zur Abmahnung eines Verstoßes gegen das UrhG ist dann nicht erforderlich, wenn der Abmahnende selbst über ausreichende Sachkunde zur Rechtsverfolgung einer ohne Weiteres zu erkennenden Rechtsverletzung verfügt. **142**

Der Ersatz der erforderlichen Aufwendungen für die Inanspruchnahme anwaltlicher Dienstleistungen zur **erstmaligen Abmahnung** beschränkt sich in **einfach gelagerten Fällen** mit einer nur **unerheblichen Rechtsverletzung** außerhalb des geschäftlichen Verkehrs auf 100 Euro (§ 97a II UrhG). Diese Regelung soll das berechtigte Interesse des Verletzers schützen, bei Abmahnungen für erste Urheberrechtsverletzungen keine hohen Anwaltshonorare bezahlen zu müssen (Bagatellfälle).[140] § 97a II UrhG sieht einen angemessenen Ausgleich der Interessen beider Seiten vor: § 97a II UrhG gilt nur für die Rechtsverfolgung *außerhalb* des geschäftlichen Verkehrs. Der Begriff des geschäftlichen Verkehrs ist weit auszulegen. Er erfasst jede wirtschaftliche Tätigkeit auf dem Markt zur Förderung eines eigenen oder fremden Geschäftszwecks.[141] § 97a II UrhG ist außerdem nur auf die erstmalige Abmahnung anwendbar. Dies ist aus der Sicht des konkret betroffenen Verletzten zu beurteilen. § 97a II UrhG erfasst nur einfach gelagerte Fälle mit nur einer unerheblichen Rechtsverletzung. Einfach gelagert ist ein Fall dann, wenn seine Bearbeitung keinen größeren Aufwand erfordert, also zur Routine gehört.[142] Eine unerhebliche Rechtsverletzung setzt ein geringes Ausmaß der Verletzung in qualitativer wie quantitativer Hinsicht voraus. Hierfür kommt es auf die Umstände des Einzelfalls an. **143**

b) Gerichtliches Verfahren

Das gerichtliche Verfahren findet vor den **ordentlichen Gerichten** statt (§ 104 UrhG). Um sicherzustellen, dass mit dem UrhG vertraute Gerichte über Streitigkeiten nach diesem Gesetz entscheiden, kann **144**

139 BT-Drs. 16/5048, S. 125.
140 BT-Drs. 16/5048, S. 125.
141 BT-Drs. 16/5048, S. 126.
142 BT-Drs. 16/5048, S. 126.

die Zuständigkeit für bestimmte Gerichte vorgesehen sein (§ 105 UrhG).

11. Straf- und Bußgeldvorschriften (§§ 106 bis 111a UrhG)

145 Neben zivilrechtlichen Ansprüchen kommen bei der Verletzung eines Urheberrechts oder verwandten Schutzrechts straf- und ordnungswidrigkeitsrechtliche Sanktionen in Betracht (§§ 106 bis 111a UrhG). Die Richtlinie 2004/48/EG enthält keine Verpflichtung der Mitgliedstaaten zur strafrechtlichen Sanktionierung.

12. Zwangsvollstreckung (§§ 112 bis 119 UrhG)

146 Ein Urheberrecht oder verwandtes Schutzrecht kann einen **erheblichen Vermögenswert** darstellen. Es ist deshalb auch für die Gläubiger des Rechtsinhabers von Interesse, wenn sie wegen einer Geldforderung in das Vermögen des Rechtsinhabers vollstrecken wollen. Sofern sich eine Vollstreckungsmaßnahme gegen eine Person richtet, der bestimmte Rechte an einem Werk eingeräumt sind, muss sich die Zwangsvollstreckung auf das Recht in seinem eingeräumten Umfang beschränken. Außerdem kommt die Zwangsvollstreckung nur in Vermögensrechte, nicht aber in Persönlichkeitsrechte in Betracht. §§ 112 ff. UrhG regeln nicht umfassend die Zwangsvollstreckung im Urheberrecht. Sie greifen lediglich bestimmte, durch das UrhG geschützte Positionen heraus und schränken insoweit Vollstreckungsmaßnahmen ein (§§ 113 ff. UrhG).[143] Außerhalb dieses besonderen **urheberrechtlichen Vollstreckungsschutzes** gelten die allgemeinen Vorschriften (§ 112 UrhG), welche die ZPO bereithält.

143 Dreier/Schulze/*Dreier*, § 112 UrhG Rn. 1.

§ 12. Das Recht am eigenen Bild nach §§ 22 bis 24 KUG

I. Regelungsinhalt

Das Recht am eigenen Bild hat im KUG eine besondere Regelung 1
erfahren. Danach dürfen Bildnisse nur (1) mit Einwilligung (§ 22 S. 1 KUG) oder (2) unter den Voraussetzungen des § 23 I Nr. 1 bis 4 KUG, ohne dass berechtigte Interessen des Abgebildeten nach § 23 II KG verletzt werden, oder (3) unter den Voraussetzungen des § 24 KUG verbreitet oder öffentlich zur Schau gestellt werden. § 23 I KUG und § 24 KUG enthalten danach Ausnahmetatbestände gegenüber § 22 KUG. Allerdings können, selbst wenn die Voraussetzungen eines Ausnahmetatbestands i. S. d. § 23 I KUG erfüllt sind, berechtigte Interessen des Abgebildeten, oder, falls dieser verstorben ist, berechtigte Interessen seiner Angehörigen (§ 22 S. 4 KUG) einer Verbreitung und Schaustellung entgegenstehen (§ 23 II KUG). Die gesetzliche Regelung lässt ein **abgestuftes Schutzkonzept** erkennen. Denn es ist sowohl das Schutzbedürfnis der abgebildeten Person als auch das Informationsinteresse der Öffentlichkeit und der Medien berücksichtigt.

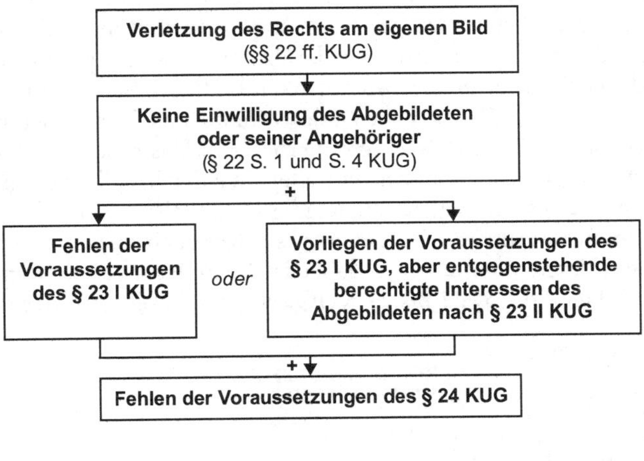

II. KUG und BGB

2 Das KUG selbst begründet keine zivilrechtlichen Rechtsfolgen. Daher bedarf es insoweit des Rückgriffs auf das BGB, insbesondere auf § 1004 I BGB analog und § 823 II BGB i. V. m. §§ 249ff. BGB. Da die §§ 22 bis 24 KUG das Recht einer Person am eigenen Bild als besondere Ausprägung des **allgemeinen Persönlichkeitsrechts** schützen,[1] sind sie **Schutzgesetze** i. S. d. § 823 II BGB. Zwar ist das Recht am eigenen Bild als besondere Ausprägung des allgemeinen Persönlichkeitsrechts auch ein **sonstiges Recht** i. S. d. § 823 I BGB, da ergänzend zu den §§ 22 bis 24 KUG die Grundsätze zum allgemeinen Persönlichkeitsrecht gelten.[2] Doch sind die §§ 22 bis 24 KUG für das Recht am eigenen Bild als spezielle Ausprägung des allgemeinen Persönlichkeitsrechts *leges specialis.*[3]

III. Normzweck

3 Das allgemeine Persönlichkeitsrecht als Grundrecht auf Schutz der Persönlichkeit nach Art. 2 I GG i. V. m. Art. 1 I GG (Schranken i. S. d. Art. 2 I HS. 2 GG sind z. B. Art. 5 I GG und §§ 22ff. KUG) enthält zwar kein Verfügungsrecht über die Darstellung der eigenen Person.[4] Das Recht am eigenen Bild als eine Ausprägung des allgemeinen Persönlichkeitsrechts weist aber **grundsätzlich allein dem Abgebildeten** die Entscheidung darüber zu, ob und gegebenenfalls in welcher Weise er in der Öffentlichkeit bildlich erscheinen möchte.[5] Ob die Abbildung in privaten oder öffentlichen Zusammenhängen erfolgt, ist hierfür grundsätzlich unerheblich. Das besondere Schutzbedürfnis ergibt sich vielmehr vor allem aus der Möglichkeit, die Erscheinung eines Menschen datenmäßig festzuhalten und jederzeit einem unüberschaubaren Personenkreis zugänglich zu machen.[6] Dies gilt unabhängig davon, ob es dabei zu Veränderungen an dem Bild kommt. Denn die §§ 22 bis 24 KUG schützen bereits vor der bloßen

1 *BGH* WRP 2004, 1494, 1495.
2 *BGH* WRP 2004, 240, 241; Palandt/*Sprau*, § 823 Rn. 112.
3 *Larenz/Canaris*, § 76 II 4d, § 80 I 6b u. 81 III 4d.
4 BVerfGE 101, 361, 380.
5 BGHZ 131, 332, 336; *BGH* WRP 2004, 1494, 1495.
6 BVerfGE 101, 361, 380 = NJW 2000, 1021, 1022.

Veröffentlichung – d. h. der Verbreitung eines visuellen Eindrucks – des Bildes einer Person. Sie dienen daher dem Persönlichkeitsschutz des Abgebildeten, nicht etwa dem Schutz des Urheberrechts der Abbildenden.[7] Die §§ 22 ff. KUG sind Gesetze i. S. d. Art. 5 II GG und setzen daher der Meinungs- und Pressefreiheit nach Art. 5 I GG Schranken. Weitere Schrankenregelungen ergeben sich aus dem europäischen Recht. Es gewährleistet einerseits Rechte des Abgebildeten (Art. 7 GR-Charta; Art. 8 I EMRK) und andererseits Rechte der Presse (Art. 11 II GR-Charta; Art. 10 I EMRK). Der Schutz des Art. 11 I GR-Charta und des Art. 10 I EMRK schließt insbesondere die Veröffentlichung von Fotoaufnahmen zur Bebilderung der Medienberichterstattung ein.

IV. Auslegung

1. Grundsatz der Einwilligung (§ 22 S. 1 KUG)

a) Bildnis

Bildnisse einer Person dürfen grundsätzlich nur mit Einwilligung des Abgebildeten verbreitet oder öffentlich zur Schau gestellt werden (§ 22 S. 1 KUG). Bildnis in diesem Sinne ist jede Abbildung einer Person, die deren **äußere Erscheinung** in einer für Dritte erkennbaren Weise wiedergibt.[8] Es genügt die Möglichkeit der **Identifizierung.** Daher ist es nicht erforderlich, dass es zur Abbildung von Gesichtszügen kommt. Es reicht aus, wenn der Abgebildete auf Grund der Merkmale, die sich aus dem Bild ergeben und die gerade ihm eigen sind, erkennbar ist. 4

Beispiel: Abbildung eines Fußballtorwarts von hinten durch das Netz eines Fußballtores hindurch, wenn der Kenner der Fußballmannschaft die Person insbesondere nach Statur, Haltung und Haarschnitt ohne Weiteres erkennen kann.[9]

Dasselbe gilt, wenn die Person des Abgebildeten durch den beigegebenen **Text** oder durch den Zusammenhang mit früheren Veröffentlichungen erkennbar ist.[10] Eine Identifizierung kommt ferner bei 5

---

7 *BVerfG* NJW 2001, 1921, 1923.
8 BGHZ 26, 349, 351; 143, 214, 228.
9 *BGH* NJW 1979, 2205.
10 *BGH* NJW 1979, 2205.

Veröffentlichung einer **Karikatur** (z. B. in Gestalt einer Fotomontage mit dem veränderten Abbild des Kopfes einer Person) in Betracht.[11] Auf den Grad der Verfremdung kommt es nicht an, solange die Erkennbarkeit der abgebildeten Person gegeben ist. Die Abbildung muss nicht unbedingt die betroffene Person selbst erkennbar machen. Auch in der Abbildung eines **Doppelgängers** (ähnliche Gesichtszüge), der einer anderen Person täuschend ähnlich sieht, liegt ein Bildnis dieser anderen Person. Ebenso liegt es, wenn der Eindruck, es handele sich um eine bestimmte Person, nicht auf Grund einer Ähnlichkeit der Gesichtszüge, sondern auf andere Weise erzeugt wird.

Beispiel: Nachstellen einer berühmten Szene mit Marlene Dietrich aus dem Film „Der blaue Engel".[12]

6 Durch welches **Medium** die Vorstellung des Betroffenen im Bild erfolgt (z. B. Fotografien; Zeichnungen; Plastiken; virtuelle Bildnisse), ist unerheblich.[13] Die Darstellung einer Person in einem Spielfilm durch einen Schauspieler, der der dargestellten Person nicht besonders ähnlich ist, ist indes mangels Vorliegens eines Bildnisses der Person am allgemeinen Persönlichkeitsrecht und nicht nach §§ 22f. KUG zu beurteilen.[14]

b) Verbreitung und öffentliche Zurschaustellung

7 § 22 KUG schützt vor der Verbreitung und öffentlichen Zurschaustellung eines Bildnisses. Das Tatbestandsmerkmal der Verbreitung ist im Interesse eines wirksamen Persönlichkeitsschutzes weit auszulegen. Es erfasst daher **jede Form**. Ein Bildnis verbreitet, wer es in den Verkehr bringt (z. B. Medienberichterstattung).[15] Bei der Auslegung des Merkmals des Verbreitens ist die Pressefreiheit zu berücksichtigen.[16] Bleibt ein Vorgang ohne Außenwirkung, ist der Schutzzweck der §§ 22, 23 KUG nicht berührt.

---

11 *BGH* WRP 2004, 240, 241.
12 *BGH* NJW 2000, 2201 ff.
13 BGHZ 143, 214, 228 f.
14 *OLG München* NJW-RR 2008, 1220, 1221.
15 MünchKomm-BGB/*Rixecker*, § 12 Anh. Rn. 45.
16 BGHZ 187, 354 Rn. 10 – Bildarchiv.

Beispiele: Zugriff eines Presseverlags auf sein eigenes Bildarchiv[17]; presseinterner Abruf von Bildnissen beim Betreiber eines Bildarchivs.[18] Deshalb obliegen dem Betreiber eines solchen Archivs keine Prüfpflichten im Hinblick auf die Verwertung der Bilder bei der Presseberichterstattung.[19]

c) Einwilligung

aa) Inhalt. Der Abgebildete muss – ausdrücklich oder konkludent – eine Einwilligung erklären. Diese Erklärung muss sich auf die konkrete Form der Bildnisveröffentlichung einschließlich eines etwaigen begleitenden Textes beziehen sowie eindeutig und unmissverständlich sein. Die bloße Duldung der Tätigkeit des Fotografen genügt daher für sich nicht. Ob und gegebenenfalls mit welchem Inhalt eine Einwilligung vorliegt, ist durch **Auslegung** unter Berücksichtigung der Umstände des Einzelfalls zu ermitteln.[20] Dabei kommt es insbesondere auf die Art der Veröffentlichung an. 8

Beispiele: Die Einwilligung in die Veröffentlichung von Nacktaufnahmen in einem Herrenmagazin erstreckt sich nicht auf die Veröffentlichung von Nacktaufnahmen im Zusammenhang mit einer Satire.[21]

Die Einwilligung in eine Presseveröffentlichung rechtfertigt nicht die Veröffentlichung eines Bildnisses zu Werbezwecken.[22]

Die Teilnehmer an einem internationalen Sportwettbewerb willigen stillschweigend in die Verbreitung von Bildnissen über die Teilnahme an dieser Veranstaltung ein. Diese Einwilligung beschränkt sich auf eine Berichterstattung über den Sportwettbewerb und die Teilnahme daran.[23] Der erforderliche Zusammenhang zwischen der Teilnahme an dem Sportwettbewerb und den dabei entstandenen Fotos fehlt, wenn weder die Abbildung selbst noch der begleitende Textbeitrag über den Sportwettbewerb informieren, sondern sich nahezu ausschließlich mit der äußeren Erscheinung und persönlichen Belangen der abgebildeten Person befassen. So, wenn anlässlich der Teilnahme der Tochter von Prinzessin Caroline von Monaco an einem Reitturnier die Berichterstattung keine Informationen über weitere Teilnehmer des Turniers, dessen Verlauf oder die Platzierung anderer Reiter enthält, sondern die Präsentation der Tochter völlig im Vordergrund steht (z. B. Beschreibung als „einfach umwerfend süß" und Abbildung nur der Reiterin ohne Ereignisbezug).[24]

---

17 BGHZ 187, 354 Rn. 10 – Bildarchiv.
18 BGHZ 187, 354 Rn. 10 – Bildarchiv.
19 BGHZ 187, 354 Rn. 10 – Bildarchiv.
20 *BGH* WRP 2004, 1494, 1495; WRP 2005, 120, 121.
21 *BGH* NJW 1985, 1617; *OLG Frankfurt* NJW 2000, 594.
22 *BGH* WM 1992, 1157.
23 *BGH* WRP 2004, 1494, 1495; 2005, 120, 121.
24 *BGH* WRP 2004, 1494, 1495.

9 **bb) Vermutung der Einwilligung (§ 22 S. 2 KUG).** Die Einwilligung gilt im Zweifel als erteilt, wenn der Abgebildete dafür, dass er sich abbilden ließ, eine Entlohnung erhielt (§ 22 S. 2 KUG). Dabei handelt es sich um eine widerlegliche Vermutung.

10 **cc) Tod des Abgebildeten.** Nach dem Tode des Abgebildeten bedarf es bis zum Ablaufe von **zehn Jahren** der Einwilligung der Angehörigen des Abgebildeten (§ 22 S. 3 KUG). Diese Zehnjahresfrist gilt auch für andere Ausprägungen der vermögenswerten Bestandeile des postmortalen Persönlichkeitsrechts (Rn. 52f.) wie das Namensrecht.[25] Angehörige in diesem Sinne sind der überlebende Ehegatte oder Lebenspartner, die Kinder des Abgebildeten, und, wenn weder ein Ehegatte oder Lebenspartner noch Kinder vorhanden sind, die Eltern des Abgebildeten (§ 22 S. 4 KUG). Damit ist der Schutz vor – auch unverfälschten – Abbildungen gegen Verbreitung und öffentliche Zurschaustellung auf zehn Jahre begrenzt. Nach dem Ablauf dieser Frist ist das Persönlichkeitsrecht eines Verstorbenen geschützt, wenn mit der Verbreitung oder Zurschaustellung eine zusätzliche Beeinträchtigung von Persönlichkeitsinteressen einhergeht.

Beispiel: Das Bild macht den Verstorbenen lächerlich.

11 Ist der Abgebildete **minderjährig** und deshalb nur beschränkt geschäftsfähig (§§ 2, 106 BGB), bedarf es zusätzlich der Einwilligung des gesetzlichen Vertreters.[26] Eine von dem Minderjährigen erteilte Einwilligung kann der gesetzliche Vertreter widerrufen oder einschränken.

2. Ausnahmen vom Einwilligungserfordernis

a) § 23 I Nr. 1 KUG

12 § 23 I Nr. 1 KUG schränkt das Recht am eigenen Bild ein. Denn danach dürfen auch ohne die nach § 22 S. 1 KUG erforderliche Einwilligung – vorbehaltlich entgegenstehender berechtigter Interessen des Abgebildeten (§ 23 II KUG) – Bildnisse aus dem Bereich der Zeitgeschichte verbreitet oder zur Schau gestellt werden. Diese Einschränkung berücksichtigt das **Informationsinteresse der Allgemeinheit** und die **Pressefreiheit.**[27] Die Pressefreiheit dient nicht allein

25 *BGH* WRP 2007, 78 Rn. 13 – kinski-klaus.de.
26 *BGH* WRP 2004, 1494, 1495.
27 *BGH* WRP 2005, 117, 118

den subjektiven Rechten der Presse. Sie dient gleichrangig dem Schutz des Prozesses öffentlicher Meinungsbildung. Äußerungen in der Presse haben daher zunächst die Vermutung der Zulässigkeit für sich. Dies gilt auch dann, wenn sie die Rechtssphäre anderer berühren.[28] Die Gewährleistung der Pressefreiheit durch Art. 11 II GR-Charta, Art. 10 I EMRK und Art. 5 I GG ist infolgedessen regelmäßig stärker zu gewichten, wenn eine Medienberichterstattung einen Beitrag zu einer Sachdebatte von allgemeinem Interesse leistet.

aa) Begriff des Zeitgeschehens. Bei der Auslegung des Tatbestandsmerkmals „aus dem Bereich der Zeitgeschichte" in § 23 I Nr. 1 KUG sind die **Belange der Öffentlichkeit** und der **Pressefreiheit** zu beachten.[29] Maßgebend ist hierfür das Interesse der Öffentlichkeit an vollständiger Information über das Zeitgeschehen. Dabei ist der Begriff des Zeitgeschehens in § 23 I Nr. 1 KUG zu Gunsten der Pressefreiheit in einem **weiten Sinne** zu verstehen. Denn die Presse muss über einen ausreichenden Spielraum bei der publizistischen Entscheidung darüber, was öffentliches Interesse beansprucht, verfügen.[30] Schon nach der Entstehungsgeschichte des KUG, vor allem aber im Hinblick auf den Informationsbedarf der Öffentlichkeit umfasst der Begriff der Zeitgeschichte nicht nur Vorgänge von historisch-politischer Bedeutung, sondern ganz **allgemein das Zeitgeschehen.** Deshalb sind insbesondere auch Fragen von allgemeinem gesellschaftlichen Interesse und **unterhaltende Beiträge** erfasst,[31] da sie – teilweise stärker als rein sachbezogene Informationen – zur öffentlichen Meinungsbildung beitragen. Vor allem die Abbildung der an dem Ereignis der Berichterstattung beteiligten Personen weckt die Aufmerksamkeit des Lesers für den Wortbericht und trägt damit maßgeblich zur Meinungsbildung bei.[32] 13

Das **Informationsinteresse der Öffentlichkeit** ist **nach Auffassung des *BGH*** nicht schrankenlos. Vielmehr sei der Einbruch in die persönliche Sphäre des Abgebildeten durch den Grundsatz der **Ver-** 14

28 BVerfGE 77, 346, 354.
29 *BVerfG* NJW 2006, 3406, 3407f.; *BGH* WRP 2007, 789 Rn. 13.
30 *BGH* WRP 2007, 644 Rn. 21.
31 Stenografische Berichte über die Verhandlungen des Reichstags, XI. Legislaturperiode I. Session 1905/1906, erster Sessionsabschnitt, Aktenstück Nr. 30, S. 1540f. und I. Lesung 25. Januar 1906, Band 214, S. 819; *Ebermayer,* in: Stengleins Kommentar zu den Strafrechtlichen Nebengesetzen des deutschen Reiches, 5. Aufl., Band I, 23 KUG Anm. 1; BVerfGE 101, 361, 389f.; *BVerfG* NJW 2006, 2836, 2837; *BGH* WRP 2007, 644 Rn. 17.
32 *BGH* WRP 2008, 1363 Rn. 23.

hältnismäßigkeit begrenzt. Deshalb komme es schon bei der Zuordnung zum Bereich der Zeitgeschichte auf eine Abwägung der widerstreitenden Grundrechte der abgebildeten Person aus Art. 8 EMRK sowie nach Art. 1 I, 2 I GG einerseits und der Presse nach Art. 10 EMRK und Art. 5 I 2 GG andererseits an.[33] Die Grenze für das berechtigte Informationsinteresse der Öffentlichkeit an der aktuellen Berichterstattung lasse sich daher nur unter Berücksichtigung der jeweiligen **Umstände des Einzelfalls ziehen.** Auf die Verletzung eines berechtigten Interesses des Abgebildeten i. S. d. § 23 II KUG komme es insoweit nicht an.[34] Im Widerspruch dazu steht es, wenn der *BGH* bei der Abwägung zu § 23 I Nr. 1 KUG dann doch berechtigte Interessen des Abgebildeten berücksichtigt.[35]

15 Der Ansatz des *BGH* macht die Trennung von § 23 I Nr. 1 KUG einerseits und § 23 II KUG nicht hinreichend deutlich. Richtiger erscheint es daher, bei der Frage, ob es sich bei dem Bildnis einer Person um ein Bildnis aus dem Bereich der Zeitgeschichte handelt **(erste Prüfungsebene),** entsprechend dem Normzweck des § 23 I Nr. 1 KUG allein danach zu fragen, ob ein Interesse der Allgemeinheit an einer Bildberichterstattung über eine bestimmte Person besteht. Ein solches Interesse kann auch – insoweit ist dem *BVerfG* und dem *BGH* uneingeschränkt zuzustimmen – auf unterhaltende Beiträge z. B. über sog. Prominente gerichtet sein. Erst im Anschluss daran sind die Interessen des Abgebildeten herauszuarbeiten und mit dem Informationsinteresse der Allgemeinheit nach § 23 II UrhG abzuwägen **(zweite Prüfungsebene).** Dies entspricht der Systematik des § 23 I und II KUG, wonach es für die Frage, ob es sich um ein Ereignis der Zeitgeschichte handelt, (noch) nicht auf die Interessen des Abgebildeten ankommt. Der Ansatz des *BGH* führt außerdem dazu, dass zwei Interessenabwägungen erforderlich sind, die jeweils dieselben Interessen betreffen. Denn es kommt danach sowohl bei dem Begriff der Zeitgeschichte nach § 23 I Nr. 1 KUG als auch bei der Frage entgegenstehender berechtigter Interessen des Abgebildeten nach § 23 II KUG zu einer Abwägung der Meinungs- und Pressefreiheit einerseits und dem allgemeinen Persönlichkeitsrecht des Abgebildeten andererseits. Freilich ergeben sich durch diesen Ansatz **keine anderen Ergebnisse** als nach dem Ansatz des *BGH*. Für die Frage, ob ein Interesse der Allgemein-

33 *BGH* WRP 2007, 644 Rn. 14.
34 *BGH* WRP 2007, 789 Rn. 28a. E. und 30.
35 *BGH* WRP 2007, 789 Rn. 16 und 33.

heit an einer Bildberichterstattung über eine bestimmte Person besteht, kommt es daher richtigerweise allein auf (1) personenbezogene Umstände wie den Grad ihrer Bekanntheit und (2) sachliche Umstände, also die Frage, ob der Bereich der Zeitgeschichte gegenständlich betroffen ist. Für den Grad der Bekanntheit einer Person gibt die Unterscheidung zwischen absoluten und relativen Personen der Zeitgeschichte eine bedeutsame Orientierung.[36]

bb) Personenbezogene Umstände. (1) Bei sog. **absoluten Personen** der Zeitgeschichte (Person des öffentlichen Interesses) ist die Bildberichterstattung tendenziell in **weiterem Umfang** zulässig als bei relativen Personen der Zeitgeschichte. 16

Absolute Personen der Zeitgeschichte sind Personen, die unabhängig von einem bestimmten zeitgeschichtlichen Ereignis auf Grund ihres Status oder ihrer Bedeutung allgemein öffentliche Aufmerksamkeit finden. Ihr Bildnis ist für die Öffentlichkeit schon um der Person willen der Beachtung von Wert (Personen des öffentlichen Interesses).[37] 17

Beispiele: Staatsoberhäupter, herausragende Politiker, Monarchen, bekannte Erfinder, berühmte Schauspieler wie Marlene Dietrich[38] oder bekannte Sportler und Fernsehmoderatoren. Auch Prinzessin Caroline von Monaco ist jedenfalls eine in der Öffentlichkeit bekannte Person und zieht in besonderem Maße das Interesse der Öffentlichkeit auf sich.[39]

In der „Caroline"-Entscheidung zieht der *EGMR*[40] demgegenüber den – in Frage gestellten – Begriff der absoluten Person der Zeitgeschichte nur für Personen des politischen Lebens, die amtliche Funktionen wahrnehmen, in Betracht. Denn Politiker hätten sich, so der *EGMR*[41], in einer früheren Entscheidung, „unvermeidlich und wissentlich der eingehenden Kontrolle aller ihrer Worte und Taten durch die Presse und die allgemeine Öffentlichkeit" ausgesetzt. Für eine Privatperson wie Prinzessin Caroline, bei der das Interesse des breiten Publikums und der Presse einzig auf ihrer Zugehörigkeit zu einem regierenden Haus beruhe, während sie selbst keine amtlichen 18

36 *BVerfG* NJW 1997, 2669; NJW 2000, 2190.
37 BVerfGE 101, 361, 392; *BGH* NJW 1996, 985, 986; WRP 2004, 772, 773.
38 BGHZ 143, 214, 229; 151, 26, 29.
39 *BGH* WRP 2007, 789 Rn. 15; *Teichmann*, NJW 2007, 1917, 1918, sieht in dieser Entscheidung eine Abkehr vom früheren Konzept der absoluten und relativen Person der Zeitgeschichte.
40 *EGMR* NJW 2004, 2647 Rn. 72 – Caroline von Hannover/Deutschland.
41 *EGMR* NJW 1987, 2143 Rn. 42 – Lingens/Österreich; NJW 1992, 613 Rn. 59 – Oberschlick/Österreich.

Funktionen habe, lasse sich eine solche Einordnung aber nicht rechtfertigen. Jedenfalls sei unter diesen Voraussetzungen eine einschränkende Auslegung des KUG erforderlich, damit der Staat seiner positiven Verpflichtung zum Schutz des Privatlebens und des Rechts am eigenen Bild, wie sie sich aus der EMRK ergebe, nachkomme. Danach sind keine absoluten Personen der Zeitgeschichte beispielsweise Spitzensportler, Schauspieler, Modeschöpfer, Foto-Models, TV-Moderatoren, Angehörige des Hochadels oder des Jet-Sets.[42] Auch nach der „Caroline"-Entscheidung des *EGMR* kann die Unterscheidung zwischen absoluten und relativen Person der Zeitgeschichte aber als bedeutsame Orientierung dienen.[43]

19 Der **hohe Bekanntheitsgrad** einer Person ist freilich nur *ein* Anhaltspunkt eines (absoluten) zeitgeschichtlichen Interesses. Er ist für sich allein schon deshalb nicht aussagekräftig, weil die Bekanntheit auch mit einem punktuellen Ereignis (z. B. einmaliger Sieg beim Tennisturnier in Wimbledon) verknüpft sein kann. Daher sind auch die Ergebnisse von Meinungsumfragen kein hinreichender Anhaltspunkt der Beurteilung.

20 **Kinder** absoluter Personen der Zeitgeschichte sind nicht schon allein auf Grund ihrer Abstammung absolute Personen der Zeitgeschichte.

Beispiel: Tochter von Prinzessin Caroline von Monaco.[44]

21 Kinder von absoluten Personen der Zeitgeschichte sind nur dann absolute Personen der Zeitgeschichte, wenn sie gleichfalls als Angehörige in der Öffentlichkeit auftreten oder im Pflichtenkreis ihrer Eltern öffentliche Funktionen wahrnehmen.[45] Daran fehlt es etwa bei der seinerzeit minderjährigen Tochter von Prinzessin Caroline. Kinder können aber wie andere Familienangehörige (z. B. Ehegatte) relative Personen der Zeitgeschichte (Rn. 22 ff.) sein.

22 **(2) Relative Personen** der Zeitgeschichte sind solche, die auf Grund eines bestimmten zeitgeschichtlichen **Ereignisses** (z. B. Unfall, Entführung, Rettungstat, sportlicher Erfolg oder ein sonstiges Ereignis) für die Öffentlichkeit von Interesse sind.[46] Bei relativen Personen der Zeitgeschichte ist das Veröffentlichungsrecht **thematisch be-**

42 *Heldrich*, NJW 2004, 2634, 2636.
43 *Ohly*, GRUR Int. 2004, 902, 912.
44 *BGH* WRP 2004, 772, 773.
45 *BGH* NJW 1996, 985, 986; WRP 2004, 772, 773.
46 *BGH* WRP 2007, 644 Rn. 11.

grenzt. Es ist nämlich zeitlich, räumlich und thematisch durch das Ereignis, das die Person bekannt gemacht hat, eingeschränkt. Über eine relative Person der Zeitgeschichte darf daher ohne deren Einwilligung nur im Zusammenhang mit dem Ereignis Bildberichterstattung erfolgen, auf Grund dessen die Person die Eigenschaft einer relativen Person der Zeitgeschichte erlangt hat.

Beispiel: Die Bildberichterstattung über die Eltern eines Drogentoten ist nicht von § 23 I Nr. 1 KUG erfasst.[47]

Relative Person der Zeitgeschichte kann auch sein, wer als **Angehöriger, Lebenspartner** oder **Begleiter** einer absoluten Person der Zeitgeschichte mit diesem gemeinsam öffentlich auftritt.[48] Denn ein zeitgeschichtliches Ereignis i. S. d. § 23 I Nr. 1 KUG kann auch in der Begleitung einer absoluten Person der Zeitgeschichte in der Öffentlichkeit liegen. Die Verbreitung der Bildnisse von der Begleitperson ist danach auch ohne deren Einwilligung zulässig, wenn im Zusammenhang mit einem konkreten zeitgeschichtlichen Ereignis ein dem Persönlichkeitsrecht der Begleitperson vorrangiges Informationsinteresse der Allgemeinheit besteht. So, wenn eine absolute Person der Zeitgeschichte zusammen mit der betreffenden Person in der Öffentlichkeit auftritt (sog. Begleiterrechtsprechung).[49] 23

Da die Begleitperson nicht absolute, sondern lediglich relative Person der Zeitgeschichte ist, muss sie es grundsätzlich nur hinnehmen, zusammen mit der absoluten Person der Zeitgeschichte abgebildet zu sein. 24

Beispiel: Für die Zulässigkeit der Abbildung beispielsweise auch von Prinz Ernst August von Hannover gemeinsam mit seiner Ehefrau ist zu prüfen, ob ein Informationsinteresse der Allgemeinheit auf Grund der Situation vertrauter Begleitung von Prinzessin Caroline auch im Hinblick auf ihren Ehemann gegeben ist.[50]

Dabei verbieten sich streng formale Betrachtungsweisen, die dem berechtigten Interesse der Presse an der Bebilderung ihrer Berichte nicht hinreichend Rechnung tragen. 25

Die Verbreitung eines **Portraitfotos** einer vertrauten Begleitperson einer absoluten Person der Zeitgeschichte ist wegen der geringen Eingriffsintensität auch außerhalb einer Begleitsituation zulässig.[51] Denn 26

---

47 *BGH* GRUR 1974, 794.
48 MünchKomm-BGB/*Rixecker*, § 12 Anh. Rn. 65.
49 *BVerfG* NJW 2001, 1921, 1923.
50 *BVerfG* NJW 2001, 1921, 1923.
51 *BVerfG* NJW 2001, 1921, 1924.

ein solches Foto beeinträchtigt das Persönlichkeitsrecht der abgebildeten Begleitperson nicht stärker als ein die begleitete Person mit abbildendes Foto aus der Begleitsituation. Es muss aber in der Weise kontextneutral sein, dass die Verwendung in einem anderen Zusammenhang nicht zusätzliche Beeinträchtigungen des Persönlichkeitsrechts bewirkt, die durch eine Begleitsituation nicht gerechtfertigt sind.[52] Zu berücksichtigen ist insoweit auch, ob das Foto einen Bericht über ein Ereignis illustriert, bei dem nicht nur eine Begleitsituation bestand, sondern die Begleitperson selbst eine Aufsehen erregende und ein eigenständiges Veröffentlichungsinteresse begründende Tat begeht.

Beispiel: Verprügeln eines Kameramanns durch den Ehemann von Prinzessin Caroline.[53]

27 Kein überwiegendes Interesse der Öffentlichkeit besteht hingegen an einer Bildberichterstattung über eine Person, die **nicht mehr Begleiter** ist, weil sie sich vor einiger Zeit von der absoluten Person der Zeitgeschichte getrennt hat.[54] Kein überwiegendes Interesse der Öffentlichkeit besteht auch an einer Bildberichterstattung, wenn die Berichterstattung nicht dazu dient, das Informationsinteresse der Öffentlichkeit an einem zeitgeschichtlichen Ereignis zu befriedigen, sondern die Veranstaltung lediglich zum Anlass nimmt, nahezu ausschließlich das **Aussehen des Begleiters** zu thematisieren.[55]

28 **cc) Sachliche Umstände.** Der Ausnahmetatbestand des § 23 I Nr. 1 KUG erfasst seinem Schutzzweck nach nur Veröffentlichungen, an denen ein **berechtigtes Informationsinteresse der Allgemeinheit** besteht. Es liegt insbesondere bei Vorgängen von historischer oder politischer Bedeutung vor. So besteht für Personen des politischen Lebens ein gesteigertes Informationsinteresse der Allgemeinheit, um demokratische Transparenz zu gewährleisten.[56] Denn sie verkörpern in besonderem Maße bestimmte Wertvorstellungen. Deshalb ist das berechtigte Informationsinteresse der Allgemeinheit bei Politikern nicht auf skandalöse, sittlich oder rechtlich zu beanstandende Verhaltensweisen begrenzt. Vielmehr ist grundsätzlich auch die Normalität

---

52 *LG Hamburg* NJW-RR 2000, 1067.
53 *BVerfG* NJW 2001, 1921, 1925.
54 *OLG Hamburg* ZUM 1986, 400; AfP 1993, 576.
55 *BVerfG* NJW 2000, 2191 f.; *BGH* WRP 2004, 772, 773.
56 *BGH* WRP 2008, 1221 Rn. 17.

des Alltagslebens erfasst, wenn dies der Meinungsbildung zu Fragen von allgemeinem Interesse dienen kann.

Beispiele: Ein berechtigtes Informationsinteresse der Allgemeinheit besteht an personalpolitischen Vorgängen wie dem Rücktritt des Bundesfinanzministers oder der Abwahl einer Ministerpräsidentin und ihr anschließendes Verhalten im Alltagsleben.

Ein berechtigtes Informationsinteresse der Allgemeinheit besteht bei öffentlichen Sportveranstaltungen wie einem internationalen Reitturnier.[57]

Ein berechtigtes Informationsinteresse der Allgemeinheit besteht für die aktuelle Berichterstattung zumindest über schwerwiegende Straftaten. Der Persönlichkeitsschutz des Straftäters hat demgegenüber zurückzutreten.[58] Eine Berichterstattung ist daher mit Bildveröffentlichung des Täters zulässig. Für die zeitliche Grenze einer zulässigen Berichterstattung kommt es entscheidend darauf an, inwieweit die Resozialisierung des Täters mit einer Berichterstattung über die Tat unvereinbar ist.[59] Bei nicht schwerwiegenden Straftaten oder einem bloßen Tatverdacht ist die Möglichkeit zur Bildberichterstattung – etwa durch das Erfordernis eines schwärzenden Balkens über der Augenpartie – zumindest erheblich einzuschränken. Allerdings kann das Informationsinteresse der Allgemeinheit etwa deshalb überwiegen, weil die abgebildete Person ihrerseits stets nach außen großen Wert auf die Einhaltung von Moral und Ordnung gelegt hat.[60]

Ein berechtigtes Informationsinteresse der Allgemeinheit setzt aber **29**
nicht Vorgänge von historischer oder politischer Bedeutung voraus. Vielmehr kommen auch **unterhaltende Beiträge** in Betracht. Insbesondere kann die Öffentlichkeit ein berechtigtes Interesse daran haben, wie eine Person in herausgehobener Funktion außerhalb ihrer jeweiligen Funktion in der Öffentlichkeit auftritt. Gerade bei unterhaltenden Beiträgen ist die Personalisierung ein wichtiges Mittel, die Aufmerksamkeit der Leser zu wecken.[61] Lediglich auf der Ebene der Abwägung **(zweite Prüfungsebene)** ist es bedeutsam, ob der Beitrag die Allgemeinheit berührende Fragen erörtert oder lediglich private Angelegenheiten zur Befriedigung von Neugier darstellt.[62] Der *EGMR*[63] fasst das berechtigte Informationsinteresse der Allgemeinheit demgegenüber wesentlich enger. Denn er urteilt, dass ein (berechtigtes) Informationsinteresse der Allgemeinheit nur an einer Berichterstattung über Tatsachen besteht, „die einen Beitrag zu einer

---

57 *BGH* WRP 2004, 1494, 1496; 2005, 120, 122.
58 BVerfGE 35, 202, 224, 227.
59 BVerfGE 35, 202, 224; *BVerfG* NJW 2000, 1859.
60 BGHZ 57, 325, 328.
61 BVerfGE 101, 361, 390; *BVerfG* NJW 2001, 1921, 1923.
62 BVerfGE 101, 361, 390.
63 *EGMR* NJW 2004, 2647 Rn. 63 – Prinzessin Caroline von Hannover/Deutschland.

öffentlichen Diskussion in einer demokratischen Gesellschaft leisten können". So liegt es etwa bei einer Berichterstattung über Personen aus der Politik bei Wahrnehmung ihrer Amtsgeschäfte. An einer Berichterstattung über das Privatleben von Personen ohne eine solche amtliche Funktion bestehe hingegen kein Informationsinteresse der Allgemeinheit. Eine solche Begrenzung gebietet jedoch § 23 I Nr. 1 KUG nicht, zumal § 23 II KUG ausreichenden Schutz der Belange des Abgebildeten gewährleistet.)

Beispiel: Es besteht ein Informationsinteresse der Allgemeinheit an einem Gala-Abend im Pariser Rathaus mit prominenten Teilnehmern.[64]

Die Abbildung prominenter Personen im Urlaub ist nach Auffassung des *BGH* selbst bei einem weiten Verständnis des Begriffs der Zeitgeschichte schon kein zeitgeschichtliches Ereignis.[65] Allerdings könne eine solche Abbildung zulässig sein, wenn sie im Zusammenhang mit der Wortberichterstattung über ein zeitgeschichtliches Ereignis steht (Rn. 50).

30 Der sachliche Anwendungsbereich des § 23 I Nr. 1 KUG erstreckt sich von vornherein nicht auf **Werbung** mit einem Bildnis. Denn insoweit besteht kein berechtigtes Informationsinteresse der Allgemeinheit.[66] So, wenn die Verwendung des Bildnisses aus dem Bereich der Zeitgeschichte nur deshalb erfolgt, den Werbewert einer prominenten Persönlichkeit zu nutzen und auf das beworbene Produkt zu übertragen. Dagegen ist der Anwendungsbereich des § 23 I Nr. 1 KUG eröffnet, wenn die Werbeanzeige *neben* dem Werbezweck auch einen Informationsgehalt für die Allgemeinheit aufweist.

Beispiel: In der Werbung der Auto-Vermietung A sind die Mitglieder der Regierung bildlich einzeln dargestellt. Das Gesicht des vor kurzem zurückgetretenen Finanzministers B ist durchgestrichen. Darunter findet sich der Text: „A verleast auch Autos für Mitarbeiter in der Probezeit." Dies dient nicht nur einem Werbezweck, sondern enthält im Zusammenhang mit der Abbildung des B auch eine auf ein aktuelles zeitgeschichtliches Ereignis bezogene politische Meinungsäußerung in Form der Satire.[67] Damit ist der Anwendungsbereich von § 23 I Nr. 1 KUG eröffnet, so dass sich die Folgefrage stellt, ob berechtigte Interessen des B nach § 23 II KUG entgegenstehen.

---

64 *BGH* WRP 2004, 772, 773.
65 *BGH* WRP 2007, 644 Rn. 26.
66 *BGH* WRP 2007, 83 Rn. 15 – Rücktritt des Finanzministers.
67 *BGH* WRP 2007, 83 Rn. 16 – Rücktritt des Finanzministers.

b) § 23 I Nr. 2 bis Nr. 4 KUG

Das Gewicht der schutzwürdigen Persönlichkeitsinteressen bewertet § 23 I KUG auch dort als vernachlässigenswert, wo Personen auf Bildern nur als Beiwerk einer Landschaft oder sonstigen Örtlichkeit erscheinen (§ 23 I Nr. 2 KUG), oder wo sie als Einzelne einer Personenmehrheit, bei – nicht notwendig öffentlichen – Versammlungen, Aufzügen und ähnlichen Vorgängen selbst in eine wenn auch begrenzte Öffentlichkeit getreten sind (§ 23 I Nr. 3 KUG). Dies setzt voraus, dass die abgebildete Person objektiv Nebensache der Darstellung ist, dass sie also nicht auf den ersten Blick als Einzelperson ins Auge fällt.[68] Daran fehlt es grundsätzlich dann, wenn die Person das Bild fast ganz ausfüllt. Schließlich ist nach § 23 I Nr. 4 KUG ohne Einwilligung auch die Verbreitung und Zurschaustellung von Bildnissen im höheren Interesse der Kunst und der Wissenschaft erlaubt. 31

c) Ausnahmen-Schranke: Berechtigte Interessen des Abgebildeten (§ 23 II KUG)

aa) Erforderlichkeit einer Interessenabwägung. Die Ausnahmen vom Erfordernis einer Einwilligung des Betroffenen nach § 23 I Nr. 1 bis Nr. 4 KUG erstrecken sich nach § 23 II KUG nicht auf Bildnisse, die ein berechtigtes Interesse des Abgebildeten, oder, falls dieser verstorben ist, seiner Angehörigen, verletzen (§ 23 II KUG). Bei der Prüfung dieser Frage ist die Bildveröffentlichung in ihrer Gesamtheit und nicht etwa unabhängig vom Begleittext zu würdigen. Dabei ist eine umfassende, am Einzelfall orientierte **Güter- und Interessenabwägung** vorzunehmen und zu fragen, ob das allgemeine Persönlichkeitsrechts des Abgebildeten, insbesondere dessen Recht am eigenen Bild nach §§ 22 ff. KUG, gegenüber der Rechtsposition des Abbildenden stärker zu gewichten ist und infolgedessen vorrangig sein muss **(zweite Prüfungsebene).**[69] Denn wegen der Eigenart des Persönlichkeitsrechts als eines Rahmenrechts[70] (sog. offener Tatbestand) liegt seine Reichweite nicht absolut fest, sondern ist grundsätzlich erst durch eine Abwägung mit den Rechtsgütern und schutzwürdigen Interessen der anderen Seite zu bestimmen.[71] Deshalb 32

68 MünchKomm-BGB/*Rixecker,* § 12 Anh. Rn. 72.
69 BVerfGE 101, 361, 39; *BGH* WRP 2004, 240, 241.
70 MünchKomm-BGB/*Wagner,* § 823 Rn. 179; krit. *Larenz/Canaris,* § 80 III 2 u. 3: vorzugswürdig sei eine Präzisierung von Schutzbereichen.
71 BVerfGE 101, 361, 388; *BGH* NJW 1999, 2893; 2004, 762, 764.

kommt es darauf an, ob im Einzelfall dem allgemeinen Persönlichkeitsrecht in seiner Ausprägung durch das Recht am eigenen Bild ein größeres Gewicht beizumessen ist als insbesondere der Kunst- und Wissenschaftsfreiheit (Art. 13 GR-Charta; Art. 5 III GG) oder der Meinungs- und Pressefreiheit (Art. 11 GR-Charta; Art. 10 I EMRK; Art. 5 I GG). Schranken finden die in Art. 11 GR-Charta, Art. 10 I EMRK und Art. 5 I GG gewährleisteten Grundrechte nach Art. 52 I GR-Charta, Art. 10 II EMRK und Art. 5 II GG in den allgemeinen Gesetzen, zu denen auch § 823 II BGB i. V. m. §§ 22 ff. KUG gehört. Das Grundgesetz verleiht dem Einzelnen aber keinen Anspruch darauf, in der Öffentlichkeit in einer bestimmten Weise zu erscheinen.[72] Bei der erforderlichen Abwägung kommt es entscheidend darauf an, ob die Presse eine **neue und wahre Information von allgemeinem Interesse** für die öffentliche Meinungsbildung mitteilt oder ob der Informationswert für die Öffentlichkeit wesentlich in der **Unterhaltung** besteht.[73] In letzterem Falle überwiegt regelmäßig das allgemeine Persönlichkeitsrecht des Abgebildeten gegenüber dem Informationsinteresse der Allgemeinheit.

33 Für die Abwägung kommt es zunächst insbesondere auf die **Eingriffsintensität des Bildnisses** an. Hierfür ist es von Bedeutung, welche **Sphäre des Abgebildeten** betroffen ist. Das allgemeine Persönlichkeitsrecht – hier das Recht am eigenen Bild – ist umso schwerer zu gewichten, je weitreichender der Eingriff ist (Intimsphäre, Privatsphäre, Sozialsphäre). Auch die Art der Darstellung ist für die Eingriffsintensität von Bedeutung. So ist es von Bedeutung, ob das Foto verfälscht ist oder den Abgebildeten besonders unvorteilhaft darstellt. Dies ist insbesondere dann nicht der Fall, wenn der ursprüngliche **Kontext,** aus dem die Abbildung stammt, gar **nicht erkennbar** ist (z. B. klassisches Portraitfoto). Einen demgegenüber weitergehenden Eingriff in das allgemeine Persönlichkeitsrecht stellt es dar, wenn das Foto aus der Privatsphäre (Rn. 35 ff.) stammt. Des Weiteren kann eine Beeinträchtigung des allgemeinen Persönlichkeitsrechts dadurch erfolgen, dass ein Bildnis in einen anderen Kontext gestellt ist, so dass der Wechsel des Kontextes den Sinngehalt der Bildaussage erheblich verändert.[74] Ein den Sinngehalt der Aussage verfälschendes, also die Leser von vornherein irreführendes Foto genießt keinen Schutz.

---

72 BVerfGE 99, 185, 194; *BVerfG* NJW 2001, 1921, 1925.
73 *BGH* WRP 2007, 789 Rn. 28.
74 BVerfGE 101, 361, 381 f.; *BVerfG* NJW 2001, 1921, 1924.

Erst recht schützt das allgemeine Persönlichkeitsrecht vor der Verbreitung eines **technisch manipulierten** Bildes, das als authentisches Abbild einer Person erscheint.[75]

Beispiel: A veröffentlicht auf mehreren Seiten einer von ihr verlegten Zeitschrift eine Fotomontage. Diese zeigt B, den seinerzeitigen Vorstandsvorsitzenden der Deutschen Telekom AG, auf einem von Rissen durchzogenen, bröckelnden „T" sitzend, welches dem Firmenemblem der Telekom entnommen ist. Die Darstellung des B selbst besteht aus zwei Teilen. Sein einem Foto entnommener Kopf sitzt auf einem fremden Körper. Für diese Anpassung verändert A das Foto des Kopfes von B so, dass sein Gesicht insgesamt um ca. 5 % länger, die Wangen fleischiger und breiter, der Kinnbereich fülliger, der Hals kürzer und dicker und die Hautfarbe blasser erscheinen.

bb) Schutzwürdige Interessen des Abgebildeten. Schutzwürdige Interessen des Abgebildeten können dann bestehen, wenn die Veröffentlichung für ihn eine **Gefahr für Leben, Körper oder Gesundheit** mit sich bringt. 34

Beispiel: Ein berechtigtes Interesse i. S. d. § 23 II KUG kann sich daraus ergeben, dass jemand sich wegen der Besorgnis vor einer Entführung nicht im Bild öffentlich zeigen will, sofern diese Gefahr durch konkrete Umstände wie die wiederholte Entführung Angehöriger wohlhabender Familien nachweisbar ist und die abzubildende Person ihr Verhalten auf die Gefährdungssituation ausrichtet.[76]

cc) Privatsphäre (Art. 7 GR-Charta; Art. 8 I EMRK; Art. 1 I, 2 I GG). Das Grundrecht auf Schutz der Persönlichkeit umfasst auch den Schutz der Privatsphäre (Art. 7 GR-Charta; Art. 8 I EMRK; Art. 1 I, 2 I GG). Bei der Bestimmung des dem Einzelnen insoweit zu gewährenden Schutzes kommt es maßgeblich darauf an, welchen **situationsbezogenen Umfang** der Einzelne als privat erwarten darf. Daher kommt es entscheidend auf die Umstände des Einzelfalls und insbesondere auf die sich aus einem bestimmen Verhalten ergebenden oder zu erwartenden Auswirkungen insbesondere für die Persönlichkeitsentfaltung und das private Leben des Betroffenen an. Auch eine absolute Person der Zeitgeschichte hat ein Recht auf Privatsphäre. Der Schutzbereich der Privatsphäre ist thematisch, räumlich und zeitlich zu bestimmen. 35

(1) Thematisch erfasst der Schutz der Privatsphäre Angelegenheiten, die wegen ihres Informationsinhalts höchstpersönlich sind und 36

75 *BVerfG* WRP 2005, 595, 596.
76 *BVerfG* NJW 2000, 2194.

typischerweise als „privat“ einzustufen sind. Dieser Bereich ist regelmäßig einer öffentlichen Erörterung oder Zurschaustellung entzogen.

Beispiele: Auseinandersetzungen mit sich selbst in Tagebüchern;[77] die vertrauliche Kommunikation unter Eheleuten[78] oder Eltern und Kindern; der Bereich der Sexualität;[79] sozial abweichendes Verhalten;[80] Krankheiten; Umstände des Kennenlernens und der Verlobung; Vermögensverhältnisse oder bestimmte persönliche Vorlieben.[81] Fehlte es hier an einem Schutz vor Kenntniserlangung anderer, wären diese Handlungen unmöglich, obwohl es sich um grundrechtlich geschützte Verhaltensweisen handelt.[82] Der *EGMR*[83] zählt zum Bereich des Privatlebens (i. S. d. Art. 8 I EMRK) darüber hinaus Alltagssituationen wie Ausreiten, Restaurantbesuch, Verlassen der Wohnung, Fahrradfahren, Skiurlaub, Tennisspiel oder Schwimmbadbesuch. Auch nach Auffassung des *BGH* gehört etwa der Urlaub grundsätzlich selbst bei „Prominenten“ zum geschützten Kernbereich der Privatsphäre.[84] Dies gilt auch dann, wenn es sich um Urlaubsfotos handelt, die die prominente Person unter vielen anderen Menschen etwa auf offener Straße oder im Skilift zeigen. Zur Privatsphäre auch einer Person des öffentlichen Interesses (z. B. Fürst) gehört grundsätzlich die eigene Erkrankung.[85] Ausnahmen können bei einem besonderen Personenkreis wie wichtigen Politikern, Wirtschaftsführern oder Staatsoberhäuptern bestehen.

37 **(2) Räumlich** erstreckt sich der Schutz der Privatsphäre zunächst auf einen Bereich, der **frei von öffentlicher Beobachtung** und der von ihr erzwungenen Selbstkontrolle ist. Dazu gehört in erster Linie der innere häusliche Bereich. Aber auch außerhalb dieses Bereichs kann Privatsphäre bestehen. Maßgebend ist dafür die Art des Ortes, an dem sich der Einzelne befindet. Es kommt darauf an, ob er an dem jeweiligen Ort auch für Dritte erkennbar erwarten darf, nicht den Blicken der Öffentlichkeit ausgesetzt, sondern allein zu sein.[86] Selbst eine absolute Person der Zeitgeschichte muss die Möglichkeit haben, sich an bestimmten Orten frei von Bildberichterstattung zu bewegen.[87]

38 Entscheidend ist ein **örtliche Abgeschiedenheit**, in der eine Person objektiv erkennbar für sich allein sein will und in der konkreten Si-

---

77 *BVerfG* NJW 1990, 563.
78 *BVerfG* NJW 1970, 555.
79 *BVerfG* NJW 1979, 595.
80 *BVerfG* NJW 1977, 1489.
81 *BVerfG* NJW 2000, 2193.
82 *BVerfG* NJW 2002, 1021, 1022.
83 *EGMR* NJW 2004, 2647 Rn. 53 – Prinzessin Caroline von Hannover/Deutschland.
84 *BGH* WRP 2007, 644 Rn. 25; WRP 2007, 648 Rn. 651.
85 *BGH* GRUR 2009, 86 Rn. 20.
86 BVerfGE 101, 361, 382 ff.; *BGH* NJW 2004, 762, 763.
87 *BGH* WRP 2007, 644 Rn. 11.

tuation im Vertrauen auf Abgeschiedenheit handelt. Damit ist die Möglichkeit des Zu-Sich-Selbst-Kommens und der Entspannung gesichert sowie das Bedürfnis, „in Ruhe gelassen zu werden", gewährleistet. Ob diese Voraussetzungen der Abgeschiedenheit erfüllt sind, lässt sich nur anhand der objektiven Gegebenheiten der Örtlichkeit zur fraglichen Zeit beurteilen und hängt damit von den Umständen des Einzelfalls ab.

Beispiele: An einer räumlichen Abgeschiedenheit fehlt es nach Auffassung des *BGH*[88] nicht schon dann, wenn nur eine begrenzte Öffentlichkeit bestimmte Wahrnehmungen machen kann. So bestehe die Privatsphäre von Prinzessin Caroline auch bei einem Restaurantbesuch mit einem männlichen Begleiter. Dies ergebe sich daraus, dass sich die Prinzessin zwar einer begrenzten Öffentlichkeit, nämlich den übrigen Gästen, ausgesetzt habe. Es mache aber einen großen Unterschied, ob jemand lediglich von den zufällig anwesenden Personen seiner Umgebung zu beobachten sei oder ob jemand in einer solchen Situation Fotografien von ihm herstellt zu dem Zweck, diese in der Öffentlichkeit zu verbreiten. Dem habe sich die Prinzessin nicht ausgesetzt. Dies gelte umso mehr, als die Fotos versteckt und unbemerkt aus großer Entfernung aufgenommen worden seien.

Das Recht auf Achtung der Privatsphäre, zu dem auch das Recht, für sich allein zu sein, gehört, konnte eine absolute Person der Zeitgeschichte nach **bisheriger Rechtsprechung** nur im inneren häuslichen Bereich oder in einem Bereich örtlicher Abgeschiedenheit für sich in Anspruch nehmen. Privatsphäre bestand danach nicht, wenn ein unbegrenzter Personenkreis eine bestimmte Wahrnehmung ohnehin machen kann. 39

Beispiele: Die Privatsphäre erfasste nach bisheriger Rechtsprechung nicht den Einkauf auf dem Markt oder in einer Boutique. Ihr Schutzbereich war aber dann eröffnet, wenn dabei zugleich Konfektionsgröße, Preis oder Einzelheiten der Kreditkartenbenutzung mitgeteilt würden. Denn diese Umstände beruhten auf Wahrnehmungen, die typischerweise nicht die Öffentlichkeit des Orts ermöglicht.[89]

Der *EGMR*[90] hält den Begriff der „örtlichen Abgeschiedenheit" indes für **zu unbestimmt** und als für den Betroffenen zu schwer handhabbar. Diese Kritik erscheint jedenfalls teilweise berechtigt. Nicht zuletzt deshalb ist das Kriterium der „räumlichen Abgeschiedenheit" 40

88 *BGH* NJW 1996, 1128, 1130.
89 *BVerfG* NJW 2000, 2194, 2195.
90 *EGMR* NJW 2004, 2647 Rn. 75 – Caroline von Hannover/Deutschland.

zur Abgrenzung der Privatsphäre aufzugeben und eine einzelfallbezogene Abwägung in den Vordergrund zu stellen.[91]

41 Der *EGMR* gelangt in der „Caroline"-Entscheidung zu einem wesentlich weiteren Schutz der Privatsphäre von Personen, die wie Prinzessin Caroline von Monaco kein Amt bekleiden. Dieser bestehe nämlich unabhängig von dem konturlosen Begriff örtlicher Abgeschiedenheit. Danach ist Prinzessin Caroline auch durch die Bildberichterstattung mit Bildern, die sie außerhalb örtlicher Abgeschiedenheit wie beim Ausreiten, beim Einkauf auf dem Markt oder beim Sturz in einem Schwimmbad zeigen, in ihrem Recht auf Privatleben nach Art. 8 I EMRK verletzt. Denn es handele sich nicht um einen Beitrag zu einer Diskussion von allgemeinem Interesse. Die von den deutschen Gerichten verwandten Kriterien seien nicht geeignet, berechtigte Erwartungen auf Schutz des Privatlebens zu gewährleisten. Daraus wird zum Teil – neben der Aufgabe des Kriteriums der örtlichen Abgeschiedenheit – gefolgert, dass nur noch eine Bildberichterstattung über Politiker in Ausübung ihres öffentlichen Amtes mit Art. 8 EMRK vereinbar sei.[92] Da der *EGMR* jedoch diesen Fall lediglich beispielhaft nennt, weil es sich „jedenfalls" insoweit um einen Beitrag zu einer Diskussion in einer demokratischen Gesellschaft handelt und sich das Informationsrecht „insbesondere" bei Politikern auch auf Aspekte des Privatlebens beziehen kann, verbleibt weiterer Spielraum.[93]

42 *BGH* und *BVerfG* schließen sich der Entscheidung des *EGMR* an. Sie halten zwar an dem Begriff örtlicher Abgeschiedenheit fest.[94] Doch könne Privatsphäre **auch an anderen Orten** gegeben sein, wenn ihr thematischer Anwendungsbereich eröffnet sei. Dem Persönlichkeitsrecht kann danach auch außerhalb der Voraussetzungen örtlicher Abgeschiedenheit erhöhtes Gewicht zukommen.

Beispiel: Die Veröffentlichung von Urlaubsfotos von Prinzessin Caroline von Monaco in einer Zeitschrift betrifft deren Privatsphäre, auch wenn die Fotos sie auf offener Straße in St. Moritz unter vielen Menschen oder im Skilift zeigen.[95] Danach ist auch der Einkauf auf dem Markt für den privaten Bedarf oder der Besuch eines Schwimmbads der Privatsphäre zuzurechnen.

Ein bekannter Rocksänger oder Fußballstar und dessen Lebensgefährtin befinden sich in der Privatsphäre, wenn sie auf öffentlicher Straße einen Ein-

---

91 *Lettl,* WRP 2005, 1045, 1058. Im Ergebnis ähnlich *Ohly,* GRUR Int. 2004, 902, 912.
92 So etwa *Grabenwarter,* AfP 2004, 310.
93 *Mann,* NJW 2004, 3220, 3221.
94 *BVerfG* WRP 2008, 645 Rn. 69; *BGH* WRP 2007, 789 Rn. 15.
95 *BGH* WRP 2007, 789 Rn 31; so zuvor schon *Lettl,* WRP 2005, 1045, 1062.

kaufsbummel machen oder in einem Straßencafe sitzen. Insoweit ergibt sich eine Änderung der Rechtsprechung, die ihre Grundlage maßgeblich in der Entscheidung des *EGMR* haben dürfte.

Die Unterscheidung zwischen innerem häuslichen Bereich/örtlicher Abgeschiedenheit und anderen Orten kann danach allein Bedeutung für die vorzunehmende **Abwägung** (Rn. 46ff.) haben. 43

(3) Auch in **zeitlicher Hinsicht** kann der Schutzbereich der Privatsphäre **unterschiedlich** zu beurteilen sein. So kann ab einem bestimmten Zeitpunkt eine Bildberichterstattung über eine Person, die zuvor unzulässig war, zulässig sein. Daher kann eine Person, die sich durch ihr Auftreten in einen zeitgeschichtlichen Vorgang einordnet, ab dem Zeitpunkt dieser Einordnung (Rn. 45) nicht ihr Recht auf Privatsphäre setzen.[96] 44

(4) Eine Person kann sich nicht ihr Recht auf Privatsphäre hinsichtlich solcher Tatsachen geltend machen, die sie **selbst bewusst der Öffentlichkeit offenbart.**[97] 45

Beispiel: Die neue Lebensgefährtin des Ehemanns einer prominenten Schauspielerin kann sich in der Weise durch ihr Auftreten zum Thema der Ehekrise machen, dass sie sich selbst mit öffentlichen Auftritten an die Öffentlichkeit wendet. Dasselbe gilt für den Fall, dass sie ihre Identität und ihre Rolle als neue Lebensgefährtin gegenüber der Boulevardpresse – etwa durch die Billigung eines Interviews ihres neuen Lebensgefährten – offenbart.[98] Unter diesen Umständen muss sie eine Bildberichterstattung auch im Hinblick auf den Zeitraum vor dem gemeinsamen öffentlichen Auftreten mit ihrem neuen Lebenspartner dulden, wenn es ihre Privatsphäre nur insoweit berührt, als sie als Person optisch in gleicher Weise wie auf den von ihr und ihrem neuen Lebensgefährten mit ihrer Einwilligung veröffentlichen Fotos identifizierbar ist. Diese Voraussetzung ist beispielsweise bei einem Portraitfoto mit der Bildunterschrift „Die Uschi-Glas-Rivalin Anke S. ... stammt aus P ...“ erfüllt. Die neue Lebensgefährtin muss aber nicht die Veröffentlichung von Fotos dulden, die vor ihrem öffentlichen Bekenntnis zu ihrem neuen Lebensgefährten entstanden sind und die sie in einer privaten Situation etwa beim Spaziergang mit ihrem neuen Lebenspartner zeigen. Denn zu diesem Zeitpunkt hatte sie ihre Privatsphäre noch nicht preisgegeben. Die Berichterstattung kann dem Informationsinteresse der Allgemeinheit ausreichend dadurch Rechnung tragen, dass sie Bildmaterial aus neuerer Zeit verwendet.[99]

96 *BGH* WRP 2005, 117, 118.
97 BVerfGE 101, 361, 385; *BGH* WRP 2005, 117, 119.
98 *BGH* WRP 2005, 117, 119.
99 *BGH* WRP 2005, 117, 120.

46 **(5)** Ist der Schutzbereich der Privatsphäre berührt, kommt es auf eine **Abwägung** zwischen Pressefreiheit und Informationsrecht der Öffentlichkeit einerseits und dem Schutz der Privatsphäre des Abgebildeten andererseits an. Maßgeblich sind die **Umstände des Einzelfalls** wie die Umstände der Gewinnung der Abbildung und die Situation, in der das Bild den Abgebildeten zeigt.

47 Im inneren häuslichen Bereich und bei örtlicher Abgeschiedenheit führt der Gesichtspunkt der **Belästigung** durch **heimlich** aufgenommene Fotos zu einem Überwiegen der Privatsphäre des Abgebildeten (Umstände der Gewinnung der Abbildung).[100]

Beispiel: Die Veröffentlichung von Fotos, die jemand heimlich von Prinzessin Caroline von Monaco in deren Wohnung aus großer Entfernung unter Verwendung eines Teleobjektivs macht, ist unzulässig. Dasselbe gilt für Fotos, die jemand von Prinzessin Caroline von Monaco im Umgang mit deren Baby am Swimming-Pool des Anwesens der Prinzessin unbemerkt aufnimmt. Auch in dem unter Rn. 38 geschilderten Beispiel überwiegt die Privatsphäre von Prinzessin Caroline von Monaco.

48 Im Übrigen, also insbesondere für die Veröffentlichung von Bildern, die nicht den inneren häuslichen Bereich oder örtliche Abgeschiedenheit betreffen, gilt: Das Bild muss einen Beitrag zu einer Diskussion von öffentlichem Interesse leisten. Deshalb kommt es entscheidend auf den **Informationswert** der Abbildung für die Öffentlichkeit an. Insoweit besteht eine Wechselwirkung. Denn je höher der Informationswert für die Öffentlichkeit ist, desto mehr muss das Schutzinteresse des Abgebildeten zurücktreten.[101] Umgekehrt wiegt der Schutz der Persönlichkeit des Betroffenen umso schwerer, je geringer der Informationswert für die Allgemeinheit ist.[102] Dies gilt auch für Personen von hohem Bekanntheitsgrad. Das Interesse der Leser an bloßer **Unterhaltung** und Befriedigung von Neugier auf Grund bestimmter Umstände (z. B. Zugehörigkeit zu einer Fürsten- oder Königsfamilie oder Stellung als Rockstar oder Sportstar) hat gegenüber dem Schutz der Privatsphäre des Abgebildeten regelmäßig ein geringeres Gewicht.[103] Dies gilt auch für Personen von **hohem Bekanntheitsgrad.**[104]

---

100 BVerfGE 101, 361, 381; *BVerfG* NJW 2006, 3406, 3408; *BGH* WRP 2007, 789 Rn. 15.
101 *BGH* WRP 2007, 789 Rn. 20.
102 BVerfGE 101, 361, 391; *BGH* WRP 2007, 644 Rn. 20.
103 *BVerfG* NJW 2006, 3406, 3407; *BGH* WRP 2007, 789 Rn. 20 u. Rn. 28.
104 *BGH* WRP 2007, 789 Rn. 21.

Für den **Privatsphärenschutz des familiären Umgangs zwischen Eltern und Kindern** ist die besondere Schutzbedürftigkeit von Kindern zu beachten. Denn sie müssen sich erst zu eigenverantwortlichen Personen entwickeln und sind deshalb vor den Gefahren durch das Interesse der Medien und ihrer Nutzer an Abbildungen von Kindern zu schützen. Deshalb muss die Privatsphäre von Kindern umfassender geschützt sein als der entsprechende Bereich erwachsener Personen.[105] Auch die elterliche Hinwendung zu den Kindern fällt in den Schutzbereich von Art. 2 I GG i. V. m. Art. 1 I GG. Diesen Persönlichkeitsschutz verstärken Art. 9 GR-Charta, Art. 8 I EMRK und Art. 6 GG. 49

Beispiel: Es ist rechtwidrig, ein Foto, das das Baby von Prinzessin Caroline von Monaco gemeinsam mit ihrer Mutter und ihrem Vater beim Baden zeigt, zu veröffentlichen.[106] Denn ein solches Foto hat keinen Informationswert, der den Schutz von Art. 11 GR-Charta, Art. 10 I EMRK und Art. 5 I GG in Anspruch nehmen könnte.

Kommt es für die Abwägung maßgeblich auf den **Informationswert der Abbildung** an, ist dann, wenn die beanstandete Abbildung *im Zusammenhang* mit einer **Wortberichterstattung** steht, bei der Beurteilung diese zugehörige Wortberichterstattung zu berücksichtigen.[107] Erfolgt die Abbildung einer Person bei einem nicht zeitgeschichtlichen Ereignis im Zusammenhang mit der Wortberichterstattung über ein zeitgeschichtliches Ereignis, kommt es auf den redaktionellen Gehalt und die Gestaltung des Artikels nicht an. Denn die Pressefreiheit ist unabhängig von der Qualität des jeweiligen Presseerzeugnisses oder redaktionellen Beitrags gewährleistet.[108] Allerdings muss die **Wortberichterstattung rechtlich zulässig**[109] sein, um einen Informationswert des Bildnisses begründen zu können.[110] 50

105 Vgl. auch *BVerfG* NJW 2000, 2191 u. NJW 2000, 2191 f.
106 *BGH* NJW 2005, 215, 217.
107 *BGH* WRP 2007, 644 Rn. 23; WRP 2007, 789 Rn. 32.
108 *BGH* WRP 2007, 644 Rn. 26.
109 Die rechtlichen Schranken für die Wortberichterstattung nach §§ 823 I, 1004 I 2 BGB sind weniger streng als die rechtlichen Schranken für die Bildberichterstattung nach §§ 22, 23 KUG; vgl. *BGH* WRP 2011, 70 Rn. 11. Denn bei der Wortberichterstattung ist auch bei Themen, die nicht von besonderem Belang für die Öffentlichkeit sind, wegen Art. 5 I GG vom Grundsatz freier Berichterstattung auszugehen, wohingegen ein Eingriff in das Recht am eigenen Bild nur ausnahmsweise zulässig ist. Denn es stellt gegenüber der Wortberichterstattung einen erheblich stärkeren Eingriff in die persönliche Sphäre dar, wenn jemand das Erscheinungsbild einer Person bildlich offenbart.
110 So wohl auch *BGH* WRP 2007, 789 Rn. 32.

Beispiele: Die Abbildung des Ehemanns von Prinzessin Caroline von Monaco im Urlaub auf offener Straße oder im Skilift ohne Ausnutzung von Heimlichkeit oder technischen Mitteln – im Zusammenhang mit der (zulässigen) Wortberichterstattung über ein zeitgeschichtliches Ereignis, hier: Krankheit des damals regierenden Fürsten von Monaco – ist zulässig.[111] Dies gilt insbesondere dann, wenn der Artikel das Verhalten von Familienmitgliedern während der Krankheit des Fürsten betrifft und die Abbildung diese Berichterstattung belegt und illustriert.

Die Bildberichterstattung über einen bekannten Rocksänger und dessen neue Lebensgefährtin, die die beiden beim Einkaufsbummel oder beim Verweilen in einem Straßencafe zeigt, ist unzulässig, wenn die dazugehörige Wortberichterstattung in keinem Zusammenhang mit einem zeitgeschichtlichen Ereignis steht, sondern allein den Urlaub des Paares zum Gegenstand hat. So, wenn sich die Wortberichterstattung entsprechend der Überschrift „Männer brauchen viel Zärtlichkeit – Das gilt auch für ihn" allein auf das neue Lebensglück des Sängers richtet. An der Unzulässigkeit der Bildberichterstattung über die neue Lebensgefährtin ändert der Umstand, dass der Sänger Teile seines Privatlebens wie den Tod seiner Ehefrau im Rahmen seiner Song-Texte künstlerisch verarbeitet hat, nichts.[112]

Die Abbildung einer Ministerpräsidentin in einem frequentierten Einkaufszentrum unmittelbar nach vier erfolglosen, große öffentliche Aufmerksamkeit erregenden Wahlgängen im Landtag zu ihrer Wiederwahl mit dem Begleittext „Danach ging sie erst mal shoppen" im Zusammenhang mit der Wortberichterstattung über dieses bedeutende politische Ereignis ist zulässig. Denn es besteht ein erhebliches Informationsinteresse der Allgemeinheit an dem Verhalten der Politikerin unmittelbar nach ihrem Amtsverlust. Diese bleibt trotz Amtsverlusts eine bedeutende Politikerin, deren Verhalten auch nach einem Misserfolg einen Bezug zur politischen Debatte hat und Gegenstand öffentlicher Diskussion sein kann.[113] Außerdem ist nicht der Kernbereich der Privatsphäre betroffen.

Eine Bildberichterstattung über den Strafvollzug bei einem bekannten Filmschauspieler (hier: Freigang bereits zwei Wochen nach Haftantritt) ist auf Grund eines öffentlichen Interesses nach demokratischer Kontrolle der Strafvollstreckungsbehörden zum Zwecke der Bebilderung einer Wortberichterstattung über die Verurteilung und den Ablauf des Strafvollzugs zulässig.[114]

51 **dd) Weitere ideelle Bestandteile des Persönlichkeitsrechts.** Das allgemeine Persönlichkeitsrecht und seine besondere Ausprägung durch das Recht am eigenen Bild nach §§ 22 ff. KUG dienen in erster Linie dem Schutz ideeller Interessen. Zu diesen Interessen gehört ne-

111 *BGH* WRP 2007, 644 Rn. 26.
112 *BGH* GRUR 2007, 899 Rn. 28.
113 *BGH* WRP 2008, 1221 Rn. 21.
114 *BGH* WRP 2009, 190 Rn. 28 ff.

ben der Wahrung der Privatsphäre vor allem der **Wert- und Achtungsanspruch** der Persönlichkeit.[115]

Beispiel: Ideelle Interessen des Abgebildeten sind verletzt, wenn eine Zeitschrift von einer prominenten Schauspielerin ohne deren Einwilligung Aktfotos veröffentlicht.

Soweit Persönlichkeitsrechte dem Schutz ideeller Interessen dienen, sind sie als höchstpersönliche Rechte **unverzichtbar** und **unveräußerlich.** Sie sind daher nicht übertragbar und nicht vererblich.[116] Niemand kann sich seines Rechts am eigenen Bild vollständig und abschließend entäußern. Dies stünde im Widerspruch zur Garantie der Menschenwürde (Art. 1 GR-Charta, Art. 1 I GG) und zum Recht auf Selbstbestimmung (Art. 2 I GG). Doch wirkt das Persönlichkeitsrecht über den **Tod des Trägers** hinaus.[117] Nach dem Tod einer Person kann es nicht mehr auf die allgemeine Handlungsfreiheit des Art. 2 I GG ankommen, da diese Freiheit nur zu Lebzeiten besteht. Daher ist beim postmortalen Persönlichkeitsrecht nur Art. 1 I GG betroffen. 52

Die Menschenwürde und freie Entfaltung zu Lebzeiten sind nur dann ausreichend gewährleistet, ein Schutz wenigstens gegen grobe ehrverletzende Entstellungen nach dem Tode besteht.[118] Ansprüche bei der Verletzung postmortaler, ideeller Persönlichkeitsrechte stehen den zur Rechtsverfolgung berufenen Personen, also regelmäßig den Erben oder speziell hierzu ermächtigte Personen, zu.[119] 53

ee) Vermögen. (1) Das allgemeine Persönlichkeitsrecht gewährt einen Schutz des Vermögens zu **Lebzeiten** des Abgebildeten insoweit, als die vermögensrechtliche Verwertung der Ausprägungen des allgemeinen Persönlichkeitsrechts wie insbesondere des Rechts am eigenen Bild nicht ohne die Einwilligung des Abgebildeten zulässig ist. 54

Beispiel: Für die Abbildung eines Fußballstars auf einem Plakat, das Werbung für ein bestimmtes Produkt enthält, bedarf es der Einwilligung des Fußballers.

Der vermögensrechtliche Schutz des allgemeinen Persönlichkeitsrechts wirft die Frage auf, ob dieser nur zu Lebzeiten der verletzten Person oder auch **postmortal** besteht. 55

---

115 BGHZ 143, 214, 218.
116 BGHZ 50, 133, 137; 143, 214, 220.
117 BGHZ 50, 133, 136.
118 BGHZ 50, 133, 139.
119 BGHZ 50, 133, 139 f.; bestätigt durch BVerfGE 30, 173; hierzu instruktiv *J. Hager*, Jura 2000, 186.

Fall: A ist Tochter und Alleinerbin der Schauspielerin Marlene Dietrich. B verkauft ohne das Einverständnis von A Souvenirartikel, die mit einem Bild von Marlene Dietrich versehen sind. Damit gelingt es ihm, eine erhebliche Auflagensteigerung zu erzielen. Kann A von B Schadensersatz verlangen?

Als ein durch § 823 I BGB geschütztes Recht kommt das aus Art. 2 I GG i. V. m. Art. 1 I GG abgeleitete allgemeine Persönlichkeitsrecht von Marlene Dietrich und seine besondere Erscheinungsform des Rechts am eigenen Bild (§§ 22 ff. KUG) in Betracht.

Ein Schadensersatzanspruch wegen Verletzung dieses Persönlichkeitsrechts setzt zunächst voraus, dass (a) dieses Recht nicht nur dem Schutz ideeller, sondern auch vermögenswerter Interessen der Persönlichkeit dient, und (b) die entsprechenden – vermögenswerte Interessen schützenden – Bestandteile des Persönlichkeitsrechts von Marlene Dietrich auf A übergegangen sind. In einer im Grundlagenentscheidung bejaht der *BGH*[120] beide Voraussetzungen.

56 **ee) Schutzwürdige Interessen des Abbildenden und der Allgemeinheit.** **(1)** Die rechtliche Einordnung als **Kunst** i. S. d. Art. 5 III GG setzt eine **freie schöpferische Gestaltung** voraus, die Eindrücke, Erfahrungen oder Erlebnisse ausdrückt.[121] Hierfür ist eine Betrachtung und Würdigung des gesamten Werks aus der Sicht eines verständigen, werkgerecht urteilenden Dritten erforderlich.[122] Da Art. 5 III GG keinen Gesetzesvorbehalt aufweist, sind die Grenzen der Kunstfreiheit nur von der Verfassung selbst zu bestimmen.[123] Weil das allgemeine Persönlichkeitsrecht und als dessen Ausprägung das Recht am eigenen Bild verfassungsrechtlich auf dem Schutzgebot von Art. 2 I GG i. V. m. Art. 1 I GG beruht, hat dieses somit nur dann Vorrang vor Art. 5 III GG, wenn ein solcher Vorrang *von Verfassungs wegen* zum Schutz der Person geboten ist.[124]

Beispiel: Die Darstellung eines Politikers als kopulierendes Schwein ist nicht zulässig.[125]

57 **(2)** Die **Meinungsfreiheit** des Art. 11 I GR-Charta, Art. 10 I EMRK und Art. 5 I 1 GG gewährleistet jedermann das Recht, seine Meinung frei zu äußern. Sie ist in einem umfassenden Sinne geschützt. Es kommt nicht darauf an, ob die Äußerung wertvoll oder wertlos, richtig oder falsch, begründet oder grundlos, emotional

---

120 BGHZ 143, 214 mit teilweise anderem Sachverhalt; dazu etwa *Frommeyer*, JuS 2002, 13 u. *Staudinger/Schmidt*, Jura 2001, 241.
121 BVerfGE 30, 173, 289; 67, 213, 226.
122 BVerfGE 67, 213, 228.
123 St. Rspr.; vgl. nur BVerfGE 30, 173, 193.
124 *Larenz/Canaris*, § 80 V 2a.
125 BVerfGE 75, 369, 379 f.

oder rational ist.[126] Insbesondere die verletzende Formulierung einer Aussage ist nicht *per se* dem Schutzbereich des Grundrechts entzogen.[127] Auch eine „Niveaukontrolle" findet nicht statt. Die Meinungsfreiheit ist in erster Linie für die Wortberichterstattung von Bedeutung, kann aber auch bei der Bildberichterstattung eine Rolle spielen. Insoweit stellt sich stets die Frage, ob jemand mit einem bestimmten Bild eine Meinung i. S. d. Art. 11 I GR-Charta, Art. 10 I EMRK und Art. 5 I 1 GG äußert.

(3) Die **Pressefreiheit** des Art. 11 II, Art. 10 I EMRK und Art. 5 I 2 GG gewährleistet die Freiheit des Pressewesens insgesamt. Dieser Schutz reicht von der Beschaffung der Information bis zur Verbreitung der Nachricht und der Meinung.[128] Grundlegend ist das Recht, Art und Ausrichtung, Inhalt und Form eines Publikationsorgans frei zu bestimmen.[129] Dazu zählt auch die Entscheidung, ob und wie ein Presseerzeugnis bebildert ist. Dies gilt vor allem für die Abbildung von Personen.[130] Die Pressefreiheit umfasst auch die Werbung für Presseerzeugnisse.[131] Das schließt es aus, einer in diesem Zusammenhang erfolgten Bildwerbung das Privileg des § 23 I Nr. 1 KUG zu entziehen. 58

(4) Berechtige entgegenstehende Interessen des Abgebildeten i. S. d. § 23 II KUG bestehen regelmäßig dann, wenn es dem Abbildenden lediglich um die Verfolgung kommerzieller Interessen in der Weise geht, die Popularität des Abgebildeten zur **Gewinnerzielung** zu nutzen (vgl. auch den Fall unter Rn. 55). Denn es liegt im Zuweisungsgehalt des Trägers des allgemeinen Persönlichkeitsrechts, selbst darüber zu entscheiden, ob und in welcher Weise das eigene Bildnis für Werbezwecke Verwendung finden soll. 59

Eine **andere Beurteilung** kann geboten sein, wenn die Abbildung nicht auf Grund bloßer kommerzieller Interessen, sondern zumindest auch auf Grund anderer, rechtlich geschützter Interessen erfolgt. 60

Beispiele: In dem unter Rn. 30 geschilderten Beispielsfall geht der *BGH* davon aus, dass die Meinungsfreiheit (Art. 5 I 1 GG) des A gegenüber dem Recht des ehemaligen Finanzministers B am eigenen Bild überwiege.[132] Denn es gehe hier nicht darum, den Image- oder Werbewert des B auf A zu über-

---

126 BVerfGE 85, 1, 14 f.; *BVerfG* NJW 1995, 3303, 3304; BGHZ 143, 199, 213.
127 St. Rspr.; z. B. BVerfGE 61, 1, 7 f.; 93, 266, 289.
128 BVerfGE 10, 118, 121; 66, 116, 133; BGHZ 151, 26, 31.
129 BVerfGE 101, 361, 389 = NJW 2000, 1021; *BVerfG* NJW 2001, 1921, 1922.
130 BVerfGE 101, 361, 389; *BVerfG* NJW 2001, 1921, 1922.
131 BGHZ 151, 26, 31.
132 *BGH* WRP 2007, 83 Rn. 20 – Rücktritt des Finanzministers.

tragen. Außerdem dürfe sich A auch im Rahmen einer Werbeanzeige in satirisch-spöttischer Form mit einem aktuellen politischen Tagesereignis auseinandersetzen.

61 Besonderheiten gelten auch bei der Werbung für ein **Presseerzeugnis.** So darf ein Verlag für ein Presseerzeugnis, das über eine absolute Person der Zeitgeschichte berichtet, unter Verwendung eines Bildnisses dieser Person werben. Bei diesem Bildnis muss es sich grundsätzlich nicht um dasselbe handeln, welches die Berichterstattung verwendet. Die Verwendung eines anderen Bildnisses muss der Betroffene nur dann nicht hinnehmen, wenn sein Persönlichkeitsrecht dadurch im Einzelfall eine zusätzliche Beeinträchtigung erfährt.

Beispiel: Eine Zeitung lässt im Fernsehen einen 18 Sekunden dauernden Werbespot für eine Sonderbeilage „50 Jahre Deutschland" ausstrahlen. Dieser zeigt etwa eine Sekunde lang eine Filmaufnahme der Deutschen Wochenschau von 1959, in der Marlene Dietrich und Hildegard Knef, umgeben von anderen Personen, zu sehen sind. Zu Beginn und am Ende des Spots erscheint das Logo der Zeitung. Die beworbene Sonderbeilage enthält andere als die im Werbespot gezeigten Bilder von Marlene Dietrich. Die Tochter und Alleinerbin von Marlene Dietrich sieht darin eine Verletzung des allgemeinen Persönlichkeitsrechts ihrer Mutter, weil der Verlag deren Bild allein zu Werbezwecken verwendet und nicht mit der Abbildung in der beworbenen Sonderbeilage identisch sei. Der *BGH*[133] qualifiziert den Fernsehspot zwar als Werbung, räumt der Zeitung aber jedenfalls hinsichtlich der Person von Marlene Dietrich die Berufung auf § 23 I Nr. 1 KUG ein. Denn bei einer Abwägung zwischen dem nach Art. 2 I GG i. V. m. Art. 1 I GG verfassungsrechtlich geschützten allgemeinen Persönlichkeitsrecht mit dem in Art. 5 I 2 GG verankerten Recht auf Pressefreiheit überwiege Letztere.

d) § 24 KUG

62 § 24 KUG enthält eine weitere Ausnahme vom Einwilligungserfordernis. Dann danach dürfen **Behörden** für Zwecke der Rechtspflege und öffentlichen Sicherheit Bildnisse ohne Einwilligung des Berechtigten sowie des Abgebildeten oder seiner Angehörigen vervielfältigen, verbreiten und öffentlich zur Schau stellen. Dieser Ausnahmetatbestand zielt nicht auf das Informationsinteresse der Allgemeinheit, sondern auf das **öffentlich-rechtliche Interesse** vor allem an Strafverfolgung und Strafverhütung ab.[134]

---

133 BGHZ 151, 26, 30.
134 Dreier/Schulze/*Dreier*, § 24 KUG Rn. 1.

3. Prüfungsreihenfolge

Für die Prüfung der Verletzung des Rechts am eigenen Bild nach §§ 22ff. KUG ergibt sich folgende Reihenfolge: 63

Verletzung des Rechts am eigenen Bild nach §§ 22ff. KUG
1. Bildnis 2. Verbreitung oder zur Schaustellung 3. Keine Einwilligung a) des Abgebildeten (§ 22 S. 1 KUG) oder b) seiner Angehörigen (§ 22 S. 4 KuG) 4. Kein Ausnahmetatbestand nach § 23 I KUG oder 5. Ausnahmetatbestand nach § 23 I KUG, aber entgegenstehende berechtigte Interessen des Abgebildeten nach § 23 II KUG 6. Kein Ausnahmetatbestand nach § 24 KUG 7. Kein Ablauf der Schutzfrist (§ 22 S. 3 KUG)

V. Zivilrechtliche Rechtsfolgen einer Verletzung des Rechts am eigenen Bild

Das KUG selbst enthält mit Ausnahme der §§ 37f. KUG keine Ansprüche gegen den, der das Recht am eigenen Bild verletzt hat. Daher ist hierfür auf das BGB zurückzugreifen und zwischen verschiedenen Rechtsschutzzielen zu unterscheiden. 64

1. Beseitigung

a) Anspruchsgrundlagen (§§ 12 S. 1, 862 I 1, 1004 I 1 BGB analog; §§ 37, 38 KUG)

Die §§ 12, 862, 1004 BGB schützen unmittelbar nur das Namensrecht, den Besitz, das Eigentum und wegen verschiedener Verweisungen (z. B. § 1065 BGB) auch bestimmte beschränkt dingliche Rechte. Wegen der **ähnlichen Schutzwürdigkeit** anderer absoluter Rechte schützen Rechtsprechung und herrschende Lehre aber darüber hin- 65 aus zu Recht alle absoluten Rechte, zu denen auch das allgemeine Persönlichkeitsrecht mit seiner Ausprägung des Rechts am eigenen Bild nach §§ 22ff. KUG gehört. Dies erscheint folgerichtig, sind absolute Rechte wie das Leben, der Körper, die Gesundheit oder das aus **Art. 2 I GG i. V. m. Art. 1 I GG hergeleitete allgemeine Persönlichkeitsrecht** insbesondere in seiner Ausprägung des Rechts am eigenen Bild nach §§ 22ff. KUG doch höherrangige Rechtsgüter als etwa der Besitz einer Sache oder das Eigentum an einer Sache. Daher ist eine vergleichbare Interessenlage gegeben. Infolgedessen besteht in analoger Anwendung der §§ 12 S. 1, 862 I 1, 1004 I 1 BGB ein Anspruch des Inhabers eines absolut geschützten Rechts wie des allgemeinen Persönlichkeitsrechts, von dem Verletzer die Beseitigung einer fortbestehenden Beeinträchtigung dieses Rechts zu verlangen (vgl. auch § 8 I 1 Alt. 1 UWG).

66 Ein **spezieller Anspruch auf Beseitigung** bei Verletzung des Rechts am eigenen Bild im Sinne der §§ 22ff. KUG ist in § 37 KUG mit dem Vernichtungsanspruch des Verletzten vorgesehen. Daneben können andere Anspruchsgrundlagen und Anspruchsinhalte wie ein Anspruch auf Geldentschädigung bestehen, da § 37 KUG keine abschließende Regelung der Rechtsfolgen enthält. Anstatt der Vernichtung kann der Verletzte verlangen, dass er das Recht erhält, die Exemplare und Vorrichtungen ganz oder teilweise gegen eine angemessene, höchstens dem Betrage der Herstellungskosten gleichkommende Vergütung zu übernehmen (§ 38 KUG).

b) Voraussetzungen

67 Der Anspruch auf Beseitigung soll die Beendigung eines Zustands fortdauernder Beeinträchtigung eines geschützten Rechts wie des Rechts am eigenen Bild herbeiführen.[135] Ein Anspruch nach §§ 1004 I, 823 I BGB auf Beseitigung hat daher drei Voraussetzungen:

(1) Es muss ein **objektiv widerrechtlicher Eingriff** in ein nach § 823 I BGB oder durch eine andere Vorschrift geschütztes Recht (z. B. § 22 KUG) vorliegen. Auf ein Verschulden des Täters oder das Bewusstsein der Rechtswidrigkeit kommt es nicht an.

(2) Die Verletzung muss **fortwirken.** Es muss also ein dauernder Zustand geschaffen sein, der eine stetig sich erneuernde Quelle der Rechtsgutsbeeinträchtigung bildet.

135 BGHZ 34, 99, 102; *BGH* NJW 1995, 861, 862.

(3) Die verlangte Handlung muss zur Beseitigung der Beeinträchtigung **geeignet** sein. Die Art der Beseitigung ist aber grundsätzlich dem Störer überlassen, sofern nicht nur eine einzige bestimmte Beseitigungshandlung in Betracht kommt. Der Inhalt des Anspruchs auf Widerruf muss verhältnismäßig sein. Er muss sich insbesondere im Rahmen des Zumutbaren halten[136] sowie der Meinungs- und Pressefreiheit ausreichend Rechnung tragen.

Ein Beseitigungsanspruch nach §§ 1004 I, 823 I BGB kann zwar schon dann bestehen, wenn bereits durch die Anfertigung von Fotos das allgemeine Persönlichkeitsrecht des Abgebildeten verletzt ist, der Besitz der Fotos Folge dieses Eingriffstatbestandes ist und dies den durch den Eingriff hervorgerufenen Störungszustand aufrecht erhält.[137] Handelt es sich um Pressefotos, ist im Interesse der Pressefreiheit aber zu berücksichtigen, dass die Art und Weise der Beschaffung von Fotos nur ausnahmsweise rechtswidrig ist.

Beispiel: In dem unter Rn. 50 geschilderten Beispiel der Abwahl einer Ministerpräsidentin besteht kein Beseitigungsanspruch, auch wenn das Verhalten der Fotoreporter zu einer gewissen Belästigung der Politikerin geführt hat (anders aber bei Dauerbelästigung). So, wenn die Fotoreporter am Tag der Abwahl als auch auch am Folgetag vor dem Haus der Politikerin warten und hinter ihr herfahren. Dem Persönlichkeitsschutz kommt hier kein Vorrang vor dem Interesse der Allgemeinheit an der Kenntnis daran, wie die Politikerin mit dem Amtsverlust umgeht, zu.[138]

c) Prüfungsreihenfolge

Für die Prüfung eines Anspruchs auf Beseitigung wegen Verlet- 68
zung des Rechts am eigenen Bild nach §§ 22ff. KUG ergibt sich folgende Reihenfolge:

---

136 Palandt/*Sprau*, Einf. v. § 823 Rn. 33.
137 *BGH* WRP 2008, 1221 Rn. 30.
138 *BGH* WRP 2008, 1221 Rn. 33.

Anspruch auf Beseitigung nach §§ 12 S. 1, 862 I 1, 1004 I 1 BGB analog
1. Begründung der analogen Anwendbarkeit von §§ 12 S. 1, 862 I 1, 1004 I 1 BGB 2. Verletzung des Rechts am eigenen Bild nach §§ 22 ff. KUG (vgl. Rn. 4 ff.). 3. Fortwirkung der Verletzung 4. Art und Umfang der Beseitigung (Verhältnismäßigkeit)

2. Unterlassung

a) Anspruchsgrundlage (§§ 12 S. 2, 862 I 2, 1004 I 2 BGB analog)

69 Für die analoge Anwendung der §§ 12 S. 2, 862 I 2, 1004 I 2 BGB gelten die zur analogen Anwendung der §§ 12 S. 1, 862 I 1, 1004 I 1 BGB angestellten Erwägungen entsprechend. Daher ist das Recht am eigenen Bild auch gegen zukünftige rechtswidrige Verletzungen geschützt.

b) Voraussetzungen

70 Ein Unterlassungsanspruch setzt (1) einen (drohenden) **objektiv widerrechtlichen Eingriff** in ein nach § 823 I BGB oder durch eine andere Vorschrift (z. B. §§ 22 ff. KUG) geschütztes Recht sowie (2) **Wiederholungsgefahr** oder **Erstbegehungsgefahr** voraus.

71 **aa) Rechtsverletzung.** Es muss ein objektiv widerrechtlicher Eingriff in ein nach § 823 I BGB oder durch eine andere Vorschrift geschütztes Recht (z. B. §§ 22 ff. KUG) vorliegen oder drohen. Auf eine Kenntnis der Tatbestandsmäßigkeit und die Rechtswidrigkeit begründenden Umstände oder gar ein Verschulden kommt es nicht an.[139]

72 **bb) Wiederholungsgefahr.** Eine Verurteilung zur Unterlassung einer Handlung ist nicht ohne Weiteres allein darauf zu stützen, dass in der Vergangenheit eine Rechtsverletzung stattgefunden hat. Auch wer in der Vergangenheit in seinen Rechten verletzt worden ist, hat

139 BGHZ 39, 124, 129 = NJW 1963, 902; *BGH* NJW-RR 1994, 872, 873; NJW 2004, 762, 765.

keinen Anspruch darauf, dass der Verletzer ein Verhalten unterlässt, das sich inzwischen als nicht mehr rechtswidrig darstellt.[140] Vielmehr muss (im Zeitpunkt der letzten mündlichen Tatsachenverhandlung) die **Besorgnis weiterer Beeinträchtigungen,** d. h. eine Wiederholungsgefahr, bestehen (vgl. §§ 12 S. 2, 862 I 2, 1004 I 2 BGB; vgl. auch § 8 I 1 Alt. 2 UWG).[141] Erforderlich ist daher neben einer bereits eingetretenen Rechtsverletzung eine auf Tatsachen gründende Besorgnis, dass in Zukunft **erneut,** also zum *wiederholten Male* ein **Verstoß gegen eine Unterlassungspflicht** erfolgt. Ob eine Wiederholungsgefahr vorliegt, ist nur auf Grund der konkreten Umstände des Einzelfalls zu beurteilen. Dies gilt auch für Eingriffe durch die Medien. Hier besteht die Gefahr einer Wiederholung schon dann, wenn nach Stoff und Inhalt die Annahme einer erneuten oder weiteren Erörterung eines bestimmten Themas berechtigt erscheint.[142]

Hat bereits ein rechtswidriger Eingriff stattgefunden, begründet **73** dies auch im außerwettbewerblichen Bereich eine widerlegbare **Vermutung** für das Bestehen einer Wiederholungsgefahr.[143] Diese Vermutung kann ausnahmsweise **widerlegt** sein. So, wenn der Eingriff auf Grund einer einmaligen Sondersituation erfolgte.

Im Lauterkeitsrecht (§ 8 I 1 Alt. 2 UWG) entfällt die Wiederho- **74** lungsgefahr grundsätzlich nur dann, wenn der Verletzer gegenüber dem Verletzten oder einem zur Rechtsverfolgung Befugten eine strafbewehrte Unterlassungsverpflichtungserklärung abgibt. Dieser Grundsatz gilt auch für den Unterlassungsanspruch auf Grund des BGB-Deliktsrechts, jedoch nicht in gleicher Strenge. Denn während im Bereich des Lauterkeitsrechts die Verletzungshandlungen regelmäßig erhebliche wirtschaftliche Interessen verfolgen, kann die Motivation des Verletzers im BGB-Deliktsrecht vielfältiger Art sein. Dem ist bei dem Umfang der Anforderungen an die Widerlegung der Vermutung der Wiederholungsgefahr Rechnung zu tragen. Deshalb kommt es entscheidend auf die **Umstände des Einzelfalls,** insbesondere die Schwere des Eingriffs, die Umstände der Verletzungshandlung, den Grad der Wahrscheinlichkeit einer Wiederholung und vor allem die Motivation des Verletzers, an.[144]

---

140 *BGH* WRP 2005, 117, 119.
141 Bamberger/Roth/*Fritzsche,* Kommentar zum Bürgerlichen Gesetzbuch, 3. Aufl., 2012, § 1004 Rn. 78.
142 BGHZ 31, 308, 319; *BGH* NJW 1966, 647, 649.
143 *BGH* NJW 1994, 1281, 1283.
144 *BGH* NJW 1994, 1281, 1283.

75 **bb) Drohende Rechtsverletzung (Erstbegehungsgefahr).** Es muss (im Zeitpunkt der letzten mündlichen Tatsachenverhandlung) eine Erstbegehungsgefahr bestehen (vgl. auch § 8 I 2 UWG). Erforderlich ist eine auf Tatsachen gründende **Besorgnis,** dass jemand in Zukunft *erstmals* gegen eine Unterlassungspflicht verstößt.[145] Dies kann der Fall sein, wenn (1) sich der Anspruchsgegner des Rechts zu einer Verletzungshandlung berühmt oder (2) ein bislang das Verhalten rechtfertigender Grund wegfällt. Ein *generelles* Verbot der erneuten Veröffentlichung eines bestimmten Bildes ist nach Auffassung des *BGH* ausgeschlossen, weil sich die Veröffentlichung in einem anderen Kontext als zulässig erweisen kann.[146] Eine vorbeugende Unterlassungsklage kommt nach Auffassung des *BGH* außerdem nicht über die konkrete Verletzungsform hinaus im Hinblick auf eine ähnliche oder „kerngleiche" Berichterstattung für die Zukunft in Betracht.[147] Denn die Grundsätze aus dem lauterkeitsrechtlichen Bereich zur Verhinderung von Umgehungen ließen sich nicht auf das Recht der Bildberichterstattung übertragen. Eine Abwägung zwischen dem Informationinteresse der Öffentlichkeit und berechtigten Interessen des Abgebildeten etwa an dem Schutz seiner Privatsphäre sei nämlich nicht bei Bildern möglich, die noch gar nicht bekannt seien und bei denen insbesondere der Kontext ihrer Veröffentlichung noch nicht feststehe. Diese Begründung überzeugt nicht. Denn auch im Kern gleichartige geschäftliche Handlungen und deren Kontext sind zunächst nicht bekannt. So kann eine zunächst unzulässige geschäftliche Handlung in etwas anderem Kontext zulässig sein. Das verfassungsrechtlich geschützte allgemeine Persönlichkeitsrecht muss in gleicher Weise rechtlichen Schutz erfahren wie die nach § 1 S. 1 UWG geschützten Personen und Organisationen. Insbesondere muss auch und gerade hier ein Umgehungsschutz gegenüber geringfügigen Änderungen gegeben sein. Daher ist auch bei rechtswidrigen Bildveröffentlichungen der Schutz des Abgebildeten auf im Kern gleichartige Bilder zu erstrecken.[148] Die Schwierigkeit des *BGH* bei der Gewährung vorbeugenden Unterlassungsschutzes gegen die Veröffentlichung eines bestimmten Bildes oder im Kern gleichartiger Bilder resultiert daraus, dass der *BGH* allein auf das Verbot der Veröffentlichung eines Bildes abstellt, ohne den Kontext der Bildveröf-

145 MünchKomm-BGB/*Rixecker,* § 12 Anh. Rn. 201.
146 *BGH* NJW 2004, 1795, 1796.
147 *BGH* GRUR 2008, 446 Rn. 10.
148 *Lettl,* NJW 2008, 2160, 2162.

fentlichung beim Verbotsausspruch zu berücksichtigen. Diese isolierte Betrachtung verdient keine Zustimmung. Vielmehr ist der Tatsache, dass die Veröffentlichung eines bestimmten Bildes oder im Kern gleichartiger Bilder zulässig sein kann, dadurch Rechnung zu tragen, dass sich der (vorbeugende) Verbotsausspruch auf ein bestimmtes Bild oder im Kern gleichartige Bilder im Zusammenhang mit einem bestimmten oder im Kern gleichartigen Kontext erstreckt. Nur auf diese Weise ist ein effektiver Schutz des Persönlichkeitsrechts des Abgebildeten zu verwirklichen.

Beispiel: Zeitschriftenverlag A veröffentlicht heimlich aufgenommene Urlaubsfotos der deutschlandweit bekannten Leistungssportlerin B, ohne dass eine Einwilligung der B oder die Wortberichterstattung dies rechtfertigte. A gibt strafbewehrte Unterlassungsverpflichtungserklärungen ab, in der er sich verpflichtet, es zu unterlassen, die bereits veröffentlichten Fotos erneut zu verbreiten (Ausschluss der Wiederholungsgefahr hinsichtlich der konkreten Bildveröffentlichungen). B ist hiermit jedoch nicht zufrieden und erhebt Klage mit dem Ziel, dass A es zu unterlassen habe, Bildnisse aus ihrem privaten Alltag zu verbreiten. Dies gelte insbesondere für die in den entsprechenden Ausgaben der von A verlegten Zeitschrift bereits veröffentlichten und „kerngleiche" Bilder. Diese Klage ist nach Auffassung des *BGH* unbegründet, weil B ein so weit gehender Unterlassungsanspruch nicht zustehe. Im Ergebnis erweist sich das klageabweisende Urteil des *BGH* freilich als richtig. Denn das Klagebegehren des vorbeugenden Verbots der Veröffentlichung jeglicher Bildnisse aus dem Alltag der B ohne Berücksichtigung des Kontexts ist zu weit gefasst. Außerdem besteht nach Abgabe einer strafbewehrten Unterlassungserklärung durch die A keine Wiederholungsgefahr. Vorbeugende Unterlassung scheitert, weil die Erstbegehungsgefahr fehlt. Der Klage wäre bei Vorliegen von Erstbegehungsgefahr nach hier vertretener Auffassung und entgegen dem Ansatz des *BGH* aber insoweit stattzugeben, als die Klägerin die künftige Unterlassung der Veröffentlichung der veröffentlichten oder im Kern gleichartiger Bilder im Zusammenhang mit der erfolgten Wortberichterstattung oder einer im Kern gleichartigen Wortberichterstattung begehrt.

cc) Anspruchsinhalt. Die sachliche Reichweite des Unterlassungs- 76
anspruchs bestimmt sich nach der Reichweite der Erstbegehungs- oder Wiederholungsgefahr. Beim Verletzungsunterlassungsanspruch besteht zumindest im Lauterkeitsrecht Wiederholungsgefahr i. S. d. § 8 I 1 Alt. 2 UWG nicht nur hinsichtlich der konkreten Verletzungshandlung, sondern auch hinsichtlich leicht abgewandelter, aber in ihrem Kern gleicher Handlungen.[149] Da das Lauterkeitsrecht aber gegenüber dem BGB-Deliktsrecht wesentlich strenger ist, können die

149 *BGH* WRP 1999, 421, 424; 2000, 1258, 1260.

Grundsätze des Lauterkeitsrechts nicht in gleicher Weise für das BGB-Deliktsrecht gelten. Der Unterlassungsanspruch richtet sich daher grundsätzlich nur auf die **konkrete Verletzungsform.**[150] Bei rechtswidriger Veröffentlichung eines bestimmten Bildes ist der Unterlassungsanspruch nur auf die erneute Veröffentlichung *dieses* Bildes gerichtet.

c) Prüfungsreihenfolge

77 Für die Prüfung eines Anspruchs auf Unterlassung wegen Verletzung des Rechts am eigenen Bild nach §§ 22ff. KUG ergibt sich folgende Reihenfolge:

Anspruch auf Unterlassung nach §§ 12 S. 2, 862 I 2, 1004 I 2 BGB analog
1. Begründung der analogen Anwendbarkeit von §§ 12 S. 2, 862 I 2, 1004 I 2 BGB 2. Verletzung des Rechts am eigenen Bild nach §§ 22ff. KUG (vgl. Rn. 4ff.). 3. Wiederholungsgefahr oder Erstbegehungsgefahr 4. Reichweite des Anspruchs

3. Gegendarstellung

78 Der Gegendarstellungsanspruch stellt einen eigenen, von den §§ 823ff. BGB unabhängigen zivilrechtlichen Anspruch dar, der in den Presse-, Rundfunk- und Mediengesetzen sowie den einschlägigen Staatsverträgen des Bundes und der Länder geregelt ist (vgl. z.B. Art. 10 BayPressG; § 12 BbgPG). Der Gegendarstellungsanspruch ist ein **spezifisches Institut des Medienrechts** und dient dem Schutz der verfassungsrechtlich nach Art. 2 I GG i.V.m. Art. 1 I GG gewährleisteten Selbstbestimmung des Einzelnen über die Darstellung der eigenen Person in Presse, Rundfunk und Fernsehen. Eine Gegendarstellung durch eine berichtigende Bildnisveröffentlichung kommt insbesondere bei einer Bildverwechslung oder einem falschen Bezug von Bild und Text in Betracht. Die Prüfungsreihenfolge bestimmt sich nach der jeweiligen Anspruchsgrundlage.

---

150 Palandt/*Sprau*, Einf. v. § 823 Rn. 23.

4. Schadensersatz

Ein Anspruch auf Schadensersatz wegen Verletzung des Rechts am eigenen Bild setzt stets **Verschulden** des Verletzers (§ 276 BGB) voraus.[151] Zwar erfordert ein Verstoß gegen §§ 22 ff. KUG kein Verschulden. Da sich ein Schadensersatzanspruch bei einem Verstoß gegen das durch diese Regelungen gewährleistete Recht am eigenen Bild aber in erster Linie in Verbindung mit § 823 II BGB ergeben kann – §§ 22 ff. KUG sind Schutzgesetze im Sinne dieser Regelung –, bedarf es auch hier eines Verschuldens i. S. d. § 276 BGB (§ 823 II 2 BGB). Für die Medien gelten besonders strenge Maßstäbe bei der Beurteilung der Frage, ob ein Rechtsverstoß verschuldet ist. 79

a) Ersatz von Vermögensschäden

aa) Anspruchsgrundlage. Als Anspruchsgrundlagen für den Ersatz von Vermögensschäden wegen Verletzung des Rechts am eigenen Bild kommen § 823 II BGB i. V. m. §§ 22 ff. KUG und subsidiär § 823 I BGB in Betracht. Zu beachten ist insoweit, dass es bei der Verletzung der vermögenswerten Bestandteile des allgemeinen Persönlichkeitsrechts anders als bei einer Verletzung ideeller Interessen nicht auf die Intensität der Rechtsverletzung ankommt.[152] Es muss sich also nicht um eine schwerwiegende Beeinträchtigung handeln. Ist ein vermögenswerter Bestandteil des allgemeinen Persönlichkeitsrechts wie das Recht am eigenen Bild (§§ 22 ff. KUG) verletzt, ist der Schaden zu ersetzen, der durch die Persönlichkeitsrechtsverletzung entsteht. Der Verletzte (nach dessen Tod sein Erbe) kann den Schaden in dreifacher Weise berechnen[153] (zur dreifachen Schadensberechnung vgl. § 11 Rn. 72 ff.). 80

bb) Prüfungsreihenfolge. Für die Prüfung eines Anspruchs auf Schadensersatz wegen Verletzung des Rechts am eigenen Bild nach §§ 22 ff. KUG und Eintritt eines Vermögensschadens ergibt sich folgende Reihenfolge: 81

---

151 BGHZ 143, 199, 202 f.
152 *BGH* NJW 2000, 2195, 2199.
153 BGHZ 20, 345, 353 f.; *BGH* NJW 2000, 2195, 2201.

Anspruch auf Schadensersatz nach § 823 II BGB i. V. m. §§ 22ff. KUG
1. §§ 22ff. KUG als Schutzgesetz i. S. d. § 823 II BGB 2. Verletzung des Rechts am eigenen Bild nach §§ 22ff. KUG (vgl. Rn. 4ff.). 3. Verschulden (§§ 823 II 2, 276 BGB) 4. Art und Umfang des Schadensersatzes (§§ 249ff. BGB): dreifache Schadensberechnung

b) Ersatz immaterieller Schäden

82 **aa) Anspruchsgrundlage.** Nach § 253 I BGB kann der Geschädigte wegen eines Schadens, der nicht Vermögensschaden ist, Entschädigung in Geld nur in den durch das Gesetz bestimmten Fällen fordern. Eine solche Regelung besteht für die Verletzung des Rechts am eigenen Bild nicht. Eine Anwendung von § 253 II BGB kommt nicht in Betracht, weil ein Eingriff in dieses Recht etwa durch eine rechtswidrige Veröffentlichung des Bildnisses einer Person zu Werbezwecken[154] nicht einer Freiheitsentziehung gleichsteht. Auch enthält § 253 II BGB nicht wie § 823 I BGB einen Auffangtatbestand für sonstige absolute Rechte. Gleichwohl gewährt die Rechtsprechung unter bestimmten Voraussetzungen einen mittlerweile **gewohnheitsrechtlich anerkannten Anspruch** auf Ersatz immaterieller Schäden nach § 823 I BGB i. V. m. Art. 2 I und Art. 1 I GG, um der Verpflichtung des Staates zum Schutz des allgemeinen Persönlichkeitsrechts vor Eingriffen Dritter zu genügen.[155] Hier stehen die Gesichtspunkte der **Genugtuung** und der **Prävention** im Vordergrund.[156]

83 Die Zubilligung einer Geldentschädigung wegen einer schwerwiegenden Persönlichkeitsrechtsverletzung hat ihre Grundlage im **Verfassungsrecht** und **Zivilrecht.** Sie ist keine strafrechtliche Sanktion i. S. d. Art. 103 II GG. Infolgedessen ist es nicht infolge Strafklageverbrauchs (Art. 103 III GG) ausgeschlossen. So besteht ein Schadensersatzanspruch auch dann, wenn ein Gericht eine bestimmte Persönlichkeitsrechtsverletzung etwa durch die rechtswi-

154 Vgl. etwa den Herrenreiterfall von BGHZ 26, 349.
155 *BVerfG* NJW 2004, 2371, 2372; *BGH* NJW 2005, 215, 216.
156 *BGH* NJW 1996, 984; *Körner*, NJW 2000, 241.

drige Veröffentlichung bestimmter Bilder bereits in anderen Verfahren gegenüber anderen Personen mit einer Geldentschädigung geahndet hat.[157]

bb) Voraussetzungen. Nach der Rechtsprechung[158] bestehen für einen Anspruch auf Ersatz immateriellen Schadens wegen Verletzung des allgemeinen Persönlichkeitsrechts zwei Voraussetzungen: Es muss (1) eine **schwerwiegende Verletzung des Persönlichkeitsrechts** vorliegen, bei der (2) die Beeinträchtigung nach Art der Verletzung **nicht in anderer Weise** (Genugtuung durch Unterlassung, Gegendarstellung oder Widerruf) befriedigend ausgleichbar ist.[159] Ob eine schwerwiegende Verletzung des Persönlichkeitsrechts vorliegt, die die Zahlung einer Geldentschädigung erfordert, hängt von den Umständen des Einzelfalls ab. Insbesondere kommt es auf die Tragweite des Eingriffs etwa durch das Ausmaß der Verbreitung der Berichterstattung, die Nachhaltigkeit der Fortdauer der Interessen- und Rufschädigung des Verletzten sowie die betroffene Sphäre, den Anlass und Beweggrund des Handelnden, den Grad seines Verschuldens, die Bekanntheit des Betroffenen und seinen gesellschaftlichen Rang, die Wirkungen für die berufliche Tätigkeit des Betroffenen sowie die Art der Aufmachung des Beitrags an. 84

Beispiel: Eine schwerwiegende Persönlichkeitsrechtsrechtsverletzung liegt vor bei Abbildung der Tochter von Prinzessin Caroline als Kleinkind mit ihren Eltern im Alltagsleben. Denn hier besteht ein besonderes Schutzbedürfnis der kindlichen Persönlichkeitsentwicklung und eine Gefährdung der natürlichen Eltern-Kind-Beziehung wegen der ständigen Verfolgung durch die Presse.[160]

Eine schwerwiegende Persönlichkeitsrechtsverletzung kann sich schon aus ihrer **Wiederholung** und **Hartnäckigkeit** ergeben, selbst wenn die einzelne Verletzung für sich nicht schwerwiegend ist.[161] 85

Beispiel: Hartnäckigkeit liegt vor, wenn eine Zeitschrift wiederholt Bilder veröffentlicht, wegen deren persönlichkeitsrechtsverletzenden Charakters der Verletzte den Verlag jeweils zeitnah nach dem jeweiligen Erscheinen abmahnt, der Verlag jeweils Unterlassungsverpflichtungserklärungen abgibt und ein Gericht gegen ihn mehrfach einstweilige Verfügungen erlässt.

157 *BGH* NJW 2005, 215, 216.
158 *BVerfG* NJW 2000, 2187; 2004, 592; BGHZ 132, 13, 27.
159 BGHZ 128, 1, 12; 132, 13, 27; *BGH* NJW 2005, 215, 217.
160 *BGH* NJW 2005, 215, 216.
161 *BGH* NJW 1996, 985; NJW 2005, 215, 217.

86 Die Besonderheit der Verletzung des Rechts am eigenen Bild liegt darin, dass dem Betroffenen – anders als in Fällen des Widerrufs oder der Richtigstellung – **nur** ein Anspruch auf **Geldentschädigung** zusteht. Die Anspruchsvoraussetzungen für die Zubilligung einer Geldentschädigung im Hinblick auf die Möglichkeit anderweitiger Genugtuung sind hier daher weniger streng zu beurteilen als bei anderen Beeinträchtigungen des Persönlichkeitsrechts.[162]

87 **cc) Rechtsfolge.** Bei der Bemessung der Geldentschädigung stellen die **Genugtuung** des Opfers, der **Präventionsgedanke** und die **Intensität der Persönlichkeitsrechtsverletzung** Kriterien dar, die sich je nach Lage des Falles unterschiedlich auswirken können.[163] Es kommt also auf die Umstände des Einzelfalls an. Dazu gehören der Verschuldensgrad, die Auflagenstärke, der Verbreitungsgrad und der Umfang der Veröffentlichung. Von der Höhe der Entschädigung muss ein echter Hemmungseffekt ausgehen. Dient die Kommerzialisierung der Persönlichkeit lediglich als Mittel zur Auflagensteigerung, so ist unter dem Gesichtspunkt der Prävention als Bemessungsfaktor auch der erzielte Gewinn einzubeziehen.[164] Unerheblich für die Höhe der Entschädigung ist es, dass der Verletzer zugleich Persönlichkeitsrechte anderer Personen verletzt hat. Außerdem kommt es nicht darauf an, ob der Geschädigten bereits eine Entschädigung wegen einer Veröffentlichung durch einen anderen Verlag erhalten hat.[165]

Beispiel: Veröffentlicht ein Verlag trotz mehrfacher Abmahnung, Unterwerfungserklärungen und einstweiligen Verfügungen wiederholt persönlichkeitsrechtsverletzende Bilder eines Kleinkinds wie der Tochter von Prinzessin Caroline, ist eine Entschädigung in Höhe von 75.000,– EUR angemessen.[166]

88 **dd) Prüfungsreihenfolge.** Für die Prüfung eines Anspruchs auf Schadensersatz wegen Verletzung des Rechts am eigenen Bild nach §§ 22 ff. KUG und Eintritt eines immateriellen Schadens ergibt sich folgende Reihenfolge:

---

162 *BGH* NJW 1996, 985 ff.
163 *BGH* NJW 2005, 215, 216.
164 *BGH* NJW 1995, 861, 865; 2005, 215, 218.
165 *BGH* NJW 2005, 215, 218.
166 *BGH* NJW 2005, 215, 218.

Anspruch auf Schadensersatz nach § 823 I BGB i. V. m. §§ 22ff. KUG i. V. m. Art. 1 I GG und Art. 2 I GG
1. Begründung für Zuerkennung von immateriellem Schadensersatz über § 253 BGB hinaus 2. Recht am eigenen Bild nach §§ 22ff. KUG als sonstiges Recht i. S. d. § 823 I BGB 3. Schwerwiegende Verletzung des Rechts am eigenen Bild nach §§ 22ff. KUG a) Verletzung des Rechts am eigenen Bild nach §§ 22ff. KUG (vgl. Rn. 4ff.) b) Schwere der Verletzung 4. Kein Ausgleich der Verletzung in anderer Weise 5. Verschulden (§ 276 BGB) 6. Art und Umfang des Schadensersatzes

5. Herausgabe und Wertersatz

a) Angemaßte Eigengeschäftsführung (§§ 687 II 1, 681 S. 2, 667 BGB)

aa) Voraussetzungen. Behandelt jemand ein fremdes Geschäft als sein eigenes, obwohl er weiß, dass er dazu nicht berechtigt ist, kann der Geschäftsherr von dem das Geschäft Führenden Herausgabe alles aus der Geschäftsführung Erlangten fordern (§§ 687 II 1, 681 S. 2, 667 BGB). Die Anwendung von § 687 II 1 BGB setzt eine widerrechtliche und vorsätzliche Verletzung des Persönlichkeitsrechts voraus. Ein **fremdes Geschäft** als eigenes behandelt, wer das Persönlichkeitsrecht eines anderen in einer Weise verwertet, die der Verletzte auch selbst in dieser Weise gegen Entgelt vorgenommen hätte. Dies gilt etwa für die Nutzung des eigenen Bildes zum Zwecke der Produktwerbung. Es stellt sich jedoch die Frage, ob ein Presseunternehmen auch im Fall der rechtswidrigen, etwa weil entstellenden Veröffentlichung des Bildes einer Person ein fremdes Geschäft als eigenes behandelt. Denn eine solche Veröffentlichung hätte die abgebildete Person niemals selbst veranlasst. 89

90 **Fremd** ist ein **Geschäft,** wenn es im Rechts- oder Interessenkreis eines anderen liegt.[167] Diese Voraussetzung scheint auch im Fall der rechtswidrigen, etwa weil entstellenden Veröffentlichung des Bildes einer Person erfüllt. Doch wird die Auffassung[168] vertreten, durch die Beeinträchtigung eines fremden Persönlichkeitsrechts würde nur dann ein fremdes Geschäft als eigenes behandelt, wenn es sich um vermögenswerte „Abspaltungen" handele, deren Verwertung nach Lage des Einzelfalls üblich sei und statt durch den Rechtsinhaber durch einen Dritten, den Geschäftsführer, erfolge.

Beispiel: Ein fremdes Geschäft behandelt als eigenes, wer das Bild eines Schauspielers ohne dessen Einwilligung in der einer Lizenzierung zugänglichen Art und Weise zu Werbezwecken verwendet.

91 Keine Behandlung eines fremden Geschäfts als eigenes liege hingegen vor, wenn eine **Zustimmung** des Rechtsinhabers zur Verwendung eines – etwa entstellenden – Bildes von vornherein **ausgeschlossen** sei. Als Argument gegen die Annahme einer angemaßten Eigengeschäftsführung in letzterem Fall ist nicht vorzubringen, dass der Betroffene das Geschäft, nämlich die Veröffentlichung etwa eines Bildes, in der durch das Medienunternehmen erfolgten Weise selbst hätte gar nicht vornehmen *können.*[169] Denn – auch zur Verwirklichung effektiven Rechtsschutzes – kann es für einen Eingriff in einen fremden Rechtskreis nicht darauf ankommen, ob der Berechtigte seine Befugnisse (wirtschaftlich) nutzen will/kann oder nicht. Maßt sich ein Dritter die Entscheidung darüber an, das Recht des Betroffenen am eigenen Bild zu verwerten, ist er danach in fremdem Rechtskreis tätig und behandelt ein fremdes Geschäft als sein eigenes.[170]

92 **bb) Prüfungsreihenfolge.** Für die Prüfung eines Anspruchs auf Herausgabe wegen Verletzung des Rechts am eigenen Bild nach §§ 22 ff. KUG ergibt sich folgende Reihenfolge:

---

167 MünchKomm-BGB/*Seiler,* § 677 Rn. 4.
168 MünchKomm-BGB/*Seiler,* § 687 Rn. 20; krit. dazu zu Recht *Petersen,* Medienrecht, 5. Aufl., 2010, § 6 Rn. 50.
169 *Petersen,* Medienrecht, 5. Aufl., 2010, § 6 Rn. 51.
170 MünchKomm-BGB/*Rixecker,* § 12 Anh. Rn. 235.

Anspruch auf Herausgabe nach §§ 687 II 1, 681 S. 2, 667 BGB
1. Behandlung eines fremden Geschäfts als eigenes a) Geschäft b) Fremdheit des Geschäfts c) Führung des Geschäfts d) Behandlung des Geschäfts als eigenes 2. Kenntnis von der fehlenden Berechtigung zur Führung des Geschäfts

b) Ungerechtfertigte Bereicherung (§ 812 I 1 BGB)

aa) Anspruchsgrundlage. Ein (gegenüber einem Bereicherungsanspruch aus Leistungskondiktion nach § 812 I 1 Alt. 1 BGB subsidiärer) Bereicherungsanspruch nach § 812 I 1 Alt. 2 BGB aus Eingriffskondiktion wegen Eingriffs in das Recht am eigenen Bild ist allgemein anerkannt.[171] Ein solcher Anspruch ist allerdings anders als ein Schadensersatzanspruch nicht auf Ausgleich, sondern auf Abschöpfung des durch den Eingriff in den **Zuweisungsgehalt** fremden Rechts Erlangten gerichtet. Ein vermögensrechtlicher Zuweisungsgehalt besteht bei Ausprägungen des Persönlichkeitsrechts wie dem Recht am eigenen Bild jedenfalls dann, wenn Name und Bild auch wirtschaftlich, etwa im Rahmen einer Firma, eines Markenzeichens oder in der Werbung, im Einklang mit der Rechtsordnung verwertbar sind. 93

Beispiel: Dem seinerzeit bekannten Schauspieler Paul Dahlke steht neben einem Anspruch nach § 823 II BGB i. V. m. §§ 22 ff. KUG ein Anspruch nach § 812 I 1 Alt. 2 BGB gegen jeden zu, der ein Bild von Paul Dahlke ohne seine Einwilligung für Werbezwecke verwendet.[172]

Der Verletzer hat **herauszugeben,** was er auf Kosten des Verletzten erlangt hat. Bereicherungsgegenstand ist die Nutzung des Bildes. Da ihre Herausgabe nicht möglich ist, ist nach § 818 II **Wertersatz** zu leisten. Wer das Bildnis eines Dritten unberechtigt für kommerzielle Zwecke ausnutzt, zeigt, dass er ihm einen wirtschaftlichen Wert bei- 94

---

171 Vgl. nur MünchKomm-BGB/*Rixecker,* § 12 Anh. Rn. 234.
172 BGHZ 20, 345, 350.

misst. Der zu ersetzende Wert umfasst insbesondere die Vorteile, die aus der Vermarktung vermögenswerter Bestandteile des Persönlichkeitsrechts erlangt sind.[173] Das ist regelmäßig das ersparte Honorar, von dem der Verletzte die Erlaubniserteilung hätte abhängig machen können. Seine Höhe bestimmt sich danach, welche übliche und angemessene Lizenzgebühr für die Nutzung der entsprechenden Rechtsposition im Rechtsverkehr zu entrichten wäre (fiktive Lizenzgebühr auf Grund Lizenzanalogie). Hierfür kommt es auf die Umstände des Einzelfalls, insbesondere den Verbreitungsgrad und die Werbewirkung, an. Dass der Verletzte sein Recht **anderweitig gar nicht verwertet** hätte oder – etwa auf Grund gesetzlicher Bestimmungen wie Art. 66 GG – hätte verwerten dürfen, steht dem nicht entgegen.[174] Entscheidend ist allein, dass der Verletzer in den Zuweisungsgehalt des vermögenswerten Bestandteils des Persönlichkeitsrechts eingegriffen und dadurch tatsächlich geldwerte Vorteile erreicht hat, welche ihm nicht zustehen, ohne den Verletzten in Form eines Entgelts zu beteiligen.[175] Der Zahlungsanspruch fingiert nicht eine Zustimmung des Betroffenen. Er stellt vielmehr einen Ausgleich für einen rechtswidrigen Eingriff in eine dem Betroffenen ausschließlich zugewiesene Dispositionsbefugnis dar.

95 **bb) Prüfungsreihenfolge.** Für die Prüfung eines Anspruchs auf Herausgabe oder Wertersatz wegen Verletzung des Rechts am eigenen Bild nach §§ 22ff. KUG ergibt sich folgende Reihenfolge:

Anspruch auf Herausgabe oder Wertersatz nach §§ 812 I 1 Alt. 2, 818 BGB
1. Etwas erlangt 2. In sonstiger Weise: Eingriff in den Zuweisungsgehalt fremden Rechts – hier: Verletzung des Rechts am eigenen Bild nach §§ 22ff. KUG 3. Ohne Rechtsgrund 4. Rechtsfolgen a) Herausgabe (§§ 812 I 1 Alt. 2, 818 I BGB) oder b) Wertersatz (§ 818 II BGB)

173 *BGH* GRUR 1987, 128.
174 *BGH* WRP 2007, 83 Rn. 12 – Rücktritt des Finanzministers.
175 *BGH* NJW 1979, 2205, 2206.

Anhang

Klausur 1. Der Zauberberg

Sachverhalt

Anton Antonitsch (A) ist Szenenbildner und Filmarchitekt. Er schafft das gesamte Szenenbild und die Filmarchitektur des Spielfilms „Der Zauberberg" und erhält hierfür eine Auszeichnung mit dem Bundesfilmpreis. Mit dem Produzenten Potz Plitz (P) des Films hat A mündlich einen „Anstellungsvertrag für Filmschaffende" geschlossen. Danach sollte A bis zur Beendigung der Tätigkeit als Architekt des Films „Der Zauberberg" 2.000,– EUR pro Woche erhalten. Außerdem liest P zur Frage der Rechtseinräumung dem A folgende Regelung aus einem Vertragshandbuch vor, die P regelmäßig für Verträge mit Künstlern verwendet und auf die sich P und A schließlich einigen:

„Der Filmschaffende räumt mit Abschluss des Vertrags alle ihm etwa durch das vertragliche Beschäftigungsverhältnis erwachsenden Nutzungs- und Verwertungsrechte an Urheber- und verwandten Schutzrechten dem Filmhersteller für die Herstellung und Verwertung des Films ausschließlich und ohne inhaltliche, zeitliche oder räumliche Beschränkung ein."

Die Vermarktung eines digital gespeicherten Films zum Abspielen auf einem eigenen Wiedergabegerät (DVD) ist gegenüber der Vermarktung herkömmlicher Videokassetten zum Zeitpunkt des Vertragsschlusses noch nicht bekannt. Betram Beiersdorfer (B) vertreibt den Spielfilm „Der Zauberberg" auf DVD, nachdem P sich damit einverstanden erklärt. Videokassetten sind zu diesem Zeitpunkt noch weit verbreitet. A verlangt von B unter Berufung auf seine Rechte an diesem Film Unterlassung. Zu Recht?

Lösungsvorschlag

Anspruch von A gegen B auf Unterlassung nach § 97 I 1 Alt. 2 UrhG

Ein Anspruch von A gegen B auf Unterlassung des Vertriebs der DVD mit dem Film „Der Zauberberg" nach § 97 I 1 Alt. 2 UrhG setzt voraus, dass (1) A ein Urheberrecht oder ein anderes nach dem

UrhG geschütztes Recht von B verletzt hat und (2) Wiederholungsgefahr besteht.

I. Widerrechtliche Verletzung eines Urheberrechts oder anderen nach dem UrhG geschützten Rechts durch B

1. Urheberrechtliche Schutzfähigkeit der Filmarchitektur

Die von A geschaffene Filmarchitektur für den Film „Der Zauberberg“ müsste urheberrechtlich schutzfähig sein. Diese Voraussetzung ist nach §§ 2 I Nr. 4, II UrhG erfüllt. Ein Indiz hierfür liegt darin, dass A für die Filmarchitektur den Bundesfilmpreis erhält.

2. Verletzung der Rechtsstellung des A

B hätte die Rechtsstellung des A – wie sie sich insbesondere aus §§ 15 I, 16 I und II, 17 I UrhG ergibt – nicht verletzt, wenn er zum Vertrieb des Films „Der Zauberberg“ auf DVD berechtigt ist. Dies setzt voraus, dass er ein auf diesen Vertrieb gerichtetes Nutzungsrecht erworben hat. Möglicherweise ergibt sich ein solches Nutzungsrecht daraus, dass (1) A dem P seine urheberrechtlichen Nutzungsrechte an der Filmarchitektur eingeräumt hat und (2) P sämtliche Rechte an dem Film einschließlich der A zustehenden Nutzungsrechte auf B in der Weise übertragen hat, dass B zum Vertrieb des Films „Der Zauberberg“ auf DVD berechtigt ist. B müsste also auf Grund einer lückenlosen Rechtekette Inhaber des Nutzungsrechts im Hinblick auf die Verwertung des Films „Der Zauberberg“ durch den Vertrieb auf DVD sein.

a) Einräumung der Nutzungsrechte des A auf P

Die Einräumung von Nutzungsrechten durch den Urheber ist möglich. Sie erfolgt regelmäßig – so auch hier – durch (grundsätzlich formlosen) Vertrag. Die Rechtsübertragung ist aber nur dann wirksam, wenn auch der Vertrag wirksam ist. Hier kommt ein Verstoß gegen § 307 BGB und/oder § 31a I 1 UrhG in Betracht.

aa) Verstoß gegen § 307 I und II BGB? P entnimmt die Regelung zur Rechtseinräumung des zwischen A und P geschlossenen Vertrags einem Vertragshandbuch und verwendet sie regelmäßig in Verträgen mit Künstlern. Es handelt sich daher um eine Klausel, die für eine Vielzahl von Verträgen vorformuliert ist und Allgemeine Geschäftsbedingungen i. S. d. § 305 I BGB enthält. Der Anstellungsvertrag, den A mit P geschlossen hat, ist als Arbeitsvertrag einzuordnen. Zwar sind auf einen solchen Vertrag die §§ 305 ff. BGB mit Ausnahme von § 305 II, III BGB anwendbar (§ 310 IV 2 BGB). Die umfassende Rechtseinräumung zu Gunsten des P könnte aber gegen § 307 I und II BGB verstoßen und deshalb unwirksam sein. Doch entspricht die Rechtseinräumung für alle bekannten Nutzungsarten der für Rechte am Filmwerk bestehenden gesetzlichen Auslegungsregel (§ 89 I UrhG) und widerspricht damit jedenfalls nicht einem gesetzlichen Leitbild (§ 307 II Nr. 1 UrhG). Etwas Anderes lässt sich auch dem urheberrechtlichen Zweckübertragungsgedanken (§ 31 V UrhG) nicht entnehmen. Gegenüber der allgemeinen Auslegungsregel des § 31 V UrhG ist die Auslegungsregel des § 89 I UrhG für Filmwerke grundsätzlich vorrangig.[1]

bb) Verstoß gegen § 31a I 1 UrhG? A räumt P in dem Vertrag sämtliche Nutzungsrechte ein. Da sich diese Rechtseinräumung auf sämtliche Nutzungsrechte erstreckt und unbeschränkt erfolgt, könnte sie sich auch auf unbekannte Nutzungsarten erstrecken. Eine solche Vereinbarung bedarf aber zu ihrer Wirksamkeit der Schriftform (§ 31a I 1 UrhG). Bei Nichtbeachtung dieses Formerfordernisses ist die Vereinbarung nichtig (§ 125 S. 1 BGB). Der Ausnahmetatbestand des § 31a I 2 UrhG liegt hier schon deshalb nicht vor, weil A seine Rechte entgeltlich und darüber hinaus ausschließlich einräumt. Es stellt sich daher die Frage, ob die seinerzeit unbekannte Verwertungsform eines Films auf DVD eine unbekannte Nutzungsart darstellt. Zwar war zum Zeitpunkt der Rechtseinräumung die Möglichkeit der digitalen Speicherung von Filmwerken auf Speicherplatten (DVD) noch nicht bekannt; auch bietet die DVD gegenüber der herkömmlichen Videokassette eine Vielzahl technischer Vorteile. Dennoch handelt es sich dabei nicht um eine technisch und wirtschaftlich eigenständige Verwendungsform, durch die B eine neue, vorher noch unbekannte Verwendungsmöglichkeit eröffnet. Eine unbekannte Nutzungsart i. S. d. § 31a I 1 UrhG kann aber nur eine konkrete technisch und wirtschaftlich eigenständige Verwendungsform des Werkes sein.[2] Bloße technische Neuerungen, die zwar eine neue Verwendungsform begründen, aber keine wirtschaftlich eigenständige Ver-

1 BGHZ 163, 109, 114 – Der Zauberberg; Schricker/Loewenheim/*Katzenberger*, § 89 UrhG Rn. 3; Dreier/Schulze/*Dreier*, § 89 UrhG Rn. 2.

2 BGHZ 133, 281, 287 f. – Klimbim; 128, 336, 341 – Videozweitauswertung III; 163, 109, 115 – Der Zauberberg.

marktungsmöglichkeit eröffnen, können keine neue Nutzungsart begründen.

Dem Erfordernis einer wirtschaftlich eigenständigen Verwendungsform liegt das urheberrechtliche Leitbild zu Grunde, dass der Urheber an der wirtschaftlichen Nutzung seines Werkes angemessen zu beteiligen ist (vgl. § 11 S. 2 UrhG). § 32c UrhG (angemessene Vergütung bei Nutzung auf bisher unbekannte Nutzungsart) soll verhindern, dass der Urheber nicht an Einnahmen teilhat, die sich aus neuen technischen Entwicklungen ergeben; allein der Urheber soll darüber entscheiden, ob und gegen welches Entgelt er die Nutzung seines Werkes auch für die neu gefundene Verwendungsform zulässt. Andererseits berücksichtigt das Merkmal der wirtschaftlich eigenständigen Verwendungsform auch die Interessen des Vertragspartners des Urhebers, der möglicherweise bereits hohe Investitionen vorgenommen hat. Eine wirtschaftlich eigenständige Verwendungsform setzt voraus, dass eine neue Technik einen neuen Absatzmarkt erschließt.[3]

Die DVD müsste – zur Verneinung einer unbekannten Nutzungsart – auf längere Sicht die herkömmliche Videokassette ersetzen und dürfte keinen neuen Markt erschließen. Ob eine neue Verwendungsform einen neuen Absatzmarkt eröffnet, ist auf Grund des Nachfrageverhaltens der Marktgegenseite, regelmäßig also der Verbraucher zu beurteilen. Die Videokassette ist weit verbreitet. Die DVD hat keinen neuen Absatzmarkt für die Heimvorführung von Filmen eröffnet.

cc) Zwischenergebnis. Bei dem Vertrieb des Films „Der Zauberberg" auf DVD handelte es sich nicht um eine seinerzeit unbekannte Nutzungsart i. S. d. § 31a I 1 UrhG. Daher ist der mündliche Vertrag zwischen A und P wirksam. A hat P das Recht zur Vervielfältigung und Verbreitung des Films „Der Zauberberg" auf DVD wirksam durch den Anstellungsvertrag eingeräumt. Denn fehlt es an einer wirtschaftlich eigenständigen Verwendungsform, handelt es sich lediglich um eine technische Variante der bereits seinerzeit bekannten Nutzung von Spielfilmen zur Heimvorführung mit Hilfe des Fernsehgerätes.

---

3 BGHZ 163, 109, 116 – Der Zauberberg.

b) Übertragung der Nutzungsrechte von P auf B

Für eine etwaige Unwirksamkeit der Übertragung der Nutzungsrechte von P auf B fehlen Anhaltspunkte im Sachverhalt. Insbesondere kann P als Inhaber der Nutzungsrechte von A auch diese Rechte wirksam auf B übertragen. Danach ist B zur Verwertung des Films „Der Zauberberg" auf DVD berechtigt, so dass B durch diese Verwertung keine Rechte des A widerrechtlich verletzt.

II. Ergebnis

A steht kein Anspruch gegen B auf Unterlassung des Vertriebs des Films „Der Zauberberg" auf DVD nach § 97 I 1 Alt. 2 UrhG zu.

Klausur 2. Vermarktung von Weltruhm

Sachverhalt

Antje Anders (A) ist die Alleinerbin der vor einem Jahr verstorbenen, weltberühmten Schauspielerin Bettina Anders (B). Carl Carlson (C) bietet seit dem Tod von B mit großem Erfolg Merchandising-Artikel (T-Shirts, Kaffeetassen etc.) mit einem Bild von B zum Verkauf an. C glaubt, dass dies ohne Weiteres möglich ist. Umso größer ist seine Überraschung, als A von C Herausgabe des durch den Verkauf dieser Merchandising-Artikel erzielten Gewinns verlangt. Ist das Verlangen von A begründet?

Lösung

I. Anspruch von A gegen C auf Gewinnherausgabe nach §§ 687 II 1, 681 S. 2, 667 BGB

Für einen Anspruch von A gegen C auf Gewinnherausgabe nach §§ 687 II 1, 681 S. 2, 667 BGB fehlt es bereits am Vorsatz des C.

II. Anspruch von A gegen C auf Gewinnherausgabe nach §§ 823 I BGB i. V. m. §§ 22f. KUG

Für das Recht am eigenen Bild ist § 823 II BGB i. V. m. §§ 22f. KUG als *lex specialis* zu § 823 I BGB heranzuziehen.

1. § 22 KUG als Schutzgesetz i. S. d. § 823 II BGB

Gesetz i. S. d. § 823 II BGB ist jede Rechtsnorm, nicht nur ein Gesetz im formellen Sinne. Diese Vorraussetzung erfüllen § 22f. KUG. Den Schutz eines anderen bezweckt die Norm, wenn sie gerade (auch) dazu dienen soll, den Einzelnen oder einzelne Personenkreise gegen die Verletzung eines seiner Rechtsgüter zu schützen. §§ 22f. KUG schützen das Recht einer Person am eigenen Bild als Ausprägung des allgemeinen Persönlichkeitsrechts und bezwecken daher den Schutz eines anderen. § 22f. KUG sind danach Schutzgesetz i. S. d. § 823 II BGB.

2. Verletzung einer Rechtsposition der A

Es könnte ein Verletzung des Rechts am eigenen Bild der B vorliegen. Dies führte zur Verletzung einer Rechtsposition der A, wenn (1) das Recht am eigenen Bild von B nicht nur dem Schutz ideeller, sondern auch vermögenswerter Interessen der Persönlichkeit dient, und (2) die entsprechenden – die vermögenswerten Interessen schützenden – Bestandteile des Rechts von B am eigenen Bild auf A übergegangen sind.

a) Schutz vermögenswerter Interessen durch das allgemeine Persönlichkeitsrecht

Das allgemeine Persönlichkeitsrecht und seine besonderen Erscheinungsformen dienen in erster Linie dem Schutz ideeller Interessen. Dazu gehören insbesondere der Wert- und Achtungsanspruchs der Persönlichkeit. So kommen bei einer Verletzung dieser Rechte neben Abwehransprüchen auch Schadensersatzansprüche in Betracht, die nicht auf den Ersatz materieller, sondern – wenn es sich um einen schwerwiegenden Eingriff handelt und die Beeinträchtigung nicht in anderer Weise befriedigend ausgeglichen werden kann – auch auf den Ausgleich immaterieller Schäden durch eine Geldentschädigung gerichtet sind.

Darüber hinaus schützen das allgemeine Persönlichkeitsrecht und seine besonderen Ausprägungen aber auch vermögenswerte Interessen der Person.[4] Abbildung, Name sowie sonstigen Merkmale der Persönlichkeit wie etwa der Stimme können einen beträchtlichen wirtschaftlichen Wert darstellen. Die unerlaubte Verwertung von Persönlichkeitsmerkmalen für Werbezwecke beeinträchtigt die betroffene Person häufig weniger in ideellen Interessen als vielmehr in kommerziellen Interessen.

b) Übergang der vermögenswerten Bestandteile auf A

Die vermögenswerten Bestandteile des allgemeinen Persönlichkeitsrechts von B könnten auf A als Alleinerbin (§ 1922 I BGB) übergegangen sein. Dies setzt voraus, dass diese Bestandteile vererblich sind.

Die dem Schutz ideeller Interessen dienenden höchstpersönlichen Bestandteile des allgemeinen Persönlichkeitsrechts sind als höchstper-

---

4 BGHZ 143, 214, 219 – Marlene Dietrich.

sönliche Rechte unverzichtbar und unveräußerlich, also unübertragbar und nicht vererblich. Dafür sprechen nach Auffassung des *BGH*[5] unter anderem folgende Erwägungen:

- Ein wirksamer postmortaler Schutz setzt voraus, dass der Erbe in die Position des Trägers des Persönlichkeitsrechts nachfolgt.
- Abwehransprüche laufen leer, wenn die Rechtsverletzung bereits beendet ist, bevor ein Anspruchsberechtigter hiervon Kenntnis erlangt.
- Der durch die Leistungen des Verstorbenen geschaffene Vermögenswert soll seinen Erben oder anderen Nahestehenden zukommen.
- Um das Lebensbild des Verstorbenen zu erhalten, soll der Erbe dieselben Ansprüche wie der lebenden Träger haben, wenn dies dem Willen des Verstorbenen entspricht.

Als Träger der vermögenswerten Befugnisse kommen danach allein die Erben in Betracht. Da A die Alleinerbin von B ist, sind die vermögenswerten Bestandteile des allgemeinen Persönlichkeitsrechts von B auf A übergegangen.

c) Verletzung des Rechts am eigenen Bild der B

Die Rechtswidrigkeit des Eingriffs ist Voraussetzung für jeden Abwehr- und Ersatzanspruch. Sie ist jedenfalls ausgeschlossen, soweit ein allgemeiner Rechtfertigungsgrund vorliegt, insbesondere eine wirksame Einwilligung des Verletzten. Im Übrigen gilt, da ein sog. offener Tatbestand vorliegt, hier nicht der Grundsatz, dass die Tatbestandsmäßigkeit die Rechtswidrigkeit indiziert. Daher reicht die Feststellung, jemand sei in seinem Persönlichkeitsrecht verletzt, für sich genommen nicht aus, um die Rechtswidrigkeit der Beeinträchtigung zu bejahen. Vielmehr ist in jedem Einzelfall gesondert unter sorgsamer Würdigung aller Umstände, insbesondere des Grundsatzes der Verhältnismäßigkeit, festzustellen, ob der Eingriff berechtigt war oder nicht. Maßgebend für die Abgrenzung ist das Prinzip der Güter- und Interessenabwägung. Für diese Güter- und Interessenabwägung kommt es wegen der Verletzung vermögenswerter Bestandteile des allgemeinen Persönlichkeitsrechts anders als bei einer Verletzung ideeller Interessen nicht auf die Intensität der Rechtsverletzung an. Es muss sich also nicht um eine schwerwiegende Beeinträchtigung handeln.

5 BGHZ 143, 214, 222 ff. – Marlene Dietrich.

C verletzt das Recht von B am eigenen Bild (§ 22 KUG) dadurch, dass C das Bild von B ohne die erforderliche Einwilligung von B und nach deren Tod von A als der Berechtigten (§ 22 S. 3 KUG) auf Merchandising-Artikel setzt und diese Artikel verkauft. Die Zehnjahresfrist des § 22 S. 2 KUG ist noch nicht abgelaufen, da C die Merchandising-Artikel mit dem Bild von B ein Jahr nach deren Tod anbietet und verkauft. Die nach § 22 S. 3 KUG erforderliche Einwilligung ist auch nicht entbehrlich nach § 23 I KUG. B ist als weltberühmte Schauspielerin zwar eine absolute Person der Zeitgeschichte i. S. d. § 23 I Nr. 1 KUG. Doch besteht kein allgemeines Informationsinteresse der Allgemeinheit, wenn – wie hier – die Verwertung des Bildnisses eines anderen zu Werbezwecken allein das eigene Geschäftsinteresse befriedigen soll. Infolgedessen stehen berechtige Interessen von B nach § 23 II KUG entgegen.

4. Verschulden

B handelt schuldhaft. Er konnte bei Anwendung der im Verkehr erforderlichen Sorgfalt nicht annehmen, das Bildnis der kurz zuvor verstorbenen B ohne Zustimmung der Alleinerbin und einzigen Angehörigen für Werbezwecke verwenden zu dürfen.

5. Art und Umfang des Schadensersatzanspruchs (§§ 249 ff. BGB)

C hat A den Schaden zu ersetzen, der ihr durch die Persönlichkeitsrechtsverletzungen bereits entstanden ist und künftig noch entsteht. A kann den Schaden in dreifacher Weise berechnen.[6] Bei der dreifachen Schadensberechnung handelt es sich nur um verschiedene Liquidationsformen eines einheitlichen Schadensersatzanspruchs, nicht hingegen um unterschiedliche Ansprüche. Der Verletzte hat die Wahl, seinen Schaden auf folgende Weise zu berechnen: (1) konkreter Schaden einschließlich des Gewinnentgangs (§§ 249 ff. BGB); (2) angemessene (fiktive) Lizenzgebühr (Lizenzanalogie); (3) Herausgabe des Verletzergewinns. Der Verletzte kann zwischen diesen drei Arten frei wählen und grundsätzlich auch noch im Prozess von einer Berechnungsart auf die andere übergehen. Das Wahlrecht erlischt erst durch Erfüllung oder rechtskräftige Zuerkennung des Anspruchs. Der Verletzte kann die Berechnungsarten aber nicht häufen oder miteinander verquicken (Vermengungsverbot).

---

6 BGHZ 143, 214, 232 – Marlene Dietrich.

a) Lizenzanalogie

Die Schadensberechnung nach der Lizenzanalogie entspricht dem Bereicherungsausgleich (§§ 812 I 1, 818 II BGB). Danach soll der Verletzer grundsätzlich nicht besser, aber auch nicht schlechter stehen als ein vertraglicher Lizenznehmer, der eine Lizenzgebühr entrichtet hätte. Zum Zwecke der Schadensberechnung wird daher ein Lizenzvertrag fingiert und ermittelt, was vernünftig denkende Vertragsparteien als Lizenzgebühr vereinbart hätten, wenn sie die künftige Entwicklung und namentlich die Dauer und das Ausmaß der Nutzung vorausgesehen hätten. Voraussetzung ist lediglich, dass ein Lizenzvertrag über den betreffenden Gegenstand rechtlich möglich ist, eine Überlassung verkehrsüblich ist und der Verletzte die Nutzung nicht ohne Entgelt gestattet haben würde. Der Eintritt eines Schadens in Höhe der nicht geleisteten Vergütung ist dann indiziert. Leistet der Verletzer Schadensersatz, führt dies aber nicht zum Abschluss eines Lizenzvertrages und damit auch nicht zur Einräumung eines Nutzungsrechts. Der Verletzte kann also weitere Verletzungshandlungen unterbinden.

b) Herausgabe des Verletzergewinns

Der Schadensausgleich durch die Herausgabe des Verletzergewinns entspricht dem Herausgabeanspruch bei der angemaßten Eigengeschäftsführung (§§ 687 II 1, 681 S. 2, 667 BGB), geht aber darüber hinaus, weil er auch bei nur fahrlässigem Verletzerverhalten eingreift. Die Verpflichtung zur Herausgabe des Verletzergewinns beruht auf der Erwägung, dass es unbillig wäre, dem Verletzer einen Gewinn, der auf der unbefugten Nutzung eines Immaterialgüterrechts oder eines diesem vergleichbaren Rechts beruht, zu belassen. Dazu ist zu fingieren, dass der Rechtsinhaber ohne die Rechtsverletzung durch die Verwertung seines Rechts den gleichen Gewinn wie der Verletzer erzielt hätte. Dazu muss der Verletzte im Rahmen von § 287 ZPO nachweisen, dass die Verletzungshandlung mit Wahrscheinlichkeit bei ihm zu einem Schaden und beim Verletzer zu einem Gewinn geführt hat. Ein Verletzergewinn lässt im Regelfall auf einen Schaden des Verletzten auf Grund entgangener Geschäfte schließen. Ob der Verletzte denselben Gewinn wie der Verletzer hätte erzielen können, ist unbeachtlich. Der herauszugebende Gewinnanteil ist nach § 287 ZPO zu schätzen.

III. Ergebnis

A kann von C Schadensersatz verlangen, wobei sie eine Art der dreifachen Schadensberechnung wählen kann. Sie kann danach von C auch Gewinnherausgabe verlangen.

Sachverzeichnis

Die *kursiv* gesetzten Zahlen verweisen auf die Paragrafen des Buches, die geraden auf deren Randnummern. Hauptfundstellen sind **fett** gesetzt.